KB166245

인지인문학을 향하여

인지과학의 거울로 바라본 인문학

인지인문학을 향하여

인지과학의 거울로
바라본 인문학

김동환 지음

인지와의 첫 만남

나는 인문학을 공부하는 일에 종사한다. 그리고 그 인문학에 인지과학의 맛을 더해 인간과 세계를 들여다보고 싶은 마음이 있다. 나는 이러한 접근법을 인지인문학(cognitive humanities)이라고 부른다. 내가 '인지'라는 용어를 처음 접한 것은 대학을 졸업하기 직전에 '국어 의미론' 과목을 수강했을 때였다. 그 당시까지만 해도 나는 문장의 수직 구조를 탐구하는 노엄 촘스키(Noam Chomsky)의 통사론에 빠져 있었고, 인간 언어의 보편성을 추구하는 것을 목표로 하는 그의 철학적 사상에 매료되어 있었다. 그런데 2년간 촘스키의 보편문법 이론을 접하면서 무언가 의심쩍은 부분이 가슴 속에 쌓여 내려가지 않고 나를 거북하게 만들기 시작했다. "과연 인간이 그렇게 정리 정돈이 잘 된 존재인가?"라는 의문이 들었다. 그러던 찰나 의미론을 만났다. 그 당시 우리 학과의 학부 과정에는 의미론 과목이 개설되지 않아 국문과에서 개설한 의미론 수업을 수강해야 했다. 그때 그 과목은 4학년이 아닌 2학년을 대상으로 하는 과목이었다. 학년은 나에게 중요하지 않았다. 나에게 맞는 언어학의 분야를 찾고 싶었고 의미론이 무엇인지 알고 싶었을 뿐이었다.

첫 시간에 담당 교수님은 본인이 최근에 쓴 논문을 나눠 주고는, 그 내용을 읽고 요약정리해서 제출하는 과제를 내주었다. 그 논문의 제목은 두 글자인

'은유'였다. 우리가 흔히 알고 있는 비유 중 하나인 은유 그것이었다. 전체 페이지가 참고문헌을 포함해 30쪽 정도였다. 이 논문의 제목인 은유와 전체 페이지를 보면서 난 잠시 멍해졌다. 그 당시에 은유에 관해 내가 아는 것이라곤 "내 마음은 호수이다"가 전부였다. 그런데 "이 교수님은 이렇게 간단하고 상식적인 비유인 은유에 대해 뭐 그렇게 할 말이 많아서 30쪽이나 되는 논문을 쓰신 것일까?"라는 호기심이 발동하기 시작했다.

나는 막연한 호기심으로 그 교수님의 논문을 차근차근 읽어 나갔다. 논문의 내용은 조지 레이코프와 마크 존슨(George Lakoff & Mark Johnson)이 1980년에 출간한 『삶으로서의 은유』(Metaphors We Live By)에 근거한 이론을 중심으로 하고 있었다. 우리가 흔히 사용하는 "내 마음은 호수이다", "시간은 돈이다", "사랑은 눈물의 씨앗이다" 등과 같은 비유가 언어로만 존재하는 것이 아니라 인간의 머릿속에 존재하는 '개념'에 기반한다는 것이 이 이론의 핵심 내용이었다. 이것을 개념적 은유(conceptual metaphor)라고 했다. 언어적 은유라는 실제 은유 표현이 각각 개별적으로 생산되고 이해되는 것이 아니라 개념적 은유를 중심으로 체계성을 이룬다는 것이 그 논문의 주요 골자였다.

그때까지만 해도 나는 은유의 잠재력과 그 매력을 느끼지 못한 채 대학을 졸업했다. 언어학을 더 깊이 공부하고 싶다는 마음으로 대학원 시험에 응시했다. 그리고는 대학원에 합격했다는 통지서를 받았다. 너무나 기쁜 나머지 바로 그다음 날 내가 합격한 대학을 방문하고 싶어 버스에 몸을 실었다. 학교 정문에 서점이 하나 보여 들어갔다. 원서 코너가 있는 2층으로 올라가 책들을 보는데, 친숙한 제목이 눈에 띄었다. 그것은 레이코프와 존슨의 Metaphors We Live By였다. 너무나 신기해 그 책을 바로 구매한 뒤 서점에서 나와 학교를 한 번 대충 둘러보고 다시 집으로 돌아왔다. 다음 날 도서관에 가서 그 책의 첫 페이지를 열었다. 그날 이후 무언가에 홀린 듯 이 책만 읽어 나갔다. 이 책에서 말하는 은유는 우리가 입으로 내뱉는 언어적 은유가 아니라 우리 머릿속에 자리 잡은 개념적 은유이다. 즉, 사고방식으로서의 은유이고 인지 과정으로서의 은유이다. 인지란 한마디로 말하면 우리의 사고 활동이다. 그 사고 활동 중 하나가 은유이다. 이렇게 그 책을 통해 인지와의 첫 만남이 이루어졌다.

책의 구성

이 책은 크게 두 개의 부로 구성했다. 제1부(인지의 기본)에서는 인지, 신체화, 영상도식, 범주화, 인지적 해석처럼 인지의 본질과 성격 등 인지 자체에 집중한다. 제2부(과학적 상상력)에서는 은유, 환유, 개념적 혼성 같은 인지 과정을 본격적으로 다룬다. 이 책을 인간의 몸에 비유하자면 제1부는 인지인문학을 조정하는 사람의 '머리'이다. 그리고 인지적 상상력으로서 은유, 환유, 개념적 혼성 등의 인지 과정으로 이루어진 제2부는 사람의 '팔다리'에 해당하며 인지인문학의 활동을 하기 위한 기본 요소가 된다.

제1장에서는 인지(cognition) 자체 및 그와 관련된 현상들을 다룬다. 인지는 흔히 사고, 추리, 기억, 상상, 학습과 같은 정보 처리나 정신적 작용, 지적 활동의 형태로 정의된다. 인지는 크게 뜨거운 인지(hot cognition)와 차가운 인지(cold cognition)로 나뉜다. 뜨거운 인지는 암묵적이고 빠르며 자동적이고 힘들지 않으며 대체로 무의식적이다. 이에 반해 차가운 인지는 명시적이고 느리며 계획적이고 노력이 필요하며 의식적인 성질을 갖는다. 이 장에서는 이 두 가지 인지가 대니얼 카너먼(Daniel Kahneman)이 2011년에 출간한 『빠른 생각과 느린 생각』(Thinking, Fast and Slow)에서 제시한 '시스템 1' 및 '시스템 2'와 어떤 관련이 있는지도 살펴본다. 이 두 시스템은 그 책의 제목에서 사용하는 용어로 바꾸어 말하자면 각각 '빠른 생각'과 '느린 생각'이다.

전자는 '뜨거운 인지'이고 후자는 '차가운 인지'에 해당한다. 더 나아가 이런 인지가 행동경제학의 현상을 설명하는 데 어떤 역할을 하는지도 살펴본다. 이 장에서는 인지의 개념을 받아들이는 인지과학을 1세대, 2세대, 3세대 인지과학으로 나누고, 이 책에서 제시하는 인지인문학이 이 세 가지 인지과학에서 어디에 속하는지 검토한다. 마지막으로, 분산 인지와 인지적 인공물이라는 개념도 소개한다.

제2장에서는 인지의 작동 방식인 신체화(embodiment)를 다룬다. 신체화의 개념이 등장하기 이전에는 마음과 몸의 이분법에 근거해서 코기토(Cogito)와 같은 순수이성적 사유가 지배적이었다. 이런 사유 방식은 일상의 경험을 괴리시켰고 그 결과 인간의 체험을 비이성적이고 비합리적으로 이해하는 오류를 범한다. 신체화는 이원론의 한계를 극복하는 동시에 인간과 철학에 대한 최신 인지과학적 체계를 부여해 줄 것이다. 신체화는 추상적이고 막연하며 경계 설정이 어려운 우리의 마음을 구체적이고 명확하고 경계 설정이 쉬운 우리의 몸에 비추어 이해하는 사유 방식이다. 이처럼 신체화는 사람의 몸이나 몸과 세계의 상호작용인 '삶에서의 체험'이 사람의 마음, 행동, 개인적·문화적 정체성을 형성하는 방법을 가리킨다. 신체화를 연구하기 위해서는 먼저 사고와 언어가 뇌, 몸, 세계 간의 지속적이면서 역동적인 상호작용으로부터 발생한다는 것을 인식해야 한다. 이런 신체화에 대한 관심이 인지심리학과 언어학에서 어떻게 일어났는지를 먼저 살펴보고, 인지과학에서 말하는 신체화의 열두 가지 의미를 소개한다. 인지인문학에서 말하는 인지는 논리적 사고나 과학적 사고가 아닌 신체화된 마음이다. 이런 점에서 이 장에서는 신체화된 마음의 두 가지 유형을 소개한다.

제3장에서는 신체화가 가장 잘 표명된 인지적 구성물이며, 인지언어학 내에서 처음으로 개발되어 인지심리학과 발달심리학 등의 인접 분야에서 상당한 영향력을 발휘하고 있는 영상도식(image schema)을 탐구한다. 영상도

식의 정의, 특징, 분류법 또는 위계, 더 나아가 영상도식의 구조적 요소와 기본 논리를 검토하여 영상도식의 전반적인 모습을 제시한다. 마지막으로 영상도식의 심리적 실재성을 증명하는 심리언어학 실험과 인지발달 및 언어 습득 실험을 소개한다.

제4장에서는 고전 이론과 원형 이론이라는 두 가지 범주화(categorization) 이론을 소개한다. 특히 고전 이론의 특징과 그 문제점을 지적하는 두 가지 반증을 제시한다. 원형 이론의 경우에는 원형의 특징과 양상, 원형 효과를 살펴본다. 그리고 원형 이론에 입각한 범주화 체계와 범주화의 연결망 모형을 제시한다.

제5장에서는 해석(construal)이라는 인지 과정을 다룬다. 사회심리학에서 사용되는 이 용어는 개인이 주변 세계, 특히 자신들에 대한 타자의 행위나 행동을 지각하고 이해하고 해석하는 방법을 가리킨다. 이러한 사회심리학에서 사용되는 용어를 인지언어학에서도 비슷하게 채택하여, 해석은 '세계(즉, 사물, 사건 등)의 양상을 이해하는 방법이고, 동일한 상황을 다양한 방식으로 상상하고 묘사할 수 있는 우리의 능력'으로 정의된다. 한 실체나 상황이 특별한 방식으로 해석된다는 것은 그것이 어떤 방식으로 개념화된다는 것을 의미한다. 이런 점에서 해석도 인지 과정이다. 이 장에서는 해석에 대한 학자들마다의 분류법을 소개하고, 이를 종합해 각 해석을 인지심리학과 인지언어학의 연구 대상을 바탕으로 구체적으로 살펴보고, 경우에 따라 신문 사설을 해석할 때 해석이라는 인지 과정이 어떻게 작용하는지도 검토한다.

제6장에서는 은유(metaphor)의 간단한 역사를 비롯해 은유가 시적인 비유 장치인 것은 물론이고, 인지 과정으로서의 은유가 우리 삶에서 얼마나 널리 작용하는지를 살펴본다. 특히 은유의 작동 방식을 세 가지 원리인 패턴인식 원리, 개념적 공감각 원리, 인지적 불일치 원리에 비추어 설명한다. 예상, 의사결정, 과학적 발견과 관련해 은유의 영향력을 조사한다. 그리고 은유의

은폐 기능에 비추어 은유가 어떻게 이데올로기를 드러내는지를 살핀다. 여기에서 말하는 은유는 개념적 은유로서, 개념적 은유가 심리적으로 실재한다는 주장을 뒷받침하는 증거를 제시한다. 마지막으로 설득 장르로서의 은유가 광고에서 어떻게 활용되는지를 소개한다.

제7장에서는 환유(metonymy)가 비유법에서 어떻게 인지 과정으로 전환했는지를 역사적으로 살펴본다. 인지 과정으로서의 환유에 대한 정의 및 기능을 제시하고, 환유 해석을 위한 모형을 소개한다. 그리고 환유의 최신 이론에 근거해서 광고 해석에서 환유가 어떤 역할을 하는지 구체적인 사례를 통해 살펴본다. 특히 광고는 언어라는 일차적 양식에 국한되는 것이 아니라 이미지도 활용한다는 점에서 다중양식적 현상이다. 이런 다중양식적 현상인 광고에 대한 해석은 문자적 해석에 국한되는 것이 아니라 은유와 환유 등의 여러 인지 과정이 동시다발적으로 작동한다는 것을 이 장에서 확인할 수 있다. 마지막으로 환유가 신경 층위에서 작동하는 방식도 소개한다.

제8장은 인간 창의성을 가장 잘 드러내 주는 개념적 혼성(conceptual blending)을 주제로 한다. 개념적 혼성은 질 포코니에(Gilles Fauconnier)와 마크 터너(Mark Turner)가 개발한 인지과학의 한 이론으로서, 이 이론은 2002년에 출간된 그들의 단행본 『우리는 어떻게 생각하는가』(The Way We Think)에서 더욱 체계적으로 정립된다. 개념적 혼성 이론이 창의성을 다루고 과학적 상상력을 추구하는 최신 이론이므로, 이 장에서는 먼저 창의성 이론을 소개한다. 특히 조이 폴 길포드(Joy Paul Guilford)의 심리학 이론에서는 창의성과 관련해 발산적 사고(divergent thinking)라는 개념에 집중하고, 아서 쾨슬러(Arthur Koestler)는 창의성 현상을 이연연상(二連聯想; bisociation)이라고 불렀다. 그리고 마크 터너는 2014년에 출간한 『생각의 기원: 혼성, 창의성, 휴먼 스파크』에서 창의적 생각의 기원이 다름 아닌 우리 인간이고, 우리 인간이 새로운 생각을 창조하고 이해할 수 있는 스파크를 가지고 이 세상에 출현한

다는 논의를 펼친다. 다음으로 개념적 혼성의 기본 가정과 모형 그리고 구성 원리와 최적성 원리를 설명한 뒤, 동양고전 해석과 텔레비전 광고에서 개념적 혼성의 작동 방식을 논의하고, 개념적 혼성으로 환유를 분석하는 두 가지 방법을 소개한다.

이 책의 제목을 『인지인문학을 향하여』로 잡은 것은 인지인문학이 아직 정립되지 않은 분야라서가 아니라 이 분야가 열려 있다는 것을 암시하기 위함이다. 누구에게 그리고 무엇에 열려 있냐고 할 때 기존의 인문학뿐만 아니라 자연과학과 사회과학, 기술철학 등 인접 분야 및 그 분야의 연구자들에게 열려 있다고 말할 수 있다. 더 나아가 이런 연구자뿐만 아니라 우리 인간의 행동 방식과 사고방식 등 인간 자체에 관심이 있는 일반 독자에게도 이 책이 열려 있다.

이 책의 부제 '인지과학의 거울로 바라본 인문학'이 암시하듯이, 이 책은 인문학적 사고와 생각을 인지과학이라는 실증적 학문의 거울에 비추어 보려는 취지에서 집필했다. 흔히 인문학이 사변적인 논의에 머문다고들 말한다. 그렇다고 해서 그런 사변적인 생각이 허무맹랑한 것은 아니다. 우리보다 먼저 이 삶을 살면서 삶의 여러 측면을 체험했던 우리의 선조들과 석학들에게서 나온 심오한 깊이를 품고 있는 사상이 인문학이다. 이와 같은 탄탄한 역사적 토대를 가진 인문학은 지금의 우리와 미래 세대에게 각자의 삶을 살아가는 길잡이 역할을 할 것이다. 사변적이고 추상적인 모습을 하고 있지만 심오한 사상을 품고 있는 이러한 인문학을 증명 가능하고 우리 눈으로 볼 수 있는 객관적인 결과물을 내놓는 실증적인 인지과학이라는 거울에 비추어 바라보고자 하는 것이 이 책의 목적이다.

인지과학은 인간의 마음과 지능의 본질을 이해하고자 하는 학제간 학문 분야를 말한다. 심리학, 신경과학, 컴퓨터과학, 언어학, 철학, 인류학 등 다양한 분야의 통찰력과 방법론을 결합한 학문이 인지과학이다. 인지과학에서는 인간이 정보를 획득하고 처리하며 저장하고 활용하는 방법과 주변 세계를 인식하고 상호작용하는 방식을 탐구한다. 이러한 학제간 접근 방식인 인지과학을 통해 지각, 주의력, 기억, 언어, 추론, 문제해결, 의사결정과 같은 복잡한 정신적 과정을 조사할 수 있다. 인지과학에서는 실험, 컴퓨터 모델링, 뇌영상 기술, 이론적 분석 등 다양한 연구 방법을 사용하여 인간의 마음과 그 기능을 연구한다. 인지과학은 인지의 기본 메커니즘을 이해함으로써 인간 행동에 대한 통찰력을 개발하고, 학습과 교육을 개선하며, 인공지능 시스템의 설계에 정보를 제공하고, 인지장애와 정신질환 치료에 기여할 수 있는 잠재력을 갖추고 있다.

이 책의 재료가 된 인문학적 사고의 주인인 우리 선조들과 석학들 그리고 이를 들여다볼 수 있는 거울을 제공해 준 인지과학자들에게 감사드린다. 이 석학들과 과학자들의 글이 없었다면 나의 사고는 밋밋함 그 자체였을 것이다. 이분들은 나에게 거대한 학문적 거인이었다. 이런 거인의 어깨에 올라가서 나는 나의 시선으로 더 멀리 볼 수 있었다. 자그마한 바람이 있다면, 이 책이 인지인문학에 관심이 있는 연구자나 일반 독자에게 자신만의 인지인문학에 도달하기 위한 작은 사다리가 되어줄 수 있었으면 하는 것이다. 자신만의 고지에 도달한 뒤에는 과감히 이 사다리를 치워버리고, 후학들을 위한 또 다른 인지인문학을 완성하길 바란다. 그리고 그 인지인문학은 또 다른 인지인문학이 될 수 있는 디딤돌이 될 것이다. 이런 반복성을 통해 내가 시작한 인지인문학의 끝에 도달하는 그 날이 오기를 기대한다.

인지인문학은 인문학을 인지과학의 이론으로 해석하고, 또한 인지과학을 인문학의 시각에서 설명하는 것을 목표로 한다. 즉, '인지인문학 = 인문학 + 인지과학'으로 공식화 가능하다. 하지만 내가 기대하는 것은 인지인문학이 인문학과 인지과학의 수학적 합이 아니라 그 두 개별 학문에서 나오지 않는 특성을 쏟아내는 창발적 합이라는 것이다. 그 창발적 합이 어떤 것인지를 드러내 주는 것이 이 책의 목표이다. 하지만 나의 능력이 미흡하여 이 목표를 달성하지 못한다면 이 책을 읽는 독자들 스스로가 그러한 창발적 합을 느낄 수 있기를 기대해 본다.

2024년 4월 15일
불비(沸濆) 김동환

차례

제2부 —— 과학적 상상력

일러두기

1. 외래어는 외래어표기법에 따랐으나 관용적인 표기와 동떨어진 경우 절충하여 실용적 표기를 하였다.
2. 용어의 영문 표기가 필요한 괄호 속에 병기하였다.
3. 도서명과 신문은 『겹낫표』로, 논문, 영화, TV 프로그램 등은 「홑낫표」로 표기하고, 의미자질이나 입력공간 속의 요소는 [대괄호]로 표기하였다.
4. 내용 중에서 주의가 미쳐야 할 곳이나 중요한 부분은 '작은따옴표'로 표기하고, 예시 문장은 "큰따옴표"로 표기하였다.
5. 개념, 개념적 은유, 개념적 환유는 고딕체로 표기하였다.
6. 인물 정보의 출생 및 사망 연도를 추가하는 것을 원칙으로 했으나, 그 정보를 얻지 못한 경우에는 생략하였다.
7. 독자의 이해를 돕기 위해 필요한 경우 이미지를 추가하였다.

제1부

인지의 기본

제1장

인지

1.1. 인지의 유형

2009년에 출간된 『신경과학 백과사전』에 따르면, 인지(cognition)는 '사고, 추리, 기억, 상상, 학습과 같은 정보 처리나 정신적 작용, 지적 활동의 형태'로 정의된다. 인지는 정보를 획득하고 처리하며 저장하고 사용하는 것과 관련된 정신적 과정 및 활동이다. 인지에는 개인이 이해하고 지각하며 기억하고 추론하며 문제를 해결할 수 있도록 하는 광범위한 정신적 기능이 포함된다. 이러한 인지는 우리가 세상을 인식하고 세상과 상호작용하는 방식에 중요한 역할을 한다.

인지의 주요한 측면은 다음과 같다.

- 지각(perception): 이는 보고 듣고 만지고 맛보고 냄새 맡는 등 환경으로부터 오는 감각 자극을 인식하고 해석하는 과정이다.
- 주의(attention): 이는 다른 자극은 무시하고 특정 자극에 집중하는 능력이다.
- 기억(memory): 이는 정보를 부호화하고 저장하고 인출하는 능력이다.
- 언어(language): 이는 단어, 제스처 등의 기호를 사용하여 의사소통하고

생각을 전달하는 능력이다. 언어에는 이해, 생산, 해석 등의 다양한 인지 과정이 포함된다.

- 학습(learning): 이는 경험이나 교육을 통해 새로운 지식이나 기술을 습득하는 과정이다.
- 추론 및 문제해결(reasoning and problem-solving): 이는 논리적으로 사고하고 상황을 분석하고 결론을 도출하는 능력이다.
- 의사결정(decision-making): 이는 다양한 대안 중에서 선택을 하거나 행동 방침을 선택하는 과정이다.
- 집행 기능(executive function): 이는 다른 인지 기능을 조절하고 통제하는 데 도움이 되는 고차원적인 인지 과정이고, 여기에는 계획, 조직화, 자기 모니터링과 같은 능력이 포함된다.
- 메타인지(metacognition): 이는 자신의 인지 과정에 대해 인식하고 이해하는 과정을 말한다. 여기에는 사고에 대해 생각하고 인지 활동을 모니터링하고 조절할 수 있는 능력이 포함된다.
- 감정과 인지(emotion and cognition): 이는 인지 과정과 정서적 경험 사이의 상호작용이다. 감정은 인지 과정에 영향을 미칠 수 있으며, 그 반대의 경우도 마찬가지이다.

결국, 이러한 측면을 모두 아우르는 인지는 개인이 환경에 적응하고 경험을 통해 학습하며 일상생활의 어려움을 헤쳐나갈 수 있도록 함께 작동하는 복잡하고 상호 연결된 정신적 과정의 집합이다.

뜨거운 인지 vs. 차가운 인지

포괄적인 인지의 개념을 에드워드 슬링거랜드(Edward Slingerland; 1968~)는

2014년에 출간한 『애쓰지 않기 위해 노력하기』(Trying Not to Try)에서 두 가지 유형으로 구분한다. 하나는 뜨거운 인지(hot cognition)이고 다른 하나는 차가운 인지(cold cognition)이다. 뜨거운 인지는 암묵적이고 빠르며 자동적이고 힘들이지 않으며 대체로 무의식적이다. 이에 반해 차가운 인지는 명시적이고 느리며 계획적이고 노력이 필요하며 의식적이라는 특징이 있다. 그는 더 나아가 뜨거운 인지를 우리의 몸(body)으로 간주하고 장자(莊子)가 말하는 '천기(天機)'로 보는 데 반해, 차가운 인지는 의식적이고 언어적 자아인 마음(mind)으로 본다. 두 유형의 인지를 몸과 마음의 주제로 논의하면 두 인지 간의 중요한 기능적 차이를 포착할 수 있다. 빠르고 뜨겁고 무의식적인 신체적 본능과 육감 그리고 느리고 차갑고 의식적인 마음이 그 둘의 차이이다.

이러한 인지 체계는 고대중국 철학에서도 발견된다. 맹자(孟子)는 '측은지심(惻隱之心)'에 대해 이야기한다. 『맹자』「공손추 상」에는 이 개념이 내포된 다음과 같은 구절이 나온다. "만약 어떤 사람이 문득 한 아이가 깊은 우물을 향해 걸어가는 것을 본다고 상상해 보라. 그러한 순간에 놀람과 측은함을 경험하지 않을 사람은 아무도 없다. 그는 아이를 구해 아이의 부모와 친분을 맺고자 함이 아니고, 마을 사람들과 친구들로부터 선(善)하다는 칭송을 받고자 함도 아니고, 아이의 비명 소리가 듣기 싫어서도 아니다. 그의 반응은 측은함에 의해서만 동기화된다. 이로부터 우리는 이러한 느낌이 없는 사람은 올바른 인간이라고 부를 수 없다는 것을 알 수 있다." 한 아이가 어둡고 차가운 우물로 막 떨어지는 것을 보면, 거울뉴런(mirror neuron)[1]이 활성화되어 우리는 그 아이가 막 느끼려는 것과 같은 놀람의 느낌을 경험하게 되고, 이는 다시 즉각적으로 공감을 유발한다. 보통 사람이라면 이러한 경우에

---

1   거울뉴런이란 한 사람이 어떤 행동을 수행하거나 같은 행동을 하는 다른 사람을 관찰할 때 활성화되는 뇌에 있는 감각운동 세포의 한 유형이다. 거울뉴런은 다른 사람의 행동을 거울처럼 비춘다는 점에서 그렇게 불린다.

바로 온정적인 행동을 한다. 즉, 생각하거나 고민하지 않고 측은한 마음으로 당장 아이를 구하러 달려간다. 이러한 상황에서 측은한 마음은 뜨거운 인지의 작용이다. 부모와의 친분을 '생각'하고 명성을 '계산'한다면, 여기에는 차가운 인지가 개입한 것이 된다.

강한 이원론과 약한 이원론

르네 데카르트(René Descartes; 1596~1650)의 합리론 이후 서양철학에서는 몸과 마음이 엄격하게 구분된다는 심신이원론(mind-body dualism)이 상식이 되었다. 에드워드 슬링거랜드는 2018년에 출간한 『고대 중국의 마음과 몸』에서 이러한 서양의 심신이원론을 '강한 이원론(strong dualism)'이라고 부른다. 강한 이원론에서는 몸과 마음을 명확히 구분하고 그 둘 간의 교류를 인정하지 않는다. 즉, 마음과 몸은 엄격하게 구분된 각자의 영역에서 맡은 일을 한다. 강한 이원론은 차선 변경이 불가능한 실선이 그려진 도로를 생각하면 쉽게 이해된다. 실선 도로에서는 마음과 몸이 처음부터 각자의 차선에서만 달리고, 어떤 경우라도 다른 차선을 넘어갈 수 없고 끝까지 자기 차선만 유지해야 한다.

강한 이원론에서는 인간의 마음을 정보 처리를 정상적으로 수행하는 '통속의 뇌(brain in a vat)' 정도로 여긴다. 한 미친 과학자는 사람의 뇌를 몸에서 분리한 뒤 기능을 유지할 수 있게 하는 액체로 가득 찬 통에다 넣고, 뇌가 일반적으로 받아들이는 것과 같은 전자 신호를 보내는 슈퍼컴퓨터에 뇌의 신경세포를 연결한다. 슈퍼컴퓨터가 뇌에 현실과 같은 신호를 보내면, 뇌만 존재하고 있는 그 사람은 실제로 존재하는 물체나 사건과 직접적으로 접촉하지 않고서도 그것과 접촉한다고 느끼게 된다. 따라서 통 속에 담긴 뇌는 자신이 진짜 사람인지 통 속에 담긴 뇌인지 확신하지 못하고, 자신이 외부 세계에 대해 믿고 있는 모든 것이 거짓인지 아닌지도 알지 못한다. 이 실험은

실선 도로

강한 마음-몸 이원론에서는 몸은 인간 고유의 능력이 아닌 동물이나 사물의 영역이라고 보고, 인간의 존재성을 입증하는 사고는 오로지 마음, 즉 뇌에서만 이루어진다고 보면서 만든 사고실험이다.

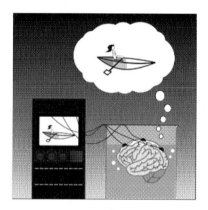

통 속의 뇌

에드워드 슬링거랜드는 마음과 몸이 구분된다는 점은 인정한다. 하지만 그 둘 간에 교류가 일어나고 상호작용하는 일도 있다고 주장한다. 예를 들어, 우리는 과음하면 이성을 잃고서 실수를 하고, 걱정이 과해 스트레스를 받으면 몸에 이상이 생긴다. 사실 마음과 몸이 단순히 상호작용한다는 것을 넘어서 마음이 몸에 기반하고 마음속에 몸이 있다는 것이 그의 생각이다. 그는 이러한 이원론을 '약한 이원론(week dualism)'이라고 부른다. 약한 이원론은 차선 변경이 가능한 점선이 그려진 도로를 생각하면 쉽게 이해된다. 점선 도로에서는 마음과 몸이 처음부터 각자의 차선에서 달리지만, 때에 따라 차선을 변경할 수 있다. 특히 마음이 자기 차선에서 몸의 차선으로 넘어간다. 그래서 마음은 논리적이고 정보 처리 공간에만 머무는 깃이 아니라 몸의 영역으로 넘어와서 신체화된다. 이런 마음을 '신체화된 마음(embodied mind)'이라고 부른다.

점선 도로

강한 이원론과 마찬가지로 약한 이원론에서도 마음의 영역에는 언어, 논리, 사고가 자리잡고 있고, 몸의 영역에는 행동이 있다고 본다. 하지만 약한 이원론에서는 마음과 몸을 구분하는 경계선이 상대 구역으로 넘어갈 수 있는 점선으로 되어 있다. 그래서 마음의 작용을 잠시 중단시켜서 마음이 하던 일을 몸에 위임할 수 있다. 바로 여기에서 마음이 하던 '생각'을 몸이 하도록 하는 '몸생각(body thinking)'이라는 개념이 나온다.

무위와 마인드볼 게임

에드워드 슬링거랜드의 약한 이원론에서 파생되는 '몸생각'이라는 개념은 뜨거운 인지의 모습을 하고 있다. 이러한 몸생각은 동양철학에서 말하는 '무위(無爲)'와 결을 같이 한다. 결국 차가운 머리로 이성적이고 냉철하게 생각하고 사고하는 것이 아니라 우리가 갖고 태어난 동물적인 몸으로 생각한다는 개념인 뜨거운 인지는 무위와 비슷하게 작동한다.

슬링거랜드는 무위와 뜨거운 인지를 동일시하고, 무위의 성질을 인지과학 개념으로 설명한다. 무위는 인간 뇌의 변연계(limbic system)[2]에서 발생하는 인지 과정으로 생각된다. 변연계는 감정, 기억, 습관에서 중요한 역할을 하는 뇌 속의 복잡한 구조망이다. 이와 대조적으로, 차가운 인지는 완전히 의식적이고 계획적이며 합리적인 마음의 기능을 포함하며, 이러한 기능은 전전두피질(prefrontal cortex; PFC)[3]이라는 뇌 부위에서 작동한다.

---

2   변연계는 편도체(amygdala), 해마(hippocampus), 시상하부(hypothalamus)와 같은 구조를 포함한다. 편도체는 두려움과 쾌락 같은 감정적 기억을 형성하고 저장하는 데 중심적인 역할을 하며 신체의 공포 반응에 관여한다. 해마는 주로 새로운 기억을 형성하고 단기기억을 장기기억으로 통합하는 데 관여하며, 공간 탐색과도 관련이 있다. 시상하부는 자율신경계, 체온, 배고픔, 갈증, 뇌하수체의 호르몬 분비 등 많은 신체 기능을 조절하는 작지만 필수적인 구조이다.

3   전전두피질은 눈과 이마 바로 뒤에 있는 전두엽의 최전방에 위치하고, 대뇌피질 면적의 거의 30%를 차지한다. 전전두피질은 다양한 기능을 수행하는데, 이는 크게 세 가지로 분류된다. 첫째는 실행 기능(executive function)이다. 실행 기능은 우리에게 계획하고 조직하며 행동을 규제하고 목표를 달성할 수 있도록 하는 인지 과정을 말한다. 실행 기능은 다른 인지 과정을 조정하고 통제하는 고차원의 정신적 기능을 포함한다. 둘째는 말과 언어(speech and language)이다. 전전두피질은 언어를 이해하고 말하기 전에 반응을 계획하는 것과 관련이 있다. 예를 들어, 전전두피질은 우리에게 상황에 일치하도록 말하기 위해 적절한 단어를 선택하도록 한다. 또한 단어를 모으기 위해 우리의 기억을 이용하기도 한다. 셋째는 주의와 기억(attention and memory)이다. 전전두피질은 주의력, 집중력, 기억력을 조절하는 기능을 한다. 전전두피질은 우리에게 특정한 것에 주의와 집중을 유지하도록 도와준다. 연구에 따르면, 전전두피질은 복잡한 기능을 수행하기 위해 기억을 저장하고 인출하는 데도 중요한 역할을 한다. 우리의 기억은 뇌의 한 부위에 저장되지 않고 오히려 여러 부위에 저장된

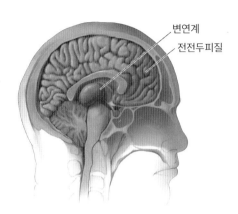

변연계
전전두피질

변연계와 전전두피질

    뜨거운 인지의 작용으로 달성하는 무위의 모습을 가장 잘 보여주는 게임이 하나 있다. 캐나다 밴쿠버의 사이언스월드 박물관에 있는 마인드볼(Mindball) 게임이 그것이다.

    아래 그림의 오른쪽 위에 "relax & win"이라는 글귀가 보인다. 우리말로 옮기면 "긴장을 풀면 이긴다"이다. 승리를 얻으려면 긴장을 풀어야 한다는 것이다. 테니스 같은 경기를 할 때 긴장이 되고 몸이 떨린다. 그러한 긴장감을 해소하기 위해 우리는 보통 심호흡을 크게 한다. 심호흡은 평소보다 더 많은 양의 산소를 들이마시고 더 많은 양의 이산화탄소를 내뱉음으로써 생리적인 긴장을 감소시켜 전신을 이완하고 마음을 안정시키는 효과가 있다. 이렇게 긴장이 풀리고 몸이 부드러워지면 경기에서 이길 확률이 그만큼 높다.

다. 전전두피질은 정보를 단기기억에 저장하는 데 도움이 되며, 기억에서 정보를 인출한 다음 실행 작업과 행동에 사용한다.

마인드볼 게임

출처: https://www.facebook.com/msichicago/photos/a.387050757881/10156333904762882/

그림의 왼쪽 위에는 "Want to stay vigorous, vital and healthy? Calm down, slow down and lighten up"이라는 문구가 있다. 우리말로 옮기면 "만약 활기차고 활력 있고 건강해지고 싶다면, 진정하고 느긋하고 마음을 편하게 하세요"이다. '마음을 진정하고 마음을 느긋하게 먹고 마음을 편하게 하는 것' 자체가 '활기와 활력, 건강을 가져다준다'라는 뜻이다. 전자는 행동이 수반되지 않는 비활동이지만, 후자는 행동이 수반되는 활동이다. 비활동이 활동을 일으킨다는 것이 언뜻 봐서는 모순적이다. 활기와 활력을 얻고 건강해지려면 운동을 하듯이 몸과 마음의 움직임을 동원해야 하는데, 이 게임에서는 이를 추천하지 않는다.

마인드볼 게임은 과연 어떻게 해야 하는 게임 이길래 승리하려면 긴장을 풀어야 하고, 활동성을 얻으려면 활동을 하지 않아야 한다고 추천하는가?

마인드볼 게임은 전통적인 경쟁 개념에 반하는 게임이다. 이 게임은 경기자의 뇌파 활동을 측정하기 위해 EEG(뇌파도; electroencephalogram) 기술을 사용하는, 서로 머리로 하는 게임이다. 마인드볼 게임에서 이기려면 활동과 아드레날린이 아닌 차분한 마음 상태가 필요하다. 한 경기자가 상대보다 더 여유로워져서 금속 공을 자신에게서 더 멀리 이동시켜 그 공이 상대에게 이르게 되면 결국 승리하게 되는 게임이다. 마인드볼 게임의 하드웨어는 테이블에 장착되어 있다. 테이블 위에서 공은 경기 중에 앞뒤로 움직인다. 두 사람이 긴 테이블의 반대 끝에 앉아서 각자 전극 장치가 있는 머리띠를 착용한다. 이 머리띠는 뇌파의 패턴을 수집하도록 설계되어 있다. 두 사람 사이에 금속

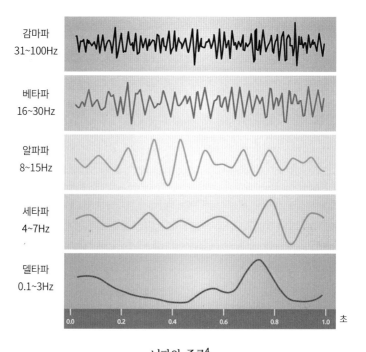

뇌파의 종류[4]

출처: https://medium.com/theta-brainwave/what-is-thetahealing-6bf8a3246068

공이 있으며, 각자 정신을 사용해 이 공을 테이블 맞은편 끝으로 먼저 밀어내는 사람이 이긴다. 각 경기자의 뇌파는 테이블 아래의 자석을 통해 공으로 전달되며, 뇌의 긴장이 이완될 때 생성되는 알파파(alpha wave)와 세타파(theta wave)의 결합으로 동력이 생긴다. 알파파와 세타파가 많이 나올수록 공에 더 큰 힘이 발휘된다. 본질적으로 마인드볼 게임은 누구의 마음이 가장 안정인지를 측정하는 게임이다.

마인드볼 게임을 하는 두 경기자를 보면 흥미로운 모습을 볼 수 있다. 두 사람이 각자 머리띠를 착용하자마자 눈을 감는 등 최대한 편안한 상태를 유지하려고 한다. 일정 시간이 지나 더 편안한 마음 상태를 유지한 사람이 승리하게 되면, 승리한 사람은 손을 번쩍 들고 환호성을 지른다. 그렇게 손을 번쩍 들고 환호성을 지르는 활동성은 편안한 마음 상태를 유지한 비활동성의 결과이다. 그렇다, 이것이 '무위'이다. 무위를 영어로 직역하면 'no doing'이다. '애쓰지 않기'나 '행하지 않기'라는 뜻이다. 흥미로운 것은 무위는 행하지 않고 아무것도 하지 않지만 행하지 않은 대상에 대한 결과물이 나온다는 것이다. 데이트 상대를 구하려고 행동하지 않았지만 결국 데이트 상대를 얻게 되는 결과가 생기고, 정치를 하지 않았지만 정치를 해서 얻게 되는 결과가 나온다는 것이다. 이것이 마인드볼 게임과 무위의 닮은 점이다.

마인드볼 게임과 무위에서 발휘되는 힘은 알파파와 세타파이다. 우리 눈에

---

4 감마파는 30~100Hz의 가장 높은 주파수를 가진 뇌파로서, 극도로 긴장하거나 복잡한 정신 활동을 수행할 때 활성화된다. 베타파는 16~30Hz의 주파수를 가진 뇌파로서, 정신 활동과 관련이 있으며, 흥분하거나 특정한 과제에 집중할 때 우세하게 나타난다. 알파파는 8~15Hz의 주파수를 가진 뇌파로서, 과도하게 긴장을 하거나, 마음이 불안하거나, 심리적으로 불안정한 것이 아닌 정신적 이완 상태, 즉 마음이 편안하고 안정감을 느끼는 상태일 때 활성화된다. 세타파는 4~7Hz의 주파수를 가진 뇌파로서, 얕은 수면 중에 나타나고, 깊이 내면화되고 조용한 상태의 육체, 감정 및 사고 활동과 관련 있으며, 창의적이고 자발성이 있을 때 활성화된다. 델타파는 0.1~3Hz의 주파수를 가진 뇌파로서, 뇌 기능이 완전히 이완된 깊은 수면 상태에서 우세하게 나타나므로 수면파라고도 한다.

는 보이지 않지만, 현대 신경과학과 기술 발달로 그 뇌파를 측정하여 가시화할 수 있게 되었다. 이제 무위라는 고대중국의 개념은 사변적으로만 이야기하고 그치는 것이 아닌 가시화된 뇌파를 통해 눈으로 볼 수 있게 된다.

무위의 역설

무위는 달성하기 힘들다는 특징이 있다. 무위에 의도적으로 집중한다면 무위를 달성하는 데 어려움을 겪게 된다. 무위는 무지개 같다. 잡으려고 가까이 다가가면 눈에서 사라져 버린다. 이것이 '무위의 역설'이다. 즉, 무위를 얻고자 열심히 노력하면 무위를 결코 얻지 못한다. 무위는 무위에 사로잡히지 않고 무위를 얻고자 하는 생각에 몰두하지 않아야 우리에게 다가온다. 이러한 무위의 역설은 철학적 난제일 뿐만 아니라 실용적 난제이기도 하다. 마음속으로 무위를 달성한 사람은 덕(德)이라는 광채를 발산한다. 덕을 가진 사람은 하는 일에 자연스럽게 숙련되어 있고 사회적으로 매력적이며 다른 사람들로부터 신뢰를 얻는다. 우리는 모두 무위를 달성하여 덕을 풍기고 싶어 하지만, 대부분 덕을 갖는 자연스러운 방법을 알지 못한다. 많은 사람에게 있어서 목적을 가지고 자연스럽게 되는 것은 실질적으로 불가능하다.[5] 그리하여 무위의 역설이다.

마음의 영역에 속하는 언어, 사고, 논리, 이성이 행동의 영역에 개입하면 무위를 달성하는 데 어려움을 겪는다. 『장자』「추수」에 나오는 기(夔)에 관한 예를 하나 보자. 기는 머리가 소와 비슷하고 뿔이 없으며 발이 하나밖에 없다고 전해지는 전설상의 동물이다. 기는 작은 다리 수천 개를 빠르게 움직이며 전속력으로 질주하는 노래기를 부러운 듯이 보면서, "나는 한 발로

---

5   '목적'이란 합리적으로 전략을 세우는 일이 수반되는 이성적 개념이라면, '자연스러움'은 본능에 충실하게 흐름에 맡기는 감정적 개념이다. 따라서 이 두 개념은 양립하기 어려운 것으로 생각된다.

껑충거리며 다니기 때문에 너를 따라가지 못하겠어. 나는 하나뿐인 다리도
잘 다루지 못하는데, 너는 수천 개의 다리를 혼자서 어떻게 다 다루는 거지?"
라고 묻는다. 노래기는 답답해하며 "너는 이해 못 하겠지만, 나는 모든 다리
를 억지로 사용하지 않아. 네가 갑자기 재채기하듯이 할 뿐이야. 사람이 재채
기할 때 입에서 튀어나오는 것들을 보면 큰 것은 구슬 같고 작은 것은 안개
같은데, 그것들이 뒤섞여 떨어지는 숫자는 다 셀 수가 없지. 그 많은 물방울이
튀어나오는 걸 그 사람이 미리 계획하고 재채기를 하지 않듯이 나도 지금
나의 천기(天機)를 움직이기는 하지만 왜 그런지는 몰라"라고 대답한다. 이처
럼 노래기가 수천 개의 다리를 자연스럽게 사용하는 것은 의식의 작용이
아닌 무위의 작용이다. 여기에는 언어나 사고와 논리가 작용하지 않는다.[6]

기(夔)와 노래기

출처: https://pixabay.com/photos/giant-millipede-millipede-arthropod-346178/

---

6 동양철학에서는 이 노래기는 장자식 도(道)를 터득한 존재를 비유하기에 뜨거운 인지와
차가운 인지가 완전히 융합하여 자발적으로 작동하는 상태일 수도 있다고 본다. 그렇다면
노래기의 경우에 차가운 인지에 해당하는 언어나 사고와 논리는 그 자체로 작용하는 것이
아니라 뜨거운 인지에 융합된 채로 작동하는 것이다.

무위와 언어의 관계에 관해 설명할 때 언어를 통해 전달되는 '칭찬'이 좋은 예가 된다. "칭찬은 고래를 춤추게 한다"라는 말이 있다.[7] 이는 칭찬이 고래에게 춤을 추게 하는 긍정의 힘이 될 수 있다는 말이다. 하지만 과연 칭찬이 우리 인간에게도 긍정의 힘이 될 수 있을까? 나는 친한 친구와 테니스 단식 경기를 하고 있다. 오늘따라 친구가 경기를 너무 잘해서 5 대 2로 내가 지고 있다. 친구의 몸 상태를 봐서는 이 경기를 뒤집을 방법은 없는 듯하다. 하지만 마지막 세트가 남아 있으니 나도 포기할 수는 없다. 이 경기를 뒤집을 방법을 생각해 보니 한 가지가 떠올랐다. 그것은 바로 '칭찬'이다. 나는 마지막 세트를 시작하기 전에 같이 물을 나눠 마시면서 "오늘따라 네 포핸드가 엄청나게 강하고 묵직해서 제대로 받지를 못하겠어. 네 포핸드에 계속 밀리고 내 손목이 다 얼얼해!"라고 친구에게 칭찬한다. 친구는 "평소와 다를 바 없는데. 괜히 과장하지 마시지!"라고 말하며 씩 웃는다.

그리고 마지막 세트가 시작되었다. 친구의 머릿속을 잠시 들여다보자. 친구는 내 칭찬을 생각하기 시작한다. "정말 내 포핸드가 그 정도로 좋은가?"라고 생각하면서 경기를 시작한다. 그런데 갑자기 친구의 포핸드가 흔들리면서 공이 네트에 처박히고 라인을 벗어난다. 왜 그럴까? 친구는 내가 말로 한 칭찬, 즉 나의 언어로 인해 본인의 이성을 동원하여 자신의 포핸드 스윙 동작 하나하나를 생각하기 시작한다. 자신을 의식하지 않아야 하는데 자신을 의식하기 시작한 것이다. 지금까지 아무 생각 없이 자연스럽게 하던 포핸드

---

7   칭찬만 하면 그 어마어마한 몸집을 흔드는 고래를 보면 이러한 생각이 든다. 춤을 추기 위해 고래는 얼마나 많은 시간을 자신과 싸우며 고통스러운 훈련을 감내해야 했을까? 고래는 춤을 추기 위해 태어난 존재가 아니므로 칭찬에 춤을 추기 위해서는 부자연스러운 조련이 개입했을 것이다. 조련사는 동물을 조련할 때 배가 부르게 먹이를 주지 않고 늘 조금씩 갈증 나게 허기를 채워 준다. 그래야 조금이라도 먹이를 더 얻기 위해 동물이 말을 듣는 것이다. 자그마한 물고기 한 마리를 얻기 위해 재주를 부리는 돌고래의 춤이 정말 칭찬의 놀라운 힘 때문인지 의심이 든다.

스윙이 이제는 나의 언어로 촉진된 사고의 작용으로 인해 부자연스럽게 진행되어 버린다.

왜 칭찬이 고래에게는 통하지만 사람에게는 통하지 않을까? 그 이유는 크게 두 가지이다. 하나는 고래에게 한 칭찬은 인간의 언어가 아닌 표정이나 몸으로 했다는 것이다. 표정이나 몸으로 하는 칭찬은 그 칭찬이 무엇에 관한 칭찬인지에 대한 세부 내용이 빠져 있다. 그런 칭찬을 들으면 그냥 기분이 좋아지면서 행동이 자연스럽고 자발적으로 된다. 그러나 테니스 단식 상대에게 했던 나의 칭찬은 표정이나 엄지척 같은 동작이 아닌 '언어'이다. 그 언어에는 내용이 들어 있다. 그러한 내용은 구체성을 가동해 다시 한번 생각하게 만든다. 두 번째 이유는 고래에게는 이성이 없지만 사람에게는 이성이 있다는 것이다. 고래에게는 언어로 칭찬을 해도 이성이 없으므로 칭찬의 내용을 생각할 수가 없지만, 사람에게는 이성이 있으므로 그 칭찬 내용을 생각할 수 있게 되어 몸 자체의 행위가 굳어지는 일이 일어난다. 이처럼 언어는 무위 달성에 치명적인 걸림돌이 된다.

무위의 역설에 대한 비슷한 예는 헝가리 출신의 작가 아서 쾨슬러(Arthur Koestler; 1905~1983)가 1964년에 출간한 『창조 행위』에서도 찾아볼 수 있다. 그는 '부분과 전체'에 관해 이야기하면서 축음기 바늘이 홈에 꽂혀 꼼짝 못하게 되어 같은 구절이 계속 반복되거나 개그맨이 고의로 무대에서 말을 더듬으면서 같은 소리를 몇 번이나 반복하는 것이 희극적 효과를 만들어낸다고 한다. 이것은 의존적인 부분이 독립적인 전체인 것처럼 가장하고, 우리의 주의가 그 부분을 전체인 것으로 간주하도록 강요할 때 부분과 전체 사이에서 발생하는 충돌의 예이다.

우리가 숙련된 기술을 사용할 때, 부분은 부드럽고 자동으로 기능해야 한다. 즉, 부분은 결코 주의의 초점을 차지해서는 안 된다. 해당 기술이 자전거를 타는 것이든, 바이올린을 연주하는 것이든, 특정 글자를 발음하는 것이

아서 쾨슬러의 『창조 행위』

출처: https://www.abebooks.com/first-edition/Act-Creation-Arthur-Koestler-
Hutchinson-London/22819746484/bd

든, 문법 규칙에 따라 문장을 만드는 것이든 간에 부분은 주의를 받아서는 안 된다. 그 수행을 통제하는 코드는 수행 그 자체보다 의식의 더 낮은 층위에서 기능한다. 즉, 인식의 층위 아래나 완전히 자동화된 기술에서는 그 가장자리조차 넘어서 기능한다. 특정 글자를 발음하는 것과 같은 정상적으로 자동화된 부분의 기능에 주의가 집중되는 순간, 축음기 바늘은 홈에 꽂혀 꼼짝 못 하며, 자전거 타기와 바이올린 연주 등은 마비된다. 이는 어떤 순서로 백 개의 다리를 움직였는지 질문을 받고 이를 생각하면 지네가 더는 걷지 못하게 되는 것과 마찬가지이다. 이것은 '지네의 역설'이라고 한다. 의식의 낮은 층위에서, 그리고 인식의 가장자리나 그것을 넘어서 작용하는 지네의 걷기는 어떻게 그렇게 걷느냐는 언어적 질문이 개입되고 그 질문을 듣고 자신의 걷기 방식을 논리적으로 사고하는 순간 지네의 걷기는 마비된다.

빠른 생각 vs. 느린 생각

행동경제학

경제학에서 신고전경제학(neoclassical economics)은 알프레드 마샬(Alfred Marshall; 1842~1924)과 레옹 왈라(Léon Walras; 1834~1910)의 연구에서 등장한 경제분석으로서, 1870년에서 1930년까지 경제학계를 지배한 주류 경제학이다. 신고전경제학은 '합리적' 의사결정자로서 개인의 역할, 자원의 '효율적' 배분자로서 시장의 역할, 경제 활동의 원동력으로서 '이기심' 추구를 강조하면서 고전적 경제사상을 바탕으로 이를 확장한다. 신고전경제학자들은 개인이 자신의 선호도와 제약 조건에 따라 효용이나 만족을 극대화하는 것을 목표로 하는 합리적 행위자라고 가정한다. 신고전경제학은 의사결정의 작은 변화와 관련된 추가 또는 증분 편익과 비용을 조사하는 한계 분석을 강조한다. 또한 시장의 가격 결정을 설명하기 위해 수요와 공급의 법칙에 의존한다. 그리고 신고전경제학자들은 일반적으로 경쟁 시장의 효율성을 믿으면서, 특정 조건에서 시장이 자원을 최적으로 배분하여 희소한 자원을 가장 효율적으로 사용하고 전반적인 사회 복지를 극대화한다고 주장한다.

이런 주류 경제학 외에 다양한 비주류 경제학도 존재한다. 그중 하나가 심리학과 경제학의 접점을 다루는 행동경제학(behavioral economics)이다. 행동경제학은 심리학, 사회학, 생리학으로 인간의 행동을 연구하는 경제학의 한 분야이다. 노벨 경제학상은 1969년부터 수여되었고 대부분은 경제학자들이 수상했다. 하지만 경제학자가 아닌 다른 분야의 학자들도 이 상을 받은 적이 있다. 1994년에는 수학자 존 내쉬(John Nash; 1928~2015)가 노벨 경제학상을 받았고, 1978년에 허버트 사이먼(Herbert Simon; 1916~2001)과 2002년에 대니얼 카너먼(Daniel Kahneman; 1934~)처럼 심리학자가 수상한 때도 있었다. 노벨 경제학상을 수상한 이 두 심리학자는 인간의 행위를 자세히 분석한 결과, 합리성과 이기심을 바탕으로 하는 경제적 인간을 전제로 한 주류 경제학에 한계가 있음을 발견한다. 주류 경제학에서는 합리적인 결정을 하고 싶다면 감정을 배제하라고 역설한다. 이에 반해 행동경제학은 주류 경제학의 '합리적이고 이기적인 인간'을 부정하는 데서 시작한다. 그렇다고 인간을 비합리적 존재로 단정 짓는 것은 아니다. 다만 온전히 합리적이라는 주장을 부정하고, 이를 증명하려는 것이 행동경제학의 입장이다. 이런 행동경제학은 인간의 소비가 제한적으로만 합리적이며 때로는 감정적으로 이루어지는 경향이 있다고 주장한다.

좀 더 강하게 말하자면 행동경제학의 핵심은 합리적인 결정도 감정의 영향을 받는다는 것이다. 이것은 "감정이 머리이고, 합리성은 꼬리에 불과하다"라는 심리학자 조너선 하이트(Jonathan Haidt; 1963~)의 견해를 반영한다. 감정은 의사결정 과정을 단순화하는 '휴리스틱(heuristic; 어림짐작)' 기능을 한다. 사람들은 선택해야 할 때 먼저 선택 대상이 좋은지 나쁜지 또는 유쾌한지 불쾌한지의 감정을 직감적으로 파악한다. 그러고 나서 그 감정을 지침으로 삼아 선택 대상을 압축한 뒤에 그중 최종 대상을 이성적으로 판단한다. 감정은 신속하고 자동으로 일어난다. 특히 시간이나 인지 자원이 부족한 경우 감정의 휴리스틱 기능이 더 중요하다.

행동경제학의 주창자로 간주되는 허버트 사이먼은 인간이 완전히 합리적일 수 없다는 것을 '제한된 합리성(bounded rationality)'의 개념으로 설명한다. 그는 경제학이 제한된 합리성을 가진 인간을 연구해야 한다고 주장한다. 그리고 의사결정권자가 문제에 대해 최적의 해결책을 철저하게 찾기보다는 만족스럽거나 충분히 좋은 해결책을 찾는다는 만족화 원리(satisfying principle)에 기초하는 '절차적 합리성(procedural rationality)'도 주장한다. 절차적 합리성은 결과의 최적성(optimality)보다는 개인의 의사결정에 관여하는 과정이나 절차에 초점을 맞춘다. 이 이론은 의사결정이 인지적 제약과 휴리스틱의 영향을 받는 과정이라는 점을 인식한다. 또한 그는 의사결정에 있어서 주류 경제학이 철저히 무시하는 감정의 중요성도 역설한다. 심리학자들은 감정이 없으면 적절한 판단과 결정을 내릴 수 없다는 점을 지적하는데, 사이먼은 이 입장을 경제학에 적용한다.

행동경제학에서 허버트 사이먼은 주창자로 보고, 대니얼 카너먼은 창시자로 본다. 이는 행동경제학의 중요한 도구인 인지심리학을 적용한 연구가 대니얼 카너먼과 인지심리학자인 아모스 트버스키(Amos Tversky; 1937~1996)가 1979년에 공동으로 발표한 기념비적인 논문 「전망 이론」이기 때문이다. 주류 경제학에는 행동의 결과가 불확실한 상황에서 경제 주체가 결과에 대한 효용 기대치에 근거해 합리적인 판단을 내린다는 기대효용 이론(expected utility theory)이 있다. 그러나 전망 이론(prospect theory)에서는 사람들이 절댓값이 아니라 변화에 반응한다고 본다.

대니얼 카너먼의 '시스템 1'과 '시스템 2'

행동경제학의 창시자로 간주되는 대니얼 카너먼은 2011년에 『빠른 생각과 느린 생각』을 출간한다.[8] 그는 이 책에서 '인지'라는 용어를 사용하는 것은 아니지만 앞에서 설명한 뜨거운 인지와 차가운 인지에 대응하는 두 시스템을 제시한다. 그는 이를 '시스템 1'과 '시스템 2'라고 부른다. 이 두 시스템을 원서의 제목에 따라 번역하면 각각 '빠른 생각'과 '느린 생각'이다. 전자는 에드워드 슬링거랜드가 말하는 '뜨거운 인지'이고 후자는 '차가운 인지'에 해당한다.

행동경제학에서 말하는 합리성, 이기심, 이성은 대니얼 카너먼이 말하는 시스템 2 또는 '느린 생각'이고, 감정은 시스템 1 또는 '빠른 생각'이다. 카너

---

8   우리나라에서 이 책은 2018년에 『생각에 관한 생각』이라는 제목으로 번역되었다.

먼은 이 책에서 다음과 같이 화가 머리끝까지 난 한 여성의 사진을 제시하면서 시스템 1(빠른 생각)을 설명한다.

화난 여성
출처: https://pixabay.com/photos/
anger–angry–bad–isolated–dangerous–
18615/

우리는 이 사진을 보자마자 여성이 화가 많이 나 있다는 것을 바로 알 수 있다. 더 나아가 우리가 본 것은 미래로 확장까지 된다. 즉, 이 여성이 귀에 거슬리는 불쾌하고 거친 말을 쏟아낼 것임을 바로 직감할 수 있다. 이 여성이 다음에 무엇을 할 것인지 직감하는 것은 자동적이고 힘들이지 않게 일어난다. 우리는 그녀의 이러한 기분을 평가할 의도도 아니고 앞으로 어떻게 할지 예상하지도 않는다. 이러한 직감이 그냥 들 뿐이다. 이것이 바로 시스템 1에 해당하는 빠른 생각이다. 빠른 생각은 한눈에 파악되는 것으로서, 이성이나 논리나 합리적 사고가 개입하지 않는다.

이에 반해 "17 × 24"라는 수학 문제를 보자. 우리는 시스템 1의 작동으로 이 문제가 곱셈 문제라는 것을 바로 알고, 계산기나 펜과 종이가 없다면 풀기 어려우며, 머리가 비상한 사람이라면 몰라도 평범한 사람은 그렇게 하지 못한다는 것을 바로 직감한다. 여하튼 12,609나 123은 가능한 답이 아니라는 것을 재빨리 인식할 수 있다. 정답은 바로 떠오르지 않고, 계산할지 말지를 선택해야 한다. 시스템 1이 이 문제를 풀지 못하는 어려움에 부닥치면 시스템 2에 긴급으로 도움을 요청한다. 이제부터 이 문제는 시스템 2의 영역으로 넘어간다. 어떤 문제에 대해 일련의 단계를 밟아가는 것은 시스템 2에 해당하는 느린 생각이다. 이때 우리는 학교에서 배운 곱셈 과정을 기억에서 끄집어낸 뒤 1의 자리로부터 하나씩 곱셈을 실행한다. 중간 결과를 힘겹게 기억하면서 한 단계씩 진행하므로 속도가 느리다. 408이라는 정답을 구하든 틀리든 아니면 포기하든 곱셈을 끝낼 때까지 심적 압박을 느낀다. 이러한 계산을 하는 것은 피곤한 일이고, 그 과정은 신중하게 생각하고 힘이 들어가는 정신적 일이다. 이것은 전형적인 느린 생각의 경우이다. 뭔가 계산을 한다는 것은 마음속에서만 일어나는 것이 아니라 몸도 관여한다. 즉, 계산할 때 근육이 긴장되고 혈압이 올라가고 심장박동도 증가한다. 이처럼 마음과 몸의 추가적인 작동을 요구하면서 뭔가 생각을 좀 더 해야 하는 것이 시스템 2이다.

요약하자면, 대니얼 카너먼이 말하듯이 "시스템 1은 거의 노력이 들지 않거나 아무런 노력을 들이지 않고, 그리고 자발적 통제의 느낌 없이 자동적이고 빠르게 작동한다. 시스템 2는 복잡한 계산이 요구하는 힘을 쓰는 정신적 활동이다. 시스템 2의 작용은 종종 행위성, 선택, 집중의 주관적 경험과 연상된다." 다시 말해, 시스템 1은 저절로 빠르게 작동하고, 노력이 거의 필요 없거나 전혀 필요 없으며, 자발적 통제도 모른다. 이에 반해 시스템 2는 아무 때나 작동하지 않고 노력이 요구되는 정신적 활동이 필요한 때에만 작동하고, 주관적 행위, 선택, 집중과 관련된 활동에 주목한다. 이러한 그의 생각을 그림으로 나타내면 다음과 같다.

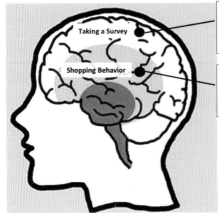

시스템 2: 사고
신피질: 느린·의식적·반성적·신중한·
        분석적·논리적 처리

시스템 1: 일차 반응
변연계: 빠른·자동적·충동적·연상적·
        감정적·무의식적 처리

시스템 1(변연계)과 시스템 2(전전두피질)

  시스템 1은 우리의 일상생활을 용이하게 한다. 예를 들어, 우리는 아침에 잠에서 깨고 침대에서 내려와 화장실에 들어가 양치하고 세수한다. 이때 침대에서 내려올 때 오른쪽 다리를 먼저 침대 밑으로 내리고 그다음에 왼쪽 다리를 내린 후 엉덩이를 들어서 일어나야겠다고 생각하지는 않는다. 그리고 화장실에 걸어갈 때도 왼발을 내밀고 동시에 왼손은 뒤로 보내며, 그다음에 오른발을 내밀고 동시에 오른손을 뒤로 보내야 한다고 생각하지 않는다. 화장실에서도 세수하기 위해 수도꼭지 밸브를 위로 올려서 물이 나오게 하고 아래로 내려서 물이 나오지 않게 해야 한다고 생각하지 않는다. 우리는 이 모든 행동을 본능적으로 하기에 효율적으로 사는 것이다. 이것이 시스템 1이 하는 일이다. 우리 인생에서 대부분의 판단은 시스템 1이 한다고 해도 과장이 아니다. 그리고 시스템 1이 무언가 이상하다고 느끼기 시작하면 시스템 2가 그 문제 영역에 뛰어들어 합리적으로 생각해서 문제를 해결한다. 이처럼 이 두 시스템은 서로 배척하는 것이 아니라 효과적으로 노동 분업을 하고 있다.

1970년대 이전에는 합리적 사고 체계인 시스템 2가 인생의 주인공이라고 생각했다. 하지만 주인공은 시스템 1이다. 대부분의 판단은 시스템 1이 하고 시스템 2는 느리고 게으른 이유로 시스템 1이 판단을 하지 못할 때 비로소 작동을 시작한다. 시스템 2는 시스템 1을 견제하기보다는 시스템 1을 지원하거나 시스템 1의 판단을 승인하는 성향을 갖고 있다. 문제를 판단하기 위해서는 에너지가 필요하므로 시스템 2는 에너지가 고갈되면 판단이 흐리게 되는 경향도 있다. 예를 들어, 판사가 임시 석방에 대한 판결을 내린다고 할 때 그 시점이 점심시간쯤이거나 퇴근 무렵이면 임시 석방 승인 비율이 높아진다. 이 시점은 에너지가 거의 고갈될 무렵이기 때문에 임시 석방 사례를 집중해서 검토하지 않고 임시 석방을 승인하게 된다. 꼼꼼한 주의를 필요로 하는 과제는 피곤하거나 힘들어질 때 잘못하게 되는 경향이 있다. 즉, 시스템 1의 편향이 나오게 되는 것이다.

그러면 이러한 두 시스템이 행동경제학에서 어떻게 작동하는지 살펴보자. 이를 위해 행동경제학의 이론인 전망 이론(prospect theory)과 주류 경제학의 이론인 기대효용 이론(expected utility theory)을 비교해 보자. A와 B 중 어떤 것을 선택할 것인가라는 테스트가 있다. A는 '$900을 받는다'이고, B는 '$1,000을 받는다'이다. 고민할 것도 없이 우리는 B를 선택한다. 이것은 시스템 2가 작동할 틈이 없는 문제이다. 하지만 이러한 문제가 있다고 하자. A는 '무조건 $900을 받는다'이고, B는 '90%의 확률로 $1,000을 받는다'이다. 이 문제에서는 대부분 A를 선택할 것으로 생각된다. B는 $1,000을 선택할 확률이 90%로 아주 높긴 하지만 하나도 못 받을 확률도 10% 존재하기 때문이다. 이 문제는 주류 경제학이 오랫동안 주장해 온 기대효용 이론을 뒷받침하는 문제이다. 기대효용 이론에서는 A와 B의 부의 효용[9]을 같은 것으로

---

9   효용(utility)이란 개인이 상품 또는 서비스를 소비하거나 특정 결과를 경험함으로써 얻는

본다. 부의 효용이 같을 때 사람들은 위험을 회피하는 선택을 한다는 것이 기대효용 이론의 핵심이다.[10]

하지만 다음 문제에서도 위험을 회피하는지 보자. A는 '무조건 $900을 잃는다'이고, B는 '90%의 확률로 $1,000을 잃는다'이다. 이번에는 문제가 그렇게 간단하지 않다. 왜냐하면 A이든 B이든 잃어야 하기 때문이다. 마이너스(-) 값이긴 하지만 이번에도 부의 효용은 같다. 즉, A는 -$900이고 B는 -$1,000의 90%이다. 그렇다면 사람들은 기대효용 이론이 주장하는 것처럼 이번에도 위험을 회피하는 선택을 할까라는 질문이 제기된다. 정답은 그렇지 않다는 것이다. 이 문제에서는 대부분 B를 선택한다. $900 대신 더 큰돈인 $1,000을 잃을 위험이 있긴 하지만 그래도 하나도 잃지 않을 확률 10%에 모험을 걸기 때문이다. 다시 말해, 부의 효용이 같더라도 위험 회피가 아닌 위험 추구를 선택하는 것이다.

이 문제는 다니엘 베르누이(Daniel Bernoulli; 1700~1782)가 1738년에 기대효용 이론의 핵심 개념인 위험 회피의 오류를 드러낸 문제이자, 전망 이론의 시작을 알리는 문제이다. 행동경제학의 관점에서 베르누이의 기대효용 이론에는 한 가지 오류가 더 있다. 그것은 이익과 손실을 평가할 때 비교 대상이 되는 그 이전의 부가 빠져 있다는 점이다. 예를 들어, 현재의 재산이 $1,000인 사람이 $900을 벌거나 잃는 것과 $100,000,000인 사람이 $900을 벌거나 잃는 것에는 차이가 있다. 이처럼 전망 이론은 준거가 되는 이전 상태의 부를 중요하게 생각한다. 즉, 기준점의 크기에 따라 이익과 손실의 크기가 다르고 기쁨과 고통의 크기도 다른 것이다.

만족감 또는 가치를 말한다. 효용은 주관적인 척도이며 사람마다 다르다.

10   기대효용 이론의 핵심 통찰력 중 하나인 위험 회피(risk aversion)는 사람들이 일반적으로 위험을 회피한다는 것이다. 즉, 불확실한 상황에 직면했을 때 사람들은 결과의 기대값이 동일하더라도 불확실한 확률보다 알려진 확률을 가진 결과를 선호한다는 것이다.

기대효용 이론과 비교해 전망 이론에는 세 가지 특징이 있다. 기준점 (reference point) 비교, 민감도 감소(diminishing sensitivity)의 원칙, 손실 회피 (loss aversion)가 그것이다.

사람들에게는 결과를 평가하는 기준점이 있다. 이익과 손실은 이 기준점을 기준으로 평가되며, 기준점으로부터의 편차는 의사결정에 영향을 미친다. 사람들은 돈을 받거나 긍정적인 결과를 얻는 등의 이익을 경험하면 초기에는 행복감이나 만족도가 매우 증가한다. 그러나 이익의 규모가 커질수록 이익의 단위가 늘어날 때마다 파생되는 추가적인 감정적 영향이나 만족도는 감소한 다. 마찬가지로 금전적 손실이나 부정적인 결과와 같은 손실에 직면할 때 초기에는 행복감이나 만족도가 매우 감소한다. 그러나 손실의 규모가 커질수록 손실의 단위가 늘어날 때마다 파생되는 추가적인 감정적 영향이나 만족도 도 감소한다. 이처럼 이익이나 손실이 점점 커질수록 그 차이를 덜 민감하게 받아들이는 것이 민감도 감소의 원칙이다. 손실 회피는 사람들이 동등한 이익보다 손실에 더 큰 비중을 두는 경향을 가리킨다. 일반적으로 손실의 감정적 영향은 같은 규모의 이익의 감정적 영향보다 더 크다.

이 세 가지 특징은 모두 시스템 1과 관련이 있는 특징이다. 대니얼 카너먼 은 전망 이론의 이 세 가지 특징을 아래와 같은 하나의 그래프로 정리한다. 이 그래프는 기준점을 중심으로 왼쪽과 오른쪽이 명확히 나뉜다. 그리고 전체적으로 S자 곡선[11]이다. 이 S자 곡선은 이익과 손실의 민감도 감소를 나타낸다. 즉, 같은 $100이라도 $900과 $100의 심리적 차이가 $100과 $200 의 심리적 차이보다 적게 느껴진다는 것이다. 또한 S자 곡선은 대칭이 아니 다. 곡선의 기울기가 기준점에서 급격하게 바뀐다. 그 이유는 손실에 대한

---

11 이 곡선은 사람들이 부나 결과의 변화를 인식하고 이에 대응하는 비선형적인 방식을 반영 한다.

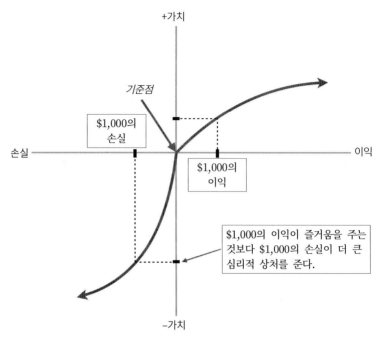

전망 이론의 가치효용 곡선

반응이 이익에 대한 반응보다 더 강하기 때문이다. 즉, $1,000의 이익보다 $1,000의 손실이 더 크게 느껴지기에 사람들은 손실을 회피하는 성향을 보인다.

　우리는 살면서 다양한 선택에 직면한다. 투자할지, 소송할지처럼 중요한 선택일수록 이익을 얻을 기회와 손실이 생길 위험이 뒤섞인 상태에 놓인다. 그때마다 어렵고 까다로운 결정을 내려야 한다. 만약 어렵고 까다로운 결정의 순간에 시스템과 1과 시스템 2의 상호작용을 더 잘 이해하고 있다면 우리의 결정도 더 긍정적인 결과를 낳을 것이다. 행동경제학은 바로 이러한 목적을 위해 연구되는 분야이다. 이익과 손실이 뒤섞인 우리의 삶을 조금 더 긍정적인 선택 앞에 놓이게 하는 것이 바로 그 목적이다.

뒷무대 인지 vs. 앞무대 인지

포코니에와 터너(Fauconnier & Turner)는 2002년에 공동으로 집필한 『우리는 어떻게 생각하는가』에서 뜨거운 인지의 비가시적 본질을 무대 공연에 비추어 설명한다. 그들은 우리의 가장 기본적이고 일반적인 정신적 능력, 즉 뜨거운 인지의 체계성과 복잡성이 오랫동안 인식되지 않은 것을 이상하다고 여긴다. 어쩌면 뜨거운 인지가 어릴 적에 형성되어 우리의 의식에 공개되지 않고 비가시적이란 것이 한 가지 이유이다. 또 다른 이유는 뜨거운 인지가 인간의 진화적 적응의 부분이기 때문이라는 것이다. 마치 연극을 공연할 때 무대 뒤에서 이루어지는 작업이 눈에 띄지 않아야 잘 된 공연이라고 말할 수 있는 것과 마찬가지로, 뜨거운 인지도 눈에 띄지 않고 비가시적이어야 겉으로 드러나는 우리의 행동이 잘 이루어졌다고 할 수 있다. 이러한 점에서 포코니에와 터너는 인간의 가장 기본적이고 평범한 정신적 능력, 즉 뜨거운 인지를 뒷무대 인지(backstage cognition)라고 부른다. 무대 공연이 성공적으로 마무리되었다고 할 때 무대 위에서 실제로 공연한 배우들의 역할 못지않게 무대 뒤에서 공연을 준비한 모든 스태프의 일도 이루 말할 수 없이 중요하다. 이러한 무대 뒤의 활동을 뒷무대 인지라 하고, 이는 우리의 보이지 않는 무의식적 특징을 묘사한 것이다.

포코니에와 터너는 의미구성(meaning construction)에 관심이 있다. 그 의미가 무엇의 의미인가라고 질문하면, 그 '무엇'은 언어와 우리의 삶의 모습, 창의성의 결과물인 예술작품처럼 우리 눈에 보이는 모든 것을 일컫는 '형태'이다. 형태의 의미를 구성할 때 비가시적이고 당연시되며 무의식적인 뒷무대 인지가 표면적인 층위가 아닌 개념적 층위에서 작용한다고 보는 것이 그들의 기본 입장이다. 포코니에가 1994년에 집필한 『정신공간』에서 한 말을 빌려보자. "우리가 사용하는 언어는 인지적 구성에서 빙산의 일각에 지나지 않는다. 담화가 전개됨에 따라 많은 것은 장면 뒤에서 진행된다. 새로운 영역이 등장하고, 영역들이 서로 연결되며, 추상적 의미가 작용하고, 내적 구조가 발생하여 펼쳐지며, 관점과 초점은 계속 변한다. 일상 대화와 상식적 추론은 비가시적이고 추상적인 정신적 창조에 의지하는데, 언어는 이러한 정신적 창조를 안내하도록 돕지만 언어 자체가 정신의 창조를 한정하지는 않는다." 그의 말에서 중요한 것은 '무대 뒤'를 의미하는 '장면 뒤'이다. 우리의 언어와 삶, 창작물에 의미가 있는 것은 그러한 형태가 의미를 표현해서가 아니다. 그러한 형태는 창의적인 의미구성이 일어나도록 하는 촉진제로서, 개념적 층위에서 발생하는, 즉 무대 뒤에서 발생하는 풍부한 개념화 과정을 극미하게 안내하는 역할을 할 뿐이다. 이처럼 풍부한 개념화 과정이 뒷무대 인지의 과정이다.

비비안 에반스(Vyvyan Evans)는 20009년에 출간한 『단어는 어떻게 의미하는가』에서 자신의 언어 이론을 뒷무대 인지가 아닌 앞무대 인지 이론이라고 주장한다. 앞무대 인지 이론은 언어 단위와 관련된 의미 단위, 즉 어휘개념의 복잡성과 그것이 언어 이해에 어떤 중심적인 역할을 하는지 연구하려는 시도이다. 하지만 에반스는 앞무대 인지가 뒷무대 인지와 완전히 별개이고 서로 배척하는 것이 아니라 서로 뒤엉켜 있어야 한다고 주장한다. 즉, 개념적 층위에서 발생하는 뒷무대 인지와 언어적 층위에서 발생하는 앞무대 인지는 서로 조화를 이루어야 한다. 그리고 앞무대 인지와 뒷무대 인지가 해야 하는 노동을 다음과 같이 분업한다. 우선, 앞무대 인지에서는 언어 형태와 의미적 구조 간의 관계를 설명하고, 언어적 체계 속의 의미적 구조와 개념적 구조 간 관계의 본질을 설명한다. 그리고 어휘개념을 통합하고, 개념적 구조의 선택적 활성화를 촉진하는 합성의 원리를 설명하며, 마지막으로 상황적 의사소통 의도를 전달하는 언어의 상호작용적 본질과 목표 지향적 본질을 포함하는 문맥의 역할을 설명한다. 이에 반해, 뒷무대 인지는 언어로 촉진되는 구조의 개념적 통합을 촉진하는 비언어적 원리를 설명하고, 비언어적 지식 구조들의 통합을 설명하며, 마지막으로 개념화의 동적 해석을 설명한다. 앞무대 인지와 뒷무대 인지는 서로 배척하는 것이 아니라 서로 교류하고 상호작용한다. 이 두 인지가 상호작용해서 궁극적으로 달성하려는 목표는 담화 의미의 모형이다. 담화 의미의 모형이란 상황적 의사소통의 발현적·진화적 특성인 개념적 공간에서 표상되고 분할되며, 부분적으로 언어로 중재되는 동적이고 임시적인 관념의 집합이다.

유발 하라리의 인지혁명 vs. 과학적 상상력

유발 하라리(Yuval Harari; 1976~)는 인지의 중요성을 인류학의 관점에서 언급한다. 그는 2015년에 출간한 책 『사피엔스』[12]에서 네 가지 중대 시점을 중심으로 인류를 조직하면서 이 시기에 일어난 혁명을 소개한다.

첫째는 인지혁명(cognitive revolution)이다. 약 7만 년 전에 일어난 인지혁명은 인간 문명에 시동을 걸면서 인류 역사의 중추적인 시점이었다. 이 시기는 복잡한 언어, 상상력, 유연한 협동 능력 등 호모 사피엔스 특유의 인지 능력이 대거 등장한 것을 특징으로 한다. 인지혁명으로 우리 최초의 인간 종인 호모 사피엔스와 동물은 구분되기에 이른다. 이러한 인지적 도약으로 인류의 조상은 복잡한 사회 구조, 문화적 체계, 그리고 세대에 걸쳐 지식을 전달할 수 있는 능력을 개발할 수 있었다.

둘째는 농업혁명(agricultural revolution)이다. 약 1만 년 전에 시작된 농업혁명은 또 다른 중요한 전환점을 상징한다. 우리 조상은 수렵채집 사회에서

---

12 이 책은 우리 인간이 어디에서 왔느냐는 인간 기원에 대한 우리의 호기심을 충족시켜 줄 뿐만 아니라 우리가 앞으로 어디로 나아갈지를 내다보는 미래 지향적인 성격도 지닌다.

농업 사회로 전환하면서 잉여 식량을 생산할 수 있었다. 이 잉여 식량으로 영구적인 정착지가 설립되고, 인구가 증가하며, 복잡한 사회, 경제, 정치 구조가 출현할 수 있었다. 그러나 유발 하라리는 농업혁명으로 사회 계층 구조와 불평등이 발생하고, 인간이 질병에 취약해지는 등 이 혁명의 단점도 지적한다.

셋째는 과학혁명(scientific revolution)이다. 16세기부터 18세기에 걸쳐 전개된 과학혁명은 자연계에 대한 인류의 이해를 근본적으로 변화시켰다. 유발 하라리는 이 시기에 종교적·철학적 설명에서 실증적 관찰, 실험, 그리고 새로운 과학적 방법론의 발전으로 심오한 변화가 있었다고 강조한다. 과학혁명은 물리학, 생물학, 의학과 같은 분야의 중대한 돌파구를 열고, 궁극적으로 현대 기술 시대의 길을 열었다.

넷째는 기술혁명(technological revolution)이다. 유발 하라리는 현재 우리가 그 범위, 속도, 그리고 잠재적인 영향력에서 이전의 혁명을 능가하는 기술혁명을 경험하고 있다고 주장한다. 이 혁명은 인공지능, 생명공학, 자동화, 빅데이터 등 상호 연결된 여러 기술을 포함한다. 그는 또한 감시의 증가, 알고리즘 의사결정, 직업 이동 및 새로운 기술과 관련된 윤리적 딜레마를 포함하여 이 혁명의 부정적인 영향도 언급한다.

이 네 가지 혁명[13] 중에서 인지혁명이 인류에게 있어서 결과나 흐름의 판도를 뒤바꿔 놓을 만한 중요한 역할을 하는 시기였다는 것이 유발 하라리의 생각이다. 즉, 인지혁명은 호모 사피엔스의 뇌 구조를 변화시켜 유전적 돌연변이로 만들어, 전례 없는 방식으로 생각하고 정보를 전달할 수 있을

---

13 인류에게 있어서, 이 4대 혁명이 가능했던 것은 인간에게는 다른 종에게는 없는 이성의 힘이 있기 때문이다. 이성의 측면인 합리성과 논리는 인간의 추론 및 의사결정 과정과 관련된 개념이다. 특히 뇌의 전두엽에 있는 전전두피질(prefrontal cortex)이 합리성과 논리적 추론을 포함한 고등 인지 기능에 중요한 역할을 한다. 결국 전전두피질이 인류 문명에 혁명을 일으킨 것이다.

뿐만 아니라 상상의 세계를 창조할 수 있는 전혀 새로운 형태의 언어로 의사소통할 수 있게 해 주었다. 호모 사피엔스가 집단을 형성하여 유연하게 협력하고, 네안데르탈인과 같은 경쟁 종을 물리치며, 적대적인 동물들을 멸종시키고, 농산물을 경작하며, 신화와 상상의 세계를 만들어 낼 수 있었던 것은 이러한 인지 능력 때문이다. 유발 하라리는 상상적 질서와 위계, 즉 상상의 공동체라는 마음속의 피라미드를 구축하여 인류가 발전했다고 본다.

우리는 인지 능력, 인지혁명, 생각하는 능력으로 가시적인 물리적 세계 외에도 추상의 세계를 상상할 수 있게 되었다. 신이나 전설 같은 보이지 않는 개념을 만들 수 있게 되고, 그러한 상상을 공유하는 집단끼리는 자연적인 집단 범위를 능가하는 거대 조직을 만들 수 있게 되었다. 그러한 정보의 공유는 언어를 통해서 이루어진다. 언어는 상징으로만 이루어진 매우 고도의 추상적 사고이기 때문에 의사소통 행위는 더 큰 지적 능력을 자극했다. 이러한 사고방식과 의사소통의 발전이 인지혁명이고, 이것은 사피엔스가 같은 시기에 존재한 다른 호모 종들을 이길 수 있게 해 준 능력이다.

유발 하라리가 말하는 인지는 매우 총체적이다. 그러나 인지인문학에서 말하는 인지는 일반적이고 두리뭉실한 개념이 아니다. 앞에서 인지가 사고, 추리, 기억, 상상, 학습과 같은 정신적 작용이라고 했다. 내가 말하는 인지는 유발 하라리가 말하는 전반적인 의미에서의 인지가 아니라, 인지과학에서 말하는 뜨거운 인지이고 뒷무대 인지이다. 나는 이러한 인지를 '과학적 상상력(scientific imagination)'이라고 부른다. 여기에서 말하는 상상력은 인간의 느낌, 정서, 사고, 추리 등을 포함한다. 하지만 그러한 능력이 환상이나 환각, 환영과 같이 아무런 기반이 없이 생기는 현상이 아니라 인간의 몸과 뇌에서 체계적이고 논리적으로 일어난다는 점에서 '과학적'이다.

1.2. 인지와 인지과학

정신적 작용으로서의 인지는 크게 세 가지로 나눌 수 있다. 첫째는 '수학적 인지'이고, 둘째는 '개인적 인지'이며, 셋째는 '집단적 인지'이다. 인간의 인지를 연구하는 학문이 인지과학이라고 할 때, 인지과학은 인지의 유형에 따라 크게 세 가지 유형으로 나뉜다. 수학적 인지를 중심으로 이루어진 1세대 인지과학, 개인적 인지를 받아들이고 활용하는 2세대 인지과학, 인간의 사회성을 강조하고 집단적 인지를 채택하는 3세대 인지과학이 그것이다.

수학적 인지와 1세대 인지과학

수학적 인지에서 말하는 '수학'은 학문 분야로서의 수학이 아닌 객관성과 엄격함, 논리성, 부분의 합이 반드시 전체가 되고 전체의 합이 부분의 합을 더한 것임을 강조한다는 의미에서의 수학이다. 따라서 수학적 인지는 논리적 인지나 객관적 인지, 과학적 인지, 이성적 인지라고도 부를 수 있다. 수학적 인지에서는 인간의 상상력이 없는 객관적인 수학적 계산의 힘과 과학의 힘을 강조한다.

크리스 신하(Chris Sinha)는 2007년에 출간된 『인지언어학 옥스퍼드 핸드북』에 수록된 자신의 논문에서 1세대 인지과학(First Generation Cognitive Science)[14]에 대해 다음과 같이 말한다. "고전적 인지과학은 2차 세계대전 이후 기술적·지적 발달의 결과로 등장했다. 컴퓨터과학의 발달, 동물 행동이 아닌 인간 행동에 대한 심리학자들의 새로운 초점, 초기 생성언어학의 형식적 엄격함이 결합되어 많은 과학자들이 마음의 '블랙박스'의 내부 작동을

---

14   1세대 인지과학은 고전적 인지과학(Classical Cognitive Science)이라고도 부른다.

무시하라는 행동주의적 명령이 더는 필요하지 않거나 바람직하지 않다는 것을 확신하게 되었다." 1세대 인지과학의 출현으로 일관된 이론적 주장과 선호되는 연구 방법론이 확립되었다. 이러한 이론적 주장에는 타고난 영역별 지식을 선호하면서 범용 학습 메커니즘을 거부하는 것과 행동 조직에서 정신적 표상의 중요성을 인식하는 것이 있다. 이런 방법론은 생성언어학과 정보처리 이론의 통합에 영향을 받아 형식화 및 알고리즘 표상을 강조했다.

1세대 인지과학은 레이코프와 존슨이 『삶으로서의 은유』에서 말하는 객관주의(objectivism) 철학으로 표명된다. 그들이 말하는 객관주의 철학의 특징은 다음과 같다.

- 세계는 사물로 구성되어 있고, 사물에는 그것을 경험하는 사람과 독립적인 자질이 있다.
- 우리는 세계의 사물을 경험하고, 사물에 어떤 자질이 있으며, 여러 사물이 어떻게 서로 연결되는지를 앎으로써 세상의 지식을 얻는다.
- 우리는 세계의 사물을 범주와 개념을 바탕으로 이해한다.
- 객관적인 실재가 있고, 우리는 세계에 대한 객관적·절대적·무조건적인 참 또는 거짓에 관해 이야기한다.
- 단어에는 고정된 의미가 있다.
- 사람들은 객관적일 수 있고 객관적으로 말할 수 있지만, 명확하고 정확하게 정의할 수 있는 언어를 사용할 때만 그렇게 할 수 있다.
- 은유를 비롯한 다양한 시적·공상적·수사적·비유적 언어는 객관적으로 말할 때는 항상 피해야 한다. 그러한 의미는 명확하지 않고 정확하지 않으며 실재와 명확하게 일치하지 않기 때문이다.
- 객관적인 것은 일반적으로 좋은 것이고 객관적인 지식만이 진정한 지식이다.
- 주관성은 실재와 접촉이 끊어지기 때문에 위험하다.

그러면 이러한 특징을 가진 객관주의 철학이 우리 인간 삶과 떼려야 뗄 수 없는 의미(meaning)를 어떻게 보는지 살펴보자. 객관주의 철학에서는 의미는 객관적이고, 인간의 신체적 양상이 반영되지 않는다는 점에서 탈신체화되며, 실제 생활에서 사용되는 방식과 독립적이다. 그리고 객관주의 철학에서 말하는 의미론은 언어 표현이 인간의 이해가 개입하지 않고도 세계와 직접적으로 일치할 수 있는 방식에 관한 연구이고, 명제나 문장 등이 세계의 특정한 사물이나 사실 같은 것에 딱 들어맞을 때, 즉 그것에 대응하고 일치할 때 참이라고 보는 진리의 대응이론에 기초를 둔다.

개인적 인지와 2세대 인지과학

개인적 인지란 앞서 수학적 인지에서 무시되었던 인간의 모습, 그중에서 우리 몸의 모습을 참조한다. 한 개인의 몸과 몸의 부분으로 간주되는 뇌를 참조하는 것이 개인적 인지이다. 한 개인으로서 우리 인간은 이성적이라기보다는 육감적이고 직감적이며, 합리적이기보다는 주관적이다. 한 개인의 비합리적인 측면, 비논리적인 측면, 육감적 측면, 정서적 측면을 강조하는 것이 개인적 인지이다.

이러한 특징을 가진 개인적 인지를 중심으로 하는 인지과학을 2세대 인지과학이라고 부른다. 브리짓 네를리히와 데이비드 클라크(Brigitte Nerlich & David D. Clarke)는 『인지언어학 옥스퍼드 핸드북』에 수록된 자신들의 논문에서 2세대 인지과학(Second Generation Cognitive Science)에 대해 다음과 같이 말한다. "2세대 인지과학이라고 불렀던 새로운 유형의 인지과학이 미치는 영향 때문에, 마음을 형식적 상징에 대한 탈신체화된 조작으로 간주하고, 언어를 형식적 상징의 통사적 배열로 간주하는 것에서부터 마음, 의미, 언어를 신체화된 것으로 간주하는 것으로 전이가 일어났다."

2세대 인지과학은 객관주의 철학과 의미는 사적이고 의미에는 자연적 구조가 없다고 보는 주관주의(subjectivism) 철학의 문제점을 해결하는 체험주의(experientialism) 철학으로 표명된다. 체험주의 철학의 핵심은 인간의 몸이다. 그러면 체험주의 철학은 어떤 식으로 객관주의 철학과 주관주의 철학을 통합하는지를 살펴보자. 객관주의 철학은 의미의 주관적 양상을 설명하지 않는다는 문제가 있다. 즉, 객관주의 철학에서 의미란 상징과 세계 사이의 단순한 관계의 문제이다. 반면에 체험주의 철학에서 의미란 항상 특정 사람에게만 의미이고, 의미는 신체적 체험과 밀접한 관계가 있다. 다시 말해, 의미는 신체화되어 있다. 신체화된 의미, 즉 주체의 물리적 체험과 밀접하게 관련된 의미는 객관주의 철학에서 제시하는 의미와는 전혀 다른 것이다. 객관주의 철학과 주관주의 철학을 통합하기 위해 체험주의 철학은 주관주의 철학의 절대적 상대주의를 피해야 한다. 즉, 체험주의 철학은 의미에 대한 탄탄하고 공적인 토대를 가져야 한다. 이러한 토대는 사적인 것이 아니라 특정 문화권 내에 있는 사람들에게 공통된 체험에서 발견될 수 있다.

2세대 인지과학과 체험주의 철학을 바탕으로 하는 언어학은 인지언어학(cognitive linguistics)이다. 인지언어학은 미국에서 1970년대 후반, 1980년대 초 조지 레이코프(George Lakoff; 1941~), 로널드 래내커(Ronald Langacker; 1942~), 레너드 탈미(Leonard Talmy)의 연구에서 시작되었다. 인지언어학의 최우선 과제는 언어의 체험적 기초를 분석하는 것이다. 즉, 인지언어학은 체험에 기반한 언어 이론이다. 몸과 체험에 기반한 인지언어학 연구를 가장 잘 대변하는 마크 존슨(Mark Johnson)은 1987년에 출간한 『마음속의 몸』에서 다음과 같이 말한다. "우리 인간에게는 몸이 있다. 우리는 '**이성적** 동물'이지만, 우리는 또한 '이성적 **동물**'이기도 하다. 이것은 우리의 합리성이 신체화된다는 것을 뜻한다." 그의 말에서 인간이 '**이성적** 동물'이라고 말하는 것은 1세대 인지과학의 인지를 강조한 것이고, '이성적 **동물**'은 2세대 인지과학의 인지를 말하는 것이다.

이 두 가지 중에서 상식적으로 무엇이 더 적절한 것인지 한번 생각해 보자. '이성적'과 '동물'이라는 두 개념이 같은 위치에 있고, 강조점에서만 서로 차이가 난다. '**이성적** 동물'에서는 이성이 강조되고, '이성적 **동물**'에서는 동물이 강조된다. 인간의 기억은 현재에 가까운 것을 더 잘 기억하는 경향이 있다. 현재에 더 가까운 것이란 가장 최근에 일어난 일이며, 이는 시간이 왼쪽에서 오른쪽으로 흐른다고 할 때 오른쪽에 있는 것이다. 공식 행사에서 주인공이 맨 마지막에 등장하듯이, 핵심은 맨 나중에 나온다. '이성적 동물'에서 '동물'이 핵심이고 '이성적'은 수식어이다. 그래서 중요한 것은 이성이 아니라 동물이다. 2세대 인지과학은 핵심이 되는 동물을 강조하려는 견해를 밝히고 있다. 동물은 이성보다는 본능에 충실하다. 이러한 본능의 모습을 강조하려는 것이 2세대 인지과학이다.

집단적 인지와 3세대 인지과학

2세대 인지과학에서 말하는 개인적 인지가 단 한 개인의 머릿속에서 작용하는 정신적 작용을 강조했다면, 3세대 인지과학에서 말하는 집단적 인지는 둘 이상의 개인이 모여 사회를 형성하고 그 사회 속에서 서로의 생각을 공유하고, 그 집단의 수를 계속 확장해 나가는 누적되고 축적되는 인지이다. 이러한 점에서 집단적 인지는 사회적 인지(social cognition)라고 말할 수도 있다. 그리고 나의 인지와 타인의 인지가 공유되기 위해서는 서로 의사소통이 이루어져야 한다. 이러한 점에서 집단적 인지는 의사소통적 인지(communicative cognition)라고 할 수도 있다.

라인 브란트(Line Brandt)는 2013년에 출간한 『의사소통적 마음』에서 3세대 인지과학을 다음과 같이 특징짓는다. "1세대와 2세대 인지과학이 의미를 각각 진리조건과 몸을 비롯한 무의식적인 개념적 체계에서 찾는다면, 3세대 인지과학은 의미를 의사소통하는 마음과 몸에서 찾는다. 따라서 '의사소통적' 마음이라는 개념은 발화 상황의 고양된 인식을 언어에서 의미심장하고 사실상 구성적인 요인으로 나타낸다."

3세대 인지과학은 인간의 인지를 근본적으로 사회적인 것으로 본다. 물리적 뇌를 가진 서로 다른 인간 마음들이 서로 의사소통하고, 이러한 능력을 통해 우리의 마음들을 정렬시켜 서로의 사고 내용을 알고 심지어 인과적으로 그것에 영향을 미치는 것이 가능하다. 언어는 모든 구조적 층위에서 면대면 상호작용을 전제로 해서 형성된다. 언어와 인지는 본래 공존재 또는 공거주뿐만 아니라, 화자가 상호 의식과 주의에서 다른 누군가에게 말을 거는 사회적 상황에서 발생하는 상호교환을 다루도록 구조화되어 있다. 말걸기의 이러한 기본적인 상황은 언어학에서 언술행위(enunciation)로 알려져 있다. 이러한 3세대 인지과학에서는 나의 인지가 중요한 것이 아니라 타인의 인지가 중요하다. 나의 인지는 자체적으로 의미를 갖는 것이 아니라 타인의 인지 때문에 의미를 갖게 된다.

집단적 인지와 관련해 최근에 인지언어학의 박사논문 심사를 맡으면서 경험한 한 가지 특이한 흐름을 소개하고자 한다. 최근 인지언어학의 박사학위 논문을 보면 코퍼스언어학 분석을 활용하는 경향을 엿볼 수 있다. 인지언어학의 한계가 주관성에 치우쳐 있다는 비판을 극복하기 위해 선택한 것이 코퍼스 분석과 통계 분석인 것 같다. 인문학의 주관성은 개인적 편견과 맥을 같이 하므로 위험한 것은 사실이다. 그래서 이러한 주관성을 극복하고 개인적 편견을 타파하여 객관성을 확보하려는 노력이 필요하다. 그렇다고 인간이 배제된 과학의 영역에서만 객관성을 찾을 수 있는 것은 아니다. 나의 주관성과 당신의 주관성이 합쳐지면 상호주관성이 되고, 그러한 상호주관성이 객관성의 역할을 한다. 물론 나의 주관성과 당신의 주관성이라는 양자적 주관성에 국한할 것이 아니라, 그 외에 다수의 주관성도 필요하다. 즉, 집단적 지혜가 필요하다. 이러한 거대한 상호주관성이 집단적 지혜가 되고, 이러한 집단적 지혜가 객관성이 된다. 이러한 거대한 집단적 지혜를 얻을 수 있는 것이 현재로서는 코퍼스이다. 객관성이라는 상호주관성이 확보되기 위해서는 일차적으로 글을 쓰는 나의 주관성이 이루어져야 한다. 그래야 다수 타인의 주관성과 함께 통합될 수 있다. 그런데 현재 인문학 논문들에서 디지털 인문학(digital humanities)[15]을 지향한다고 할 때 나의 주관성이 없이 여러 타인의 주관성만을 활용하여 그 수치를 나열하고 있다. 그 수치가 무엇을 말하는지를 논문을 쓴 사람 외에는 알 수가 없다. 그 이전에 자신이 주장하는 바가 정성적으로 분석이 이루어지고, 그러한 분석을 입증하기 위해 코퍼스나 통계 분석이 이루어져야 하는데, 정성적 분석이 빠져 있다 보니 이처럼 이상하고 왜곡된 디지털 인문학의 결과물이 나온 것이다.

에드워드 슬링거랜드는 2018년에 출간한 『고대 중국의 마음과 몸』의 제4장 "디지털 인문학의 수용: 텍스트 분석과 학문적 지식 공유를 위한 새로운 방법"에서 인문학에서 정성적 방법과 정량적 방법의 관계에 대해 이렇게 이야기한다. "정량적 방법은 복잡한 역사적 텍스트에 적용될 때 별개로 이용할 수 없고, 정성적 분석을 보충하는 것으로만 사용할 것이다." 슬링거랜드의 이러한 균형 잡힌 글쓰기 방법과 탐구의 태도가 우리 한국의 인문학에도

---

15 디지털 인문학은 디지털 도구와 방법을 역사, 문학, 철학, 언어학, 미술사, 문화 연구와 같은 인문학 분야와 결합하는 학제간 학문 분야이다. 디지털 인문학 프로젝트에는 데이터 마이닝, 텍스트 분석, 시각화, 매핑, 디지털 아카이브와 같은 계산 도구와 방법이 사용되는 경우가 많다. 이러한 도구를 통해 연구자들은 대규모 데이터 세트를 분석하고, 패턴과 추세를 발견하고, 문화 유물과 역사적 사건에 대한 새로운 통찰력을 얻을 수 있다. 디지털 인문학의 주요 초점 중 하나는 계산 기법을 사용한 텍스트 분석이다. 여기에는 다양한 맥락에서 텍스트의 언어, 구조, 의미를 조사하는 텍스트 마이닝, 감정 분석, 주제 모델링, 스타일 메트릭과 같은 작업이 포함될 수 있다.

자리를 잡아야 한다는 생각이 간절하다.

1.3. 분산 인지와 인지적 인공물

인간의 기술적 성향

인간은 다양한 종류의 도구를 사용해 뇌 구조와 인지 과정, 감각 능력 같은 타고난 생리적 지능을 증강하도록 진화되었다. 인간은 반사운동, 간단한 기술, 지각적 감각 등의 능력을 갖추고 세상에 나온다. 그런데 이런 신체 능력에는 한계가 있다. 우리는 너무 무겁지 않은 상자만 들 수 있고, 특정한 속도로만 달릴 수 있으며, 너무 멀지 않은 거리에서만 상대방의 말을 들을 수 있다. 따라서 이러한 능력을 보호하는 것뿐만 아니라 가능하다면 증강하는 것이 살아가는 데 도움이 될 것이다.

신체 능력을 증강하는 방법은 크게 두 가지이다. 첫 번째 방법은 연습이다. 어떤 목적지에 가고자 할 때, 기어가는 것보다 두 발로 걷는 것이, 그리고 걷는 것보다는 뛰는 것이 훨씬 더 효율적이다. 무용수와 운동선수는 연습과 훈련을 통해 기동성을 대단히 향상시킨다. 와인 전문가는 수많은 종류의 와인의 맛을 보는 경험과 연습을 통해 와인 맛의 미묘한 차이를 구별하는 능력을 향상시킨다. 두 번째 방법은 도구 사용이다. 망치를 사용하면 바위를 깨거나 못을 박는 능력이 향상되고, 가위를 사용하면 종이나 천을 절단하는 능력이 향상된다. 내장된 시각 장치인 눈의 기능 저하를 바로잡기 위해 안경을 쓰고, 전화기를 사용해 장거리에서 내 말이 들리게 하는 능력을 향상시킨다. 자동차는 짧은 시간에 먼 거리를 갈 수 있는 우리의 능력을 크게 향상시킨다.

영국의 공학자 프랜시스 에반스(Francis Evans)는 도구 개발에 대한 우리의 성향이 진화 역사에서 두 가지 전환점으로 거슬러 올라간다고 제안한다. 첫 번째 전환점은 우연히 발견한 재료를 이리저리 만지작거리면서, 그 재료가 인간에게 행위를 유발하는 의미있는 정보인 행위유발성(affordance; 어포던스)[16]을 추가로 발견하는 탐구 성향이다. 우리는 막대기를 만지작거리면서 낚싯대가 될 수 있는 막대기의 능력을 드러낼 수 있다. 만약 돌 두 개를 부딪쳐서 쪼개면 나무 등을 절단하는 데 유용한 날카로운 돌조각을 만들 수도 있다. 두 번째 전환점은 두 손이 자유롭게 된 것이다. 이는 뒷다리로 일어서는 법을 배워 가능해진 능력이다.[17] 손이 자유롭다는 것은 상황에 맞게 물건을 사용할 수 있는 능력과 물건을 만들 수 있는 기술을 개발하는 능력이 상당히 증폭된다는 것을 암시한다. 점점 더 능숙하고 기발하게 물건을 다룰 수 있게 된 인간은 다른 유인원에게는 필적할 수 없는 정도로 우리만의 세계

---

16 행위유발성은 개인이 행동을 수행할 수 있도록 하는 물체 또는 환경의 속성이다. 이 용어는 심리학자 제임스 깁슨(James Gibson)(1904~1979)이 만들었으며, 심리학 분야, 특히 지각심리학과 인지심리학 분야에서 널리 사용된다. 예를 들어, 의자는 앉을 수 있고, 문은 여닫을 수 있으며, 표면은 지지를 제공한다. 행위유발성은 물리적일 수도 있고 기능적일 수도 있다. 물리적 행위유발성은 개체의 크기, 모양, 질감과 같은 개체와 상호작용할 수 있는 개체의 특성이다. 기능적 행위유발성은 펜으로 글을 쓰거나 스토브로 요리하는 등 개체가 수행할 수 있도록 허용하는 행위이다. 인간-컴퓨터의 상호작용 분야에서 행위유발성은 사람들이 기술과 상호작용하는 방식을 설명하는 데 사용된다. 예를 들어, 컴퓨터 마우스는 클릭과 드래그를 하도록 해주고, 터치스크린은 탭과 스와이프를 가능하게 한다. 설계자는 경제성을 이해하면 사용자 친화적인 인터페이스를 만드는 데 도움이 된다.

17 인간의 이족보행, 즉 두 발로 걷는 능력은 수백만 년에 걸쳐 진화한 것으로 추정된다. 인간의 이족보행이 언제 시작되었는지에 대한 정확한 시기는 고인류학 분야의 과학자와 연구자들 사이에서 논쟁의 대상이 되고 있다. 화석 증거와 초기 호미닌(현생 인류의 조상)에 대한 연구에 따르면, 이족보행은 약 400만~600만 년 전에 시작된 것으로 추정된다. 이족보행을 한 것으로 알려진 최초의 호미닌 종으로는 아르디피테쿠스 라미두스와 오스트랄로피테쿠스 아파렌시스가 있다. 아프리카에 살았던 이 초기 호미닌은 두 발로 직립보행이 가능했음을 시사하는 골격 구조의 적응을 보여주었다. '루시' 화석으로 유명한 오스트랄로피테쿠스 아파렌시스는 약 320만 년 전에 살았던 가장 잘 알려진 초기 이족보행 호미닌 중 하나이다. 이족보행의 진화는 도구 사용을 위해 손을 자유롭게 하고 새로운 환경 탐험과 사회적 행동의 발달을 촉진했을 가능성이 높기 때문에 인류 진화의 중요한 이정표로 간주된다.

를 만들고, 노동력을 절약하고 지능을 확장하는 수많은 장치를 세상에 보급할 수 있게 되었다. 떨어진 나뭇가지가 있으면 그것을 지팡이로 사용해 가파른 언덕을 쉽게 오를 수 있다. 더 길고 탄력이 좋은 나뭇가지가 있으면 그것을 짚고 도약해 도랑을 뛰어넘을 수 있다. 이처럼 인간은 재료와 물건을 교묘하게 활용하는 사람이 되도록 진화했고, 자신의 타고난 신체 능력을 몇 배까지 향상시킬 수 있게 되었다.

인간의 기술적 성향으로 표출되는 도구 개발은 과학기술의 발전으로 더욱 촉진된다. 과학기술은 우리 환경에서 새로운 행위유발성을 만들어서 우리 주변 세계와의 관계를 매개한다. 우리의 먼 조상은 약 100만 년 전 아슐리안(Acheulean) 주먹도끼를 만들면서 주변 세계와의 상호작용과 행동을 위한 새로운 가능성을 창조했다. 그들은 그 도끼로 이전 조상들이 결코 하지 못했던 방식으로 동물을 사냥했다. 그 이후로, 인간은 수많은 새로운 기술을 만들어내고, 이러한 기술은 주변 세상과 우리의 관계를 변화시켰다. 변화한 시내 중심가를 돌아다니기만 해도 이를 쉽게 볼 수 있다. 사람들은 자동차를 타고 먼 거리를 쉽게 이동하고, 스마트폰으로 필요한 정보를 수시로 검색하고

아슐리안 주먹도끼와 스마트폰
출처: https://www.flickr.com/photos/askpang/9698204096

찾는다. 100만 년 전 우리 조상들이 주먹도끼로 생존해 살아갔듯이, 오늘날에는 스마트폰이 그 역할을 이어받았다. 순수하고 매개되지 않은 형태의 환경과 상호작용하는 사람은 거의 없다. 대부분의 사람들은 기술 생태계에서 숨 쉬며 산다.

과학기술의 매개 효과는 윤택하고 뜻있는 삶을 영위하는 우리의 능력에 큰 영향을 미친다. 과학기술은 외부 세계와 우리의 관계를 변화시키고 새로운 행동 가능성을 제공함으로써 우리 삶의 윤택함을 증가시킨다. 과학기술의 효과는 최종적으로 보면 긍정적이다. 기술은 종종 목표 달성에 대한 장애물을 제거한다. 집에서 시내까지 이동하고 싶다면 걷는 것보다 자전거나 대중교통을 이용하는 것이 훨씬 더 편하다. 호주에 사는 동생과 대화를 하고 싶다면 편지나 전통적인 전화보다 스카이프(skype)와 같은 인터넷 전화가 훨씬 더 편하다.

이러한 과학기술의 발전이 인간에게 유익하다는 견해에 반대 의견을 가진 사람들도 있다. 즉, 과학기술이 인간을 게으르고 멍청하게 만들 수 있다는 것이다. 기원전 469년 무렵에 태어나 기원전 399년에 사망한 고대 그리스의 철학자 소크라테스는 플라톤의 대화편인 『파이드로스』에서 글쓰기의 발명을 애석하게 여겼다. 사람들이 자기 생각을 종이에 적어두는 데 너무 많은 시간을 쏟으면 기억력이 쇠약해지고, 마음은 시들고 위축된다는 것이 그 이유였다.

지금의 우리가 보기에 소크라테스의 한탄은 지나친 것 같다. 정말로 글의 발명으로 많은 것을 잃었는가? 그렇지 않다. 글은 새로운 형태의 문화적 전달과 학습, 새로운 형태의 제도적 통치와 복잡하고 정교한 사고를 가능하게 했다. 소크라테스는 이러한 장점을 간과했던 것 같다. 우리는 소크라테스와 달리 세계와 우리의 관계에 과학기술이 미치는 결과에 대해 신중하게 생각할 필요가 있다.

분산 인지

기술과 인간의 관계 그리고 인간의 인지 능력 증강을 체계적으로 생각할 수 있게 하는 이론이 있다. 분산 인지(distributed cognition)는 인지가 개인의 마음에만 국한하지 않고, 사회적 또는 문화적 맥락에서 다른 사람과 인공물에 걸쳐 분산될 수 있다는 생각이다. 즉, 인지 과정이 개인의 마음 안에서만 일어나는 것이 아니라 언어, 글쓰기, 도표, 심지어 다른 사람들과 같은 외부 자원과 도구의 사용을 포함할 수 있다는 생각이다. 간단한 예를 들어보자. 분산 인지 활동은 펜과 종이의 도움으로 수학 문제를 푸는 것이다. 수학 문제 풀이는 인간의 마음속에서만 일어나는 것이 아니라, 마음, 펜, 종이 사이의 역동적이고 상호 의존적인 관계의 결과로도 일어난다. 또한 한 그룹의 사람들이 문제를 해결하기 위해 공동 작업을 할 때, 그들은 생각하고 문제를 해결하는 과정을 쉽게 하려고 공유된 지식, 언어, 도구와 같은 다양한 자원을 사용한다. 이 경우, 문제해결과 관련된 인지 과정은 개인과 그들이 사용하는 자원에 분산된다.

분산 인지는 우리가 인지 과정을 이해하고 연구하는 방법에 중요한 의미를 갖는다. 우리가 생각하고 정보를 처리하는 방식이 단순히 개인의 뇌의 산물이 아니라 우리가 운영하는 사회문화적 맥락에 의해 형성된다는 것을 시사한다. 분산 인지는 개인이 컴퓨터와 같은 인지적 도구를 활용하는 '개인적 분산 인지'와 네트워크 같은 사회적 상호작용 동안 인지적 자원을 공유하고 협동 작업을 하는 '사회적 분산 인지'로 구분된다.

분산 인지 이론은 에드윈 허친스(Edwin Hutchins; 1948~)가 1995년에 출간한 『야생에서의 인지』에서 제안한 이론이다. 그는 이 책에서 복잡한 인지가 개인의 뇌에서만 수행되는 것이 아니라, 환경 속에 있는 사물과 인지적 인공물로 기능하는 도구는 물론 사람들 사이의 복잡한 상호작용에 의해서도 수행된다고 주장한다. 그는 사람들이 특정한 임무를 수행하기 위해 함께 작업해야 하는 두 가지 시나리오를 관찰한다. 하나는 비행기 조종이고, 다른 하나는 배 조종이다. 두 시나리오 모두 여러 사람이 함께 작업하고 이미 존재하고 있는 도구를 사용해야 한다. 배를 조종하기 위해서는 여러 사람이 함께 작업해야 한다. 기상 조건을 측정하는 사람, 배의 속도를 측정하는 사람, 배의 방향을 측정하는 사람 등이 필요하다. 이 각각의 작업은 배를 항해하기 위해 이전에 발명한 도구를 사용하여 수행된다. 날씨 조건, 특히 온도를 측정하는 사람은 스스로 그렇게 하는 방법을 발명할 필요는 없다. 이전에 발명한 도구인 온도계를 사용하면 된다. 온도계는 오랜 세월에 걸쳐 전해 내려온 발명가의 지식이나 인지를 표현한 것이다. 온도계로 온도를 측정하는 사람은 그 작업을 더 쉽게 하려고 이전에 살았던 누군가의 분산 인지를 사용하는 것이다. 이런 시나리오를 바탕으로 허친스는 인지가 공간, 시간, 사물에 걸쳐 분산될 수 있다고 주장한다. 그의 이론은 인지과학의 발전에 영향을 미쳤고, 마음에 관한 연구가 개인을 넘어 확장되도록 하는 원동력이 되었다.

분산 인지 이론의 핵심 요소는 개인이 도구를 활용하기 위해 그 도구의 작동 방식을 완전히 이해할 필요는 없다는 것이다. 다만 원하는 결과를 얻기 위해 제대로 작동하는 방법만 배우면 된다. 이에 대한 좋은 예는 컴퓨터 기술이다. 오늘날 대부분의 사람들은 인터넷으로 정보를 검색하기 위해 컴퓨터를 사용하는 방법을 알고 있지만, 컴퓨터 시스템의 내부 작동을 제대로 이해하는 사람은 거의 없다. 분산 인지의 개념은 개인이 도구가 어떻게 만들어졌는지 또는 어떻게 작동하는지 완전히 이해하지 못하더라도 도구를 효과적으로 사용할 수 있다는 것을 시사한다.

분산 인지는 인지가 외부에 있을 수 있다는 생각에 의존하는 개념이다. 외부 인지(external cognition)는 인지 행위가 인간 마음의 범위 밖에 존재할 수 있다는 생각이다. 외부 인지는 우리의 뇌에 무언가를 의미하는 상징과 인공물에 의존한다. 키보드로 글자를 타이핑하거나 종이에 글자를 적는 것은 외부 인지의 한 가지 예이다. 그런 글자는 개인의 마음이 그 글자와 의미를 연결하도록 훈련되었기 때문에 유용하다. 그러므로 단어를 쓰거나 타이핑하는 것은 개인의 머릿속에 의도된 의미를 갖고 와서 그것을 썼거나 타이핑한 글자라는 외부의 무언가로 변형시키는 행위이다. 타이핑하거나 글을 쓰는 사람의 인지가 확장된 것인 그 글자는 이제 그 사람의 인지 과정을 다른 사람들과 공유할 수 있다. 이것이 분산 인지 이론의 본질이다. 즉, 개인의 머리 안에서 일어나는 인식 행위와 정보 처리라는 내부 인지(internal cognition)가 마음의 한계를 넘어 확장될 수 있다는 것이다.

분산 인지 이론에서 주요한 개념으로는 다음과 같은 것이 있다. 첫째는 인지적 인공물(cognitive artifact)이다. 이는 인지 과정을 지원하고 향상시키는 외부 도구나 물건이다. 노트북이나 계산기와 같은 물리적 사물이나 스마트폰, 컴퓨터 소프트웨어 같은 디지털 도구가 대표적인 인지적 인공물이다. 이러한 인지적 인공물은 외부 기억 체계 역할을 하여 개인의 인지적 부하를 덜어주고, 정보를 저장하고 검색하고 조작할 수 있게 한다.

둘째는 사회적 상호작용이다. 분산 인지는 인지 과정에서 사회적 상호작용과 협력의 중요성을 인식한다. 사람들은 자신의 인지적 목표를 달성하기 위해 다른 사람과의 의사소통, 협력, 그리고 조정에 의존하기 때문에, 다른 사람들과의 상호작용은 개인의 인지를 형성하고 그것에 영향을 미칠 수 있다. 그러한 협력은 문제해결과 의사결정에 기여하는 지식과 관점의 교환으로 이어질 수 있다.

셋째는 환경적 영향이다. 물리적·사회적 환경은 분산 인지에서 중요한 역할을 한다. 물리적 환경은 인지 활동을 형성하는 단서, 자원 및 행위유발성을 제공한다. 예를 들어, 잘 구성된 작업 공간이나 시각적 디스플레이는 정보 처리를 향상시킨다. 문화적 규범과 사회적 관행, 공유된 지식을 포함한 사회적 환경은 맥락과 지침, 지원을 제공함으로써 인지 과정에 영향을 미친다.

넷째는 인지적 오프로딩(cognitive offloading; 인지적 짐내리기)이다. 분산 인지는 개인이 인지적 짐을 줄이기 위해 인지적 작업을 인공물이나 다른 사람과 같은 외부 자원으로 할당할 것을 제안한다. 이러한 오프로딩을 통해 개인은 인지 능력을 확장하고 작업을 보다 효율적으로 수행할 수 있다. 예를 들어, 복잡한 계산을 위해 계산기를 사용하거나 문제해결을 위해 동료의 전문지식에 의존하면 인지적 부하를 완화할 수 있다.

다섯째는 동적 결합(dynamic coupling)이다. 분산 인지는 개인, 인공물, 환경 간의 동적 결합을 강조한다. 이 개념은 인지적 행위자와 외부 자원 사이의 지속적인 상호작용과 상호 영향력을 강조한다. 상호작용은 개인이 환경을 형성하고 그에 따라 영향을 받기 때문에 양방향적이다.

요약하자면, 분산 인지는 교육 환경, 작업 환경 및 일상생활 등 다양한 맥락에서 인지가 어떻게 분산되고 공유되고 지원되는지 이해하는 데 영향을 미친다. 분산 인지는 인지 과정이 한 개인의 마음에만 국한되지 않는다는 것을 강조하면서 개인, 인공물, 그리고 사회적·물리적 환경 사이의 상호작용을 중요하게 여긴다.

인지적 인공물

분산 인지 이론의 특히 유용한 측면은 우리가 선한 삶을 영위할 때 이른바 인지적 인공물이 중요하다고 생각하게 한다는 점이다. 인지적 인공물은 인간의 인지 능력을 확장하거나 지원하도록 설계된 도구 또는 장치이다. 여기에는 연필, 종이와 같은 물리적 물체나 컴퓨터 및 소프트웨어 응용 프로그램과 같은 디지털 도구가 포함된다. 인지적 인공물은 언어 또는 교육 시스템과 같은 사회적 또는 문화적 관행일 수도 있다. 인지적 인공물은 인간이 정보를 처리하고 표현하는 방식에 중요한 역할을 하며, 학습, 기억 및 문제해결 능력에 큰 영향을 미칠 수 있다. 예를 들어, 컴퓨터와 다양한 디지털 도구를 사용하면서 많은 양의 정보에 접근하고 조작할 수 있는 우리의 능력이 크게 확장되었다. 그리고 글은 시간이 지남에 따라 그리고 문화를 가로질러 지식을 기록하고 전달할 수 있게 해 주었다. 전반적으로, 인지적 인공물은 우리의 인지 과정을 지원하고 향상시키는 외부 보조물로 생각될 수 있으며, 현대 생활의 필수 부분이 되었다.

인지적 인공물은 여러 가지 이유로 중요하다. 인지적 인공물은 정신적 집중을 덜 하게 하고 시간을 덜 소요하게 한다는 점에서 우리 사고의 비용을 줄이고, 새로운 형태의 인지 능력을 활성화하고 촉진하는 데 도움이 된다. 그러나 모든 인지적 인공물이 같은 것은 아니다. 어떤 인지적 인공물은 진정으로 인간의 능력을 향상시킴으로써 도움을 주고, 다른 인지적 인공물은 인간의 능력을 왜곡하거나 훼손함으로써 도움을 준다.

인지적 인공물의 다양한 유형에 관해, 데이비드 크라카우어(David Krakauer; 1967~)는 AI와 과학기술 발전이 인간 인지에서 어떤 역할을 하는지 이해할 수 있게 하는 분류법을 고안했다. 이 분류법에서는 인지적 인공물을 세 가지 유형으로 구분한다.

첫째는 향상용 인공물(enhancing artifact)이다. 이는 선천적인 인지 능력을 강화하거나 향상시키는 인지적 인공물이다. 대표적인 예는 수학 연산을 수행하는 데 사용되는 전통적인 계산 장치인 주판이다. 주판은 숫자를 표현하고 덧셈, 뺄셈, 곱셈, 나눗셈과 같은 수학 연산을 수행하기 위한 물리적 도구 또는 플랫폼을 제공한다. 주판 교육을 받은 사람은 수학 문제를 빠르고 능숙하게 푼다. 그런데 훈련을 통해 주판에 능숙해진 사람은 실제 주판 없이도 수학 연산을 효과적으로 수행할 수 있다. 이는 머릿속으로 주판을 시각화하고 조작할 수 있기 때문이다. 이런 점에서 향상용 인공물은 능숙해지면 떼어낼 수 있는 보조 수단처럼 기능한다는 특징이 있다.

둘째는 보완적 인공물(complementary artifact)이다. 이는 선천적인 뇌 기반의 인지 능력을 향상시키지만, 인간과 인공물 사이의 지속적인 상호작용을 요구한다. 수학 문제를 풀 때 사용하는 펜과 종이가 그 예이다. 우리는 펜과 종이만 있으면 수학 문제를 푸는 데 필요한 알고리즘이나 단계를 시각적으로 표현할 수 있다. 정신적으로 내면화할 수 있는 향상용 인공물과 달리, 보완적 인공물은 문제해결 과정 내내 물리적 표상(펜과 종이)이 필요하다. 결과적으로 인간과 이러한 인공물 사이에는 진정한 보완적 상호의존성이 있다. 이런 점에서 보완적 인공물은 단순히 떼어낼 수 있는 보조 수단이 아니라는 특징이 있다.

셋째는 경쟁적 인공물(competitive artifact)이다. 이는 인지 작업을 돕는 인공물이긴 하지만 인간의 인지 능력을 향상시키거나 보완하는 것은 아니다. 왜냐하면 경쟁적 인공물은 인간의 인지 기능을 대체하기 때문이다. 대표적인 예는 디지털 계산기이다. 계산기는 개인이 수학적 계산을 빠르고 정확하게 수행하는 데 도움이 되는 도구이지만, 수학적 능력을 향상시키거나 강화하지는 못한다. 왜냐하면 대부분의 인지적 노력과 계산은 계산기를 사용하는 개인이 아니라 계산기 자체가 수행하기 때문이다. 계산기 사용자가 기본적인 수학 식이나 명령을 입력하면 계산기가 자동으로 계산을 실행하여 복잡한 수학 연산과 관련된 사용자의 인지적 부하가 줄어든다. 인지 능력을 향상시키는 향상용 인공물과 달리 경쟁적 인공물은 정반대의 효과를 가져올 수 있다. 계산기와 같은 경쟁적 인공물에 지나치게 의존하면 수학 연산을 수행하는 도구에 점점 더 의존하게 되어 수학 연산을 정신적으로 수행하는 데 능숙하지 않게 될 수 있다. 결국 인간과 인지적 인공물 간의 경쟁에서 인간이 패하고 기계가 승리하게 된다는 점에서 경쟁적 인공물이라는 용어를 사용한 것이다.

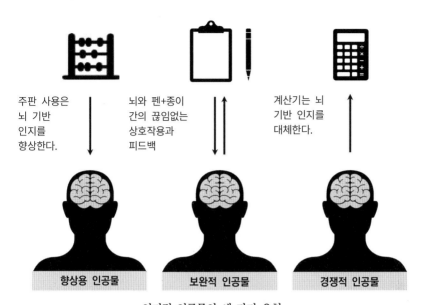

인지적 인공물의 세 가지 유형

출처: 존 다나허(John Danaher)의 『자동화와 유토피아』(p.98)

AI와 로봇공학은 이 분류법에서 경쟁적 인공물의 최첨단이다. AI와 로봇공학은 인지적 과제를 수행할 때 인간을 돕고, 때로는 보완적이거나 향상적인 방법으로 돕지만, 종종 인간의 인지를 대체하는 경향이 있다. 데이비드 크라카우어는 이것이 기술적 의존성을 낳고, 이러한 의존성이 우리의 자율성과 회복력에 연쇄 반응을 일으키기 때문에 나쁘다고 생각한다. 기술적 의존성을 이유로 인지적 인공물을 일반적으로 비난하는 것은 과학기술이 선한 삶을 추구하는 데 미치는 영향에 대해 너무 편협하게 생각하는 파이드로스 오류(Phaedrus fallacy)에 빠질 위험이 있다. 파이드로스 오류는 소크라테스가 글쓰기의 발명이 기억력 쇠퇴와 마음 위축의 원인이란 것이다. 하지만 글쓰기는 새로운 형태의 문화적 전달과 학습, 새로운 형태의 제도적 통치와 더욱 복잡한 사고를 가능하게 했다. 소크라테스는 글쓰기의 이러한 장점을 간과한 것이다.

　우리가 인지적 인공물을 포함해 기술을 개발하고 사용하는 것은 진화를 통해 우리에게 장착된 타고난 성향이다. 다른 유기체도 이런 기술적 성향을 가지고 있다. 소라게는 소라껍데기를 발견하고 그 껍질에서 산다. 그러다 덩치가 커지면 기존의 소라껍데기를 버리고 밖으로 나와 소라껍데기 없이 취약한 채로 잠시 지낸 뒤에 다시 더 큰 소라껍데기로 들어가 생활한다. 소라껍데기를 발견해서 사용하는 게는 그 소라껍데기와 하나의 정체성을 확립해서 '게+소라껍데기'가 된다. 거미는 거미줄을 치고, '거미+줄'은 거미에게 먹이를 주는 똑똑한 장치 역할을 한다. 거미줄은 실제로 거미 자신의 분비물로 구성되고, 거미와 거미줄은 함께 매끄럽게 작동한다. 비버는 댐을 짓고, 그 댐은 연못을 형성하며, 그 연못은 비버의 삶에 유리한 서식지를 제공한다. 비버는 환경을 만들고, 환경은 비버를 만든다. 즉, '비버+댐'이다. 이런 유기체에게 있어서 이들이 만든 '기술'은 해당 유기체와 별개가 아니라 그것의 불가분한 부분이다. 이런 기술이 없다면 이런 유기체도 존재하지

소라게

출처: https://pixabay.com/photos/terrestrial-hermit-crab-animal-
shell-1000857/

못한다. 유기체가 자신의 한계를 보충하기 위해 사용하는 기술은 유기체의 정체성을 확립한다.

인간이 생존을 위해 사용하는 기술과 인지적 인공물은 인간과 별개가 아니라 인간 몸과 뇌의 확장된 부분이다. 즉, '인간'과 '인지적 인공물'이 아니라 '인간+인지적 인공물'이다. 인간이 만들고 사용하는 인지적 인공물은 인간이 부수적으로 사용되는 수단이 아니라, 결국 우리 자신의 정체성을 형성하는 결정적 부분이다. 소라게가 소라껍데기 없이 생존하지 못하고, 거미가 거미줄 없이 생존하지 못하며, 비버가 댐 없이 생존하지 못하듯이, 인간도 기술과 인지적 인공물 없이는 생존하지 못한다. 인간에게 있어서 인지적 인공물은 우리의 먼 조상이 약 100만 년 전에 사용했던 주먹도끼가 될 수도 있고, 소크라테스가 우려했던 글쓰기가 될 수도 있고, 자연인이 사용하는 톱이나 칼일 수도 있고, 브런치스토리 작가들이 매일 곁에 두고 사용하는 노트북일 수도 있고, 현대인들 모두 곁에 없으면 걱정하고 심지어는 두려움에 휩싸이기도 하는 스마트폰일 수도 있고, 최근에 더욱 활성화되고 있는 ChatGPT나 인공지능일 수도 있다.

이런 인지적 인공물은 인간 정체성의 한 부분이므로, 억지로 무리해서 우리에게서 떼어낼 수 없다. 인지적 인공물을 떼어내는 것은 우리 살점을 몸에서 떼어내는 것과 마찬가지이다. 그만큼 고통스러운 것이다. 그 고통을 감수하고라도 ChatGPT나 인공지능을 멀리하는 것은 우리의 인간 정체성을 훼손하는 일이 될 것이다. 이런 인지적 인공물은 받아들이냐 아니냐의 문제가 아니다. 이런 인지적 인공물은 곧 우리의 몸이자 우리의 뇌이다. 인간이 몸에서 벗어날 수 없고, 우리의 뇌를 우리 몸에서 분리할 수 없듯이, 우리는 인지적 인공물을 우리에게서 분리할 수 없다. 인지적 인공물을 우리에게서 분리하고자 한다면 힘든 고통을 감내하겠다는 각오를 해야 할 것이다.

제2장

신체화

2.1. 신체화의 정의

철학자들은 오랫동안 정신적 과정(마음)과 물리적 실체(몸) 사이의 연관성을 이해하는 데 관심을 기울였다. 일반적으로 몸은 다양한 방식으로 마음에 영향을 미치며, 신체적 경험과 감각은 정신적 과정과 인식을 형성하는 데 중요한 역할을 한다. 우리 머릿속에 있는 개념과 언어를 통해 전달하는 의미는 몸을 움직이거나 세상을 지각하는 경험과 무관하지 않다. 신체적 경험, 언어, 개념적 이해 간에는 서로 연관성이 있고, 개념에 대한 우리의 이해와 언어를 통해 전달하는 의미는 우리의 신체적 경험과 주변 세계와의 상호작용으로부터 영향을 받는다.[1]

1980년대 이후로 인지과학에서 몸이 마음에 중요하다는 생각은 신체화(embodiment)로 알려졌다. '신체화하다'라는 동사와 '신체화'라는 명사는 무언가를 '몸화한다'는 뜻이다. 무엇을 신체화하고 무엇에 대한 신체화인가라

---

1 하지만 여기에는 불확실성이 남아 있다. 몸이 정신에 미치는 영향은 인정지만, 그 영향의 정도와 구체적인 메커니즘은 여전히 불확실한 상태이다.

고 할 때 그 대상은 우리의 마음이다. 신체화는 추상적이고 막연하며 경계 설정이 어려운 우리의 마음을 구체적이고 명확하고 경계 설정이 쉬운 몸에 비추어 이해하는 사유 방식이다. 이처럼 신체화는 우리의 몸이나 몸과 세계의 상호작용인 '삶에서의 체험'이 우리의 마음, 행동, 개인적·문화적 정체성을 형성하는 방법을 가리킨다. 신체화를 연구하기 위해서는 사고와 언어가 뇌, 몸, 세계 간의 지속적이고 역동적인 상호작용으로부터 발생한다는 것을 먼저 인식해야 한다. 이원론(dualism)에서처럼 마음과 몸이 명확히 구분되고, 서로의 영역을 침범할 수 없다고 한다면 마음과 몸 간의 역동적 상호작용은 불가능하다. 그러나 신체화의 관점에서는 마음과 몸이 구분되는 것을 받아들이지만, 그 둘 간의 경계선은 차선 변경이 불가능한 직선이 아닌 차선 변경이 가능한 점선이다.[2]

신체화는 인지과학과 인지심리학의 관점에서 보면 인간 인지의 신체적 측면을 가리킨다. 이러한 경우에 신체화에는 우리 몸의 '물리적 구조'와 감각지각과 운동 작용을 가능하게 만드는 '체험한 경험적 구조'라는 두 가지 의미가 있다. 현상학자 모리스 메를로-퐁티(Maurice Merleau-Ponty; 1908~1961)는 이를 생물학적 면과 현상학적 면이라는 신체화의 두 가지 면으로 간주한다. 이 두 가지 면은 이분법이라기보다는 상호 호혜적 관계에 있다. 즉, 몸 없이는 주변 세상을 감지하거나 그 세상에서 작용할 수 없다. 또한 신체 부위가 어디에 있는지를 보고 만지거나 내적으로 감지하는 감각운동 경험 없이는 몸의 물리적 존재를 알 수 없다.

신체화의 관점에서 실재에 대한 해석은 우리 몸의 본질에 의해 중재된다. 그렇다면 신체화에서 말하는 몸은 과연 무엇인가? 신체화에서 말하는 몸의

---

2   에드워드 슬링거랜드는 마음과 몸이 서로 교류한다고 해서 이원론을 허물고 전체론을 단정해서는 안 된다고 주장한다. 그는 이러한 생각을 전체론이 아닌 통속 이원론 또는 약한 이원론으로 포착한다.

모리스 메를로-퐁티
출처: https://literariness.org/2017/05/28/key-theories-of-
maurice-merleau-ponty/

양상은 운동계, 지각계, 위치구속성(situatedness), 즉 환경과의 신체적 상호작
용, 유기체의 구조 내에 구축된 세계에 대한 가정을 포함한다. 이와 같은
몸의 해부학적·생리적·지각적·신경학적·유전적 기능 같은 신체화의 양상은
우리 사고 능력의 범위를 제약한다.

  신체화의 개념이 등장하기 전에 개념은 탈신체화된 상징 조작으로 간주되
었다. 개념은 원래 의미가 없는 추상적 상징으로 특징지어진다. 개념은 몸이
나 뇌가 의미심장한 역할을 하지 않은 채로 인간의 마음과 독립적인 외부
실재를 나타낼 수 있는 능력을 통해 의미를 얻는다. 그리고 우리의 마음은
의미와 무관하게 추상적 상징을 조작하는 것으로 간주되었다. 이러한 생각을
언어학에서 구현시킨 언어학자는 노엄 촘스키(Noam Chomsky; 1928~)이다.
촘스키에게 있어서 문장은 의미가 없는 추상적 상징의 연속체이고, 언어는
그러한 연속체의 집합이며, 문법은 의미나 의사소통 또는 신체화의 특정
양상과 독립적으로 그러한 연속체의 집합을 생성하는 알고리즘 방법이다.
그리고 여기에서 몸과 뇌는 아무런 역할을 하지 않는다. 이것이 1950년대
중반과 1960년대 초반에 촘스키가 추구한 언어관이다.

노엄 촘스키

출처: https://ko.wikipedia.org/wiki/
%EB%85%85%B8%EC%97%84_%EC%B4%98
%EC%8A%A4%ED%82%A4

언어가 자기 생각을 다른 사람에게 전달하는 수단이라는 가장 간단한 언어의 기능에 비추어 보기만 해도 인간의 모습을 반영하지 않는 촘스키의 언어관에는 의심쩍은 부분이 많다. 물론 그의 언어관에서 인간의 결정적인 한 양상인 마음이 상징을 조작하는 역할은 한다. 하지만 인간의 또 다른 결정적인 양상인 몸은 아무런 역할을 하지 않는다. 이러한 의심스러운 부분을 간단한 예로 반박해 보자. "내가 만일 너라면, 나는 내가 싫을 것 같다"라는 문장이 있다고 하자. 이 문장의 조건문인 "내가 만일 너라면"은 "나의 마음과 의식이 당신의 몸이라면"으로 풀이된다. 이 경우에 나의 의식은 당신의 몸으로 투사된다. 이러한 일은 마음과 독립적이고 실재하는 외부 세계에서는 일어날 수 없고, 외부 세계의 표상에 비추어서는 이해될 수 없다. 그리고 이 문장의 주절인 "나는 내가 싫을 것 같다"에서 '나'와 '내'는 같은 사람을 가리키지 않는다. 이 둘은 의식의 같은 중심지를 가리키지만 서로 다른 사람을 가리킨다. 이처럼 모든 언어에는 현실 세계에서는 불가능한 상황을 묘사하는 문장이 수없이 많고, 우리는 큰 어려움 없이 이러한 문장을 이해한다. 유체이탈을 하듯이 나의 마음이나 의식이 다른 사람의 몸 안으로 들어간다. 그리고 이처럼 기이한 현상이 언어로도 표현되고 자연스러운 의미를 전달하고 있다. 우리의 마음이 신체화된다고 보지 않는다면 이러한 상황은 극복되지 못할 것이다.

신체화에 대한 정의는 이 단어를 사용하는 사람들의 수만큼이나 다양하다. 그리고 사람들마다 이 단어를 여러 가지 의미로 사용하고, 다른 사람들은 이 단어가 무엇을 의미하는지 잘 알지 못할 수도 있다. 이러한 다양성에도 불구하고, 신체화라는 용어는 일반적으로 마음과 몸의 관계를 지칭하는 용어로 사용된다. 즉, 신체화란 정신적 과정과 경험이 신체적 감각 및 행동과 얽혀 있는 방식을 포괄한다. 이러한 관계는 여러 가지 모습으로 나타날 수 있으며, 신체화는 다음과 같이 다양한 것을 의미한다.

- 뇌나 몸을 참조해야만 설명할 수 있는 마음의 특성이 있다.
- 마음은 단순히 일반화된 소프트웨어가 아니라, 뇌라는 한 가지 유형의 하드웨어에서만 실행할 수 있는 소프트웨어이다.
- 뇌와 몸의 개인차는 마음의 개인차를 낳는다.
- 마음이 작동하기 위해 유기체는 뇌를 포함하는 몸이 있어야 한다. 그래서 '통 속의 뇌'는 '몸속의 뇌'와 동일한 특징을 갖지 못한다.
- 뇌와 몸으로 하는 우리의 경험은 우리의 마음에 중요하고 결정적이다.
- 마음은 뇌의 작용에만 국한되는 것이 아니라 몸의 다른 부위를 사용하는 것으로도 확장된다. 그래서 인지는 양쪽 귀 사이에만 있는 것이 아니다.
- 마음은 뇌와 몸의 작용에만 국한되지 않고, 다른 사람과 인공물을 포함해 사람이 속해 있는 환경으로까지 확장된다.

2.2. 신체화의 뿌리로서 감각운동 지각

고대 그리스 이래로 서양철학은 마음과 몸을 엄격하게 구분하는 이원론에 집중되었다. 마음과 몸 중에서 이성과 합리적 사고의 중심지인 마음이 추상적 보편성으로 받아들여지고 몸은 폄하되었다. 이러한 이원론은 르네 데카르트와 밀접하게 연결되어 있다. 그리고 데카르트의 이원론은 많은 계몽주의 사상에 지대한 영향을 미친다. 지난 세기가 되어서야 탈신체화된 마음(disembodied mind)[3]에 대한 데카르트적 세계관이 크게 뒤집혔다. 특히 2세대 인지과학에서 나온 실증적 연구를 통해 마음과 몸이 함께 작동한다는 것을 보여주는 그림이 등장하기 시작했다.

인간의 의식과 행동 그리고 마음과 몸을 통합하는 원리를 새롭게 바라보는 2세대 인지과학의 연구는 신체화된 인지(embodied cognition) 접근법이라고 부른다. 이 접근법에서는 추상적 사고와 이성, 합리성이 탈신체화된 마음이 아니라 우리의 살과 뼈에 깊이 새겨져 있다고 주장한다. 신체화된 인지 연구는 느낌과 정서가 합리적 사고 과정의 장애물이 아니라 그 일부이고 그것과 밀접하게 관련되어 있다고 주장한다. 사람들은 종종 '내장적 본능에 따라 (going with the gut)' 결정을 내린다. 이 말은 복잡한 선택을 할 때 몸이 역할을 한다는 것을 에둘러 하는 말이다. 실제로 모든 결정은 '내장적 결정'이다. 즉, 모든 결정은 몸과 마음이 협력하여 내린다.

신체화에서 핵심은 몸이고, 몸은 감각운동 지각(sensorimotor perception)의 중심지이다. 감각운동 지각은 우리가 주변 환경을 지각하고 해석하고 상호작용하는 수단이고 학습에도 필수적이다. 감각운동 지각은 인간을 비롯한 유기

---

3   탈실체화된 마음이라는 개념은 물리적 신체화에 의존하거나 제한받지 않는 마음 또는 의식이 존재한다는 것을 암시하는 철학적 개념이다. 즉, 마음은 몸이나 어떤 물리적 기층과도 독립적으로 존재할 수 있다고 가정한다.

체가 감각 정보와 운동 작용을 사용하여 환경을 지각하고 환경과 상호작용하는 과정이다. 감각운동계는 환경에 대한 정보를 수집하고 정보를 해석하며 세상과 상호작용하기 위해 운동 반응을 생성하며, 사람들이 물체를 지각하고 환경을 탐색하며 목표 지향적인 행동에 참여할 수 있도록 한다. 여기에서는 신체화의 뿌리라고 할 수 있는 감각운동 지각의 세 가지 유형을 살펴볼 것이다.

고유수용감각

고유수용감각(proprioception)[4]은 시각적 단서에 의존하지 않고도 우리 신체 부위의 위치, 움직임, 방향을 지각할 수 있게 해주는 감각이다. 즉, 이 감각은 공간에서 우리 몸의 위치와 여러 신체 부위의 상대적인 위치에 대한 인식을 제공한다.

고유수용감각은 근육, 힘줄, 관절, 내이(內耳)에 있는 다양한 감각수용체(sensory receptor) 간의 복잡한 상호작용을 포함한다.[5] 이러한 감각수용체는 근육의 길이와 긴장, 관절의 각도와 움직임, 중력과 관련한 우리 몸의 위치에 대한 정보를 제공하면서 끊임없이 뇌로 신호를 보낸다.

고유수용감각에 관여하는 주요 감각수용체는 다음과 같다.

- 근방추(muscle spindle): 근방추는 근육 속에 있는 감각수용체로서, 근육 길이의 변화와 변화 속도를 감지하여 근육의 신장과 수축을 지각할 수 있게 해준다.

---

4   고유수용감각을 뜻하는 영어 단어 proprioception은 '자신의 것'을 의미하는 라틴어 'proprius' 와 '움켜쥐다, 파악하다'를 뜻하는 'capio'에서 유래했다. 즉, 이 단어는 우리 몸의 위치를 파악해서 그 위치와 움직임을 감지하는 능력을 가리킨다.
5   감각수용체는 고유수용체(proprioceptor)라고도 부른다.

- 건방추(Golgi tendon organ): 골지건 또는 골지힘줄기관이라고 불리는 건방추는 근육과 뼈를 연결하는 힘줄에 있는 감각수용체로서, 근육이 수축하는 동안 발생하는 근육의 긴장이나 힘에 대한 정보를 제공한다.
- 관절 수용체(joint receptor): 관절 수용체는 관절의 피막(被膜)과 인대(靭帶) 안에서 발견된다. 이 수용체는 관절의 위치와 움직임에 대한 정보를 제공하여 안정성과 조정력을 유지하는 데 도움을 준다.
- 전정계(vestibular system): 전정계는 내이에 있는 감각계로서, 머리 위치, 가속도, 중력 방향의 변화를 감지함으로써 고유수용감각에 기여한다. 전정계는 균형과 공간적 방향성을 유지하도록 해준다.

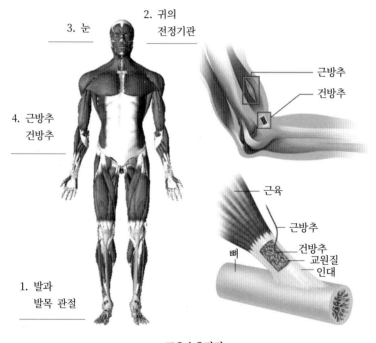

고유수용감각

출처: https://www.facebook.com/healthystreet/posts/-proprioceptionphysiologically-posture-and-balance-are-a-result-of-the-interacti/2456183634534532/

이러한 감각수용체로부터 얻은 정보는 뇌, 특히 소뇌(cerebellum)와 체성감각피질(somatosensory cortex)로 전달되어 그곳에서 통합되고 처리된다. 뇌는 이 정보를 사용하여 우리 몸의 위치와 공간에서의 움직임을 일관되고 정확하게 인식한다.

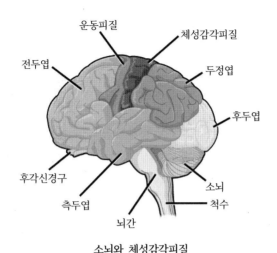

소뇌와 체성감각피질

출처: https://human-memory.net/sensory-cortex/

고유수용감각은 걷기, 닿기, 쥐기와 같은 일상의 동작을 포함한 광범위한 활동에서 중요한 역할을 한다. 또한 스포츠 경기력, 미세한 운동 기술, 자세 제어와 같은 복잡한 작업에도 기여한다. 고유수용감각에 장애가 생기면 조정, 균형, 운동 제어에 어려움을 겪게 된다. 결국, 고유수용감각은 우리 몸의 위치, 움직임, 방향에 대한 감각을 가질 수 있게 해주는 필수적인 감각계로서, 주변 세계와 효과적으로 상호작용할 수 있게 해준다.

우리는 고유수용감각이 있으므로 현재 내 신체 부위가 어디에 있는지 생각하지 않아도 된다. 우리는 그냥 안다. 예를 들어, 책상에 앉아서 책을 읽고 있을 때 다리를 당겨 책상 밑으로 집어넣거나 벌리고 있다면 그리고 책을 앞이나 특정 높이에서 손으로 꼭 잡고 있다면, 우리는 다리나 손과 같은 신체 부위가 어디에 있는지 안다. 이런 신체 부위가 어디에 있는지 알려고 구태여 보고 있는 책에서 눈을 뗄 필요가 없다. 이는 다양한 신체 부위의 위치와 공간에서 몸의 위치를 알려주는 고유수용감각 때문이다.

인간은 자기가 공간에서 어디에 있는지, 그리고 자기 팔다리가 어디에서 서로 관련되는지 안다. 우리는 실수로 겨드랑이를 긁을까 봐 걱정할 필요 없이 눈을 감고 뺨을 긁을 수 있다. 물론 특정한 의학적 질환이나 부상 또는 신경학적 장애로 인해 고유수용감각을 상실해서 공간에서 방위와 그 방위 자체와 관련해 우리 몸이 놓이는 배치를 알 수 있는 능력을 잃는 경우도 드물게 있다. 하지만 대부분의 사람들에게 고유수용감각은 '제2의 천성'으로서 타고난 것이고 자동적이라서 사람들은 그것을 인식하지 못한다. 즉, 사람들은 의식적으로 생각할 필요 없이 자연스럽고 힘들이지 않게 고유수용감각을 소유하고 있다.

사람들 대부분은 공간에서 자기 몸을 지각하는 능력이 있다. 이러한 능력은 의식적이지 않고, 추상적이거나 합리적이거나 이성적인 사고가 아니다. 사람들은 그냥 안다. 이것이 바로 신체화된 인지의 한 가지 측면이다. 이러한 능력은 의사결정과 같은 높은 수준의 사고와 별개가 아니라 그러한 사고 과정의 일부이다.

고유수용감각이 얼마나 중요한지를 깨닫는 유일한 경험은 팔다리가 말을 안 들을 때이다. 이는 영화관에서 자다가 깨어날 때 발이 얼얼하고, 팔이 무감각해지면서 감각을 완전히 잃는 순간이다. 이때 피가 다시 흐르면서 전기를 공급받을 때까지 절뚝거리고 팔에 감각이 없는 것을 경험한다. 팔다리의 감각을 느낄 수 없는 이런 기괴한 순간은 고유수용감각을 잃는 것이 어떤 것인지를 잘 보여주며, 이 감각이 얼마나 중요한지를 잘 암시한다.

내수용감각

내수용감각(interoception)[6]은 우리 몸의 내부 감각과 생리적 상태를 지각하고 이해할 수 있게 해주는 감각이다. 이 감각은 심박수, 호흡, 체온, 배고픔, 갈증, 고통, 감정 상태 등 다양한 신체 신호를 지각하고 인식하는 것과 관련이 있다.

내수용감각은 다양한 내부 기관과 계통에서 발생하는 감각 신호로서 몸과 뇌 사이의 의사소통을 담당한다. 내수용감각과 관련된 주요 기관과 계통으로는 심혈관계, 호흡기계, 위장계, 면역계, 자율신경계가 있다.

뇌는 주로 뇌섬엽(insular lobe), 대상피질(cingulate cortex), 체성감각피질(somatosensory cortex) 같은 부위에서 이러한 내부 신호를 받고 처리한다. 이러한 뇌 부위는 들어오는 내수용감각 정보를 다른 감각 입력 및 인지 과정과 통합하여 우리의 내부 상태를 일관되게 지각한다.

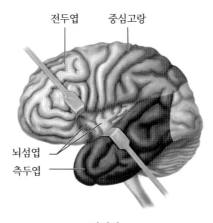

전두엽   중심고랑

뇌섬엽
측두엽

뇌섬엽

---

6   내수용감각을 뜻하는 영어 단어 interoception은 '내부'를 의미하는 라틴어 'inter'와 '움켜 쥐다, 파악하다'를 뜻하는 'capio'에서 유래했다. 즉, 이 단어는 우리 몸의 내부 상태를 잡거나 파악하는 능력을 가리킨다.

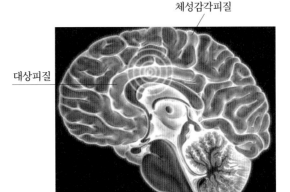

체성감각피질

대상피질

대상피질과 체성감각피질

내수용감각은 인간의 경험과 행동의 여러 측면에서 중요한 역할을 한다. 다음은 그중 몇 가지 주요한 측면이다.

- 감정 조절(emotional regulation): 내수용감각 신호는 우리의 감정을 지각하고 인식하는 데 기여한다. 예를 들어, 두려움이나 불안 속에서 심박수와 호흡수가 증가한다는 지각은 이러한 감정을 인식하고 분류하는 데 도움을 준다.
- 신체 항상성(body homeostasis): 내수용감각은 우리의 생리적 욕구를 감시하고 조절하는 데 도움이 된다. 배고픔, 목마름, 피로를 인식할 수 있게 해주며, 신체의 균형을 유지하기 위해 적절히 조처하도록 유도한다.
- 통증 지각(pain perception): 내수용감각은 우리가 통증을 지각하는 데 역할을 한다. 뇌는 손상된 조직으로부터 신호를 받아서 처리하여 통증을 경험한다.

- 신체 인식(body awareness) 및 자아 정체성(self-identity): 내수용감각은 우리의 전반적인 자아감과 신체 인식에 기여한다. 이 감각은 몸과 외부 환경을 구별하는 데 도움을 주고 신체화의 감각을 제공한다.
- 의사결정(decision making) 및 위험 평가(risk assessment): 내수용감각은 내부 상태에 대한 피드백을 제공함으로써 의사결정 과정에 영향을 미치고, 다양한 선택과 관련된 잠재적 위험과 보상을 평가하는 데 도움이 된다.

내수용감각은 감정, 스트레스, 개인적 경험 등 다양한 요소로부터 영향을 받을 수 있는 동적 과정이다. 내수용감각과 인간의 작용에서 그 역할을 이해하는 것은 심리학, 신경과학, 의학 및 정신 건강 등 여러 분야에 영향을 미칠 수 있다. 내수용감각은 우리의 내부 상태가 우리의 전반적인 웰빙, 감정적 경험 및 의사결정 과정에 어떻게 기여하는지에 대한 통찰력을 제공한다.

고유수용감각이 인간이 환경에서 몸의 방위를 이해하게 해준다면, 내수용감각은 몸 내부에서 무슨 일이 일어나고 있는지에 대한 감각이다. 의사는 흔히 환자에게 "기분은 좀 어때요?"라고 묻는다. 이는 환자에게 내수용감각 능력을 표현할 수 있는 능력을 이용하도록 촉구하는 것이다.

내수용감각을 평가하고 조사하는 방법에 대한 좋은 예는 마음챙김(mind-fulness) 명상에서 바디 스캔(body scan)이라는 운동이다. 바디 스캔은 몸의 각 부위로 주의를 옮겨 가면서 신체 부위를 아무런 판단 없이 알아차리고 다음 부위로 옮겨 몸 전체를 마치 스캔하듯이 훑어서 점검하는 것이다. 뭔가 뒤틀렸는지, 욱신욱신 쑤시는지, 탈골되었는지, 불쾌한지, 아픈지 등을 점검한다. 내수용감각은 신경계와 소화계, 전정계, 촉각계 간의 복잡한 의사소통을 통해 내부 과정이 얼마나 균형을 이루는지 평가하는 몸의 능력이다.

체온과 심박수는 내수용감각의 좋은 예이다. 몸은 끊임없이 외부와 내부의 환경 변화를 받으면서도 스스로 생리적으로 안정된 상태를 유지하는 기능인 항상성 상태를 지속적으로 추구한다. 우리는 내장이 뭔가 작동이 제대로 되지 않는 순간을 안다. 그때는 몸이 엉망이라고 느낀다. 하지만 이를 어떻게 아는가? 우리는 신체화된 방법으로 이를 안다. 신체화된 지식은 지적 지식이나 합리적 이해가 아니다. 서로 맞물려 있는 인간의 여러 계통이 함께 이를 안다.

육체수용감각

육체수용감각(corporoception)[7]은 한 몸의 형상을 다른 몸의 방위에 상대적으로 지각하는 능력이다. 다시 말해, 한 몸과 다른 몸의 관계를 신체적으로 이해하는 능력을 말한다.

한 몸이 다른 몸과 얼마나 가깝고 어떻게 배열되어 있는지는 문화적 규범과 전통뿐만 아니라 육체수용감각에도 달려 있다. 육체수용감각은 다른 몸에 대한 우리의 타고난 감각이다. 예를 들어, 춤을 추는 무용수들의 동작은 상상을 초월하는 정도까지 조화를 이룰 수 있다. 이러한 신체적 인식은 조지 발란신(George Balanchine; 1904~1983)과 수잔 패럴(Suzanne Farrell; 1945~)의 관계에서 잘 드러난다.[8] 이들이 함께 공연한 작품은 장르를 불문하고 대단한 예술적 듀오로 무용 역사에 기록되었다. 두 사람이 일종의 융합을 달성했다고 말할 정도이다. 이 둘의 운동감각적 이해는 매우 깊어서 발란신은 패럴에게 가장 대담하고 거친 도전을 제안했다. 한 예로, 발란신은 패럴에게 비정상적으로 넓은 제4포지션에서 스핀을 시도해 보라고 했다. 이 자세는 양발을

---

7 육체수용감각을 뜻하는 영어 단어 corporoception은 '몸, 육체'를 의미하는 라틴어 'corpor'와 '움켜쥐다, 파악하다'를 뜻하는 'capio'에서 유래했다.

8 조지 발란신은 뉴욕 시립 발레단의 창립자이자 감독이고, 그의 작품과 비전은 20세기 중반 미국의 발레를 지배했다. 수잔 패럴은 수년간 발란신의 수석 무용수였다.

몸의 방향과 직각으로 놓고, 발끝을 밖으로 향하고 왼발을 앞으로 내놓은 자세이다. 이는 발레를 하지 않는 무용수에게는 다리를 꼬고 넓게 벌린 상태에서 점프와 스핀을 시도하는 것과 같아서 균형이 불안정해지는 동작이다. 그녀는 이 동작을 해내고 나중에 이를 '믿음의 턴'이라고 불렀다.

발란신과 패럴에게 어떤 일이 일어나고 있는가? 창의적인 듀오는 종종 유대감에서 유사한 발달 경로를 따른다. 상대의 존재는 자신감으로 이어지고, 자신감은 신뢰로 정착하며, 신뢰는 믿음으로 상승한다. 그러한 수준의 육체수용감각을 갖기 위한 첫 번째 단계는 존재(presence)이다. 즉, 물리적이고 실제적인 존재, 즉 방 안의 몸이다. 사실 그러한 육체적 존재 때문에 무용을 보는 것은 매우 신난다. 서로에게 너무나 미세하게 조율된 몸들이 존재하는 것에는 숨이 막힐 정도로 놀랄만한 무언가가 있다.

우리 몸은 다른 사람의 몸과 접촉할 때 여러 분자적·화학적·정서적·물리적·신경학적 수준에서 반응한다. 부모가 소파에서 자녀와 바짝 붙어 책을 읽거나, 추운 밤에 부부가 이불 속에서 발을 맞댈 때, 몸은 신체적 접촉에 반응하고 그러한 사회적 유대를 장려하는 호르몬인 옥시토신(oxytocin)[9]을 생성한다. 이처럼 신체화의 감각은 다른 몸에 의존한다.

장기간 독방에 갇혀 있는 사람들은 다양한 건강 문제를 겪는다. 안아주지 않고 신체적으로 접촉하지 않는 유아는 다양한 발달 문제를 겪는다. 일손이 부족한 보육원에서 신체 접촉을 거부당한 아이는 인지 지연과 행동 문제, 건강 문제를 겪는다. 이 모든 것은 신체적 접촉의 부재와 직접적인 관련이 있다.

육체수용감각은 근처의 다른 몸을 감지하는 감각만이 아니라 그 근접성에

9　옥시토신은 다양한 생리적 과정, 특히 사회적 유대감, 출산 및 생식 행동에 중요한 역할을 하는 호르몬이자 신경전달물질이다. 흔히 '사랑의 호르몬' 또는 '포옹 호르몬'이라고도 불리는 옥시토신은 주로 뇌의 시상하부에서 생성되며 뇌하수체 후엽에서 혈류로 방출된다.

반응하는 다양한 계통의 내부 과정이기도 하다. 인간은 사람들 곁에 있어야 하고 만져야 한다. 밀접한 접촉의 힘을 의심하고 두 몸이 서로에게 작용할 수 있는 방법에 의문을 제기하는 사람이 있다면, 유튜브에서 영장류 그루밍 비디오를 보거나 영장류의 친밀하고 애정 어린 접촉의 필요성을 잘 다루고 있는 프란스 드 발(Frans de Waal; 1948~)이 2019년에 출간한 책 『엄마의 마지막 포옹』을 읽으면 도움이 될 것이다. 영장류가 손질을 받으면서 행복한 휴식을 취하는 것을 보는 것은 항상 놀라운 일이다. 그리고 육체수용감각적 욕구에 관한 한 인간도 그러한 원숭이들과 크게 다르지 않다.

2.3. 신체의 모습

철학자 프리드리히 니체(Friedrich Nietzsche; 1844~1900)는 몸에 관해 이렇게 말한다. "나는 전적으로 몸이고, 그 외엔 아무것도 아니다." 나는 니체 철학에서 몸이 어떤 위치를 차지하는지에 관해 이야기하려는 것은 아니다. 오히려 탈신체화된 마음 이론인 마음-몸 이원론에서 무시하고 폄하하는 몸 자체에 관해 이야기하고자 한다. 몸은 무엇으로 이루어져 있고, 어떻게 작동하고 활동하는지 등을 이야기할 것이다. 니체의 말처럼 우리 자체가 몸이다. 몸은 우리 자체라서 어떤 점에서 사각지대에 놓여 있다. 그러다 보니 우리의 몸은 눈에 잘 띄지 않는다. 사각지대에 놓여 있는 몸을 눈에 잘 띄는 곳에 두고서 그 몸을 잘 들여다볼 필요가 있다.

신체화된 마음 이론에서는 우리의 행동과 사고가 몸이라는 정교한 생물학적 구조에서 비롯된다고 가정한다. 지금 이 책을 읽고 있는 독자는 인간의 사고와 몸의 관계에 대해 내가 방금 적은 문장을 눈으로 보고서 머릿속에서 그 내용을 생각하고 무언가 반응을 보인다. 내 말이 터무니없다는 생각이

들면 짜증이 나면서 무의식적으로 얼굴 근육에 경련이 일어난다. 이런 짜증스러운 반응이 방금 먹는 음식을 소화하는 데 문제를 일으킬 수도 있다. 사실 이 모든 일을 비롯해 수없이 많은 일은 몸을 통해 일어난다.

인간의 몸은 무엇으로 구성되어 있고, 몸은 어떻게 작동하는가? 문제는 몸속에서 무슨 일이 일어나고 있는지를 직접 눈으로 확인할 수 없다는 것이다. 더 나아가 몸 안에서 일어나고 있는 많은 일은 의식에 접근 가능하지 않다. 그래서 몸이 무엇이고 어떻게 작동하는지를 다루기 위해 과학의 도움이 필요하다. 다음에서는 이런 과학의 도움으로 얻을 수 있는 몸의 특징을 소개할 것이다.

세포 다발로서의 몸

인간의 몸은 개별 세포가 따로 존재하지 않고 함께 작동하기로 한 진화적 결정의 결과물이다. 다세포 유기체의 진화 이야기는 생물학의 기본 주제이다. 약 40억 년 전, 어떻게든 스스로 번식할 수 있는 흥미로운 특성을 가진 분자(molecule)가 생겨났다. 시간이 지나면서 자기 복제 분자들은 번식에 도움이 되는 집을 만들어 번성할 수 있는 능력을 개발했다. 그 집이 바로 세포(cell)이다. 세포는 살아 있는 모든 유기체의 기본적인 구조적·기능적 단위이고, 분자는 세포의 기본 요소이다. 분자는 작은 생태계를 만들 수 있게 하는 막을 짜서 자신이 원하는 대로 조건을 유지한다. 이 최초의 단세포 수백만 마리의 후손인 박테리아와 다양한 미생물은 지금의 우리 몸 안에 모여 있다. 단세포 유기체인 박테리아와 미생물은 세포로 구성되어 있다. 이런 박테리아와 미생물은 우리와 공생하면서 우리에게 이익을 주기도 하고 때로는 병을 유발하여 해를 끼치기도 한다.

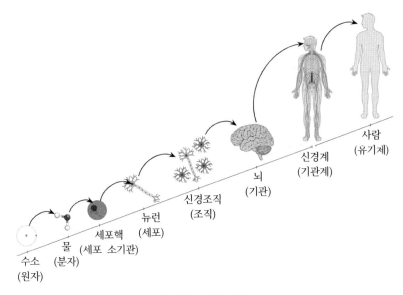

유기체 조직의 층위

다세포 유기체 내의 일부 세포는 더 작은 세포와 공생 관계를 형성한다. 예를 들어, 에너지를 생성하는 매우 유익한 능력을 가진 단세포 생명체인 미토콘드리아(mitochondria)[10]는 대부분의 생명체 세포에서 발견되는 막으로 둘러싸인 세포 소기관으로서, '세포의 발전소'라고 불리며 세포가 ATP(adenosine triphosphate; 아데노신 3인산) 형태의 에너지를 생성하는 과정인 세포 호흡(cellular respiration)에서 중요한 역할을 한다. 그래서 인간 세포는 미토콘드리아를 장기 체류자로 맞이하여 지속적인 연료 공급의 대가로 영양분을 주고 보호해 준다. 어떤 세포는 분열하는 법을 배웠기 때문에, 자신의 유전물질

---

10 mitochondrion(단수) 또는 mitochondria(복수)라는 단어는 '실'을 뜻하는 그리스어 mitos와 '알갱이, 곡물 같은'를 뜻하는 chondrion에서 유래했다. 1890년에 리처드 알트만(Richard Altmann; 1852~1900)은 미토콘드리아를 발견하고 이를 바이오블라스트(bioblast)라고 불렀다. 1898년에 칼 벤다(Carl Benda; 1857~1932)는 '미토콘드리아'라는 용어를 만들었다.

(DNA)뿐만 아니라 유리한 세포 생활 조건도 복제한다. 시간이 지나면서 미토콘드리아와 같은 작은 세포 중 일부는 자연선택을 통해 더 큰 유기체 내에서 다세포 구조를 형성하도록 진화했다. 이를 통해 다양한 기능을 전문화하여 유기체 전체의 전반적인 기능과 안녕에 기여할 수 있었다.

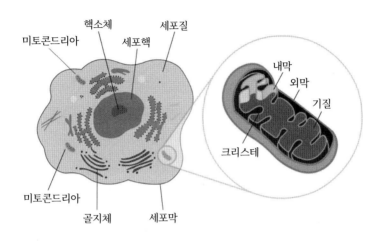

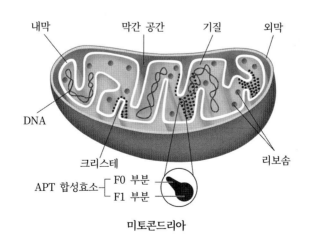

미토콘드리아

집단을 형성하는 생존 전략인 다세포성에는 장단점이 있으므로, 모든 다세포 생명체가 살아남는 것은 아니며 모든 세포가 공동체 생활 전략을 채택한 것도 아니다. 아메바(amoeba)는 단세포 유기체로서 요구 사항이 단순하고 최소한의 유지 관리만으로 안정적인 환경에서 생존할 수 있다. 그러나 아메바는 환경 변화에 취약하기 때문에 먹이 공급원이나 조건이 바뀌면 생존에 어려움을 겪을 수 있다. 대형 다세포 생물은 먹이를 찾아 더 멀리 더 빨리 움직일 수 있고, 다가오는 위협을 더 일찍 발견할 수 있으며, 더 능숙하고 강력하게 자신을 방어할 수 있는 장점이 있다. 하지만 다세포로 이루어진 거대한 몸을 유지하려면 상당한 에너지와 자원이 필요하며, 조직의 복잡성으로 인해 일이 잘못될 가능성도 더 많다. 인간의 몸과 같은 대형 유기체에게 먹이를 주는 것은 군사 작전이 된다. 손으로 숟가락을 들고 음식을 입으로 가져가고, 근육을 이용해 입을 벌리며, 치아로 씹고 침으로 윤활하고, 많은 근육을 이용해 음식을 삼키고, 소화용 화학물질로 끼얹으며, 위장에서 휘젓는 정확한 순간적인 타이밍이 요구된다. 공동체(또는 다세포 유기체)에서 살아간다는 것은 개인의 필요와 공동의 선을 조화시켜야 하는 등 나름의 어려움을 수반하며, 이는 달성하기 어려울 수 있다.

지금까지의 진화 이야기에서 핵심은 세포가 다세포 유기체 내에서 개별적으로나 집단적으로 생존을 촉진하는 방식으로 행동한다는 것이다. 그렇다고 해서 세포가 의식적 욕구를 가지고 있다는 것은 아니다. 오히려 이는 세포가 잠재적으로 불리한 사건에 내장적 반응을 보여 그러한 사건의 피해를 무력화하거나 피한다는 것을 의미한다. 세포의 내부 환경이 균형을 잃으면 그 자체로 균형을 회복하려는 과정이 촉발된다. 세포는 물리적 손상이나 부상에 대응하여 상처를 치유하고 복구하는 메커니즘을 가지고 있다. 효과적인 자기 보호 메커니즘을 가진 세포는 생존과 번식 가능성이 높아 진화의 성공에 기여한다. 가장 기본적인 수준에서 인간은 목적이 있고 지능적이다. 안토니오 다마지오(Antonio Damasio; 1944~)가 2010년에 출간한 책 『자아가 떠오른 다』에서 말하듯이, "생명 관리에 대한 신체화된 지식은 그러한 지식의 의식 적 경험보다 우선한다. 이러한 신체화된 지식은 꽤 정교하다 … 이러한 지식 의 복잡성은 엄청나고 겉으로 보이는 지능은 놀랍다." 특히 걱정거리가 확산 되고 세상이 복잡해짐에 따라, 우리의 욕구와 관심사를 충족시키는 방식으로 행동할 수 있는 세포의 내재된 성향과 능력은 사실 지능(intelligence)의 핵심 이다.

움직임으로서의 몸

인간은 태어날 때 큰 울음을 터뜨리면서 움직임을 갖고 세상에 나온다. 참으로 슬픈 표현이긴 하지만, '사산아'는 죽어서 태어난 아이이다. 영어로는 a still-born child로 표현된다. 이 표현에서 still은 '정지한, 움직이지 않는'을 뜻한다. 움직임 없이 태어난 아이가 곧 사산아이다. 이런 점에서 움직임은 생명의 모습이고, 정지는 죽음의 모습이다. 움직임과 정지는 몸의 측면이다. 몸이 움직이느냐 아니면 정지해 있느냐는 곧 삶과 죽음의 문제와 직결된다.[11]

인간의 몸은 일반적으로 만질 수 있고 움직이는 '사물'로 생각된다. body 라는 영어도 셀 수 있는 가산명사이고 흔히 사물을 나타내는 명사로 분류된 다. 하지만 우리의 몸은 사물이 아니라 '사건'이다. 만약 우리가 집을 잠그고 휴가를 가면 집은 그냥 그대로 가만히 있을 것이다. 하지만 인간의 몸은 그렇지 않고 계속 움직인다. 우리가 잠자는 동안에도 뉴런(neuron; 신경세포) 은 활성화되고, 세포는 발달하며, 방광은 채워지고, 혈액은 펌프질하며, 폐는

---

11   거란족과 같은 유목민족은 늘 벌판을 달려야만 살아남을 수 있는 사람들이라고 생각한다.
     그래서 거란족은 새로운 땅을 정복하고 새로운 백성들을 받아들여야만 번영을 할 수 있는
     나라이므로 고려를 수차례 정복하려고 시도했던 것이다.

호흡하고, 다리는 경련을 일으키며, 목구멍은 끙끙거린다. 크고 작은 무수한 방식으로 몸은 내내 꿈틀거리면서 움직임을 유지한다. 몸은 가끔씩 움직이고 그러다 중간에 잠시 쉬는 존재가 아니다. 뇌에는 디폴트 모드 네트워크 (default mode network; DMN)라는 특별한 부위가 있다. 이는 마음이 외부 작업이나 자극에 집중하지 않거나 특정한 인지 작업에 참여하지 않을 때 활성화되는 특별한 뇌 부위이다. 즉, DMN은 뇌가 외부 자극에 집중하지 않거나 목표 지향적인 활동을 수행하지 않을 때 더 활동적으로 된다. 이처럼 미시 층위에서도 인간은 끊임없이 활발하게 움직인다.

우리는 무언가를 하면서 움직이지 않는다면 살아남지 못한다. 인간의 몸은 각각의 성분 세포와 마찬가지로 끊임없이 영양분을 보충한다. 세포에 필요한 원료를 공급하기 위해 때때로 일어나서 냉장고로 가서 먹을 것을 가져오거나 먹을 것이 없다면 피자를 주문해서 먹어야 한다. 살아있다는 것은 공급품이 필요하다는 것이다. 그리고 공급품을 얻기 위해서는 움직여야 한다. 그래서 우리는 미시 층위뿐만 아니라 거시적인 행동 층위에서도 활동하도록 진화했다. 결국에는 생존을 위한 싸움에서 지겠지만, 죽을 때까지 우리의 복잡한 다세포 몸은 그 몸을 구성하는 단세포처럼 생식 의무를 다할 때까지 계속 살기를 원하는 것처럼 행동한다.

우리 몸의 최우선 순위는 생존과 웰빙, 생식을 위한 행동이다. 우리는 희망, 욕망, 두려움, 기대로 가득 찬, 활동적이고 적극적이며 진취적인 생명체이다. 결국 인간의 생물학적 지능은 행동과 욕구의 문제에 대한 관심사에 기초하지 않으면 이해하기 어렵다. 인간은 컴퓨터와는 다르다. 인간은 전원을 켜고 무엇을 해야 하는지 지시를 받을 때까지 인내심을 갖고 기다리는 것에 만족하는 기계가 아니다. 인간은 본질적인 관심사의 집합체로 구성되며, 그러한 관심사를 다루려는 물리적 시도로 지속적으로 활기를 띤다.

인간은 기본적으로 철학을 하거나 논리 문제를 푸는 등 고차원의 사고를 하도록 설계된 존재가 아니다. 사고를 위한 이성은 더 심층의 생물학적 문제 해결을 지원하기 위해 진화한 부차적인 도구일 뿐이다. 인간에게 뇌가 있는 이유는 우리의 현재 관심사를 고려하여 주로 올바른 움직임을 파악하고 실행하기 위한 것이다. 움직이는 동물에게는 뇌가 있지만, 움직이지 않는 동물에게는 뇌가 없다. 멍게는 헤엄친다는 점에서 움직이는 동물로 시작하므로 움직임을 조정하는 기초적인 뇌를 가지고 있었다. 하지만 얼마 후, 멍게는 남은 인생을 식물로 보내는 것이 노력이 더 적게 든다고 결정하면서 좋은 장소를 찾아서 뿌리를 내리고 자신에게 오는 것만 먹고 생존해 낸다. 이제 멍게에게는 뇌가 없다.

유연한 골격으로서의 몸

움직이는 생명체가 지능을 발휘하려면 필요에 따라 움직일 수 있는 몸이 필요하다. 어떤 동물은 살짝 휘두를 수 있는 작은 꼬리가 있고, 어떤 동물은 찌르면 움츠리고 도망갈 수 있다. 그러나 인간과 같은 다세포 생명체가 진화하기 위해서는 더 정교한 움직임이 필요했고, 그 결과 움직임의 속도, 힘, 정밀도를 높이기 위해 골격이 발달했다. 골격(skeleton)은 뼈로 만들어진 반강성이지만 부분적으로 탄성이 있는 케이지로서, 부드러운 내부 장기를 보호하고 지지하는 기능을 한다.

골격에는 팔다리가 연결되어 있는 관절이 있다. 강하고 탄력 있는 근육은 뼈와 뼈 사이를 연결한다. 관절은 두 개 이상의 뼈가 만나는 지점으로서, 몸의 움직임과 유연성을 가능하게 한다. 근육은 몸의 움직임을 담당하는 수축 조직으로서, 수축과 이완을 반복하며 뼈를 잡아당겨 관절의 움직임을 만들어낸다. 근육과 관절은 함께 조화롭게 작동한다. 근육이 수축하면 연결된 뼈를 잡아당겨 관절을 움직이게 한다. 길항근은 종종 한 쌍으로 작용하

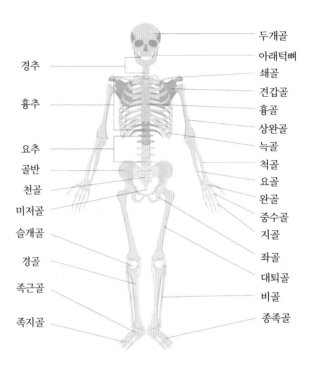

경추

흉추

요추
골반
천골
미저골
슬개골

경골

족근골

족지골

두개골
아래턱뼈
쇄골
견갑골
흉골
상완골
늑골
척골
요골
완골
중수골
지골
좌골
대퇴골
비골
종족골

인체의 골격[12]

는데, 한 근육이 수축하는 동안 다른 근육이 이완하여 부드럽고 제어된 움직임이 가능하도록 한다.

---

12 이 그림에 사용된 전문용어를 영문과 병기해 제시한다. 경추(목뼈; cervical vertebrae), 흉추(등뼈; thoracic vertebrae), 요추(허리뼈; lumbar vertebrae), 골반(pelvis), 천골(엉치뼈; sacrum), 미저골(꼬리뼈; coccyx), 슬개골(무릎뼈; patella), 경골(정강뼈; tibia), 족근골(발목뼈; tarsal), 족지골(발가락뼈; phalange), 두개골(skull), 아래턱뼈(mandible), 쇄골(빗장뼈; clavicle), 견갑골(날개뼈; scapula), 흉골(복장뼈; sternum), 상완골(위팔뼈; humerus), 늑골(갈비뼈; rib), 척골(자뼈; ulna), 요골(노뼈; radius), 완골(손목뼈; carpal), 중수골(손바닥뼈; metacarpal), 지골(손가락뼈; phalange), 좌골(궁둥뼈; ischium), 대퇴골(넙다리뼈; femur), 비골(종아리뼈; fibula), 종족골(발허리뼈; metatarsal bone).

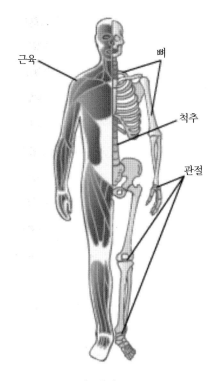

뼈, 관절, 근육

　근육은 강한 섬유질 결합 조직인 힘줄(tendon; 건(腱))에 의해 뼈에 붙어
있다. 뼈는 인대(ligament)로 서로 직접 연결된다. 인대는 뼈를 묶는 튼튼하고
얽힌 끈으로 이루어진 밧줄에 비유된다. 인대에는 관절이 움직일 수 있게
해주는 탄성 섬유도 있지만, 관절의 용량을 초과하여 움직이지는 않는다.
예를 들어, 무릎 관절에는 무릎 양쪽에 하나씩, 슬개골의 앞뒤를 대각선으로
가로지르는 두 개의 인대가 있다. 이러한 인대는 무릎을 안정시키고 무릎이
왼쪽이나 오른쪽, 앞뒤로 너무 많이 움직이지 않도록 도와준다. 힘줄도 튼튼
한 끈이지만 인대보다 조금 더 신축성이 있다. 근육이 수축할 때 연결된
힘줄은 뼈를 당겨서 움직이게 한다. 힘줄은 또한 근육이 움직일 때 받는

충격을 흡수하는 데 도움을 준다.

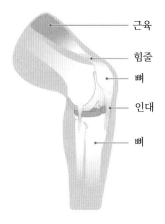

힘줄과 인대

진화 과정을 통해 관절 골격의 길이와 무게, 운동 원호, 탄성이 조정되어 골격계는 뇌로부터 많은 입력을 받지 않아도 똑똑하게 움직일 수 있다.

마음과 뇌에서 지능으로 인식되는 것의 상당 부분은 실제로는 몸의 신체적 계통 전체에 분포되어 있다. 행동은 유기체가 신경계뿐만 아니라 몸 전체도 포함하는 실세계와 상호작용한 결과이다. 여기에는 감각 기관이 분포되는 방식과 근육건계와 관절의 신체적 특성도 포함된다. 이러한 상호의존적 메커니즘의 모음은 유기체의 신체화라고 부를 수 있다. 지능이 마음이나 뇌에만 국한된 것이 아니라 신체적 구조를 통해 신체화될 수 있고, 따라서 그러한 신체적 구조가 마음과 뇌의 부담을 어느 정도 덜어줄 수 있다는 생각, 즉 몸과 신체적 구조가 전반적인 인지 과정에 기여할 수 있다는 생각은 신체화된 인지 이론의 핵심이다.

인간에게 손이 없었다면 가장 간단한 도구도 만들지 못했을 것이고, 도구가 없었다면 분명히 지금처럼 똑똑하지 못했을 것이다. 움켜쥐고, 애무하고,

뜯고, 잡고, 당기고, 비틀고, 꼬집고, 찌르고, 문지르고, 긁고, 두드리고, 쿵쿵 치고, 던지고, 쓰고, 짜고, 간지럽히고, 그리고 손으로 할 수 있는 다른 수십 가지의 똑똑한 것을 할 수 있는 능력이 없었다면 인간은 어떻게 되었을까?

인간 손의 진화가 뇌의 진화를 이끄는 데 중요한 역할을 했다고 주장하는 사람들도 있다. 손의 관절이 고도로 발달했지만, 그렇다고 해서 손이 지능적인 뇌에 의해 전적으로 지시받고 통제되는 수동적인 도구라고 가정해서는 안 된다. 손에는 뇌의 지시와 통제를 넘어서는 고유한 특성이 있다.

손에는 회전이 가능한 엄지손가락이 있고, 엄지손가락은 집게손가락과 맞닿을 수 있는 적당한 길이이다. 그래서 엄지손가락을 사용하면 뭔가를 집거나 잡을 수 있다. 엄지손가락 밑부분에는 유난히 강한 근육이 있어서 상당한 힘으로 정확히 꽉 쥘 수 있다. 손가락은 유연하고 관절이 연결되어 있어서 말아 올릴 수 있고 어느 정도 서로 독립적으로 움직일 수 있다. 손톱은 질감과 저항의 미세한 변화를 감지할 수 있는 대단히 민감한 손가락 끝을 보호하는 역할을 한다. 손에는 마찰력을 증가시켜서 큰 물건을 잘 잡을 수 있게 하는 울퉁불퉁한 피부가 있다. 피부는 또한 쿠션처럼 변형과 압축이 가능하여 잡는 물건의 모양에 적응하는 데 도움이 된다. 그리고 작은 뼈, 근육, 힘줄로 이루어진 손의 전체 구성 때문에 손이 물건을 감싸기 시작하면 손의 물리적 구조는 눈이나 뇌의 도움 없이도 물건의 모양에 맞게 자동으로 악력을 조절한다.

사람 몸 전체로 돌아가자면, 협응(coordination)과 관련된 또 다른 문제를 발견할 수 있다. 근골격계에는 많은 가동 부위가 있으며, 이런 부위들은 조화롭게 함께 작동하거나 협응해야 한다. 이 중에서 어떤 부위는 뇌에 의한 섬세한 중앙 조율이 필요하지만, 뇌는 몸의 행동을 처음부터 완전히 설계하는 것이 아니라 몸을 미세 조정한다. 뇌가 협응에 기여하는 한 가지 방법은 생리적 진전(physiological tremor)이다. 근육은 힘을 쓰고 움직일 때만 수축하는 것은 아니다. 살아있는 근육 조직은 그 자체의 생리적 기능을 잃지 않고 잘 유지하기 위해서 일하지 않는 순간에도 지속적으로 수축과 이완을 반복한다. 따라서 근육은 초당 8~13회 정도의 주기로 진동한다. 이러한 진동과 떨림을 생리적 진전이라고 한다. 몸의 어느 한 부위가 움직일 때 그 활동은 이 떨림 위에 겹쳐지며, 이는 나머지 신체 부위가 조화를 유지하는 데 도움이 된다. 이는 마치 한 쌍의 무용수가 같은 음악에 맞춰 움직이고 리듬을 공유할 때 더 잘 어울리는 것과 비슷하다. 이 예는 몸의 내재적 활동이 사람의 전반적인 지능에 기여하는 방식을 강조한다. 뇌는 몸을 포함하는 더 큰 계통의 한 요소로 보지 않고는 제대로 이해할 수 없다. 즉, 뇌를 제대로 이해하려면 뇌를 몸 전체를 아우르는 더 큰 계통의 한 요소로 간주해야 한다.

기관(器官)으로서의 몸

골격과 두개골의 구조 내부에는 몸의 주요 기관, 물질, 계통이 모여 있다. 이 각각은 우리가 생명을 유지하는 데 필요한 기능을 수행한다. 생명은 복잡하고 섬세하며, 다세포 유기체의 경우에 신체 내에서 수많은 조건이 동시에 충족되어야만 생명 유지가 가능하다. 몸은 다양한 생리적 변수에서 작은 변동만 견딜 수 있다. 예를 들어, 혈류에 존재하는 산소와 이산화탄소의 수준, 세포를 지속적으로 씻어주는 체액의 산도, 생존에 필요한 화학반응에 도움이 되는 온도 등은 좁은 범위 내에서만 달라질 수 있다. 몸의 주요 기관은 특정 생리적 변수를 모니터링하도록 특화되어 있으며, 이러한 변수가 정상에서 벗어나면 이를 다시 최적의 수준으로 조절할 수 있는 메커니즘을 가지고 있다. 에너지 수준에 이상이 생기면 우리는 음식을 찾아서 체내로 가져와서 에너지의 보편적인 화폐인 ATP(아데노신 3인산) 분자로 변환하고, 필요한 곳에 에너지 분자를 분배하며, 노폐물을 제거해야 한다. 신체 내부의 노동 분업은 세포 무리가 서로 다르지만 맞물려 있는 이러한 작업에 전념하여 내부의 다양한 운영 센터를 구성한다는 것을 의미한다.

이러한 몸의 지능이나 지혜를 밝히고자 한다면, 물리적이고 물질적인 것보다 추상적이고 이상적인 것을 우선시하는 플라톤 철학을 넘어서서 우리의 촉촉한 내장으로 뛰어들어야 한다. 유서 깊은 불교 명상이 여기에서 도움이 된다. 이 명상은 부정관(Patikulamanasikara)이라고 부르고, '혐오감에 대한 성찰(reflection on repulsiveness)'로 번역된다. 이 명상의 목적은 우리의 신체적 물질에 대한 불편함이나 혐오감에 도전하여 극복하는 것이다. 우리의 내장이 어둡고 끈적거리고 가끔 냄새가 난다고 해서 더럽다거나 나쁘다는 것은 아니다. 승려는 몸이 많은 불순물로 가득 차 있다고 관조해야 하지만, 혐오감을 키우는 것이 아니라 어느 정도의 예의와 호기심, 관심을 가지고 몸에 접근하는 것을 배우는 것이 핵심이다. 몸속에 있는 것은 우리 것이다. 구토물이나 피로 쏟아져 나와서 눈에 보일 때는 불안하거나 불편하며 심지어 혐오감도 느끼겠지만 몸을 진정으로 이해하려면 몸과 친구가 되어야 한다.

몸의 내부에 대해 생각할 때 뇌, 심장, 폐, 신장, 간, 장에 집중하는 경우가 많다. 의학 기술로 인간의 몸을 해부할 수 있으며, 그 결과로 간단한 유추를 통해 몸속의 이러한 기관을 이해할 수 있다. 폐는 바람통과 같고, 심장은 펌프와 같으며, 위는 음식물 처리기이고, 신장은 체액 정수장(淨水場)이며, 간은 제약 공장이다. 각 기관은 그 기능을 효과적으로 수행할 수 있는 고유한 형태의 지능이나 능력을 가지고 있다. 하지만 몸 전체의 지능에 관해 생각할 때, 더 흥미로운 것은 다른 기관과 요소들이 서로 소통한다는 것이고, 지능적인 전체가 개별 부분의 합을 초월한다는 것이다.

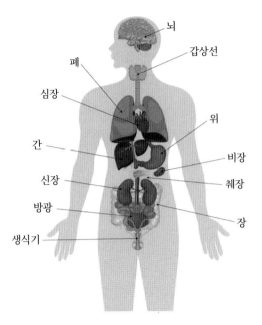

뇌
갑상선
폐
심장
위
간
비장
신장
췌장
방광
장
생식기

인체의 내부 기관

　심장을 예로 들어보자. 몸의 여러 부위는 일반적으로 이상적 수준의 기능을 하는 것으로 생각되고, 혈당이 이 수준 아래로 떨어지거나 혈압이 상승하는 등 이 수준에서 교란된다면, 몸은 정상으로 돌아가는 방식으로 행동을 조정한다. 최적의 이상적인 수준을 특정 지점으로 간주하는 일반적인 가정에서 모든 것이 정상이라면 건강한 심장은 일정한 심박수를 유지할 것으로 예상된다. 하지만 1991년에 하버드대학의 생리학자 에이리 골드버거(Ary Goldberger; 1949~)는 그렇지 않다는 것을 발견했다. 정상적인 심장의 심전도(electrocardiogram; ECG)는 그럴 만한 이유가 없는데도 심박수가 매우 다양하게 변화하며, 규칙적으로 변화하지 않는다는 것이다. 정상적이고 건강한 사람의 혈중 호르몬 수치도 필요 이상으로 변동한다. 왜 그런가?
　심장의 가변성을 이해하는 열쇠는 심장이 건강을 유지하려면 나머지 신체 부위와 끊임없이 소통해야 한다는 사실에 있다. 심장은 고립된 상태에서 자기 일만 하는 것이 아니다. 심장은 실제로 폐, 간, 그리고 나머지 중추신경계와 지속적으로 소통할 수 있게 해주는 작은 뇌를 가지고 있다. 일반적으로 혈압과 심박수를 높이는 교감신경계(sympathetic nervous system)의 입력 그리고 혈압과 심박수를 낮추는 부교감신경계(parasympathetic nervous system)의 다른 입력이 있다. 그리고 심장은 기계적·전자적·화학적 상태에 대한 메시지를 다른 기관으로 보내고 자율신경계(autonomic nervous system)를 통해 뇌간 (brain stem)으로 그리고 뇌 전체로 보내는 출력이 있다. 심장은 들어오는 신호를 처리하고 내보내는 정보를 조정하여 조절 기능에 기여하는 자체 내부 통신 뉴런 네트워크를 보유하고 있다. 이런 점에서 심장의 끊임없는 통신은 트위터와 같은 소셜 미디어 플랫폼에서 자주 업데이트되거나 공유되는 메시지에 비유될 수 있다.

캐나다 출신의 연구자 앤드류 아모어(Andrew Armour)가 말하는 '심장의 작은 뇌'는 심장의 이 모든 활동을 사용하여 심박수와 기타 생리적 매개변수를 실시간으로 조절한다. 다시 말해, 건강한 심장은 자신이 속한 더 넓은 몸과 일정한 공명을 이루고 있으므로 다소 불규칙하게 뛴다. 신체의 내부 안정성을 유지하는 능력인 항상성(homeostasis)은 심장이 영원히 돌아가려고 하는 고정된 이상적인 지점이 아니라, 그 안에서 자유롭게 움직이고 변화할 수 있는 적절한 범위를 규정한다. 실제로, 건강하지 못한 심장은 이러한 유연성이나 탄력성을 잃고 심박수가 점점 더 규칙적으로 되고 변동성이 줄어든다. 에이리 골드버거의 연구에 따르면, 겉보기에 건강한 심장에서 발생할 수 있는 갑작스러운 심장마비 이전에 종종 심장박동의 규칙성이 증가하여 적응력과 반응성이 떨어지는 현상이 전조 증상으로 나타난다. 심장이 유연성을 잃으면 주변 환경의 갑작스러운 변화에 효과적으로 대응할 수 없게 된다. 즉, 유연성이 부족한 심장은 임박한 위험에 대한 경고와 같은 중요한 신호를 수신하지 못하여 취약하고 준비되지 않은 상태로 방치되는 것이다.

다른 신체 계통에도 그 자체의 뇌가 있다. 소화계(digestive system)는 중추신경계(central nervous system)(뇌와 척수)와 연결이 끊긴 상태에서도 다양한 입력에 대한 반응을 조절할 수 있도록 하는 자체 신경계가 있다. 진화론적으로 이것은 놀라운 일이 아니다. 자궁에 있을 때처럼 발달의 초기 단계에서 별도의 뇌가 발달하기 훨씬 전부터 우리는 소화관이었다. 이처럼 소화계는 진화 역사상 뇌보다 먼저 발달했고 초기 발달 단계부터 생명을 유지하는 데 중요한 역할을 했다. 소화계는 주요 수로인 대운하에 비유할 수 있고, 우리의 몸은 분주한 수로변에 건설된 번화한 도시에 비유된다. 소화계를 통한 영양분의 흐름은 상품이 항구에 도착하고, 운하 유역을 따라 물고기를 잡고, 하류로 폐기물을 배출하는 과정과 비슷하다. 소장에만 10억 개가 넘는 신경세포가 있으므로 소화관의 가장자리를 따라 이루어지는 거래를 조절하는 것은 복잡한 일이다. 소화 기관, 특히 소장에 있는 이러한 신경세포는 장의 활동을 조절하는 데 관여하며, 주로 위장관에 서식하는 다양한 박테리아 군집과의 상호작용을 관리하는 역할을 한다. 그러나 소화계의 많은 신경세포는 뇌를 포함한 몸의 다른 기관 및 신체 부위와도 끊임없이 소통한다.

생화학적 물질로서의 몸

몸은 단단한 기관 외에도 한 곳에 고정되어 있지 않고 온몸을 순환하며 기능하는 다양한 계통으로 구성되어 있다. 순환계(circulatory system)는 폐에서 여러 신체 부위로 산소를 운반하고, 신체 조직에서 이산화탄소를 내뿜기 위해 산소를 다시 폐로 운반하는 적혈구(red blood cell; erythrocyte)를 몸 전체로 운반하는 계통이다. 그리고 혈액의 체액인 혈장(plasma)은 림프계(lymph system)와 함께 몸의 방어 메커니즘과 회복 과정에 필수적인 다양한 화학물질을 운반한다.

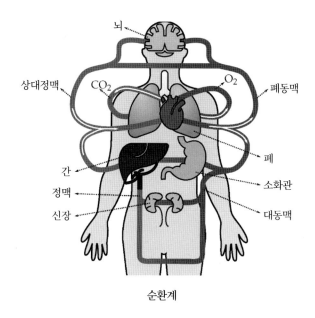

순환계

액체 면역계(immune system)는 백혈구(white blood cell; leukocyte), 특히 림프구(lymphocyte)를 운반하는데, 림프구는 우리 몸에 들어온 유해 물질과 병원균을 식별하고 무력화하는 인체의 국토안보부와 같은 역할을 한다. 즉, 림프구는 박테리아, 바이러스 및 기타 이물질과 같은 특정 병원체를 인식하고 이에 대응하기 때문에 감염에 대한 신체의 방어에 중요한 역할을 한다. 림프구 표면에는 특정 항원이나 이물질을 식별하는 항체(antibody)가 장착되어 있어 우리 몸의 면역 반응을 돕는다. 일치하는 항원을 발견하면 림프구는 이를 안아주는 것처럼 결합하거나 시민의 범인 체포와 같은 면역 반응을 일으켜 위협을 무력화할 수 있다. 몸 곳곳에 있는 림프절(lymph node)은 병원균과 항원을 면역 세포가 검사하고 처리하는 지역 구치소 및 심문소로서, 면역계가 감시하는 동안 발견한 바람직하지 않은 물질을 처리하는 역할을 한다.

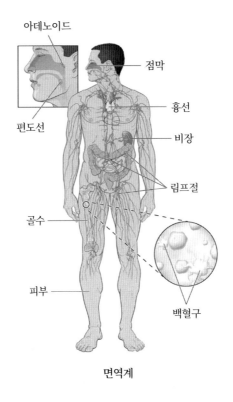

아데노이드

점막

흉선

비장

림프절

편도선

골수

피부

백혈구

면역계

면역계가 종종 병원균에 대한 방어 메커니즘으로 여겨지지만, 신체 내에서 우호적인 상호작용을 촉진하는 역할도 똑같이 중요하다. 면역 반응을 담당하는 백혈구인 림프구는 단순한 비밀경찰만이 아니라, 여러 신체 부위 간의 소통과 조정을 촉진하여 전체적인 신체 조화와 일관성을 유지하는 데 중요한 역할을 한다. 칠레의 면역학자 프란시스코 바렐라(Francisco Varela)는 면역계가 신체 내의 전문화된 세포 집단을 하나의 통합된 신체적 정체성으로 통합하는 역할을 한다라고 주장한다. 면역계는 병원균과 침입자에 효과적으로 대응할 수 있지만, 이는 비상사태에 대응하는 방법일 뿐이다. 대부분의 경우 면역계는 몸의 일관성과 정체성을 모니터링하고 유지한다. 병원균이 없는 무균 환경에서도 생쥐는 정상적인 면역계를 발달시킨다. 왜냐하면 질병의 위협이 없더라도 면역계가 필수이기 때문이다. 그러므로 면역계는 뇌와 지속적인 대화를 이어가야 한다. 바렐라가 말하듯이, "면역계가 그 자체로 인지 장치라는 것을 이해하기 전까지는 보다 정교한 정신신체학적 관점이 발전하지 못할 것이다." 즉, 면역계는 우리 지능의 일부라는 것이다.

신체 내부를 떠다니는 백혈구(특히 림프구)와 적혈구는 신체 기능을 조절하는 역할을 하는 다양한 화학물질과 섞여 있다. 이런 화학물질은 호르몬을 생성하고 혈류로 방출하는 내분비계(endocrine system)의 성분이다. 대표적인 화학물질과 호르몬은 다음과 같다.

- 신경전달물질(neurotransmitter): 신경전달물질은 두 뉴런 사이 또는 뉴런과 근육 세포 사이의 접합부인 시냅스를 통해 신호를 전달하는 화학적 전달자이다. 전기 신호가 뉴런의 끝에 도달하면 시냅스 소포에서 시냅스로 신경전달물질이 방출된다. 이러한 신경전달물질은 인접한 뉴런이나 근육 세포의 막에 있는 수용체에 결합하여 전위의 변화를 일으키거나 생화학적 반응을 유발한다. 이 과정을 통해 뉴런 간에 신호가 전달되고 궁극적으로 운동, 감각, 인지, 감정 등 신체의 다양한 기능이 제어된다. 신경전달물질의 예로는 아세틸콜린, 도파민, 세로토닌, 글루타메이트 등이 있다.
- 신경조절물질(neuromodulator): 신경조절물질은 뉴런과 신경전달물질의 활동을 조절하는 화학물질이지만, 일반적으로 더 넓은 시간대에 걸쳐 작용하며 여러 뉴런이나 뇌 영역에 동시에 영향을 미칠 수 있다. 시냅스후 세포에 빠르고 직접적인 영향을 미치는 신경전달물질과 달리 신경조절물질은 신경전달물질에 대한 뉴런의 민감도를 변경하거나 신경전달물질의 방출에 영향을 줄 수 있다. 신경조절물질은 기분, 각성, 주의력, 학습 및 기억을 조절하는 데 중요한 역할을 한다. 또한 다양한 자극과 경험에 반응

하여 뇌에서 일어나는 적응적 변화에도 기여할 수 있다. 신경조절물질의 예로는 세로토닌, 도파민, 노르에피네프린, 엔도르핀 등이 있다.

- 성호르몬(sex hormone): 성호르몬은 성 발달, 생식 및 이차 성징(性徵) 발현에 중요한 역할을 하는 호르몬이다. 주로 생식선(남성은 고환, 여성은 난소)에서 생성되며, 부신(adrenal gland)에서도 일부 생성된다. 대표적인 성호르몬은 테스토스테론과 에스트로겐이다. 남성 성호르몬인 테스토스테론은 고환과 전립선 같은 남성 생식 조직의 발달과 얼굴 털, 목소리, 근육량과 같은 이차 성징 발달을 담당하고 성욕과 정자 생산에도 중요한 역할을 한다. 여성 성호르몬인 에스트로겐은 여성 생식 기관의 발달과 조절을 담당하고, 유방 발달, 엉덩이 넓어짐, 생리 주기 등 여성의 이차 성징 발달에 중요한 역할을 하며, 골밀도, 기분, 심혈관 건강에도 영향을 미친다.

- 펩타이드(peptide): 펩타이드는 펩타이드 결합으로 연결된 짧은 사슬의 아미노산이다. 아미노산은 단백질의 구성 요소이며, 특정 서열로 서로 연결되면 펩타이드와 단백질이 형성된다. 펩타이드는 단백질보다 작으며 일반적으로 50개 미만의 아미노산으로 구성되어 있다. 체내의 많은 호르몬은 펩타이드이다. 예를 들어, 인슐린은 혈당 수치를 조절하는 펩타이드 호르몬이다.

- 코티솔(cortisol): 코티솔은 각 신장 위에 위치한 부신에서 생성되는 스테로이드 호르몬이다. 코티솔은 글루코코르티코이드라는 호르몬 계열에 속하며 신체의 신진대사, 면역 기능 및 스트레스 반응을 조절하는 데 필수적인 역할을 한다.

- 옥시토신(oxytocin): 옥시토신은 다양한 생리적 과정, 특히 사회적 유대감, 출산 및 생식 행동에 중요한 역할을 하는 호르몬이자 신경전달물질이다. 흔히 '사랑의 호르몬' 또는 '포옹 호르몬'이라고도 불리는 옥시토신은 주로 뇌의 시상하부에서 생성되며 뇌하수체 후엽에서 혈류로 방출된다.

이러한 호르몬은 다양한 분비선에서 생성되어 혈류, 림프계 또는 모든 세포를 둘러싸고 있는 체액으로 방출된다. 이 모든 떠다니는 화학물질은 다양한 세포와 조직에 신호와 지침을 제공하는 정보 전달자이다. 예를 들어, 호르몬은 표적 세포의 해당 수용체에 결합하여 특정 세포 반응을 일으킬 수 있는 특정 분자 구조를 가지고 있다. 호르몬은 수용체에 결합하면 세포 반응을 시작하여 호르몬이 전달하는 특정 지침에 따라 세포 행동이나 기능에 변화를 일으킨다.

신체 내의 이러한 기관과 계통은 기능적으로 서로 분리되어 있지 않다. 우리는 몸에 세 가지 계통이 있다고 배운다. 조절 호르몬을 순환시키는 내분비계, 감염과 싸우는 면역계, 전기 메시지를 보내는 신경계가 그것이다. 그러나 이러한 계통에 대한 우리의 이해는 지난 30년 동안 엄청나게 발전했다. 이제 이러한 각각의 계통을 독립적이고 병렬적인 것이 아니라, 우리 웰빙의 다양한 측면을 상호 보완적인 방식으로 돌보는 통합된 단일 계통의 상호 연결된 측면들로 보는 것이 훨씬 더 정확한 관점이다.

신경계는 화학적 과정과 전기적 과정 모두에 의존하여 기능한다. 신경 자극은 화학 농도의 미세한 변화로 촉발되며, 다양한 기관과 조직에서 비롯될 수 있는 모든 종류의 화학적 신경조절물질에 의해 조절된다. 심장의 지속적인 신경화학적 소통은 다른 신체 부위들 사이의 지속적인 대화의 한 예이다. 폐와 심장은 폐동맥(pulmonary artery)을 통과하는 호르몬과 항체를 통해 서로 대화한다. 면역계는 소화계의 가장 안쪽의 깊숙한 곳으로 침투하고, 내장의 신경계에서 신경전달물질과 상호작용한다. 게다가, 이 모든 활동은 근육과 관절의 역학에 따라 영향을 받는다. 달리기 선수의 '엔도르핀 하이'에 서부터 젖을 빨고 있는 아기의 옥시토신 분비에 이르기까지 대규모 신체 활동은 더 미세한 수준에서 일어나고 있는 것을 조절하고 조정하는 역할을 한다.

2.4. 신체화에 관한 관심

1975년 버클리대학에서 개최된 학회에서 신체화에 관한 관심이 있었다. 특히 네 명의 발표자는 자연언어에서 사용되는 개념적 체계에서 신체화가 어떻게 작동하는지를 설명한다.

첫 번째 발표자는 미국의 언어학자 폴 케이(Paul Kay; 1934~)이다. 그는 미국의 인류학자 브렌트 베를린(Brent Berlin; 1936~)과 공동으로 1969년에 『기본 색채어』라는 책을 출간하면서 색채어의 연구를 세상에 소개한다. 이 둘은 기본적인 중심 색채어가 있고, 여러 언어는 열한 개의 중심 색채어의 목록에서 기본 색채어를 선택한다고 주장한다. 그리고 중심 색채어 중에서 원형 색채어와 비원형 색채어가 있는데, 이 두 계층 사이에 등급이 있다고 한다. 이것은 다음과 같이 나타낼 수 있다.

검은색	노란색					회색 주황색
< 적색 <	< 청색 < 갈색 <					
흰색	녹색					진홍색 분홍색

색채어의 위계

색채어를 선택할 때 체계성이 있다. 한 언어에서 화살표 ' < '의 오른쪽의 색채어가 있다는 것은 왼쪽의 모든 색채어가 있다는 것을 암시하지만 그 역은 성립하지 않는다.

원형 색채어와 비원형 색채어는 몇 가지 차이를 보인다. 첫째, 원형 색채어는 비원형 색채어보다 지각적·인지적 현저성이 더 크며, 원형 색채어만 사역적 동작개시 접미사 -en과 결합하여 동사가 될 수 있다. 원형 색채어는 whiten, blacken, redden와 같은 파생어가 가능하지만, 비원형 색채어의 경우에는 bluen, yellowen, pinken와 같은 파생어가 존재하지 않는다. 둘째, 원형 색채어만 접미사 -ness와 결합하여 추상명사가 될 수 있다. 원형 색채어의 경우는 whiteness, blueness와 같은 파생어가 가능하지만, 비원형 색채어의 경우는 purpleness, orangeness 같은 파생어가 불가능하다.

폴 케이는 색채어가 색채를 명명할 때 색채가 우리의 몸과 독립적으로는 존재하지 않는다고 말한다. 색채는 파동이라는 외부 조건을 가지지만 신체화가 없이는 존재하지 않는다. 망막 속의 색깔 원뿔세포(color cone)라는 시각세포와 원뿔세포에 연결된 복잡한 신경회로가 그러한 신체 부위이다. 따라서 외부 세계만으로는 '녹색'이라는 개념을 언어로 표현할 수 없다.

두 번째 발표자는 엘레노어 로쉬(Eleanor Rosch; 1938~)이다. 그녀는 범주를 상위층위, 기본층위, 하위층위로 구분한다. '과일, 가구', '사과, 의자', '얼음골 사과, 식탁 의자'라는 이 세 가지 범주는 각각 상위층위, 기본층위, 하위층위 범주에 속한다. 이 중에서 우리의 경험에서 가장 친숙한 것이 사과와 의자라는 기본층위 범주이다. 로쉬는 기본층위 범주가 게슈탈트 지각, 정신적 이미지, 운동근육 동작이라는 세 가지 종류의 신체화에 의해 정의된다는 것을 보여준다. 먼저, 기본층위 범주는 대부분의 범주 구성원에 적용될 수 있는 범주 도식의 게슈탈트 지각에 대한 해석을 허용하는 가장 포괄적인 범주이다. 기본층위 범주 의자는 구성원 대부분의 모양이 너무나 비슷해서, 의자에 대한 상위층위나 하위층위에 대한 그림을 그러한 모양으로 상상하는 것이 가능하다. 즉, 기본층위 범주인 의자 그림은 의자의 상위층위인 가구와 구체적인 의자인 식탁 의자를 모두 아우를 수 있는 게슈탈트 지각을 제공한다. 그리고 실험대상자에게 가구하면 떠오르는 이미지가 무엇인지 질문하면 대개 기본층위 범주인 의자의 정신적 이미지를 떠올릴 것이다. 마지막으로, 실험대상자는 기본층위 용어를 접할 때 사물과의 상호작용에서 전형적으로 수행되는 가장 많은 운동근육 동작을 명명한다. 가구는 '눈으로 살피다'는 것 이상을 유도해 내지 않지만, 의자와 같은 기본층위 범주는 '앉는다'와 같은 동작의 구체적인 기술을 환기한다. 이러한 기본층위의 운동근육 동작은 하위층위 범주에 속하는 '머리를 돌리다', '무릎과 허리를 구부리다', '몸을 뒤로 젖히다'와 같은 하위행동을 포함한다. 또한 기본층위 범주는 대부분의 범주 구성원과 조회를 이루는 범주 도식의 시각적 게슈탈트 영상에 대한 해석을 허용하는 가장 포괄적인 범주이다. 로쉬의 이러한 실험에서는 기본층 위 범주가 상위층위나 하위층위 범주보다 더 빨리 처리되고 더 쉽게 인식되며 더 일찍 습득된다는 것을 밝혀 준다. 더욱이 의자나 사과라는 기본층위 범주의 의미를 이해하기 위해서는 뇌와 몸이 필요하다는 점에서, 기본층위 범주는 신체화의 특성을 갖는다.

세 번째 발표자는 레너드 탈미(Leonard Talmy)이다. 그는 많은 언어에서 공간적 관계 용어가 몸에 대한 지시를 요구하는 널리 퍼진 본원소에 기초한다는 것을 보여준다. 이러한 본원소는 시각적 지각, 정신적 이미지, 기타 인지적 구조의 성분이기 때문에 영상도식이나 인지적 본원소라고 부른다. 탈미는 공간 인지와 언어 연구에 영향력 있는 연구로 유명한 인지언어학자로서, 그의 공간 분석은 주로 언어가 공간에 대한 인간의 개념화를 어떻게 반영하고 상호작용하는지에 초점을 맞추고 있다. 그의 이론은 언어가 공간적 관계를 부호화하는 방식과 이러한 언어 표현이 근본적인 인지 과정을 반영하는 방식에 대한 이해에 크게 기여한다. 탈미는 언어가 공간적 관계를 부호화 하는 데 사용할 수 있는 두 가지 기준틀인 자기중심적(egocentric) 기준틀과 환경중심적(allocentric) 기준틀을 제안한다. 전자는 관찰자 중심적이고, 후자는 사물 중심적이다. 자기중심적 기준틀에서는 공간적 관계가 관찰자의 시점을 기준으로 묘사된다. 예는 "책이 내 앞에 있다"이다. 환경중심적 기준틀에서는 공간적 관계가 고정된 사물 또는 공간의 한 지점을 기준으로 묘사된다.

예는 "책이 테이블 앞에 있다"이다.

네 번째 발표자는 찰스 필모어(Charles J. Fillmore; 1929~2014)이다. 그는 모든 언어에서 단어가 프레임(frame) 구조에 의해 정의된다고 주장한다. 이러한 프레임 구조는 외부 세계에서 존재하는 것이 아니라, 행위자, 수동자, 수령인, 근원지, 목적지, 수익자 등과 같은 신체화된 개념에 관한 의미역과 일치한다. 예를 들어, 동사는 사건을 기술한다. 이러한 점에서 동사는 특정한 사건에 대한 프레임을 연상시키고, 사건 프레임에는 사건 참여자의 요소가 있다. 동사 give가 있는 영어 문장 "Bill gave some money to Tom(빌은 약간의 돈을 톰에게 주었다)"와 "Bill gave Tom some money(빌은 톰에게 약간의 돈을 주었다)"를 고려해 보자. 이 두 문장은 동일한 수여 프레임을 공유한다는 점에서는 유사하지만, 같은 프레임의 서로 다른 요소에 윤곽부여한다는 점에서 다르게 해석된다. 이러한 분석은 다음과 같은 그림으로 나타낼 수 있다.

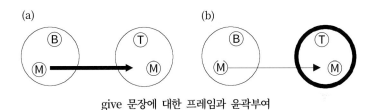

give 문장에 대한 프레임과 윤곽부여

Ⓑ, Ⓣ, Ⓜ은 각각 행위자 '빌', 수령인 '톰', 수동자 '돈'을 나타내고, 두 개의 큰 원은 각각 빌과 톰의 지배 영역을 나타낸다. 굵은 선은 윤곽부여에 의한 현저성의 정도를 나타낸다. 어떤 점에서 이 두 문장은 의미가 같다. 즉, 각 문장은 돈이 빌의 지배 영역에서 시작해서 톰의 지배 영역으로 넘어가는 경로를 따르는 상황을 묘사하고 있다. 그러나 두 문장의 의미 차이는 같은 프레임을 구성하는 서로 다른 특정한 요소에 윤곽부여 한다는 데 있다. 전자의 문장에서 to는 돈이 따르는 경로를 지시하고, 그렇게 해서 과정에

윤곽부여 한다. 반면에 후자의 문장에서는 동사 다음에 두 명사를 병치함으로써 톰과 돈 사이의 소유관계를 표시한다. 결과적으로 돈이 그 궤도를 종결했을 때 초래되는 형상, 즉 돈이 톰의 소유 영역 안에 있는 형상에 윤곽부여한다. 전자의 문장에서 화자는 경로 부분을 지각하고 인지해서 그 부분이 현저하게 되었으며, 후자의 문장에서는 소유관계를 지각하고 인지해서 그 부분이 현저하게 된 것이다.

대체로 인지심리학자, 철학자, 언어학자들은 1975년도의 이러한 연구 결과를 몰랐고, 설령 알았다고 하더라도 무시했었다. 하지만 1987년에 조지 레이코프(George Lakoff; 1941~)가 『여자, 불, 위험한 것들』을 출간하면서부터 이러한 결과는 알려지게 되면서 인지과학에서 신체화에 본격적으로 관심을 기울이게 되었다.

2.5. 신체화의 열두 가지 의미

신체화는 인간의 물리적·인지적·사회적 양상이 개념적·언어적 체계의 기초라는 것을 뜻한다. 조지 레이코프와 마크 존슨은 1999년에 출간한 『몸의 철학』에서 신체화의 세 가지 층위가 있고, 이 세 가지 층위가 모두 함께 신체화된 마음을 형성한다고 주장한다.

- 신경적 신체화(neural embodiment)는 인지 과정과 현상이 신체 및 신경 구조와 깊게 얽혀 있다는 개념이다. 이는 인지, 지각, 행동을 형성하는 데 있어 몸과 뇌의 역할을 강조한다. 이 개념은 마음은 몸과 분리될 수 없으며, 인지 과정은 신경 활동과 신체적 경험에 뿌리를 두고 있음을 암시한다.

- 현상학적 층위(phenomenological level)는 의식과 지각의 주관적 경험을 말한다. 이는 개인이 주변 세계를 어떻게 인식하고 해석하며 경험하는지에 관한 것이다. 현상학적 층위는 우리의 정신적 상태, 몸, 환경, 물리적·사회적 상호작용 등 우리가 인식할 수 있는 모든 것으로 구성되어 있다. 현상학은 일인칭 시점과 의식적 경험의 질적 측면을 강조하는 철학적 접근 방식으로서, 경험하는 주체의 관점에서 의도성, 신체화, 의식의 구조와 같은 현상을 탐구한다.
- 인지적 무의식(cognitive unconscious)은 의식이라는 가시적인 꼭대기 아래에 숨겨져 있는 빙산의 거대한 부분이다. 이는 모든 의식적 경험을 구조화하고 가능케 하는 정신적 작용으로 구성되어 있다. 인지적 무의식은 우리 몸의 지각과 운동 측면을 안내한다. 인지적 무의식은 의식적 인식 밖에서 작동하는 모든 지식과 인지 과정을 포괄한다. 이는 우리가 알고 생각하는 것의 대부분이 무의식적 수준에서 발생한다는 것을 의미한다.

신체화의 이 세 가지 층위 외에 신체화라는 용어는 다양한 세부적인 의미로 사용된다. 여기에서는 신체화의 다의성을 소개할 것이다.

신체화의 첫 번째 의미는 조지 레이코프와 마크 존슨(George Lakoff & Mark Johnson)이 『삶으로서의 은유』에서 개념적 은유(conceptual metaphor)를 논의하면서 처음으로 암시되었다. 그들은 "시간은 돈이다"는 자연스러운 은유이지만, "돈은 시간이다"는 그렇지 않다는 것을 설명하기 위해 신체화의 개념을 도입한다. 즉, A is B의 형식을 취하는 개념적 은유에서 A는 이해하고자 하는 개념인 목표영역(target domain)이고 B는 목표영역을 이해하기 위한 수단으로 사용되는 근원영역(source domain)이다. 그들은 목표영역은 추상적이지만 근원영역은 구체적이어야 한다고 본다. 즉, 추상적인 개념을 이해하기 위해서는 우리 몸에 근거해서 구축된 근원영역, 다시 말해 신체화된 근원영역을 적극적으로 활용해야 한다. 돈이라는 구체적인 개념은 우리가 일상생활에서 돈을 저축하고, 친구에게 돈을 빌려주는 등 돈과 많은 상호작용을 통해 신체화가 이루어진다.

신체화의 두 번째 의미는 은유 과정에서 그다음 단계와 관련이 있다. 추상적 개념, 즉 목표영역은 그 자체의 고유한 구조를 가지고 있지 않은 막연한 구조이다. 하지만 구체적 개념인 근원영역은 이미 우리의 몸에 의해 신체화되었기 때문에 명확히 구조화되어 있다. 은유를 이해하기 위해서는 신체화된 근원영역을 추상적인 목표영역으로 투사하는 과정이 필요하다. 이러한 투사의 결과로 목표영역에는 근원영역의 구조가 부과된다. 물론 완벽한 일대일 구조화는 아니고 부분적 구조화이다. 구조가 없던 목표영역은 이제 이미 신체화된 근원영역에 의해 신체화된다. 근원영역은 구체적이라는 점에서 우리의 몸으로 이해하기 쉬운 개념이지만, 목표영역은 우리 몸의 영역이 아닌 추상적인 마음의 영역에 속한다. 그래서 추상적인 마음을 이해하기 위해 구체적인 몸을 활용하는데, 그것이 추상적인 마음에 대한 신체화이다.

신체화의 세 번째 의미는 데카르트가 말하는 심신이원론의 반대 개념과 관련이 있다. 데카르트는 '삼각형'이라는 용어의 의미 같은 기하학적·수학적 추론 내의 문제를 마음과 언어 연구를 위한 이상적인 문제로 간주하고, 지식이 탈신체화된다고 결론 내렸다. 즉, 지식이 근본적으로 특별한 신체적 감각, 경험, 원근법과 독립적이라는 것이다. 이러한 그의 관점에서 언어철학은 전형적으로 진리조건적 의미론에서처럼 지식의 이상적인 정신적 사물과 실세계의 사물 또는 사태 간의 지시 관계를 사상하는 것과 정신적 사물 간 관계의 논리적인 내적 구조를 논의하는 것을 포함한다. 이러한 데카르트의 이원론에서 마음과 실재의 관계나 정신적 사물 간의 내적 논리에 집중한다는 점에서 인간의 몸은 완전히 배제되고 있다. 이에 반해 신체화 관점에서는 마음이 신체화된 것으로 보기 때문에, 그 마음은 객관적 마음이나 수학적 마음, 논리적 마음, 이성적 마음이라는 의미의 탈신체화된 마음이 아닌 몸의 측면이 그대로 반영되는 신체화된 마음이다. 이러한 신체화된 마음에서는 인간의 주관적 측면인 정서나 느낌, 직감, 상상력 등이 동원되어 세계와 우리 자신을 이해할 수 있는 것으로 본다.

네 번째로 신체화는 몸, 인지, 언어가 영구적으로 위치하는 사회적·문화적 문맥을 가리키는 데도 사용된다. 이것은 신체화의 사회성이라고 부를 수 있다. 한 인간의 몸은 우리 사회에서 홀로이 외롭게 서 있는 것이 아니라 한 공동체나 문화 또는 역사 속의 다른 개인들의 몸과 교감을 하면서 함께 살아가는 존재이다. 이러한 신체화의 사회적 문맥은 우리의 인지를 돕고 표명하는 문화적 인공물을 포함할 수 있고, 이 중에서 많은 문화적 인공물은 인간 몸의 제약을 받을 뿐만 아니라 그 몸을 확장한 것이기도 하다.

다섯 번째로 신체화는 현상학적 의미가 있다. 여기에서 신체화는 우리 경험의 체험된 구조에 대한 의식적이고 의도적인 반성의 행동을 통해 우리의 자아 정체성과 문화를 형성하는 우리 몸의 역할에 대해 우리가 의식적으로 알아차리는 사물을 가리킨다. 몸에 대한 이해가 경험의 가능성을 지지한다는 이러한 생각은 에드문트 후설과 메를로-퐁티 같은 현상학자의 연구에서 그 뿌리를 찾을 수 있다. 최근의 인지과학에서는 이러한 현상학적 설명을 새로운 방향으로 밀고 나아간다. 즉, 물리성이 어떻게 자아, 세계, 타자의 경험을 여는지를 이해하고자 하기보다는, 인지가 어떻게 인지적 행위자의 신체적 본질에 바탕을 두고 그것에 의해 깊이 제약을 받는지를 설명하는 메커니즘을 명시하고자 한다. 이러한 인지과학의 방향 재설정에도 불구하고, 초기의 현상학적 통찰력이 의식, 자의식, 행동과 상호주관성에 관한 지속적인 연구에 필수적인 자원임을 인정해야 한다.

여섯 번째로 신체화는 널리 만물을 내려다보고 모든 것을 아는 객관적이고 파노라마적인 관찰지점의 전통과 달리, 원근법(perspective)을 취하는 특별하고 주관적인 관찰지점을 가리킬 수도 있다. 화자의 신체화된 관점을 고려한다는 생각은 주관적 해석에서 원근법의 역할에 영향을 미칠 수 있는 언어적 함축을 갖는다. 우리말로 "고속도로가 서울에서 부산까지 나 있다"가 영어로는 "The highway runs from Seoul to Busan"이다. 이 영어 문장은 틀린 문장은 아니지만, 자세히 들여다보면 이상한 점이 발견된다. 먼저 주어는 '고속도로'이고 동사는 '달리다'이다. 기본적으로 '달리다'라는 동사는 사지로 움직일 수 있는 유생물 주어를 취한다. 하지만 이 영어 문장에서는 '고속도로'라는 무생물이 주어 자리에 있다. 엄격하게 말하면 이 영어 문장은 틀린 문장이지만 영어권 화자들 사이에서는 자연스럽게 통용되는 표현이다. 왜 논리적으로는 비문이지만 자연스러운 영어 문장이 가능한지를 설명하기 위해 주관적 해석(subjective contrual)이라는 신체화의 의미가 필요하다. 실제로 고속도로가 두 도시 사이를 이동하는 것은 아니다. 오히려 이 경우 이동의 근원은 물리적인 실체가 아니라 화자의 정신적 시선이다. 즉, 고속도로가 이동해 가는 것이 아니라 화자가 정신적 눈으로 두 도시 사이의 고속도로를 달리듯 따라가고 있다. 여기에서는 물리적 이동이 없지만 개념화자는 특별한 방향으로 심리적 경로를 따라 나아가며, 시간이 지남에 따라 단일 지점에서 전체 경로를 점유한다. 이것은 다음 그림으로 나타낼 수 있다.

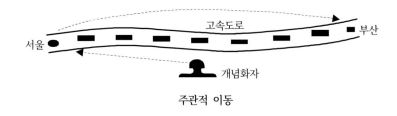

주관적 이동

일곱 번째로 신체화는 유기체가 수정란에서 태아로 변화하거나 어린이에서 성인으로 변할 때 겪는 발달적 변화를 가리킬 수 있다. 이러한 연구의 두드러진 분야는 정상 아동의 언어습득에 관한 연구와 언어발달 장애에 관한 연구이다. 인지적인 범문화적 언어습득 연구에서는 신체 부위의 위치적 언어에서 공간적 관계 용어의 습득 순서를 조사하면서 신체화를 연구한다. 이는 공간적 관계 용어가 처음에 신체 부위의 이름으로 습득되었는지 아니면 공간적 관계 용어로 습득되었는지 또는 이 두 의미가 각각 독립적으로 습득되었는지를 결정하기 위함이다.

여덟 번째로 신체화는 유기체가 유전적 역사 내내 겪은 진화적 변화를 가리킨다. 예를 들어, 인간이 항상 언어 능력을 갖추고 있었던 것은 아니었고, 신체화의 진화적 차원에 관한 연구는 뇌에서 이루어지는 언어 처리가 오로지 하나의 자립적 모듈로 집결되는 것이 아니라 다양한 지각 양식에서 나오는 많은 하위체계에 의존한다는 증거를 제시한다. 즉, 인간이 진화와는 상관없이 촘스키가 말하는 언어습득 능력을 갖추고 태어난다는 것이 아니라, 인간의 몸이 진화하면서 다양한 양식의 모듈이 서로 조율하면서 언어 처리가 가능하게 되었다는 것이다.

아홉 번째로 신체화는 레이코프와 존슨이 말하는 인지적 무의식을 의미한다. 인지적 무의식은 우리 뇌 안에 있는 구조물로서, 의식적인 형태로 접근할 수 없지만, 그 결과물, 즉 우리가 사고를 풀어나가는 방식이나 상식이라고 여기는 것을 통해 그 존재를 알 수 있다. 여기에서 신체화는 우리의 개념적 사고가 생생하게 의식되지 않는 많은 과정으로 형성되는 방식을 가리킨다.

열 번째로 신체화는 신경생리학적 의미에서 은유적 투사, 영상도식의 통합, 시각계에서 사물 중심적 기준틀 대 관찰자 중심적 기준틀 같은 재주를 달성하는 특정한 신경 구조와 부위를 측정하는 것을 가리킨다.

열한 번째로 신체화는 개념적 은유나 공간 언어에 관해 언어의 신경컴퓨팅 (neurocomputational) 모형을 가리킬 수도 있다. 신경망은 몇 가지 방식으로 신체화된다고 말해진다. 신경망은 그 기능을 모방하려는 신경회로의 실제

신경생물학을 어느 정도 세밀하게 모형화하고, 더 잘 이해되는 신체화된 신경 구조의 지도, 즉 지각 양식에서 나온 출력을 그 입력 구조로 사용하며, 개념적 처리나 심리적 처리의 층위에서 체험적 활동의 모형으로 간주될 수도 있다.

열두 번째로 신체화와 신체화된 인지는 오늘날 인지로봇공학(cognitive robotics)에서도 널리 사용된다. 신체화는 흔히 인간을 닮은 로봇 프로젝트와 연상되지만, 로봇이 하는 일이 로봇 몸체의 특별한 형태학적 특징에 의존하는 경우를 가리킬 수도 있다. 예를 들어, 코넬대학의 수동 동역학 보행로봇(Passive Dynamic Walker)은 모터와 중앙 계산을 사용하지 않고 중력, 기계 스프링, 걸을 수 있도록 영리하게 설계한 손발 형태학에 의존한다. 인지는 형태학의 능력을 이용하여 몸으로 전해진다. 이는 인지과학 내의 진화 이론이나 신체화 이론과 일치하는 설계 원리이다.

이 열두 가지 의미는 두 가지 범주로 묶을 수 있다. 하나의 범주는 '경험적 차원으로서의 신체화'이고 다른 하나는 '신체적 차원으로서의 신체화'이다. 전자는 언어 사용자의 특정한 주관적·문화적·역사적·문맥적 경험에 초점을 맞추는 차원을 가리킨다. 세 번째 의미인 마음과 언어에 대한 반(反)데카르트의 철학적 설명, 사회적·문화적 문맥의 측면, 현상학적 의미, 원근법 의미가 신체화의 경험적 차원에 해당한다. 그리고 신체화의 진화적 의미, 인지적 무의식, 신경생물학적 의미, 신경컴퓨팅 의미, 형태학적 의미는 신체화의 신체적 차원이라는 두 번째 범주에 속한다. 그러나 시간적 특징을 가진 발달적 차원과 진화적 차원은 이 두 범주 중 어디에도 속할 수 있다고 간주하면, 모든 의미가 그렇게 명확히 범주화되는 것은 아니다.

2.6. 신체화된 마음

마음적 지식과 몸적 지식

우리의 삶에서 안다는 것, 즉 '지식'을 갖는다는 것은 필수적이다. 직장 생활에 첫발을 내디딘다면 직장 동료와 업무, 직장의 분위기 등을 차근차근 알아가야 한다. 새 직장과 관련된 다양한 지식이 없다면 결국 직장에 적응하지 못하고 퇴사해야 하는 일이 벌어진다. 네 명이 테니스 복식 경기를 한다면 네 명 모두 복식 경기 방식과 규칙 등에 대한 테니스 지식을 갖추고 있어야 한다. 그렇지 않다면 테니스 복식 경기가 아닌 단순한 공놀이에 지나지 않을 것이다.

'알기'는 크게 두 가지 종류로 나뉜다. '마음을 통한 알기'와 '몸을 통한 알기'가 그것이다. '알기'라는 행동을 그 행동의 결과물인 '지식'이라는 말로 바꾸어 이야기하자면, 지식은 '마음적 지식'과 '몸적 지식'이라는 두 가지 유형으로 나뉜다.[13] '소'를 예로 들어보자. 소를 직접 키우거나 보지 못했지만, 텔레비전이나 책을 통해 소에 대한 지식을 얻을 수 있다. 소는 건초나 나뭇잎을 먹는 초식성 동물이고, 무게는 450~1,000kg이며, 크기는 300cm 정도이고, 수명은 약 20년이다. 젖소의 경우에는 아랫부분에 우유 주머니가 있고 하루 평균 450~550분 정도의 되새김질을 한다. 뿔이 달린 소도 있고, 꼬리를 휙휙 움직여 몸에 붙은 벌레나 파리를 내쫓기도 한다. 소의 발굽은 갈라져 있다. 이러한 소에 대한 정보와 지식은 책이나 영상 매체를 통해 획득한 것이다. 이것은 소에 대한 마음적 지식이다. 소를 한 번이라도 본

---

13 마음적 지식은 이성적 지식, 추상적 지식이라고, 몸적 지식은 신체적 지식, 감각적 지식, 체험적 지식이라고 부를 수도 있다.

적이 없는 사람에게 소가 무엇인지 설명할 때는 이러한 마음적 지식을 전달하면서 소를 묘사할 수밖에 없다. 이제 그 사람은 소를 안다고 말하겠지만, 그가 가진 지식은 마음속에서만 존재하는 추상적이고 순수한 이론적 지식에 지나지 않는다.

간접적인 마음적 지식 외에, 소를 직접 보고 만지고 냄새 맡고 듣는 감각적 경험을 통해 소에 대한 지식을 얻을 수도 있다. 첼로처럼 낮은 저음으로 나는 신음소리, 소의 소변에서 나는 매캐한 악취와 분뇨의 이탄 냄새, 만졌을 때의 따뜻함과 큰 덩치, 부드럽게 깜빡이는 큰 눈이 그러한 감각적 경험이다. 소를 가까이서 보고 머리와 목을 손으로 만져보거나 거대한 사포 같은 혀를 느껴본다면, 소를 안다는 것이 추상적으로만 가능한 것이 아님을 알게 된다. 이처럼 소를 몸으로 직접 경험해서 소에 대해 알 수도 있다. 이것은 소에 대한 몸적 지식이다.

조류학자 리처드 프럼(Richard Prum; 1961~)은 2017년에 출간한 『아름다움의 진화』에서 '순수한 정신적 수준에서 아는 것'과 '감각으로, 즉 몸으로 무언가를 경험하는 것' 간의 이분법을 요약한다. 휘파람새를 안다고 할 때, 전자는 그 새의 크기와 색깔, 분류, 서식지를 안다는 것이고, 후자는 그 새가 날갯짓하는 모습을 보는 것이다. 흔히 새를 좋아한다고 말하는 사람은 새를 분류하고 그 목록을 만들면서 새를 알아간다기보다는, 새를 실제로 보는 것을 좋아한다. 또는 새장에 새를 키우면서 아침마다 새소리를 듣고, 직접 모이를 주면서 새를 만지는 것을 좋아한다. 이런 사람은 새에 대한 체험을 통해 새를 알게 되고 새에 대한 지식을 갖게 된다.[14]

---

14 마음적 지식과 몸적 지식을 가리키는 동사가 따로 존재하는 언어도 있다. 예를 들어, 스페인어에서 saber는 어떤 사실을 아는 것이고, conocer는 직접적인 경험을 통해 무언가를 아는 것이다. conocer는 개인적 경험을 통해 자연계에 관한 지식을 축적하는 것에 관한 것이다.

마음속의 몸과 몸생각

지금까지 두 가지 종류의 지식을 중립적으로 이야기하고자 했지만, 이 글을 읽는 사람은 마음적 지식보다는 몸적 지식이 더 중요하다는 느낌을 받았을지도 모른다. 하지만 두 가지 지식 모두 중요하다는 것이 내 입장이다.

동양이든 서양이든 모든 철학에서 인간에 관해 이야기할 때 마음과 몸을 구분한다. 물론 동양철학에서는 마음과 몸이 하나라는 전체론(holism)의 태도를 보인다고 하지만, 동양고전을 꼼꼼히 읽어보면 결국 마음과 몸을 구분하면서 이야기가 전개되는 것을 볼 수 있다. 전국시대 텍스트에서는 心과 몸을 가리키는 용어(體, 身, 形)가 개념적으로 쌍을 이루는 대립어로 발견된다. 예를 들어, 『장자』「제물론」에서 명상의 상태에서 벗어나는 성인에게 이렇게 질문한다. "몸[形]을 정말 마른 나무와 같이 만들 수 있는가, 心을 불 꺼진 재와 같이 되게 할 수 있는가?" 『여씨춘추』에는 임금이 될 능력이 없는 자는 "몸을 상하게 하고 정신을 소진하고[傷形費神], 마음을 책망하고 눈과 귀를 수고롭게 한다[愁心勞耳目]"라는 구절이 있다. 서양철학에서는 르네 데카르트 이후로 마음과 몸의 이원론이 지배적이었다.

문제는 마음과 몸 중에서 마음만 관심사였고 몸은 무시되는 경향이 강했다는 것이다. 예를 들어, 기원전 6세기와 5세기에 살았던 그리스의 철학자이자 시인이자 종교 사상가인 크세노파네스(Xenophanes)는 인간의 주관적인 신관과 종래의 신화적 해석을 배격하면서, 신은 영생불멸이어야 한다라고 주장했다. 모든 것을 아우르는 이 신은 인간을 닮지 않았고, 인간의 욕망에 영향을 받지 않는 신이었다. 인간의 욕망과 거리가 먼 영원한 신을 믿는 그가 인간의 몸을 경멸하는 것은 당연하다. 그는 "한 남자가 레슬링이나 복싱에서 승리한다면, 그는 그 경기에서 명예의 자리를 차지하겠지만, 그는 나만큼 훌륭하지 않다. 왜냐하면 나의 지혜는 사람이나 말의 힘보다 뛰어나기 때문이다. 육체적 힘을 나의 정신적 지혜보다 위에 두는 것은 전적으로 부당하다"라고 말했다.

몸을 경멸하고 마음을 찬양하는 이러한 태도는 마음의 특징인 지성과 지식이 몸과는 무관하다는 생각에서 나온다. 지성을 위해서는 비(非)육체적 능력이 필요하다는 것이다. 아테네의 웅변가이자 수사가인 이소크라테스(Isocrates; 기원전 436년~338년)는 이러한 비육체적 능력을 위해 정신(psyche)이라는 단어를 사용했다. 윤회와 응보 등을 믿는 고대 그리스의 종교인 오르페우스교(Orphism)에서는 인간의 몸을 '영혼의 무덤'이라고 불렀고, 인간의 죽음이 곧 그 덫에서 영혼의 해방과 진정한 삶의 시작이라고 사람들에게 믿게 했다. 몸은 영혼의 무덤이자 영혼의 감옥이고, 더 심하게는 몸은 똥자루이고, 벌레의 먹이이며, 더럽고 수치스러웠으며, 나쁜 사람에게는 유혹을, 좋은 사람에게는 굴욕을 주는 근원일 뿐이다.

내 입장은 몸에 기반하지 않는 지식, 체험이 없는 지식만으로는 충분하지 않다는 것이다. 이 삶을 살아가면서 마음적 지식과 몸적 지식 중 어느 한 가지 지식만 활용하는 것은 충분하지 않다. 그 두 지식이 결합하여야 온전한 지식이다. 여기에서는 마음과 몸이 결합되는 방식, 더 나아가 마음적 지식과 몸적 지식이 결합되는 두 가지 방식을 소개한다.

첫 번째는 '마음속의 몸(body in mind)' 방식이다. 이 방식을 가장 잘 대변하는 연구는 마크 존슨(Mark Johnson; 1949~)이 1987에 집필한 『마음속의 몸』이다. 그는 이렇게 말한다. "우리 인간에게는 몸이 있다. 우리는 '**이성적** 동물'이지만, 우리는 또한 '이성적 **동물**'이기도 하다. 이것은 우리의 합리성이 신체화된다는 것을 뜻한다." 이 인용문의 두 표현에서 '이성'과 '동물'이라는 두 개념이 같은 위치에 있고, 강조되는 방식에서만 서로 차이가 난다. '**이성적** 동물'에서는 이성이 강조되고, '이성적 **동물**'에서는 동물이 강조된다. 마크 존슨은 마음의 중심에 있는 합리성과 몸의 중심에 있는 동물성을 구분하지만, 그렇다고 어느 하나만 이야기하는 것은 아니다. 그가 말하는 합리성은 신체화된 합리성이다. 즉, 신체화된 마음(embodied mind)이다. 신체화된 마음이란 마음이 그 자체로 존재하는 것이 아니라 몸속에서 존재하는 마음이다. 즉, 마음이 몸에 기반하고 있다는 것이다.

마음은 추상적이고 몸은 구체적이다. 추상적 개념을 이야기할 때 그 자체로는 잘 이야기하지 않는다. 누군가가 사랑이라는 추상적 개념에 관해 이야기할 때, "사랑은 사랑이고, 미움은 미움이다"처럼 사랑 자체만을 이야기한다면 도대체 그가 무슨 말을 하고 있는지 감을 잡기가 어렵다. 하지만 사랑을 구체적 개념에 빗대어 이야기한다면 그 구체적 개념을 바탕으로 사랑이라는 추상적 개념을 이해하기가 훨씬 더 수월하다. 영어에는 "He falls in love"라는 표현이 있다. 그가 사랑에 빠졌다는 뜻이다. 이 문장에서 love가 전치사 in 뒤에 목적어로 사용된다. love는 사랑이라는 추상적 개념이지만, in은 구체적인 공간 개념이다. 우리는 일을 마치고 쉬기 위해 나만의 공간인 내 방 '안으로' 들어가는 경험을 하고, 미래를 대비하기 위해 동전을 저금통 '안에' 저축하는 경험도 하며, 또는 파리가 병 '안에' 빠져서 헤어나지 못하는 것도 본 적이 있다. 이 세 가지 '안'이라는 포함 관계 중에서 그가 사랑에 빠진다는 추상적 개념은 파리가 병에 빠진다는 구체적 개념에 비추어 해석된다. 결국 사랑이라는 것은 한 번 빠지면 헤어 나오기 힘든 감정이라는 것으로 읽힌다.

1969년에 발표된 나훈아의 「사랑은 눈물의 씨앗」이라는 노래가 있다. "사랑이 무어냐고 물으신다면 / 눈물의 씨앗이라고 말하겠어요"라는 가사로 시작되는 유명한 우리나라 대중가요이다. 이 노래에서 나훈아는 사랑이라는 추상적 개념을 씨앗이라는 구체적 개념에 비추어 이야기하면서, 자기가 생각하는 사랑의 개념을 노래한다. 봉선화 씨앗을 구매해 실외 화단에 심고 물을 주면 싹이 나온다. 4, 5월에 씨를 뿌리면 6월 이후에 꽃이 핀다. 씨앗이 꽃을 피우는 것과 마찬가지로 사랑도 꽃을 피우는데, 그 꽃은 눈물이라는 꽃이다. 나훈아는 사랑이 연인들의 눈에 눈물 나게 하는 씨앗이니 사랑은 참 아픈

것이라는 생각을 전달하고 있다.

두 번째는 '몸생각(body thinking)' 방식이다. 이 개념은 에드워드 슬링거랜드가 『애쓰지 않기 위해 노력하기』에서 소개한 개념이다. 그는 동양철학에서 말하는 무위(無爲)와 이와 관련된 개념인 자발성과 몰입에 도달하기 위해서는 이성을 관장하는 마음을 잠시 멈춰 세워 그 작용을 일시 정지하고, 마음이 하는 일을 몸에 위임해야 한다라고 밀한다. 중요한 것은 마음을 잠깐만 작동하지 않게 하는 것이지 영구적으로 완전히 차단하는 것은 아니다. 인간이 마음과 몸으로 구성되어 있으므로, 마음을 완전히 차단한다면 인간성이 소실되어 인간은 동물로 전락한다. 마음의 영역에는 사고(생각), 이성, 논리, 언어, 합리성이 내재되어 있다. 몸의 영역은 행동과 직감이 거주하는 곳이다. 엄격한 합리주의 모형인 강한 이원론(strong dualism)에서는 마음과 몸이 엄격하게 구분되므로 이 둘 간의 교차와 상호작용이 허용되지 않는다. 하지만 슬링거랜드가 말하는 이원론은 엄격하고 강한 것이 아니라 약한 이원론(weak dualism)이다. 이는 마음과 몸이 구분된다는 것은 인정하면서도 그 경계가 느슨하여 둘 간의 상호작용을 허용하는 이원론이다. 약한 이원론에서는 마음의 영역에 있는 '생각'이 몸의 영역으로 넘어가서, 그러한 생각은 몸에서 진행하게 된다. 그래서 그 생각은 이성적 사고와 합리적 사고가 아닌 '몸생각'이다.

에드워드 슬링거랜드는 몸생각을 '의식적 개입 없이 무의식으로부터 흐르는 무언의 빠르고 반자동적인 행동'으로 정의한다. 이 개념에서 핵심은 '무언', '빠름', '반자동'이다. 무언은 언어가 개입하지 않는다는 것이고, 빠르다는 것은 논리적으로 하나하나 계산해 가다 보니 시간이 오래 걸리는 것이 아니라 내장적 본능으로 즉각적이고 빠르게 행동한다는 것이며, 반자동이란 그 행동이 거의 자동적이고 자발적으로 이루어진다는 뜻이다. 우리 사회에서 이러한 몸생각을 발휘하여 자발적이고 몰입해서 행동하게 되면, 효율적으로 일을 하고 생산성을 달성할 수 있다. 예를 들어, 몸생각을 하는 사람들은 뛰어난 예술작품을 창작하고, 복잡한 사회적 상황을 부드럽게 처리하며, 우리 세계에 조화로운 질서를 만들어낸다.

신체화된 지식을 달성하는 두 가지 방식인 '마음속의 몸'과 '몸생각' 모두에서 핵심은 우리의 몸이다. 우리 몸의 감각은 우리 생명과도 직결된다. 등산 중에 눈앞에 독사를 보지 못하고, 겉으로는 표가 나지 않지만 상한 우유를 냄새나 혀의 감각으로 파악하지 못한다고 생각해 보자. 이런 경우는 우리의 건강과 심지어는 생명도 위험하게 된다. 이렇듯 중요한 우리 몸은 왜 철학에서는 그렇게 무시당하고 그 가치를 인정받지 못했던 것일까?

제3장
영상도식

도서관에 가서 책을 골라 대출 창구로 가져가고, 책을 빌려 도서관을 나와 집으로 가져가는 것으로 구성된 도서관 책 대출이라는 일상 활동은 3차원 세계에서 지각하고 알아채고 이동하고 개념화하는 여러 가지 행동이 통합되어 있어서 형식적으로 기술하기란 거의 불가능하다. 하지만 이런 일상 활동은 특정한 문화권에 사는 사람들의 간단한 체험적 패턴에 의존한다. 이러한 체험적 패턴의 정확한 본질과 수는 아직 밝혀지지 않고 있다. 인간의 사고와 언어를 뒷받침하는 이러한 체험적 패턴을 표상하기 위해 인지과학에서는 영상도식(image schema)이라는 이론적 구성물을 제안한다.

마크 존슨은 1987년에 출간한 『마음속의 몸』에서 체험적 패턴인 영상도식이 주로 공간에서 이루어지는 우리의 신체적 운동, 사물 조작, 지각적 상호작용의 층위에서 유의미한 구조로 발생한다고 주장한다. 2세대 인지과학은 의미에 대해 체험주의 입장을 취한다. 체험주의에서는 의미란 사람의 생물학적 능력 및 사람을 둘러싼 환경 속에서 기능을 발휘하는 신체적·사회적 경험에 기초해서 묘사된다. 이처럼 의미 연구에 신체의 모습을 가장 잘 반영하고 있는 인지모형이 바로 영상도식이다.[1]

3.1. 영상도식의 정의

영상도식이라는 용어는 철학, 인지심리학 또는 인류학 등의 분야에서 이해 되는 두 가지 용어인 영상(image)과 도식(schema)의 관습적인 의미에서 벗어 나면서 결국 영상도 아니고 도식도 아닌 그 자체의 특별한 것을 가리킨다. 그래서 이 두 용어를 따로 떼내어 각 용어를 먼저 검토한 뒤에 '영상도식'이 라는 합성어의 의미를 재구성할 것이다.

영상

'영상도식'에서 '영상'이라는 용어는 심리학에서 사용하는 용법과 같다. 심리학에서 영상적 경험(imagistic experience)[2]은 외부 세계에 대한 우리의 경험과 관련이 있고 그것으로부터 도출된다. 이러한 경험에 대한 또 다른 용어는 감각적 경험(sensory experience)이다. 감각적 경험은 시각계에 국한된 것이 아니라 시각계를 포함하는 감각지각적 기제로부터 나온다. 따라서 영상 이라는 용어가 일상 언어에서는 시각적 지각에 국한되지만, 심리학과 인지과 학에 적용될 때는 모든 유형의 감각지각적 경험을 포함한다.

---

1   영상도식 이론은 처음에 Lakoff & Johnson(1980)의 개념적 은유 이론에 기반을 두었다. 이러한 관점에서 우리의 신체화는 개념을 구조화하는 것과 직접적인 관련이 있다. 그 이후 로 Johnson(1987)은 영상도식 이론을 통해 인식론과 도덕철학을 설립하고, Lakoff(1987)는 범주화 이론을 내놓았다. 이 외에도 영상도식 이론은 몇몇 연구 분야에 주된 역할을 했는데, Gibbs(1994)와 Gibbs & Colston(1995)의 심리언어학 연구, Mandler(1992)의 인지발달, Lakoff & Turner(1989)의 시학, Turner(1987, 1991)의 문학 비평, Langacker(1987)와 Talmy (1983)의 문법 이론, 수학(Lakoff & Núñez 2000), 신경언어이론 집단에 의한 연산 모형화 가 그러한 연구 분야이다.

2   영상적 경험은 심리학자들이 말하는 내성적 경험(introspective experience)과 대조된다. 내 성적 경험은 느낌이나 감정 같은 내적인 주관적 경험이다.

인간은 항상 정신적 영상을 생성하며, 정신적 영상은 인간의 인지에서 흔하고 빈번하게 발생한다. 인지과학에서 '영상'이라는 용어는 개념화의 모든 과정에서 지각이 관여한다는 것을 암시한다. 이처럼 정신적 영상은 개념을 형성하는 데 근본적인 역할을 한다. 추상적 개념을 포함하여 모든 개념은 시각, 청각, 촉각, 운동, 후각, 미각 경험 등 다양한 감각적 경험의 조합으로부터 구성된다. 영상은 항상 특정한 사물이나 활동의 아날로그 표상이다. 이는 영상이 추상적이거나 상징적인 표현이 아니라 세상의 구체적인 요소를 묘사한다는 것을 의미한다.

정신적 영상은 즉각적인 지각에 기반을 두고 있지만, 단순히 지각을 복제하는 것 이상의 의미를 지닌다. 정신적 영상은 추상물이기 때문에 사람들이 새로운 경험을 해석하고 구성할 때 세부 사항을 추가하거나 수정한다. 본질적으로 정신적 영상은 정적인 복제품이 아니라 지각과 해석의 영향을 받는 동적인 구성물이다. 내가 다니는 학교 도서관에 대한 상세한 정신적 모형은 다른 학교의 도서관이 아니라 우리 학교의 도서관에 해당한다. 그러나 특정한 도서관에 대한 경험은 도서관에 대한 도식화된 정신적 영상을 창조하기 위한 상상적 기초 역할을 한다.

도식

독일의 철학자 임마누엘 칸트(Immanuel Kant; 1724~1804)는 지각(percept)이 개념(concept)과 어떻게 관련되는지를 이해하는 방법으로 '도식'이라는 개념을 고안한다. 즉, 칸트는 도식이 감각적 경험(지각)과 추상적 개념화(개념)를 잇는 다리 역할을 하는 마음의 능력인 상상력의 구조라고 제안한다. 칸트 철학에서 상상력은 모든 판단 과정에서 중요한 역할을 하며, 도식은 의미 있는 표상을 형성하는 데 도움을 준다. 따라서 상상력은 감각적 지각, 정신적 영상, 추상적 개념 등 다양한 형태의 표상을 일관성 있고 의미 있는 개념으로 통합하는 능력이다. 칸트가 말하는 도식은 사람들이 공유하는 상상력의 구조이지만, 개념적·명제적 내용으로 환원될 수는 없는 구조이며, 대신 우리의 경험과 생각을 정리하는 기본 형판 역할을 한다. 도식은 명시적인 규칙을 넘어서 작동하는 합리성의 형태를 구현한 것이다. 즉, 도식은 미리 정의된 규칙에만 의존하지 않고 경험과 개념을 조직화할 수 있는 틀을 제공한다. 이런 점에서 칸트가 말하는 도식은 '규칙 없는 합리성'이다.

칸트는 접시와 원의 예를 들어 경험적 지각(가령, 접시를 보는 것)이 추상적인 기하학적 개념(가령, 원을 이해하는 것)과 어떻게 관련되는지 설명한다. 그는 접시에서 감지되는 둥근 모양이 원이라는 추상적 개념과 일치한다고 제안한다. 이 예를 바탕으로 칸트는 도식이 추상적 개념과 감각적 지각 사이의 매개체 역할을 한다라고 주장한다. 이런 도식은 순전히 추상적인 것도 아니고 순전히 감각적인 것이 아니라 두 영역의 요소를 모두 포괄한다. 따라서 도식은 지각과 개념에 덧붙여져서 의미 있는 표상을 만드는 고정된 형판이다. 이런 도식은 우리의 경험과 개념을 조직화하여 세계에 대한 일관되고 의미 있는 표상을 형성할 수 있도록 도와준다.

그러나 의미 있는 표상을 생성하기 위한 '고정된 형판'이라는 도식이 칸트에게서 비롯된 것은 아니다. schema라는 용어와 복수형 schemata의 그리스어 기원은 이 개념이 서양에서 긴 지적 역사를 가진다는 것을 암시한다. '형태'나 '모양'을 의미하는 schema는 그리스와 로마 수사학자에게 논증을 생성하거나 강화하기 위해 사용하는 언어적 장치를 가리킨다. 수사학적 도식은 가끔 은유와 환유 같은 사고의 비유와 대조된다. 왜냐하면 도식은 형식적인 통사적 패턴을 주로 이용하지만, 비유는 그렇지 않기 때문이다. 이러한 통사적 패턴의 대표적인 예는 'A-B, B-A'의 형판을 하고 있는 반복치환법(antimetabole; 안티메타볼)이다. 이는 구 또는 문장의 단어가 역순으로 반복되어 강조 또는 대비를 이루는 수사적 장치이다. "환경이 없다면 유기체가 없는 것처럼, 유기체가 없다면 환경도 없다"라는 미국의 진화생물학자이자 사회평론가인 리처드 르원틴(Richard Lewontin; 1929~2021)의 유명한 명언이 그 예이다. 부사절에 있는 '환경'과 '유기체'라는 단어가 주절에서 역순으로 나타나면서 우리 환경에서 인간 외의 다른 유기체의 중요성을 강조하고 있다. 또 다른 예로는 존 F. 케네디(John F. Kennedy; 1917~1963)의 유명한 명언이 있다. "국가가 당신을 위해 무엇을 해줄 수 있는지 묻지 말고, 당신이 국가를 위해 무엇을 할 수 있는지 물어보라"에서 앞 문장에 있는 '국가'와 '당신'이라는 단어가 뒤 문장에서 역순으로 반복되어 시민의 책임이라는 개념을 강조한다. 이러한 형판, 즉 도식은 일단 확립되면 새롭고 기억에 남는 표현을 생성한다. 고대 수사학자는 이러한 형식을 언어에 덧붙여진 다소 정적인 형판으로 간주했다.

도식의 개념은 철학과 수사학을 넘어 인류학과 인지과학 분야로 확장되었다. 이제 도식은 인간의 인지 및 행동과 관련된 다양한 학문 분야에서 인식되고 활용되고 있다. 연구자들마다 도식의 개념과 스크립트(script), 장면(scene), 시나리오(scenario)라는 관련 개념을 약간 다르게 보지만, '사용 실례들 사이에서 지각된 유사성에 대한 일반화로 구성된 인지적 표상'이라는 도식에 대한 정의는 연구자들 사이에서 널리 통용된다. 사람들은 특정한 방식으로 일련의 속성을 반복적으로 활성화함으로써 경험의 다양한 측면을 해석하기 위한 하향식 틀을 개발하며, 반복되는 각 사례는 아직 구체적인 세부 사항으로 채워지지 않은 사물과 관계의 조직화된 틀이 된다. 예를 들어, 대학도서관에 들어가면, '사서', '후원자', '학생', '교직원' 등의 역할을 위한 슬롯이 포함된 대학도서관 도식이 활성화된다. 그리고 각 슬롯은 특정 값으로 채워질 수 있다.

인지과학에서 사용되는 도식의 개념에 대한 이해도를 높이기 위해 이 개념과 비슷하게 사용하는 '장면'의 개념을 소개하고자 한다. 장면이란 어떤 사건을 전반적으로 묘사해 놓은 표상이다. 예를 들어, 영어 단어 steal(훔치다)과 rob(강탈하다)은 '가해자', '귀중품', '피해자'로 구성된 동일한 장면을 바탕으로 이해된다. "Jesse stole money(제시는 돈을 훔쳤다)"와 "Jesse robbed the rich(제시는 부자들을 강탈했다)"에서 볼 수 있듯이, steal은 귀중품 명사를 목적어로 취하고, rob은 사람 명사를 목적어로 취한다. 이 두 동사에 대한 장면은 아래에서 보듯이 윤곽부여에서만 차이가 나고 나머지는 동일하다.

steal과 rob에 대한 장면

동일한 장면에 대해 두 동사 모두 가해자는 실선으로 표시되어 있다. 이는 가해자가 윤곽부여되고 있다는 것을 암시한다. 귀중품을 나타내는 작은 원이 steal의 경우에는 실선으로 윤곽부여되지만 rob의 경우에는 점선으로 되어 있어 모호한 채로 있다. 이는 귀중품이 윤곽부여되지 않는다는 것을 암시한다. 장면에서 피해자를 나타내는 오른쪽의 작은 사람 모양이 steal의 경우에는 점선으로 되어 있어 모호하지만 rob의 경우에는 실선으로 윤곽부여되어 있다.[3] 이처럼 장면이란 의미상 관련된 두 단어로 환기되는 공통된 그림

---

3   이런 설명은 rob이 피해자에 윤곽부여하고 steal은 귀중품에 윤곽부여한다는 사실에 의존한

표상이다.

영상도식

　도식은 특정한 정보를 구성하는 데 사용되는 고정된 형판으로 간주된다. 이러한 도식은 데이터를 처리하고 이해하기 위한 구조화된 틀 역할을 한다. 이에 반해 영상은 도식적으로 만들 수 있는 구체적인 패턴을 표현한 것이고, 정보나 개념을 시각적으로나 정신적으로 묘사한 것이다. 이 두 용어의 합성 개념인 영상도식은 이 각각의 특징을 공유하지만, 그렇다고 해서 고정된 것도 아니고 구체적인 것도 아니다. 대신 영상도식은 두 개념의 요소를 결합하여 어느 정도 유연성을 발휘한다. 많은 영상도식은 실제 크기와 형태, 재질을 지정하지 않고 영역으로 구분되는 공간을 구성하는 한 위상학적(topological) 특징을 지닌다. 위상학은 지속적인 변형에도 보존되는 기하학적 속성과 공간적 관계에 관한 연구이다. 이러한 맥락에서 영상도식은 정확한 측정값, 모양 또는 재질을 지정하지 않고 추상적인 공간적 관계를 나타낸다. 영상도식은 구체적인 세부 사항과 내용이 부족하기 때문에 유연성이 높으며, 문맥에서 추론의 기초가 되는 선개념적이고 본원적인 패턴이 된다.

　영상도식은 우리의 지각적 상호작용과 운동근육 프로그램의 반복적이고 동적인 패턴으로서, 우리의 경험에 일관성과 구조를 제공한다. 영상도식은 물리적 경험으로 이해된다. 예를 들어, 위-아래 도식은 우리 경험의 의미 있는 구조를 구별해 낼 때 위-아래 방향성을 사용하려는 일상 경험에서 발생한다. 서 있는 나무를 지각하는 것, 똑바로 서 있다는 느낌, 계단 오르기,

---

　다. 도둑은 강도보다 범죄성이 상대적으로 덜한데, 왜냐하면 도둑질은 귀중품에 초점을 두지만 강도질은 피해자에 초점을 두기 때문이다.

분수대에서 물이 올라가는 현상처럼 일상에서 경험하는 지각과 활동에서 위-아래 도식을 이해할 수 있다.

영상도식은 신체화된 경험을 통해 개념적 체계 내에서 발생한다.[4] 우리가 세계와 상호작용하고 세계에서 활동하기 때문에, 영상도식은 감각 경험과 지각 경험으로부터 도출된다. 예를 들어, 인간이 직립보행을 한다고 하면, 몸 꼭대기에 머리기 있고 비닥에 디리기 있으므로, 인간 몸의 수직축온 기능적으로 비대칭적이다. 즉, 우리 몸의 꼭대기 부위와 바닥 부위는 서로 다르다. 몸의 수직축은 우리가 환경과 상호작용하는 방식 때문에 우리에게 중요하다. 예를 들어, 인간 수직축의 비대칭성을 고려해 본다면, 떨어진 물건을 줍거나 보기 위해서는 아래를 보아야 하지만, 올라가는 물건을 보기 위해서는 위를 보아야 한다. 다시 말해, 우리의 생리학은 중력과 상호작용하는 우리의 수직축이 우리가 환경과 상호작용하는 방식의 결과로 의미를 발생시킨다.

영상도식은 성격상 발현적(emergent)이다. 이는 이러한 경험이 우리의 몸 및 우리와 세계의 상호작용에 의존하기 때문에 어릴 때 우리의 물리적·심리적 발달과 연계되어 발생한다는 것을 뜻한다. 다시 말해, 영상도식은 선천적인 지식 구조가 아니다. 예를 들어, 유아는 초기 발달 단계에서 물리적 세계를 통해 특정한 방향으로 향하는 방법을 배운다. 유아는 눈으로 움직이는 물건의 이동을 따라가고 나중에 이동하는 물건을 쥐려고 손을 뻗는다.

도서관 루틴과 같은 복잡한 개념화는 영상도식 단면도(image-schematic profile)와 일치한다. 이는 위상학적 구조로 구성되어 있으며, 도서관 루틴을 가서 얻기의 다른 실례들과 함께 분류되도록 해주는 영상도식들의 결합이다. 예를 들어, 도서관 루틴은 근원지-경로-행선지—그릇—수집—부분-전체—전이

---

4 신체가 영상도식을 구성하는 데 참여하기 때문에 영상도식은 신체화된 도식(embodied schema)이나 운동감각적 도식(kinaesthetic schema)이라고도 한다.

—반복 등의 영상도식 단면도와 일치한다. 도서관은 경로의 끝점으로 존재한다. 도서관에는 내부와 외부가 있으므로 사람과 사물을 담을 수도 있다. 도서관에 담긴 사물은 같은 종류이므로 도서관은 수집 도식을 이용하며, 이 수집의 개념은 부분과 전체 간의 대립에 의존한다. 수집 속에 담겨 있는 이러한 사물들 가운데 하나를 물리적으로 소유한다는 것은 전이 도식을 이용하고, 이를 반복할 수 있다는 것은 반복 도식을 이용한다.

3.2. 영상도식의 특징

영상도식에는 몇 가지 특징이 있다. 첫째, 영상도식은 본래 선개념적 (preconceptual)이다. 영상도식은 우리 일상의 신체적 경험에서 반복해서 나타나는 비교적 간단한 구조로서, 개념에 대한 우리의 신체적·물리적 경험을 바탕으로 형성되는 구조이다. 그리고 가장 기본적인 신체적·물리적 경험은 우리의 몸이다. 즉, 영상도식의 일차적 근원은 사람의 몸이다. 우리는 몸을 통하여 '부분-전체', '중심-주변', '연결-분리', '안-밖', '균형', '방향'을 지각하며, 이 원초적 경험을 바탕으로 긍정과 부정의 가치를 부여한다. 그리고 영상도식은 개념 형성을 선행하는 인간 발달의 초기 단계에서 감각적 경험으로부터 발생한다.

둘째, 영상도식은 내적으로 복합적(internally complex)이다. 영상도식은 따로따로 분석할 수 있는 복합적 양상들로 이루어져 있다. 이는 영상도식이 우리의 경험과 인지에서 일관적이고 의미심장하며 통일된 전체라는 게슈탈트 구조의 본성을 가지고 있음을 뜻한다. 게슈탈트 구조란 반복되는 패턴과 구조를 명시화하는 우리의 경험과 이해 속에 있는 조직적인 통일된 전체이다. 게슈탈트 구조에서는 요소들이 전체와 독립적으로 존재하는 것이 아니며, 전체의 의미는 부분의 의미 및 부분들의 결합 방식에서 예측할 수 있는 것도 아니다. 영상도식의 토대가 되는 게슈탈트 구조는 분석되고 쪼개질 수는 있지만, 그렇게 환원하면 게슈탈트 구조의 통합성이 파괴된다. 따라서 모든 영상도식은 환원될 수 없는 게슈탈트이다.

복합적 영상도식의 한 가지 예는 경로 도식이다. 경로는 한 위치에서 또 다른 위치로 이동하는 수단이기 때문에, 출발지와 목적지, 그 둘을 연결히는 경로, 경로의 방향성으로 이루어져 있다. 이러한 경로 도식은 체험적 게슈탈트를 구성한다. 즉, 이 영상도식은 내적 구조로 되어 있지만, 일관성이 있는 전체로 발생한다. 이 도식은 다음과 같이 나타낼 수 있다.

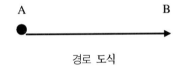

경로 도식

경로 도식이 내적 구조를 갖추고 있으므로, 그 성분들을 서로 다르게 지시할 수 있다. 이는 다음 예로 예증되는데, 해당 언어 단위는 괄호 속에 넣어 두었다. 이 예에서 경로의 성분마다 서로 다른 어휘항목을 사용함으로써 윤곽부여된다.

　(1) 존은 [영국]을 떠났다.(출발지)

　(2) 존은 [프랑스]로 여행을 갔다.(목적지)

　(3) 존은 [영국]에서 [프랑스]로 여행을 갔다.(출발지-목적지)

　(4) 존은 [해저 터널]을 통해 [프랑스]로 여행을 갔다.(경로-목적지)

　(5) 존은 [영국]에서 [해저 터널]을 통해 [프랑스]로 여행을 갔다.(출발지-경로
　　　-목적지)

셋째, 영상도식은 신체화된 경험으로부터 도출되므로 우리가 세계와 상호작용하는 방식으로부터 도출된다. 예를 들어, 힘 도식은 우리가 다른 실체에 영향을 미치거나 영향을 받아서 이동 에너지의 전달을 유발하는 경험으로부터 발생한다. 힘은 항상 상호작용을 통해 경험된다. 힘이 우리에게 영향을 미치거나 우리의 지각장 안에 있는 사물에 영향을 미칠 때야 비로소 힘을 인식할 수 있다. 우리는 낯설고 어두운 방에서 탁자 모서리에 부딪힐 때 힘의 상호작용적 특징을 경험할 수 있다. 음식을 너무 많이 먹을 때 섭취한 음식물은 우리의 팽팽한 위를 밖으로 압박한다. 어떻게 보면 상호작용이나 잠재적 상호작용을 수반하지 않는 힘 도식은 없다.

넷째, 영상도식은 조직화 활동의 연속적 구조(continuous structure of an organizing activity)이다. 다시 말해, 영상도식은 고정되고 정적인 패턴이 아니라 동적인 패턴이다. 영상도식은 두 가지 면에서 동적이다. 먼저, 영상도식은 우리의 경험을 조직화하는 활동 구조이다. 영상도식은 경험이 담겨 있는 수동적인 그릇이 아니라 우리에게 질서를 구성하도록 해주는 핵심 수단이다. 다음으로, 영상도식은 다양한 문맥에서 상세한 실례들을 명시화할 수 있다는 점에서 유연하다. 이러한 유연성 때문에 영상도식은 유사한 많은 상황에 어울리게끔 변형될 수 있다. 따라서 영상도식은 다양한 범위의 다른 경험을 접속시키는 동적인 패턴이다. 영상도식의 이러한 역동성과 유연성 때문에 단어의 다의성이 자연스럽게 설명된다. 즉, 언어에서 다의성이 가능한 이유는 같은 영상도식을 바탕으로 물리적 영역이 추상적 영역으로 은유적 확장[5]을 겪기 때문이다. 같은 단어의 여러 의미가 서로 관련되는 이유는 그 의미들이 같은 영상도식을 공유하고 있으며, 그 영상도식이 은유적으로 사상되기 때문이다.

---

5 은유적 확장은 은유적 전이(metaphorical transfer)라고도 한다.

다섯째, 영상도식은 은유적 사상(metaphorical mapping)의 근원영역이 된다. 영상도식은 은유적 사상에 의해서 확장되고 정교화된다. 영상도식은 많은 다른 물리적 운동과 지각적 상호작용을 구조화하고, 은유적으로 정교화될 때 많은 추상적 영역을 구조화할 수 있다. 영상도식은 먼저 신체적인 상호작용의 구조로서 나타나지만, 비유적으로 확장될 수 있다. 이러한 비유적 확장과 정교화는 구체적 영역에서 추상적 영역으로 은유적 사상의 형태를 취한다. 은유적 사상은 구체적 의미에서 추상적 의미로 행해지며 그 역은 성립하지 않는다는 점에서 일방향적이다. 추상적 의미는 우리의 신체적·물리적 경험에서 도출된 영상도식에 의존한다.

여섯째, 영상도식은 추상적(abstract)이다. 영상도식은 은유적 확장에서 불변성을 포착하기 위해서는 은유의 근원영역과 목표영역에 공통적이고 추상적이어야 한다. 즉, 영상도식은 은유적 사상에서도 변하지 않는다면 상당히 추상적이어야 한다.

일곱째, 영상도식은 변형될 수 있다. 영상도식은 신체화된 경험으로부터 발생하기 때문에 한 영상도식에서 또 다른 영상도식으로 변형을 겪을 수 있다. 예를 들어, 같은 사물들의 집합에 대해, 셀 수 있는 개별 실체들의 무리와 관련된 가산 도식과 내적으로 동질적인 것으로 지각되는 질량 도식 사이에 변형이 있다. 이 두 영상도식은 명사의 문법적 행동에서 반영되는데, 이것은 가산명사와 질량명사의 구분과 관련 있다. 가산명사는 질량명사로 변형될 수 있고 그 역도 마찬가지이다. 이는 가산-질량 도식 변형에 대한 언어적 증거이다. 영어 단어 tomato는 "I have a tomato(나는 토마토를 가지고 있다)"에서처럼 가산명사로서 부정관사를 동반한다. 하지만 이 가산명사가 "After my fall there was tomato all over my face(나는 넘어지고 나서 온 얼굴에 토마토 칠갑이었다)"에서는 질량명사로 변형되어 질량명사의 문법적 특성을 취한다. 가산명사에서 질량명사로의 문법적 변형인 탈한정화(debounding)와 질량명사에서 가산명사로의 변형인 발췌화(exerpting)는 가산명사나 질량명사에 의해 실체를 문법적으로 부호화할 수 있는 우리의 능력을 뒷받침하는 영상도식 변형에 의해 동기화된다.

요약하자면, 영상도식은 우리의 신체적 기능에서 발생하는 가장 일반적인 구조이다. 영상도식은 일상 경험에 널리 퍼져 있으므로 쉽게 이해할 수 있다. 영상도식은 잘 구조화되어 있고 간단하게 구조화되어 있는 인지적 구성물이다. 영상도식은 공통된 인간 경험에 토대를 두고 있으며, 사실 언어 이전의 인지적 구조를 구성한다. 영상도식은 인식적인 명제적 구조보다 인지적으로 더 원시적인 구조이며, 우리의 경험, 표현, 이해를 해석하고 그 틀을 제공하는 게슈탈트 구조이다. 새로운 경험과 상황은 이미 이용 가능한 신체화된 도식에 의해 은유적으로 이해되고 표현된다. 따라서 몸은 신체적이지 않은 경험에 그 자체의 체험적인 지각적 구조를 부여한다. 구체적인 대상과 상황의 신체화된 도식은 추상적인 실체와 사건을 경험하고 이해하는 데 사용된다.

3.3. 영상도식의 분류법

여러 영상도식은 같은 위상을 가진 것이 아니라 특정한 위계를 이루고 있다. 마크 존슨은 『마음속의 몸』에서 영상도식의 범위를 보여주기 위해 아래와 같은 목록을 제시한다.

마크 존슨은 모든 영상도식이 같은 개념화의 층위에 속하는 것으로 간주하고 있다. 그러나 이러한 견해에 도전하는 연구들도 있다. 즉, 영상도식의 위계를 설립하려는 시도가 있었다. 마크 터너(Mark Turner; 1954~)는 1993년에 발표한 논문 「은유에 대한 영상도식적 제약」에서 모든 영상도식이 등급과 위상이 동등한 것이 아니라고 말하면서 영상도식의 분류법을 구축하는 데

그릇	균형	강요
봉쇄	저항	장벽제거
권능	인력	질량-가산
경로	연결	중심-주변
순환	가까움-멂	척도
부분-전체	합병	분열
가득함-텅빔	조화	상위부과
반복	접촉	과정
표면	사물	수집

마크 존슨의 영상도식 목록

관심을 둔다. 그리고 더크 기어랫츠(Dirk Geeraerts; 1955~)는 2010년에 출간한 『어휘의미론의 이론들』에서 존슨이 제시한 영상도식의 목록에서 어떤 영상도식은 다른 영상도식보다 지각상 덜 기본적이라고 말한다. 예를 들어, 순환 도식은 부분-전체나 포함 도식보다 경험상 덜 직접적이다. 하지만 터너와 기어랫츠는 자신들의 입장을 더는 발전시키지 않았다.

나오미 퀸(Naomi Quinn; 1939~2019)은 1991년에 발표한 논문 「은유의 문화적 기초」에서 모든 영상도식을 {관계}, {실체}, {궤도}, {그릇}이라는 네 가지 도식으로 분류한다.

도식	영상도식
{관계}:	연결, 접촉, 합병, 분열, 가까움-멂
{실체}:	부분-전체, 중심-주변
{궤도}:	순환, 반복, 척도, 경로
{그릇}:	가득함-텅빔

나오미 퀸의 영상도식 분류법

앨런 시엔키(Alan Cienki)는 1997년에 발표한 논문 「영상도식의 특성과 분류」에서 나오미 퀸의 분류법에서 결정적인 문제점을 지적한다. 도식 {그릇}과 그릇 영상도식 또는 도식 {실체}와 사물 도식 사이에 차이가 있을 것인데, 그 둘의 차이를 알 수가 없다는 것이다. 즉, 퀸의 분류법에서는 도식 {그릇}과 {실체}는 그 속에 포함되는 특정한 영상도식에 의해 중재되는 포괄적인 용어일 뿐이다. 그는 다음과 같은 영상도식의 분류법을 제안한다.

일반적 영상도식	구체적 영상도식
과정	조화, 합병, 접촉, 연결, 분열
경로	곧음, 척도, 반복, 순환
사물	부분-전체, 중심-주변, 표면, 질량-가산, 수집
그릇	가득함-텅빔, 표면, 중심-주변
[힘]	인력, 권능, 강요, 저항, 봉쇄, 장벽제거

앨런 시엔키의 영상도식 분류법

앨런 시엔키는 자신의 분류법을 자세히 설명하지 않았다. 그는 마크 존슨의 영상도식을 다섯 가지 유형으로 분류하기 위한 기준을 세우지 않았고, 영상도식들이 서로 의존하는 방식도 상술하지 않았다.

티모시 클라우스너와 윌리엄 크로프트(Timothy Clausner & William Croft)는 1999년에 발표한 논문 「영역과 영상도식」에서 영상도식이 로널드 래내커가 말하는 영역(domain)[6]의 하위유형이라고 주장한다. 이들의 분류법은 다음과 같다.

---

6   로널드 래내커는 인지문법(cognitive grammar)이라는 자신의 이론적 틀 내에서 '영역'을 '의미 단위를 특징짓기 위한 배경이 되는 개념화의 일관성 있는 지역'으로 정의한다. 영역의 이런 정의는 정신적 경험에서부터 표상적 공간, 개념, 개념적 복합체에 이르기까지 많은 유형의 인지적 실체를 포함한다. 이러한 영역의 개념은 인지문법의 언어 의미론에 대한 백과사전적 견해의 중심에 있다. 즉, 지식이 백과사전적이라면, 영역은 언어 단위의 의미를 특징짓는 데 적절한 개념의 범위를 분할하는 방법을 제공한다는 것이다.

영역	영역의 하위유형
공간	위-아래, 앞-뒤, (좌-우), 가까움-멂, 중심-주변, 접촉
척도	경로
그릇	포함, 안-밖, 표면, 가득함-텅빔, (내용)
힘	균형, 저항, 강요, 장벽제거, 권능, 봉쇄, 전환, 인력
단일체/복수체	합병, 수집, 분열, 반복, 부분-전체, 질량-가산, 연결
일치	조화, 상위부과
존재	제거, 한정 공간, 순환, 사물, 과정

클라우스너와 윌리엄 크로프트의 영상도식 분류법

위의 분류법에서 괄호 속의 영상도식은 클라우스너와 크로프트가 존슨의 영상도식 목록에 추가한 것이다. 앨런 시엔키의 경우와 마찬가지로, 이들도 자신들의 분류법을 구체적으로 설명하지 않았다. 이들은 경로 도식을 척도 도식으로 분류해야 한다고만 말하고, 그릇 도식과 그 집합에 속하는 영상도식 들이 서로 관련되는 방식을 간략하게만 설명한다.

산드라 페냐 세르벨(Sandra Peña Cervel)은 2003년에 출간한 『위상과 인지』에서 영상도식을 기본적 영상도식과 부차적 영상도식으로 나누고 그 분류법을 다음과 같은 그림으로 제시한다.

그릇 도식과 부차적 영상도식

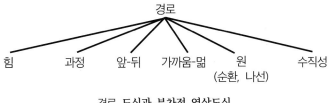

경로 도식과 부차적 영상도식

부분-전체 도식과 부차적 영상도식

기본적 영상도식은 그릇, 경로, 부분-전체 도식이고, 그 하위에 몇 가지 부차적 영상도식이 배치된다. 부차성의 개념은 개념적 의존성에 의한 부차성과 논리적 함의에 의한 부차성으로 나뉜다. 위 그림에서 얇은 선은 개념적 의존성에 의한 부차성을 나타내고, 굵은 선은 논리적 함의에 의한 부차성을 나타낸다.

3.4. 영상도식의 내적 구조

영상도식은 구조적 요소와 기본 논리로 이루어져 있다. 그릇 도식을 예로 사용하여 영상도식의 구조적 요소와 기본 논리를 설명할 것이다. 이 영상도식과 관련된 일차적 경험은 모체의 자궁 속에 있는 경험으로서, 자궁은 우리 자신이 위치했던 최초의 그릇이다. 이 경우 그릇 안은 안전한 보호처라는 점에서 긍정적 가치를 가지며, 그릇 밖은 외부의 위험에 노출된다는 점에서 부정적 가치를 가진다. 그러나 이 그릇은 시간상으로 제약되어 있다. 곧 모체는 태아가 생명체로서 완성될 때까지만 머물 수 있는 한시적인 그릇이므로 그릇을 떠나지 않을 수 없다. 그 결과, 그릇 밖으로 나오는 경험에는 고통과 위험이 수반된다. 한편, 그릇 도식은 반전될 수 있다. 곧 그릇 속에 갇혀 있는 것은 폐쇄적이고 구속적인 경험이고, 그릇에서 빠져나오는 것은 개방적이고 해방감의 경험이다. 예를 들이, 죄를 지이 감옥에 갇히거니 병원에 입원하는 것은 부정적인 경험이고, 감옥에서 출소하거나 병이 나아 퇴원하는 것은 긍정적인 경험이다. 이처럼 그릇 속의 몸은 상반된 가치를 지니고 있다.

 이러한 경험에 입각한 그릇 도식은 구조적 요소로 내부, 외부, 경계를 지닌다. 즉, 이 영상도식은 경계로 분리된 내부와 외부로 구성되어 있다. 그릇 도식은 다음과 같이 나타낼 수 있다.

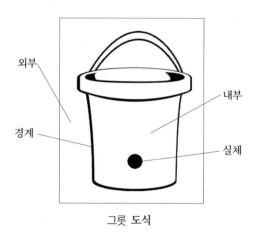

그릇 도식

 그릇 도식의 이러한 내적 구조에 기초해서 이 영상도식에 대해 다음과 같은 기본 논리를 파악할 수 있다.

 • 만약 A가 B 안에 있고 B가 C 안에 있다면, A는 C 안에 있다.

- 그릇은 한정 지역이기 때문에 그 용량은 제한되어 있다. 어떤 것이 그릇 안에서 과도하게 되면, 그 구조나 기능이 바뀌거나 손상되기도 한다.
- 그릇에서 인지적으로 기본적인 두 가지 유형의 실체를 발견할 수 있는데, 사람과 사물이 그것이다.
- 그릇의 내부는 안에 있는 실체를 해로운 외부 상황으로부터 보호한다. 역으로, 해로운 내부 상황은 그릇 안에 있는 실체에 부정적인 영향을 미친다.
- 그릇의 내부는 안에 있는 실체가 이로운 외부 상황을 즐기지 못하도록 막을 수 있다. 역으로, 이로운 내부 상황은 그릇 안에 있는 실체에 긍정적인 영향을 미칠 수 있다.
- 내부에서 발견되는 실체는 그릇에 긍정적이거나 부정적인 영향을 미칠 수 있다.

영어 표현 fall in love(사랑에 빠지다)와 be in depression(우울함에 빠지다)의 경우에 감정은 그릇으로 묘사된다. 전자의 표현에서처럼 상황이 유쾌한 것이면 그러한 상황은 안에 있는 실체에 긍정적인 영향을 미치고, 후자의 표현에서처럼 그것이 불쾌한 것이면 그 영향은 부정적일 것이다. 이러한 은유에 대한 인지적 토대는 일상 경험으로부터 발생하는데, 실제 그릇은 안에 있는 실체에 이롭거나 해로운 영향을 미칠 수 있는 것이다.

3.5. 영상도식의 심리적 실재성

지금까지 영상도식을 정의하고, 그 특징과 분류법, 내적 구조를 다루면서 그 전체 모습을 살펴보았다. 과연 그렇다면 이러한 영상도식이 연구자들이 임의로 만든 인공물인지, 아니면 실제로 인간의 머릿속에 존재하는 것인지 질문할 수 있다. 여기에서는 영상도식의 심리적 실재성(psychological reality)을 뒷받침하는 심리언어학과 인지발달/언어습득의 연구를 개관할 것이다.

심리언어학 실험

레이몬드 깁스와 동료들은 1994년에 발표한 논문 「stand의 의미에 대해 입장 취하기」에서 영상도식이 경험을 조직하고 의미 구조를 조직한다는 개념을 실증적으로 뒷받침할 목적으로 몇 차례의 실험에서 stand(서다)의 다의성을 탐구한다.

첫째, 실험대상자에게 잠시 일어서서 움직이고 몸을 구부리고 저벅저벅 밟고 기지개를 켜도록 한다. 그리고 '서기'의 행동과 관련된 열두 개의 영상도식에 대한 묘사를 읽게 한 다음, 각 영상도식이 자신의 경험과 얼마나 관련이 있는지를 평가하도록 했다. 이 실험에서 실험대상자의 '서기'의 감각과 연상되는 다섯 가지 영상도식이 밝혀진다. 균형, 수직성, 중심-주변, 저항, 연결 영상도식이 그것이다. 균형 도식은 서 있을 때의 평형감 또는 안정감과 관련이 있다. 수직성 도식은 직립 또는 수직으로 서 있다는 지각과 관련이 있다. 중심-주변 도식은 서 있는 동안 공간의 중심 또는 주변을 기준으로 자신의 위치를 인식하는 것과 관련이 있다. 저항 도식은 서 있는 동안 외부의 힘에 의해 밀려나거나 지탱되는 느낌을 말한다. 연결 도식은 서 있는 동안 다른 신체 부위 또는 신체와 주변 환경 사이의 연결감 또는 연속성을 의미한다.

둘째, 실험대상자에게 stand의 서른다섯 개 의미에 대해 유사성을 판단하여 다섯 개의 그룹으로 분류하도록 했다. 실험대상자들이 stand의 물리적 의미와 비물리적 의미를 구분하지 않고서 stand at attention(차렷 자세로 서다)과 stand the test of time(시간이 지나도 변치 않는다)을 함께 분류한다는 것이 발견되었다. 이는 실험대상자들이 stand라는 단어의 다양한 의미에도 불구하고 서로 다른 의미 사이에서 유사성이나 연관성을 인식하고 있음을 시사한다.

셋째, 실험대상자들에게 '서기'의 신체적 경험과 연관된 또 다른 활동을 하게 한다. 그리고 실험의 이전 단계에서 확인된 다섯 개의 영상도식(균형, 수직성, 중심-주변, 저항, 연결 영상도식)에 대한 언어적 묘사를 제시하고, stand의 서른두 개 의미의 목록을 보여주면서 각 영상도식과 각 의미 간의 적절성을 평가하도록 했다. 이 실험에서 실험대상자의 반응으로부터 stand의 서른두 개 용법에 대한 영상도식 단면도를 구성했다. it stands to reason(합리적이다) 과 as the matter now stands(지금 상황에서는)는 연결—균형—중심-주변—저항—수직성이라는 동일한 단면도를 가진다. 이와 대조적으로, don't stand for such treatment(그러한 대접을 참지 않는다)와 stand against great odds(갖은 곤란을 무릅쓴다)는 저항—중심-주변—연결—균형—수직성의 단면도를 보여준다. 이 두 단면도에서 각 용법에 대해 관련성이 가장 낮은 영상도식은 수직성이다. 그런데 사후 분석을 수행하는 연구자들은 이 영상도식을 stand의 일차적 영상도식으로 표시할 것이다. 다른 한편으로, 수직성을 일차적 영상도식으로 보여주는 데이터는 "The barometer stands at 30 centimeters(온도계가 30도를 가리킨다)"나 "He got stood up for a date(그는 바람을 맞았다)"와 같이 이 영상도식과 전형적으로 연상되지 않는 표현과 상관성이 있었다. 이 데이터는 또한 주어가 단일 행위자인 표현(He stands at attention(그는 차렷 자세로 서 있다))에서 가장 현저한 도식인 수직성과 균형 간에 그리고 집단적 주어(가령, standing ovation(기립 박수))나 움직이는 부분이 없는 인공물(가령, 집)의 경우에 수직성과 중심-주변 간에 강한 상관성을 보여주었다. 중요한 것은 실험대상자들이 맥락에 따라 분류하지 않았다는 점이다. 이는 상황의 유사성이 실례를 범주화하는 일차적 수단으로 고려되지 않았다는 것을 암시한다.

인지발달과 언어습득 실험

유아는 영상도식을 사용하여 지각 전반에 걸쳐 일반화하고 경험들 사이에서 공통성을 찾을 수 있다. 이는 레이몬드 깁스와 로버트 콜스턴(Raymond Gibbs & Herbert Colston)이 1995년에 발표한 논문 「영상도식과 그 변형의 인지심리적 실재성」에서 입증한 주장이다.

깁스와 콜스턴은 생후 4.5개월 된 유아가 어떤 사물(지표 도식)을 관찰한 후, 그 사물이 막혀서 숨겨지고(봉쇄 도식), 막힌 부분이 제거되어(장벽제거 도식) 그 물체가 원래 상태로 돌아가는(지표 도식) 과정을 관찰할 때, 이러한 순서는 아이가 사물 영속성(object permanence)[7]을 이해한다는 것을 보여준다고 제안한다. 이들은 사물 영속성이라는 개념의 발달이 몇몇 다른 영상도식의 발달로 간주되며, 영상도식 간의 변형의 작용으로 간주된다고 주장한다.

깁스와 콜스턴은 생후 4개월 이상의 유아가 사역이동(caused-motion)[8]과 자체이동(self-motion)을 구분할 수 있는지를 보기 위해 실험을 한다. 한 실험에서 유아는 한 공이 다른 공을 치면 그 결과로 다른 공이 움직이게 되는

---

7 사물 영속성이란 환경 내의 어떤 대상물이 시야에서 사라진다 해도 그 사물이 계속 존재한다는 개념이다. 이 시나리오에서 아이는 사물이 보이지 않게 숨겨져 있어도 영구적으로 사라지지 않는다는 것을 깨닫게 된다. 이 개념은 피아제의 인지발달 단계 중 감각운동기에 이루어지는 중요한 지적 성취의 하나로서, 유아는 약 2세 경에 대상 영속성에 대한 개념을 완전히 획득한다.

8 사역이동 구문(caused-motion construction)이란 행위자가 특정 행동을 해서 수동자가 특정 방향으로 이동하도록 하는 NP₁ V NP₂ PP의 통사적 구조를 가진 구문이다. Jack threw the napkin off the table(잭이 냅킨을 던져 탁자에서 떨어졌다)과 같은 영어 예가 전형적인 사역이동 구문이다. 여기에서 사용되는 동사에는 수동자를 이동하게 하는 사역의 힘이 있으며, 그 힘을 받은 수동자가 이동한다. 문제는 사역의 의미가 없는 동사가 사역이동 구문에 사용되면서, 전형적인 사역이동 구문과 동일한 의미 구조를 갖는 독특한 사역이동 구문이 존재한다는 것이다. Frank sneezed the napkin off the table(프랭크가 재채기를 해서 냅킨이 탁자에서 떨어졌다)이 그 예이다. 동사 throw가 사용되는 전자의 예는 원형적 사역이동 구문이고, 동사 sneeze가 사용되는 후자의 예는 비원형적 사역이동 구문이다.

것과 같이 두 사물 간의 상호작용을 관찰한다. 이 시나리오는 두 번째 공의 이동이 첫 번째 공의 충격으로 인해 발생하는 사역이동의 예이다. 또 다른 실험에서 유아는 두 공이 서로 독립적으로 움직이는 것을 관찰한다. 여기에서는 공이 서로 움직이게 하는 직접적인 상호작용이 없으며, 두 공이 서로 독립적으로 움직인다. 이 시나리오는 자체이동의 예이다. 깁스와 콜스턴이 내린 결론은, 이런 유아가 첫 번째 탄도체(trajector)의 끝점이 두 번째 탄도체의 시작점이 되는 탄도체-경로 영상도식을 사용하여 사역이동을 이해하고, 이런 패턴이 나타나지 않으면 자체이동의 관점에서 이동을 이해한다는 것이다.

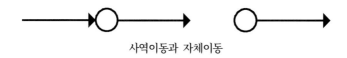

사역이동과 자체이동

깁스와 콜스턴은 인간이 의미 있는 경험을 하기 위해서는 발달 초기에 행동과 지각의 규칙적인 패턴이 발달해야 한다라고 주장한다. 이러한 실험 증거에 따르면, 아이들은 영상도식에 대한 일반적인 기술과 일치하는 다양한 감각지각적 사건 간의 추상적 관계를 발견할 수 있는 능력을 갖추고 있다.

깁스와 콜스턴은 영상도식의 신체적 기원에 주의를 기울이지만, 언어습득에 관한 최근 연구는 물질문화에서 사물 조작에 더 많은 주의를 기울인다. 존슨과 레이코프는 다양한 사회적 환경이 인지적·언어적 발달에 중요하다는 것을 인정한다. 실제로 깁스와 콜스턴은 유아가 컵, 병, 접시를 통해 제공되는 간단한 포함의 행동을 쉽게 관찰하도록 해주는 세계에 태어난다는 것을 인정한다. 유아는 물체가 컵, 병, 접시로 사라지고 그것에서 다시 나타나는 것을 쉽게 볼 수 있다. 따라서 우유가 입으로 들어가고 입에서 나오는 모습보다는 우유가 컵으로 들어가고 컵에서 나오는 모습을 분석하는 것이 더 쉬울 것이다. 물질문화에서 이런 사물은 실제로 포함이라는 개념의 발달을 위한 물질적 기초를 구성한다.

인간을 포함한 모든 동물에게는 범주화(categorization)의 능력이 있다. 예를 들어, 동물은 음식을 먹을 수 있는 것과 먹을 수 없는 것으로 범주화하고, 주위 환경을 해로운 것과 해롭지 않은 것으로 범주화해야 한다. 이처럼 동물에게 있어 범주화는 생존의 문제와 직결된다. 우리 인간은 극히 미세한 것에서부터 일반적인 것에 이르기까지 무수히 많은 범주를 창조하고 그 범주와 상호작용한다. 더욱이 새로운 경험을 수용하기 위해 기존의 범주를 수정하고 필요에 따라 새로운 범주를 창조할 수 있다는 점에서 인간의 범주화는 유연하다. 인간의 범주화는 문화적 규범, 사회적 관습, 언어적 범주에 의해 영향을 받는다는 특징도 있다. 즉, 문화마다 고유한 관점과 문화적 가치에 따라 사물이나 개념을 다르게 분류할 수 있다.

범주화는 공유된 특성, 속성 또는 특징을 기반으로 정보를 의미 있는 범주로 구성하는 기본적인 인지 과정이다. 범주화는 인간과 동물이 세상을 이해하고 복잡한 정보를 단순화하며 의사결정과 문제해결을 용이하게 하려고 사용하는 과정이다. 범주화에는 몇 가지 기본 메커니즘이 사용된다.

• 지각적 유사성: 지각적 특징을 공유하는 사물이나 자극은 종종 함께 분류된

다. 예를 들어, 사과와 오렌지는 모양, 색상, 질감 등의 지각적 특징이 비슷하므로 과일로 함께 분류된다.

- 기능성: 비슷한 기능이나 목적을 가진 사물이나 실체는 함께 분류될 수 있다. 예를 들어, 망치, 드라이버, 렌치와 같은 도구는 기계 작업을 용이하게 한다는 공통된 기능에 따라 함께 분류된다.
- 맥락과 상황적 단서: 범주화는 맥락적 단서와 상황적 요인에 의해서도 영향을 받을 수 있다. 같은 물건이라도 그것이 인식되는 맥락이나 당면한 작업에 따라 다르게 분류될 수 있다.

사물과 사건에 대한 범주화는 대부분 무의식적으로 행해지고, 더 나아가 매우 빠른 인지 과정이기도 하다. 문제는 우리가 범주화를 수행할 때 머릿속에서 어떤 일이 발생하는가이다. 우리가 어떻게 범주화하는지를 설명하는 두 가지 이론이 있다. 하나는 전통적인 고전 이론(classical theory)이고, 다른 하나는 원형 이론(prototype theory)이다. 먼저, 고전 이론의 특징과 그 이론을 반증하는 가족닮음과 범주 경계의 불분명성이라는 두 가지 현상을 제시하여 새로운 범주화 이론이 필요하다는 것을 암시할 것이다. 그런 다음 고전 이론의 대안으로 원형 이론을 살펴볼 것이다. 특히 원형의 특징과 양상, 원형 효과, 그리고 원형 이론의 범주화 체계를 제시할 것이다.

4.1. 범주화의 고전 이론

범주화의 고전 이론은 2,000년 훨씬 이전의 고대 그리스까지 거슬러 올라가는 범주화의 가장 전통적인 생각을 나타내기 때문에 고전 이론이라고 부른다. 여기에서는 고전 이론의 특징과 그것을 반증하는 두 가지 현상을 제시할 것이다.

고전 이론의 특징

범주화의 고전 이론은 궁극적으로 고대 그리스까지 거슬러 올라간다. 아리스토텔레스에 따르면, 세계의 사물이나 범주는 본질적 자질로 정의되고, 그에 상응하는 개념적 범주도 본질적 자질로 정의된다. 본질적 자질로 인해 범주의 구성원들을 한데 묶을 수 있다. 그렇다고 범주에 본질적 자질만 있는 것은 아니다. 범주에는 그것의 정체성에 결정적인 역할을 하지 않는 우연적이고 주변적인 자질도 있다.

범주화의 고전 이론에서는 개념적 범주와 언어적 범주가 명확한 구조를 가진 것으로 본다. 이는 하나의 실체가 범주 구성원 요건을 위해 필요충분조건을 충족시킴으로써 범주 구성원이 된다는 것을 뜻한다. 필요충분조건은 개별적으로는 필연적이지만 합동으로 범주를 정의하는 데 충분하므로 필요충분조건이라고 부른다. 예증을 위하여 노총각이라는 개념을 고려해 보자. 어떤 실체가 이 범주에 속하기 위해서는 [결혼하지 않았다], [남성이다], [성인이다]라는 조건을 준수해야 한다. 이 각각의 조건은 이 범주를 정의하는 데 필요하지만 개별적으로는 충분하지 않다. 왜냐하면 [결혼하지 않았다]는 노처녀에도 똑같이 적용되고, [남성이다]는 남편에도 적용될 수 있기 때문이다.

아리스토텔레스의 사상에 기초한 범주화의 고전 이론에는 몇 가지 특징이 있다. 첫째, 범주는 필요충분조건의 합에 의해 정의된다. 이 가정은 아리스토텔레스가 구분한 본질과 형상 사이의 이분법에 근거한다. 본질이란 사물을 그 자체인 것으로 만들어 주는 것이다. 본질은 사물의 고유한 모든 부분으로서, 사물의 개체성을 규정짓는다. 형상이란 사물의 우연한 자질이다. 예를 들어, 사람의 본질은 두 발 동물이라는 것이다. 사람이 백인이거나 교육을 받았는지 아닌지는 형상이다. 아리스토텔레스는 사람을 본질의 법칙으로 정의한다. 즉, "X가 Y이다"라고 말하는 것은 실체 X를 범주 Y에 할당하는 것이다. 그렇게 하기 위해서는 범주 Y의 본질을 규정짓는 자질에 견주어 X의 자질을 점검해야 한다. 사람의 범주에는 [두 발]과 [동물]이라는 자질이 있다. 만일 어떤 실체가 이 두 자질을 가지고 있으면 그 실체는 사람의 범주에 속하고, 그렇지 않으면 그 범주에 속하지 않는다.

둘째, 자질은 두 가지 값만 있다는 점에서 이원적이다. 이 가정은 모순율(law of contradiction)과 배중률(law of the excluded middle)에 근거한다. 모순율에 따르면, 사물은 어떤 자질을 소유하면서 동시에 소유하지 않을 수 없고, 사물은 한 범주에 속하면서 동시에 그것에 속하지 않을 수 없다. 배중률에 따르면, 사물은 어떤 자질을 소유하거나 소유하지 않아야 하고, 사물은 한 범주에 속하거나 속하지 않아야 한다. 자질은 흑백의 문제이다. 어떤 자질은 범주를 규정짓는 데 관여하거나 관여하지 않는다. 어떤 실체는 이러한 자질을 소유하거나 소유하지 않는다. 자질은 존재하거나 부재하고, 두 값 중 하나만 취한다.

셋째, 범주의 경계는 명확하다. 일단 한 범주가 설정되면, 그 범주는 세계를 두 종류의 실체로 나눈다. 어떤 실체는 그 범주의 구성원이고, 다른 실체는 구성원이 아니다.

넷째, 범주의 모든 구성원은 위상이 동등하다. 범주의 모든 자질을 가진 실체는 그것의 완전한 구성원이고, 그렇지 않은 실체는 구성원이 아니다. 이것은 범주의 구성원 요건에 정도의 문제가 없다는 것을 암시한다.

범주화의 고전 이론은 현대 언어학에서 성분분석(componential analysis)으로 이어진다. 고전 이론에서 말하는 범주 구성원 요건을 위한 필요충분조건은 성분분석에서 의미적 본원소(semantic primitive)나 의미자질(semantic feature)의 형태로 나타난다. 의미자질은 결합하여 무한한 수의 의미를 발생시킬 수 있다. 성분분석 접근법은 형식주의 이론에 매력적이다. 왜냐하면 형식주의 이론은 정확한 진술을 형식화할 수 있도록 해주기 때문이다.

흔히 형식주의 언어학자들은 성분분석 접근법이 음운론이나 통사론 같이 언어의 구조적 양상을 모형화하는 데 효과적이라고 주장하지만, 많은 다른 언어학자들은 단어 의미에 대한 성분분석 접근법이 많은 문제를 안고 있다고 지적한다. 성분분석 접근법의 문제점은 결국 고전 이론의 문제점에 결부된다. 성분분석 접근법이 한 단어의 의미 및 단어 간의 의미 관계를 기술한다는 점에서 의미론에 상당히 유용하지만, 그 적용 가능성과 이론상에서 몇 가지 문제점이 지적된다.

첫째, 성분분석은 언어의 창의성을 설명하지 못한다. 즉, 단어 의미를 구성하는 의미자질을 선천적인 것으로 보는 성분분석은 사람들이 새로운 개념을 배울 수 없다는 잘못된 예측을 한다.

둘째, 성분분석은 제한된 범위의 단어만 설명한다. 즉, 성분분석은 친족관계 같은 분류체계나 구체적인 사물을 가리키는 단어의 경우에는 효과적이지만, 추상적인 단어의 의미를 기술하는 데는 한계가 있다. 예를 들어, annoy(성가시게 굴다), irritate(짜증 나게 하다), vex(초조하게 하다), displease(불쾌하게 하다), provoke(화나게 하다) 같은 영어 단어는 누군가를 화나게 하는 방법을 가리킨다. 이 단어들의 성분을 분석할 때, 임시방편적인 [화 유발]이라는 의미자질이 제시되는데, 문제는 이 단어들의 의미를 구별해 주는 부가적인 의미자질을 제안하기가 어렵다는 것이다. 그래서 아동이나 영어 학습자에게는 이 단어들의 의미 차이를 설명하기가 어렵다.

셋째, 성분분석은 보편적인 의미자질을 가정한다. 따라서 같은 의미자질이 모든 언어에 공통으로 나타난다는 극단적인 가정을 바탕으로 한다.

넷째, 성분분석은 의미자질을 해석할 때, 단어가 가리키는 실제 대상을 고려하지 않는다.

다섯째, 한 단어의 여러 의미가 실제로는 모호하고 연속적인데, 성분분석은 단어 의미의 모호한 본질을 설명하지 못한다.

여섯째, 성분분석은 일상 발화의 모순성을 설명하지 못한다. 다음 두 예를 보자.

(1) That boy is now an adult.(저 남자아이는 이제 다 큰 어른이다.)
(2) That girl is now an adult.(저 여자아이는 이제 다 큰 처녀이다.)

'소년'과 '소녀'의 의미자질은 다음과 같다.

단어	의미자질
소년	[+ 유생물], [+ 인간], [- 성인], [+ 남성]
소녀	[+ 유생물], [+ 인간], [- 성인], [- 남성]

boy/girl의 의미자질

이처럼 '소년'과 '소녀'는 둘 다 [−성인]이라는 의미자질을 갖고 있으므로 두 발화는 변칙적이고 비논리적이다. 하지만 이러한 발화는 일상 대화에서 흔히 사용되는 정상적인 표현이다. 즉, 성분분석은 비논리적이지만 자연스럽게 사용되는 언어 현상을 설명하지 못한다.

고전 이론의 반증

범주화에 대한 고전 이론의 부적절성 및 범주화에 대한 새로운 이론인 원형 이론의 필요성은 루드비히 비트겐슈타인(Ludwig Wittgenstein; 1889~1951)

의 범주 구성원들 간의 가족닮음(family resemblance)과 윌리엄 라보프(William Labov; 1927~)의 범주 경계의 불분명성(fuzziness)에서 찾아볼 수 있다.

가족닮음

범주화의 고전 이론과 그것의 잠재적인 영향력을 진지하게 살펴본 철학자는 비트겐슈타인이었다. 비트겐슈타인은 게임이라는 범주의 모든 구성원이 공유하는 자질이 있는지에 대해 질문한다. 게임의 범주에는 많은 구성원, 즉 실례들이 있는데, 그 실례는 노래하며 둥글게 돌다가 신호에 따라 빨리 앉는 놀이에서부터 숨바꼭질, 카드 게임, 미식축구, 농구에까지 이른다. 이 광범위한 범주를 정의하는 잠재적인 본질적 자질로는 경쟁심, 전략, 육체적 기술, 즐거움 등이 있다. 이러한 자질 중 어느 하나라도 이 범주의 모든 실례에 들어 있는지 한번 살펴보자. 노래하며 둥글게 돌다가 신호에 따라 빨리 앉는 놀이에는 경쟁심은 없지만 즐거움은 있다. 카드 게임과 체스에는 전략은 있지만 육체적 기술은 없다. 미식축구에는 전략, 육체적 기술, 경쟁심이라는 특징이 있지만, 선수들이 즐거움을 위해 경기를 하는 것은 아니다. 비트겐슈타인은 어떤 경우에서도 게임의 모든 실례를 특징짓는 단 하나의 본질적 자질이 있는 것은 아니라는 결론에 도달하게 된다. 대신, 그는 범주를 결합하는 것이 가족닮음 관계라고 제안한다. 이는 한 가족의 식구들이 금발이고 눈이 녹색이고 귀가 크고 발이 작다는 특징들이 서로 다르며, 모든 식구가 이 모든 특징을 가진 것은 아니라는 점을 시사한다. 식구 중 일부는 금발이고 귀가 크며, 다른 식구들은 눈이 녹색이고 발이 작으며, 또 다른 식구는 금발이고 발이 작다. 다시 말해, 가족의 구성원 요건은 각 식구가 가진 고정된 특징으로 정의되는 것이 아니다. 대신, 한 식구는 다른 식구와 특정한 특성을 공유하고 또 다른 식구와는 또 다른 특성을 공유함으로써 함께 결합하여 가족을 형성한다. 구성원 A는 x와 y라는 특징을 가지고, 구성원 B는 y와

z라는 특징을 가지며, 구성원 C는 x와 z라는 특징을 가진다. 이 세 구성원 모두가 공유하는 특징은 없으며, 그들은 서로 닮았고 몇몇 구성원하고만 어떤 특징을 공유함으로써 같은 가족의 구성원이 된다.

루드비히 비트겐슈타인
출처: https://medium.com/curious/an-introduction-to-ludwig-wittgenstein-e866ec78ed06

게임에 대해 생각할 때 비트겐슈타인은 이 범주를 잘 알지 못하는 사람에게 그것을 어떻게 가르칠지 생각해 보도록 했다. 사람들에게 이 범주를 가르치고자 할 때, 주사위 놀이를 가르치거나 노래하며 둥글게 돌다가 신호에 따라 빨리 앉는 놀이를 가르치지는 않을 것이다. 아마 야구, 농구, 축구와 같은 게임을 사용해서 이 범주를 사람들에게 가르칠 것 같다. 이것은 일부 게임이 다른 게임보다 게임 범주의 더 좋은 실례라는 것을 시사한다.

고전 이론에서 예측하듯이 범주의 경계는 명확하고 엄격한지 질문할 수 있다. 게임의 범주는 지속해서 확장된다. 예를 들어, 컴퓨터 게임은 비트겐슈타인의 시대에는 존재하지 않았지만, 오늘날에는 이 범주의 자명하고 명확한 구성원으로 간주된다. 이처럼 새로운 종류의 게임이 계속 이 범주에 더해지고 있다.

비트겐슈타인이 말이 맞는다면, 범주화의 고전 이론의 주장은 도전을 받을 수 있다. 먼저, 본질적 자질이라는 필요충분조건에 의해서가 아니라, 가족닮음 관계 때문에 모든 실례 또는 구성원들이 결합한다. 그리고 범주 구성원들의 공통된 본질적 자질로 인해 사람들이 모든 실례를 동등한 것으로 간주한다는 고전 이론의 예측에도 불구하고, 범주의 어떤 구성원은 다른 구성원들보다 우대를 받는다는 것이 입증된다. 즉, 그러한 구성원은 다른 구성원들보다 해당 범주의 더 좋은 실례로 간주된다. 마지막으로, 고정된 본질적 자질을 공유한다고 해서 범주 경계가 고정되고 엄격한 것은 아니다. 오히려 새로운 구성원을 추가함으로써 범주가 창의적으로 확장될 수 있다.

범주 경계의 불분명성

윌리엄 라보프는 실험을 통해 범주 경계가 불분명하다고 주장한다. 그는 컵, 사발, 꽃병, 머그잔과 같은 가정용 그릇에 대한 언어적 범주화를 연구했다. 그는 실험에서 다음과 같은 다양한 형태의 그릇 이미지를 실험대상자들에게 제시하고 각 이미지를 묘사하도록 했다.

범주 경계의 불분명성

(a)처럼 수평 단면이 밑바닥 쪽으로 갈수록 서서히 가늘어지고, 폭과 깊이가 같으며, 손잡이가 있는 그릇은 만장일치로 '컵'이라고 명명되었다. (c)처럼 폭과 깊이의 비율이 증가함에 따라 그것은 '사발'로 명명되었다. 그러나

컵과 사발 사이의 경계가 명확한 것은 아니었다. (e)처럼 그릇에서 손잡이를 제거하면 컵으로 명명되는 경향이 줄어들었다. 그릇에 어떤 물건이 담겨 있는지에 따라 명명되는 방식에서도 차이가 있었다. 그릇에 뜨거운 커피가 담겨 있다고 가정하면 컵이라는 반응이 증가했고, 짓은 감자가 담겨 있다고 가정하면 사발이라는 반응이 증가했다. 깊이가 증가해도 유사한 효과를 발견할 수 있었다. (d)처럼 이 경우에는 그릇이 컵이라는 반응은 서서히 줄어들고 '꽃병'으로 판단되었다. 그리고 (b)처럼 그릇이 아래로 가늘어지는 형태가 아니라 원통 모양이면 '머그잔'으로 범주화되는 경향이 있었다. 이처럼 범주들 사이의 경계는 불분명하다.

이 구성원들이 범주 그릇을 잘 대표하거나 잘 대표하지 못하는 것으로 평가될 수 있지만, 모든 구성원은 다양한 방식으로 서로 닮은 것처럼 보인다. 예를 들어, (a)의 그릇에는 손잡이와 받침 접시가 있고 차나 커피 같은 음료수를 마시는 데 사용되고, (d)의 그릇에는 손잡이가 없고 차나 커피가 아니라 와인이 담겨 있을 것 같다. 마찬가지로 (e)는 안에 든 음식물을 먹기 위해 숟가락을 사용할 때는 사발로 범주화되지만, 그것을 입술로 가져가서 수프를 마실 때는 컵으로 간주되는 경향이 더 강하다. 따라서 모든 그릇은 대표성의 정도에 따라서 서로 다를 수 있지만, 명확히 서로 관련성은 있다. 어떤 구성원이 범주의 다른 구성원과 단 하나의 결정적 자질을 공유하는 것이 아니라 그것과 더 닮았거나 덜 닮은 것처럼 중심성의 정도를 보이는 범주는 가족닮음의 특성을 갖는다.

4.2. 범주화의 원형 이론

원형 이론에 대한 가장 방대하고 체계적인 연구는 심리학자 엘레노어 로쉬

(Eleanor Rosch; 1938~)의 연구에서 발견할 수 있다. 1971년과 1978년 사이에 발표된 논문에서 로쉬는 단어와 지시물의 관계에 대한 고전 이론이 타당하지 않다고 주장했다. 범주를 묘사할 때 사용하는 자질이 개별적으로는 필연적일 필요가 없고, 어떤 자질 집합의 존재가 범주의 구성원 요건에 항상 충분한 것도 아니라는 것이다. 그녀는 범주가 내적 구조를 갖는다는 것을 증명했다. 즉, 어떤 구성원이 다른 구성원보다 해당 범주를 더 잘 대표하고 더 원형적인 실례라는 것이다. 많은 범주에는 명확한 경계가 없다는 것도 연구 결과에서 나왔다.

원형의 특징

엘레노어 로쉬는 1973년과 1975년 논문에서 실험대상자들에게 어떤 종류의 실체가 어느 정도까지 범주의 좋은 실례로 간주되는지 판단하도록 하는 실험을 통해 자연 범주의 내적 구조를 연구했다. 사람들이 어떤 사물을 원형의 특징과 대비시킴으로써 그 사물이 해당 범주의 구성원이 되는 정도를 결정한다는 것이 로쉬의 생각이었다. 그 사물은 원형과 정확하게 일치할 필요는 없고, 원형과 적당히 유사하면 범주의 구성원으로 판단되며, 각 사물이 그 범주의 구성원이 되는 데는 구성원 요건의 정도가 있다.

따라서 원형 이론은 사람들이 비원형 구성원을 어떻게 다루는지 설명하는 데 유용하다. 이 이론은 펠리컨 또는 펭귄처럼 새 답지 않은 새가 어떻게 새로 간주되는지를 보여준다. 즉, 비원형 구성원은 원형 구성원의 모든 특징을 공유하지 않을 수는 있지만 원형과 적당히 유사하다. 원형 이론에는 사람들이 어떻게 파손된 실례를 다루는지 설명할 수 있다는 또 다른 장점이 있다. 날개가 하나뿐이어서 날 수 없는 울새가 새로 간주되고, 다리가 세 개뿐인 호랑이도 사지동물로 간주된다. 이러한 파손된 실례도 비원형 구성원과 마찬가지로 원형 구성원을 바탕으로 범주의 구성원으로 판단된다.

　원형은 해당 범주를 대표할 만한 가장 전형적이고 중심적이며 이상적인 좋은 실례이다. 곧 원형적 실례는 중심적 실례이고, 비원형적 실례는 주변적 실례가 된다. 로쉬의 실험에 나타난 각 범주의 원형적 실례, 보통의 실례, 비원형적 실례를 두 개씩 들면 다음과 같다.

의미 범주	원형적 실례	보통의 실례	비원형적 실례
가구	의자, 소파	벤치, 식기선반	선풍기, 전화기
과일	오렌지, 사과	라임, 탄젤로	피클, 스쿼시
차	자동차, 스테이션왜건	왜건, 지하철	서프보드, 엘리베이터
무기	총, 피스톨	채찍, 아이스픽	잔, 구두
채소	완두콩, 홍당무	양파, 감자	땅콩, 쌀
연장	톱, 망치	판재, 설계도	가위, 기중기
새	울새, 참새	까마귀, 황금방울새	펭귄, 박쥐
운동	축구, 야구	수상스키, 스케이팅	카드놀이, 일광욕
장난감	인형, 팽이	퍼즐, 소방차	테니스라켓, 책
의류	바지, 와이셔츠	구두, 턱시도	팔찌, 지팡이

로쉬의 범주 실례

　로쉬는 자연 범주를 실험대상자들에게 제시하면서 원형 구성원과 비원형 구성원을 구별하는 실험을 한다. 이러한 실험에 참석한 거의 모든 실험대상자는 의자와 소파는 가구, 오렌지와 사과는 과일, 총은 무기, 완두콩은 채소, 톱과 망치는 연장, 울새와 참새는 새, 축구는 운동, 인형은 장난감, 바지는 의류의 가장 좋은 구성원, 즉 원형이라고 생각한다. 특히, 새의 원형 구조를 그림으로 나타내면 다음과 같다.

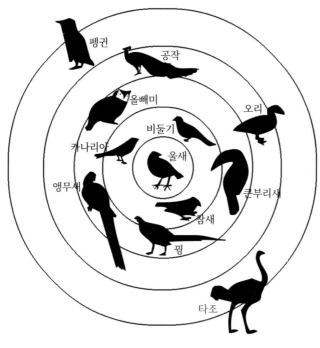

새의 원형 구조

로쉬의 원형은 한 범주의 가장 좋은 실례이다. 단어의 경우에 원형은 단어의 가장 좋은 용법이다. 예를 들어, 전치사 under는 한 사물이 다른 사물 밑에 있는 관계를 나타내는 영어 단어이다. 가령, football under the table(탁자 아래의 축구공)은 축구공이 탁자 밑의 한 특정 지점에 있는 상황을 가리킨다. 이러한 해석은 다음과 같이 나타낼 수 있다.

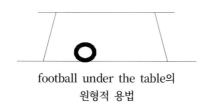

football under the table의
원형적 용법

이러한 해석 외에도 football under the table을 충족시켜 주는 축구공과 탁자에 대한 다른 상황도 있을 수 있다. 예를 들어, 창고가 낡은 가구들과 잡동사니로 꽉 차 있는 상황에서 탁자가 뒤집혀 있고 축구공이 그 밑에 짓눌려 있는 때도 있다. 이러한 경우는 다음과 같이 나타낼 수 있다.

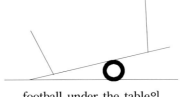

football under the table의
비원형적 용법(1)

좀 더 특이한 경우에, 탁자가 헬리콥터의 다리에 매달려 있고, 축구공이 다시 탁자에 매달려 있을 수도 있다. 물론 이러한 상황도 football under the table을 충족시켜 준다. 이것은 다음과 같이 나타낼 수 있다.

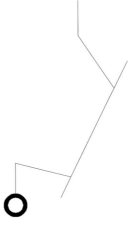

football under the
table의 비원형적 용법(2)

이렇게 범주의 원형 구성원과 비원형 구성원을 갖는 범주의 성질을 원형성 (prototypicality)이라고 한다. 원형성을 가진 범주, 즉 원형 범주(prototype category) 에는 다음과 같이 네 가지 특징이 있다.

- 원형 범주는 구성원 요건의 정도를 보인다. 이는 범주의 모든 구성원이 동일하게 그 범주를 대표하는 것이 아니라, 한 구성원이 다른 구성원들보다 그 범주를 더 잘 대표한다는 것을 뜻한다.
- 원형 범주는 가족닮음[1] 구조를 보여준다. 이는 범주의 의미 구조가 겹치고 교차하는 유사성의 복잡한 망의 형태를 지님을 뜻한다.
- 원형 범주는 가장자리가 흐릿하다.
- 원형 범주는 기준 속성인 필요충분조건에 의해 정의되지 않는다.

원형의 유형

원형에는 몇 가지 유형이 있다. 첫 번째 유형의 원형은 전형적 보기(typical example)이다. 전형적 보기는 흔히 무의식적이고 자동으로 사용된다. 전형적 보기는 사람들 사이에서 논의의 대상이 아니며, 평생 눈에 띄게 변하지 않는다. 이러한 점에서 전형적 보기는 문화적 기대치를 정의하는 데 사용되지 않는다. 전형적 보기는 해당 범주를 매우 잘 대표하고, 그 범주와 관련된 가장 일반적이고 두드러진 특징을 구체화한다. 예를 들어, 새라는 범주에 대해 생각할 때 깃털, 날개, 부리, 날 수 있는 능력 등 새와 일반적으로 연관된 특징을 가지고 있는 참새, 울새 또는 독수리를 전형적 보기로 들 수 있다.

---

1   특정 범주의 구성 간에 가족닮음이 있다는 것은 범주화의 고전 이론에 대한 결정적인 반례 가 되고, 아울러 범주화에 대한 새로운 이론인 원형 이론의 등장을 예견하는 비트겐슈타인 의 용어이다.

전형적 보기는 쉽게 알아볼 수 있고 특정 범주에 대해 쉽게 떠올릴 수 있다. 이러한 전형적 보기는 분류의 기준점 역할을 하며, 같은 범주 내에서 새로운 사례를 빠르게 식별하고 분류하는 데 도움이 된다. 전형적 보기는 범주화, 기억, 추론[2]과 같은 인지 과정에서 중심적인 역할을 한다. 전형적 보기는 다른 범주 구성원을 구성하는 닻 역할을 하며, 세상에 대한 지식을 이해하고 표현하는 틀을 제공한다. 전형적 보기가 있으면 특정 범주와 관련된 정보를 쉽게 형성하고 검색할 수 있다. 전형적 보기는 문화적 맥락 내에서 개인 간에 공유되는 경우가 많지만 개인적 경험, 문화적 배경, 개인의 선호도에 따라 달라질 수 있다. 전형적 보기를 구성하는 요소는 사람마다 또는 문화 집단에 따라 다를 수 있다. 그러나 이러한 다양성에도 불구하고 전형적 보기는 일반적으로 각 범주를 대표할 수 있는 공통된 특징을 공유한다.

두 번째 유형의 원형은 사회적 판박이 보기(social stereotype)이다. 사회적 판박이 보기는 보통 의식적이며 논의의 대상이 된다. 사회적 판박이 보기는 복잡한 사회적 정보를 쉽게 이해하고 관리할 수 있는 범주로 단순화하는 것을 포함한다. 특정 특성이나 속성에 따라 개인을 선입견이 있는 그룹으로 분류하여 많은 양의 사회적 정보를 처리하는 데 따르는 인지적 부하를 줄여 준다. 사회적 판박이 보기는 개인이나 집단의 특성, 행동, 속성에 대해 그룹 소속에 따라 일반화하는 것을 포함한다. 이러한 일반화는 그룹 내의 다양성과 개성을 정확하게 반영하지 못할 수 있으며 편견과 선입관으로 이어질 수 있다. 사회적 판박이 보기는 모순된 증거에도 불구하고 변화에 저항할 수 있다. 이러한 판박이 보기는 문화적 신념과 사회적 규범에 깊이 뿌리박혀 있는 경우가 많으며, 이에 도전하거나 반박하려는 노력에도 불구하고 시간이

---

2 예를 들어, 어떤 섬에서 울새가 병이 들었다면 오리도 병이 들었다고 추론할 수 있지만, 그 역은 성립하지 않는다.

지나도 지속될 수 있다. 전형적 보기와는 달리, 사회적 판박이 보기는 문화적 기대치를 규정짓기 때문에 추리에서 결론에 도달하는 데 사용된다. 그러나 사회적 판박이 보기는 보통 정확하지 않을 수 있고, 추리에 사용될 때 공공연히 도전을 받을 수도 있다. 현대인들의 사회적 판박이 보기로는 "판에 박힌 정치꾼은 음모를 꾸미고 이기적이고 부정직하다"와 "판에 박힌 주부는 어머니이다"가 있다.

세 번째 유형의 원형은 이상적 보기(ideal)이다. 많은 범주는 판박이 보기도 아니고 전형적 보기도 아닌 이상적 보기인 것으로 이해된다. 예를 들어, 이상적인 남편/아내와 전형적인 남편/아내를 대비해 보자. 이상적인 남편은 여성마다 다르지만, 흔히 잘 생기고, 아내만 생각해 주고, 돈도 잘 벌고, 성격 좋고, 키도 커야 한다. 이상적인 아내는 어떨까? 남성들 대부분은 예쁘고, 요리 잘하고, 집안일 잘하고, 시댁 식구 잘 챙기고, 돈이 많은 여성을 이상적인 아내로 생각한다. 문제는 과연 이 현실에 이런 특징을 가진 이상적인 남편과 아내가 과연 몇 명이나 될까? 거의 없다고 봐도 무난하다. 이상적인 남편과 아내는 말 그대로 현실에 존재하지 않고 이상적 세계에 존재하는 허구적 인물이다. 우리가 현실에서 볼 수 있는 남편과 아내는 전형적인 남편과 아내이다. 전형적인 남편은 게을러서 집안일을 거의 도와주지 않고, 대머리이고, 올챙이처럼 배도 나왔고, 월급은 쥐꼬리만큼 벌어오고, 속은 어찌나 좁아터졌는지 무슨 말만 하면 삐져서 며칠 동안 말도 안 한다. 전형적인 아내도 우리가 생각했던 이상적인 아내와는 거리가 많이 멀 것이다.

그래서 배우자를 이상적 보기라는 원형에 근거해서 선택하고자 한다면 결코 결혼하지 못하고 독신으로 살게 될 것이다. 결혼 상대를 고르는 문제로 고민하는 사람들에게 이상적 보기가 아닌 '최악의 보기'에 근거하라고 제안할 수 있다. 최악의 보기란 내 남편이나 아내가 될 사람에게는 절대 없어야 하는 특징을 가진 사람이다. 가령, 여성의 경우에 도박하는 남자, 술 마시는 남자, 바람피우는 남자, 게임 중독인 남자를 최악의 남편 목록에 올릴 수 있다. 남성도 비슷하게 최악의 아내 목록을 작성할 수 있다. 결혼은 이상이 아니라 현실이다. 현실에서 이상을 추구할 것이 아니라, 현실에서 실패하지 않기 위해서는 최악의 경우를 피해야 한다. 최악의 경우를 피한다는 것은 최악의 남편 목록과 최악의 아내 목록에 수록되지 않은 사람이면 그 사람과 결혼해도 된다는 것이다. 이상적 남편과 아내라는 허구적인 배우자를 헛되이 쫓지 말고, 나를 최악으로 치닫게 할 수 있는 배우자를 피해야 한다.

네 번째 유형의 원형은 모범적 보기(paragon)이다. 축구의 경우에 손흥민이 모범적 보기이고, 연예계의 경우에 옷을 잘 입는 베스트 드레서가 모범적 보기이다. 우리의 행동은 모범적 보기와 관련이 있다. 이는 우리가 올스타 경기에 관심이 있는 것에서 엿볼 수 있다. 우리는 모범적 보기에 대해 다양한 지식을 계속 획득하며 그 지식에 기초해서 행동한다. 따라서 모범적인 운동선수나 모범적인 정치가가 비도덕적인 행동을 하면 충격을 받는다.

다섯 번째 유형의 원형은 생성원 보기(generator)이다. 범주가 중심 구성원과 일반 규칙에 따라 정의되는 경우가 있다. 자연수가 그 예이다. 자연수는 0과 9 사이의 정수 및 일반 산수 규칙에 따라 특징지어진다. 한 자릿수는 자연수의 중심 구성원이고, 수학 규칙이 주어지면 전체 범주를 생성한다. 즉, 모든 자연수는 한 자릿수의 자질에 의해 이해된다.

여섯 번째 유형의 원형은 하위모형 보기(submodel)이다. 자연수에서 10, 100, 1000 같은 딱 떨어지는 숫자가 그 예이다. 이러한 하위모형 보기를 사용해서 상대적으로 더 큰 수를 이해한다.

일곱 번째 유형의 원형은 현저한 보기(salient example)이다. 우리는 보통 익숙하고 기억하기 쉬운 현저한 보기를 사용해 범주를 이해한다. 예를 들어, 가장 친한 친구가 채식주의자이면, 그 친구에 관한 것을 다른 채식주의자에게까지 일반화하는 경향이 있다. 그리고 특정 항공사의 비행기가 추락해

많은 사람의 생명과 재산을 빼앗아갔다면, 우리는 그 항공사의 다른 비행기도 이용하려 하지 않는데, 이것도 현저한 보기의 경우이다.

원형 효과

범주의 원형 구성원은 비원형 구성원과 비교해 볼 때 특별한 효과가 있는데, 이것을 원형 효과(prototype effect)라고 한다. 원형 효과는 인지심리학 및 범주화 이론의 개념으로서, 우리가 사물이나 개념을 해당 범주 내의 원형적인 예와 유사성에 따라 범주화하는 경향을 말한다.

원형 효과에는 우리의 범주화 방식에 영향을 미치는 몇 가지 특징이 있다. 첫째는 중심적 경향성이다. 원형 효과는 사람들이 해당 범주 내의 중심적인 예와 유사성을 기준으로 대상을 분류하는 경향이 있다. 원형과 매우 유사한 대상은 해당 범주의 더 원형적인 구성원으로 간주된다.

둘째는 등급적 구성원자격이다. 범주 구성원자격은 이분법적이 아니라 등급적이다. 한 대상은 원형과의 유사성에 따라 범주의 더 원형적인 구성원이나 덜 원형적인 구성원이 될 수 있다. 즉, 어떤 대상은 다른 대상보다 범주의 원형에 더 가까울 수 있다.

셋째는 빠른 처리이다. 원형은 정보를 빠르고 효율적으로 처리할 수 있도록 도와준다. 새로운 사물이나 상황을 접할 때, 우리는 이를 원형과 비교하여 범주에 속하는지의 여부를 빠르게 결정할 수 있다.

넷째는 지각에 미치는 영향이다. 원형 효과는 개인이 환경의 자극을 인식하고 분류하는 방식에 영향을 미친다. 사람들은 사물이 원형과 비슷하면 그 사물을 범주의 더 원형적인 구성원으로 인식하는 경향이 있다.

다섯째는 맥락 의존성이다. 범주의 원형은 맥락이나 개인의 경험 및 문화적 배경에 따라 달라질 수 있다. 예를 들어, 새라는 범주의 원형은 도시와 시골 환경에 사는 개인마다 다를 수 있다.

여섯째는 범주의 확장 및 축소이다. 원형 효과는 범주의 확장 또는 축소를 초래할 수 있다. 범주 확장은 개인이 한 범주 내에 원형과 덜 유사한 대상을 포함할 때 발생한다. 반대로 범주 축소는 개인이 원형과 매우 유사한 대상만 포함하도록 범주를 제한할 때 발생한다.

일곱째는 실례 변형이다. 원형은 범주의 중심적 경향성을 나디내는지만, 실례는 범주 내의 특정 사례 또는 예를 나타낸다. 실례 변형은 개인이 범주를 표현하기 위해 사용하는 실례의 다양성을 의미하며, 이는 범주화 판단에 영향을 미칠 수 있다.

이러한 원형 효과의 특성을 이해하면 사람들이 범주화 과정을 통해 주변 세계를 어떻게 구성하고 이해하는지를 밝히는 데 도움이 된다. 그리고 이러한 특성은 범주화의 역동적인 특성과 범주의 인지적 표상을 형성하는 데 있어 원형의 역할을 강조한다.

원형 효과란 범주 구성원들 사이의 비대칭성으로서, 원형이 비원형에 대해 특권적인 우월한 효과를 보인다. 원형 효과의 몇 가지 사례를 보자.

첫째, 원형은 비원형과 비교해 범주에 속하는지 아닌지를 판단하는 데 시간이 더 많이 걸리지 않는다. 예를 들어, 울새와 타조 각각에 대하여 새 범주에 속하는지를 확인할 경우, 원형인 울새가 비원형인 타조보다 범주의 구성원 요건을 증명하는 데 시간이 더 짧게 걸린다.[3]

둘째, 원형 효과는 어휘결정 과제의 점화(priming)[4]에서 확인된다. 어떤 범

---

3 Lakoff(1987: 41-42)는 비언어적인 개념적 구조에서의 원형 효과를 반응시간(reaction time) 외에도 직접적 등급(direct rating), 실례의 생산(production of example), 유사성 등급의 비대칭성(asymmetry in similarity rating), 일반화의 비대칭성(asymmetry in generalization)에서도 찾아볼 수 있다고 말한다.

4 점화란 실험언어학에서 사용되는 용어로서, 실험대상자가 어떤 단어나 발화를 통하여 이어질 단어나 발화의 반응을 미리 활성화하는 것이다. 예를 들어, '겨울'이라는 단어는 '눈'이

주 명칭의 점화 효과는 하위범주가 원형일 때 최대화된다. 예를 들어, 과일을 자극어로 했을 때 하위어인 사과와 무화과가 점화되는 데는 시간 차이가 크게 났으며, 또한 역으로 사과와 무화과를 통하여 상위어인 과일이 점화되는 효과도 매우 다르다. 아동의 그림 그리기 지도에서도 이러한 원형 효과를 볼 수 있다. 예를 들어, 과일을 그려 보라고 했을 때 과일의 원형 구성원인 사과를 그리는 경우는 흔한 일이지만, 무화과를 그리는 일은 흔치 않다.

셋째, 원형 효과는 언어습득에서 나타난다. 일반적으로 아동은 원형 구성원을 먼저 습득한다. 예를 들어, 새의 경우 아동은 원형적 새를 비원형적 새보다 먼저 습득하는 것이 일반적이다. 또한 다의어에서 아동이 일차적으로 습득하는 의미는 기본 의미인 원형적 의미이다.

넷째, 원형 효과는 언어장애에서 나타난다. 언어장애가 있는 실어증 환자는 원형 구성원보다는 비원형 구성원을 발화할 때 오류를 더 많이 범한다.

4.3. 범주화 체계

인간 마음속에는 범주 형성을 통제하는 두 가지 기본 원리가 있다. 즉, 이 두 원리는 인간이 세상에서 접하는 방대한 양의 정보를 어떻게 조직하고 이해하는지를 설명하는 데 도움이 된다.

첫째는 인지적 경제성의 원리(principle of cognitive economy)이다. 심리학자 조지 밀러(George Miller; 1920~2012)가 제안한 인지적 경제성의 원리에 따르면, 인간의 마음은 가능한 한 가장 효율적인 방식으로 작동하는 경향이 있다.

라는 단어를 점화하는데, 어휘결정 과제에서 어떤 사람이 '겨울'이라는 단어를 듣자마자 '눈'을 더 빨리 인지한다. 만약 어떤 단어가 다른 단어를 점화하면, 그 단어들은 머릿속에 더 밀접히 연관되어 있을 것이므로, 이 방법은 단어 간의 연결고리를 찾는 데 사용된다.

즉, 우리의 인지 과정은 정신적 자원을 절약하는 동시에 효과를 극대화하는데 맞춰져 있다. 이 원리는 뇌가 복잡한 설명보다 단순하고 간결한 설명을 선호한다는 것을 의미한다. 예를 들어, 한 현상에 대한 여러 가지 설명이 있을 때, 뇌는 이용 가능한 증거를 적절히 설명하는 가장 단순한 설명을 선택하는 경향이 있다. 이를 흔히 오컴의 면도칼(Occam's razor)이라고 하는데, 이는 경쟁하는 가설 중에서 가정이 가장 적은 가설을 선택해야 한다는 것이다. 이 원리는 인간의 마음과 같은 인지적 체계가 가능한 가장 효율적이고 경제적인 방식으로 정보를 조직하는 경향이 있다는 것을 암시한다. 마음은 모든 세부 사항을 개별적으로 저장하기보다는 범주, 도식, 정신적 표상을 형성하여 정보를 단순화하고 압축하려고 한다. 사람들은 경험하는 모든 자극의 개별 정보를 저장한다기보다는 유사한 자극들을 범주로 분류하여, 인지적 표상에서 경제성이 유지된다.

둘째는 지각된 세계 구조의 원리(principle of perceived world structure)이다. 이 원리는 지각된 세계가 구조화되지 않은 공존하는 속성의 총합이 아니라 세계의 물질적 대상이 높은 상관적 구조(correlational structure)를 가지고 있다고 주장한다. 날개가 모피나 물속에서 숨을 쉴 수 있는 능력보다는 깃털이나 날 수 있는 능력과 함께 더 빈번하게 상기된다는 것은 지각된 세계가 제공하는 경험적 사실이다. 그리고 의자라는 지각적 속성을 가진 사물이 고양이 모양을 가진 사물보다 앉을 수 있는 기능성을 가질 가능성이 더 높다는 것은 지각된 세계의 사실이다. 요약하자면, 우리가 실제 사물의 속성으로 인식하는 것의 조합은 균일하게 일어나지 않는다. 어떤 쌍은 매우 가능성이 높고, 다른 쌍은 드물고, 또 다른 쌍은 논리적으로 불가능하거나 경험적으로 발생하지 않는다. 인간은 범주를 형성하고 조직하기 위해 이러한 상관적 구조에 의존한다.

이 두 가지 원리는 함께 인간의 범주화 체계(categorization system)를 발생시킨다. 인지적 경제성은 범주가 형성되는 포괄성의 층위와 관련이 있고, 상관적 구조는 형성된 범주의 대표성이나 원형 구조와 관련이 있다. 엘레노어 로쉬는 이것으로 수평 차원과 수직 차원을 가진 범주화 체계가 발생한다고 설명한다.

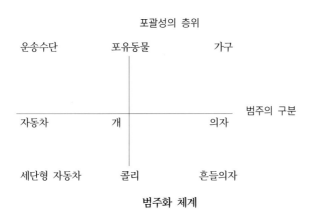

범주화 체계

수직 차원은 특정 범주의 포괄성 층위와 관련이 있다. 특정 범주는 수직축 상에서 더 상위에 있을수록 더 포괄적이다. 이에 반해, 수평 차원은 같은 포괄성 층위에서 범주의 구분과 관련이 있다. 예를 들어, 개와 자동차는 구분되는 범주이지만 같은 상세성의 층위에서 작용한다.

수직 차원

수직 차원은 범주를 포괄성 층위에서 구분할 수 있다는 로쉬와 동료들이 1976년에 실시한 연구 결과에서 나온다. 포괄성은 무엇이 특정 범주 아래에 있는지와 관련이 있다. 범주 가구는 의자보다 더 포괄적인데, 왜냐하면 전자는 의자 외에 책상과 탁자 같은 실체도 포함하기 때문이다. 이와 마찬가지로,

의자는 흔들의자보다 더 포괄적이다. 로쉬와 동료들은 최적의 인지적 경제성을 제공한다는 점에서 인간에게 최적인 포괄성 층위가 있다는 것을 발견했다. 이러한 포괄성 층위는 중간 층위로서, 이는 자동차, 개, 의자 같은 범주와 연관되는 층위이다. 이러한 포괄성 층위는 기본층위(basic level)라고 부르고, 이 층위에 있는 범주는 기본층위 범주(basic-level category)라고 부른다. 수직축에서 상세히지 않은 것을 제공히는 상위의 범주는 상위층위 범주(superordinate category)라고 부르고, 더욱 상세한 것을 제공하는 하위의 범주는 하위층위 범주(subordinate category)라고 부른다. 이것은 다음 표로 예증된다.

상위층위	기본층위	하위층위
가구	의자	부엌 의자 응접실 의자
	탁자	부엌 탁자 응접실 탁자
	램프	마루 위에 놓는 램프 책상 위에 놓는 램프

포괄성의 층위에 따른 범주의 분류

기본층위 범주는 개념적 계층 구조에서 너무 구체적이지도, 너무 일반적이지도 않은 추상화 수준을 나타낸다. 기본층위 범주의 특징은 다음과 같다.

- 중간 수준의 추상화: 기본층위 범주는 개념적 계층 구조에서 중간 수준의 추상화에 해당한다. 상위층위 범주(가령, 동물 또는 차량)보다는 더 구체적이고 하위층위 범주(가령, 래브라도 리트리버 또는 포드 머스탱)보다는 더 일반적이다.
- 일상적 사용: 기본층위 범주는 일상 언어에서 가장 일반적으로 사용되는

용어에 해당하며 심리적으로 가장 두드러지는 경향이 있다. 이는 사람들이 대화와 사고에서 가장 자주 사용하는 범주이다.

- 유익한 정보: 기본층위 범주는 간결하고 관리하기 쉬우면서도 사물이나 개념에 대한 정보를 가장 많이 제공한다. 기본층위 범주는 범주 내에서 사물이나 개념의 가장 관련성이 높고 구별되는 특징을 포착한다.
- 식별 및 명명의 용이성: 기본층위 범주는 식별하고 명명하기 쉬운 것이 특징이다. 아이들이 언어를 습득할 때 가장 먼저 배우고 사용하는 범주이 며, 의사소통에 가장 효율적이다.
- 지각적 현저성: 기본층위 범주는 자연스럽고 지각적으로 두드러지는 사물이나 개념에 해당하는 경우가 많다. 쉽게 알아볼 수 있고 다른 범주와 구별되는 명확한 지각적 특징을 가지고 있다.

이런 특징을 가진 기본층위 범주는 다음과 같은 점에서 중요성이 있다.

- 효율적 의사소통: 기본층위 범주는 개인이 불필요한 세부 사항 없이 사물과 개념을 참조할 수 있는 공통 기반을 제공함으로써 효율적인 의사소통을 촉진한다.
- 인지 처리: 기본층위 범주는 더 높은 수준의 개념적 구조와 인지적 표현을 위한 기본 요소의 역할을 하므로 인지 처리에서 중요한 역할을 한다.
- 학습과 기억: 기본층위 범주는 더 구체적이거나 추상적인 범주에 비해 학습하고 기억하기 쉽다. 또한 기억에 있는 정보를 정리하고 검색하는 기준점 역할을 한다.
- 문화적 보편성: 기본층위 범주는 다양한 문화권에서 인간의 지각, 인지, 언어의 공통점을 반영하기 때문에 어느 정도의 문화적 보편성을 나타낸다.

요약하자면, 기본층위 범주는 개념적 계층 구조에서 중간 수준의 추상화를 나타내며, 매우 유익하고 심리적으로 두드러지며 의사소통과 인지 처리에 효율적이다. 이 범주는 세상에 대한 지식을 정리하고 표현하기 위한 기본적인 구성요소 역할을 한다.

로쉬와 동료들은 사람들이 범주에 대한 평범한 속성을 가장 잘 기재할 수 있는 층위가 기본층위라는 것을 발견했다. 이를 검토하기 위해 로쉬와 동료들은 실험대상자들에게 90초를 주고 특정 분류법에 기재된 개별 항목에 대해 그들이 생각할 수 있는 모든 속성을 기재하도록 했다. 다음은 로쉬가 사용한 분류법이다.

상위층위	기본층위	하위층위	
도구	망치	볼핀 해머	장도리
	톱	쇠톱	횡단톱
	드라이버	필립스 드라이버	레귤러 드라이버
의복	바지	리바이스	이중 편물 바지
	양말	무릎 양말	발목 양말
	셔츠	예복용 와이셔츠	뜬 셔츠
가구	탁자	부엌 탁자	응접실 탁자
	램프	마루 위에 놓는 램프	책상 위에 놓는 램프
	의자	부엌 의자	응접실 의자

속성 식별을 위한 분류법

다음 표는 실험대상자들이 상위층위 범주에 대해 최소한의 공통 속성만을 제공할 수 있었다는 사실을 예증해 준다. 이와 대조적으로, 기본층위 범주는 많은 속성을 공유하고, 하위층위 범주는 약간 더 많은 속성을 가지고 있다.

도구	의복	가구
물건을 만듦	입기	속성 없음
물건을 고침	따뜻하게 해줌	
금속		의자
	바지	다리
톱	자락	좌석
손잡이	단추	등받이
이 모양	벨트 고리	팔걸이
날	호주머니	편안함
날카로움	옷	다리 네 개
절단	자락 두 개	목재
나무 손잡이		위에 앉기
	리바이스	
횡단톱	파란색	부엌 의자
공사에서 사용		추가 속성 없음
	이중 편물 바지	
쇠톱	편안함	응접실 의자
추가 속성 없음	탄력성	큼
		부드러움
		쿠션

속성 목록

기본층위에 관한 로쉬의 연구에서 나온 주요한 연구 결과는 기본층위가 인간 범주화에서 가장 중요한 층위라는 것이다. 이는 기본층위가 가장 포괄적이고 정보가 가장 풍부한 층위이기 때문이다. 기본층위가 가장 두드러진 범주화의 층위인 이유는 범주 구성원의 유사성과 인지적 경제성의 원리 사이에 나타나는 긴장과 관련이 있다. 한 흔들의자는 다른 흔들의자와 공통된 것을 가장 많이 가지고 있다는 점에서 하위층위의 실체들은 가장 유사하고, 흔들의자는 부엌 의자와 매우 유사하다는 점에서 하위층위의 서로 다른 범주들도 매우 유사하다. 다른 한편으로 모든 의자가 서로 유사성이 매우 크다는 점에서 기본층위의 특정 범주 내에 유사성이 있지만, 의자는 탁자와 별로 유사하지 않다는 점에서 범주 간 유사성은 훨씬 더 적다.

한 범주는 인지적 경제성을 달성하기 위해 가능한 한 많은 공통된 범주 내 속성을 공유해야 하며, 동시에 가능한 가장 높은 범주 간 차이의 층위를 유지해야 한다. 직관적으로 볼 때, 탁자 위에 놓는 램프와 바닥에 놓는 램프 사이에서보다 의자와 램프 사이의 차이를 알아내는 것이 더 쉽다. 이는 왜 기본층위기 특별한지를 예증헤 준다. 즉, 기본층위는 인지적 경제성의 충돌하는 요구를 가장 잘 중재시켜 주기 때문에 정보가 가장 풍부한 범주화의 층위이다.

기본층위의 또 다른 특징은 지각적 현저성이 가장 크다는 것이다. 로쉬와 동료들은 사물이 상위층위나 하위층위 범주의 구성원보다 기본층위 범주의 구성원으로 더 빨리 지각된다는 것을 발견했다. 그림 확인 과제에 기초한 실험에서 실험대상자들에게 '의자'와 같은 단어를 듣게 한 후 시각 영상을 제시한다. 단어가 영상과 일치한다면, 실험대상자들은 '일치' 응답키를 누르고, 일치하지 않는다면 다른 응답키를 눌렀다. 이렇게 하여 실험대상자들의 응답 시간을 측정하였다. 실험대상자들이 상위층위나 하위층위 단어에 대한 영상을 확인할 때보다 어떤 사물이 기본층위 단어와 일치하는지를 확인하는 데 일관되게 더 빨랐다는 결과가 나왔다. 이는 지각적 확인에 관해서 볼 때 사물이 다른 종류의 범주 구성원보다 기본층위 범주의 구성원으로 더 빨리 지각된다는 것을 시사한다.

로쉬와 동료들은 기본층위 용어가 아동 언어에서 가장 일찍이 습득된다는 것을 발견했다. 이러한 연구는 말을 하기 시작하던 첫 시기로부터 시작해서 매주 2시간 분량의 기록으로 이루어진 한 아동의 사례 연구에 기초를 두었다. 상위층위 용어인지 기본층위 용어인지 또는 하위층위 용어인지를 결정하기 위해 두 명의 평가자가 아이가 하는 모든 적절한 발화를 독립적으로 평가했다. 이 연구를 통해 개별적인 명사 같은 발화가 압도적으로 기본층위에 있다는 것이 밝혀졌다.

언어 체계 또한 여러 가지 방식으로 기본층위의 탁월함을 밝혀내 준다. 첫째, 기본층위 용어는 전형적으로 단일어휘소이다. 이에 반해 하위층위 용어는 종종 다중어휘소이다. 기본층위 용어인 '의자'와 하위층위 용어인 '흔들의자'가 그 예이다. 둘째, 기본층위 용어는 상위층위나 하위층위 표현보다 언어에서 더 빈번하게 나타난다.

하지만 기본층위의 탁월함에 대한 증거가 매우 풍부하다면, 왜 범주화의 다른 층위가 필요한지 질문할 수 있다. 실제로 상위층위와 하위층위는 인지적으로 현저하지 않을 수는 있지만 상당히 유용한 기능을 한다. 운송수단 같은 상위층위 범주는 사람을 실어다 주기 위한 것이라는 그 범주의 기능적 속성(functional attribute)을 부각하거나, 밀접하게 연결된 범주들을 우리의 지식 표상 체계에 한데 모으는 것 같은 수집 기능(collecting function)을 한다. 그리고 하위층위 범주는 상세성 기능(specificity function)을 한다.

수평 차원

범주화 체계의 수평 차원은 지각된 세계 구조의 원리와 관련이 있다. 이 원리에 따르면, 세계는 구조화되지 않은 것이 아니라 상관적 구조를 하고 있다. 즉, 세계 자체는 인간이 인지적 체계 내에서 표상하는 범주의 종류에 제약을 가하는 구조로 되어 있다. 세계에 상관적 구조가 존재하는 것에 따른 한 가지 효과는 인지적 범주 자체가 이러한 구조를 반영한다는 것이다. 범주는 종종 원형 효과를 보여준다. 1975년에 로쉬가 보고한 몇 차례의 실험에서 밝혀졌듯이, 한 범주의 원형 구성원은 범주의 다양한 구성원과 여러 속성을 공유하지만, 덜 원형적인 구성원은 그렇지 않다.

범주의 원형 구조를 검토하기 위해 로쉬는 실험대상자들에게 각 구성원이 범주를 대표하는 정도에 기초하여 각 범주의 50, 60개의 구성원에 대해 보기의 좋음(goodness-of-example) 등급을 제공하도록 했다. 전형적으로, 실험대상자에게 7점 척도를 제시한다. 그들은 이 척도에 따라 범주의 특정 구성원의 등급을 매기는데, 1등급은 그 구성원이 상당히 대표적임을 암시하고 7등급은 그 실체가 매우 대표적이지 않다는 것을 암시한다. 다음 표에 몇 개의 범주에 대해 미국 대학생들이 가장 높고 가장 낮게 등급을 매긴 열 개의 보기가 제시되어 있다.

등급	새	과일	운송수단	가구	무기
가장 높은 열 개(더 대표적인 것에서 덜 대표적인 것까지)					
1	울새	오렌지	자동차	의자	총
2	참새	사과	스테이션왜건	소파	권총
3	어치	바나나	트럭	침상	연발 권총
4	블루버드	복숭아	자동차	탁자	기관총
5	카나리아	배	버스	안락의자	라이플총
6	지빠귀	살구	택시	화장대	날이 나온 나이프
7	비둘기	탄제린	지프	흔들의자	나이프
8	종다리	서양자두	구급차	커피용 탁자	단도
9	제비	포도	오토바이	흔들 목마	엽총
10	잉꼬	승도복숭아	시가전차	2인용 의자	검
가장 낮은 열 개(더 대표적인 것에서 덜 대표적인 것까지)					
10	오리	빠우빠우	로켓	조리대	단어
9	공작	코코넛	기구	시계	손
8	해오라기	아보카도	스케이트	커튼	파이프
7	닭	서양호박	낙타	냉장고	밧줄
6	칠면조	토마토	발	그림	비행기
5	타조	견과	스키	벽장	발

4	박샛과의 작은 새	호리병박	스케이트보드	꽃병	자동차
3	에뮤	올리브	외바퀴 손수레	재떨이	드라이버
2	펭귄	피클	파도타기 널	선풍기	유리
1	박쥐	호박	엘리베이터	전화기	신발

보기의 좋음 등급

4.4. 범주화의 연결망 모형

인간이 어떻게 범주화하는지를 나타내는 형식적 모형이 있다. 그 모형은
연결망 모형(network model)이라고 한다. 이는 원형 이론과 도식 기반적 범주
화(schema-based categorization)를 결합한 범주화 모형이다.

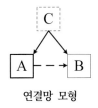

연결망 모형

이 그림에서 A는 원형(prototype)이고, B는 확장(extension)이며, C는 A나
B가 활성화될 때마다 활성화되는 도식(schema)이다. 범주의 구성원은 연결망
에 있는 마디로서, 이러한 마디는 두 가지 유형의 범주화 관계를 통해 서로
연결된다. 첫 번째 유형의 범주화 관계는 '원형으로부터의 확장'이다. 이러한
확장은 [A] ⤳ [B]로 나타낸다. 점선 화살표는 명시성에 있어서 기본값과
확장값 사이에 약간의 충돌이 있음을 나타낸다. 따라서 [A] ⤳ [B]는 어떤
점에서 [B]가 [A]와 양립하지 않음에도 불구하고 [A]에 의해서 범주화된다
는 것을 나타낸다. 두 번째 유형의 범주화 관계는 도식에 대한 '정교화' 관계

이다. 이것은 [C] → [A]나 [C] → [B]로 나타낸다. 이 관계는 상세화 관계로
서, [C]는 [A]나 [B]보다 덜 정교하고 덜 상세한 것으로 묘사된다. 원형이
수평으로 확장될 때는 수직으로의 발달이 동시에 발생하는 경향이 있다.
왜냐하면 원형과 확장된 구성원 모두에 공통된 특성을 추출해서 그 둘을
일반화하고 추상하는 새로운 상위의 구성원이 있기 때문이다.

　원형으로부터 시작되는 연결망 모형의 발달 방식은 다음과 같이 나타낼
수 있다.

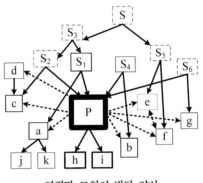

연결망 모형의 발달 양상

　잘 알려진 것인 원형으로부터 덜 알려진 확장으로 비교를 한다는 것은
자연스럽다. 따라서 매우 고착되고 매우 현저한 원형이 이러한 연결망 모형
에서 많은 관계를 고정하는 것은 매우 일반적이다. 전체를 통합하는 하나의
도식이나 범주의 중복되는 많은 부분을 망라하는 소수의 도식이 있을 수도
있지만, 이것들은 원형만큼 현저하지 않기 때문에 인지적이고 언어적으로
덜 중요하다. 여기에서 P는 원형이며 S는 최상위 층위의 도식이다.

　모든 종류의 언어 범주는 이처럼 연결망 모형으로 나타낼 수 있다. 예를
들어, 많은 언어학자는 명사가 '사람이나 장소, 사물'을 가리키는 단어라는
전통적이고 상식적인 정의를 거부했다. 왜냐하면 '사물'을 '물리적 사물'이

라는 원형적 의미로 이해한다면, 명사 대부분이 배제되기 때문이다. 하지만 이러한 정의가 연결망 모형에서는 잘 수용된다. 즉, 이 모형에서는 '사람이나 장소, 사물'이라는 명사에 대한 전통적 정의는 범주의 원형으로 간주된다. 다음은 사물 범주의 개념들과 그것들 간의 관계를 연결망 모형으로 나타낸 것이다.

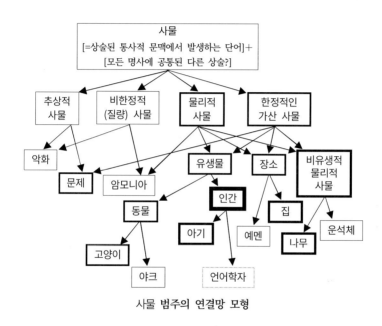

사물 범주의 연결망 모형

범주화의 연결망 모형은 다의성을 설명하는 데 효과적이다. 한 단어가 서로 관련된 둘 이상의 의미가 있는 의미의 성질이 다의성이다. 다의성은 한 언어 단위가 여러 가지 의미를 지니고, 여러 의미는 체계적인 관련성이 있어야 한다. 이러한 다의성의 정의에서 볼 때, 다음과 같은 몇 가지 질문이 제기될 수 있다. 첫째, 의미의 관련성은 어떤 종류의 관련성인가? 둘째, 중심이 되는 의미와 그렇지 않은 의미가 있는가? 셋째, 어떤 점에서 여러 의미가 체계적인 관련성을 획득하는가? 넷째, 여러 의미를 서로 연결하는 장치는 있는가? 첫 번째 문제는 비트겐슈타인의 가족닮음의 개념을 바탕으로 해결될 수 있고, 두 번째 문제는 원형의 개념에 의해, 세 번째 문제는 영상도식의 개념에 의해, 네 번째 문제는 은유 및 환유 과정에 의해 해결될 수 있다.

다의어 run의 여러 의미를 원형 이론에 입각한 연결망 모형으로 나타내면 다음과 같다.

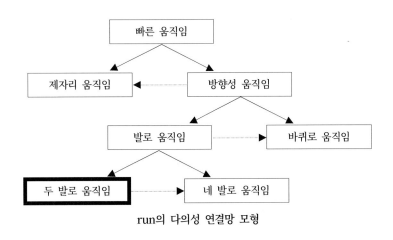

run의 다의성 연결망 모형

위의 그림에서 특별한 인지적 현저성을 나타내는 굵은 네모 상자는 run의 원형적 의미를 표시한 것이다. 원형적 의미는 언어를 습득할 때 가장 빨리 습득되는 의미이고, 중립적인 문맥에서 활성화될 가능성이 가장 큰 의미이다. 의미망의 정확한 현상이 가변적이고 심지어 확정적인 것은 아니지만, 이러한 연결망이 다의성을 논의하는 데 필요하다는 것은 명확한 사실이다.

요약하자면, 의미 연결망은 한 표현의 관습적 사용 범위를 기술하는 의미 목록, 의미 간의 관계성, 여러 특이한 의미들의 일반화를 표현하는 도식, 거리의 명시 및 인지적 현저성과 같은 모든 정보를 제공해 준다. 다의어는 하나의 구조로 환원될 수 없는 복합 범주의 예이다. 복합 범주는 연결망으로 기술되어야 한다. 연결망에서 다양한 정도의 인지적 현저성을 가진 마디, 즉 다의어의 여러 의미는 확장과 정교화라는 범주화 관계로 연결된다. 연결망 모형은 원형 이론을 암시하고, 도식화에 기반한 분류적 관계를 수용한다. 모든 언어 범주는 일반적으로 복잡하다. 즉, 모든 언어 범주는 다의적이다. 그래서 연결망 모형이 복잡한 언어 범주를 타당하게 기술하는 데 요구된다.

제5장

인지적 해석

5.1. 해석의 정의

사회심리학에서 사용되는 용어 construal(해석)은 사람들이 주변 세계, 특히 자신에 대한 타자의 행동을 지각하고 이해하고 해석하는 방법이다. 우리는 모두 세상을 이해하고 자신의 행동과 판단을 결정하기 위해 주변 세계를 해석해야 한다. 예를 들어, 길을 걷고 있는데 눈앞에서 누군가 멈춰 서서 바닥에 쓰러져 가슴을 움켜쥐고 파랗게 변하기 시작한다고 가정해 보자. 우리는 이 상황과 그 사람의 행동에 대해 가능한 모든 설명을 동원하여 이 상황을 해석할 것이다. 장난으로 그러는 것일까, 목이 막힌 것일까, 심장마비일까, 응급 상황일까? 이것이 그 상황에 대한 우리의 해석이다. 해석이라는 용어는 사람들이 사건, 상황, 타인의 행동의 의미를 주관적으로 해석하는 방식에 초점을 맞춘다. 이 용어는 construct(구성하다)라는 단어에서 파생된 것으로, 개인이 자신의 인지 과정, 경험, 문화적 영향을 바탕으로 세상에 대한 이해를 능동적으로 구성한다는 개념을 강조한다.

사회심리학에서 사용하는 해석의 특징을 살펴보면 다음과 같다.

- 해석은 지각과 인식의 주관적 특성을 강조한다. 사람들은 각자의 고유한 관점, 목표, 동기에 따라 동일한 사건이나 상황을 다른 방식으로 해석한다.
- 해석에는 지각, 주의, 기억 등과 같은 인지 과정이 포함된다. 이러한 과정은 사람들이 사회적 정보를 이해하는 방식을 형성하고 판단과 결정에 영향을 미친다.
- 사람들이 상황을 해석하는 방식은 맥락, 사회적 단서, 타인의 존재 등 다양한 요인에 의해 영향을 받는다. 동일한 객관적 현실이라도 특정 사회적 맥락에서 어떻게 해석하느냐에 따라 다르게 인식된다.
- 문화적 요인은 해석을 형성하는 데 중요한 역할을 한다. 문화에 따라 서로 다른 가치, 규범, 사회적 단서를 강조하며, 이러한 문화권의 사람들은 자신의 문화적 배경에 맞는 방식으로 상황을 해석한다.
- 해석은 사회적 판단 및 의사결정과 밀접한 관련이 있다. 사람들이 정보를 해석하는 방식은 타인에 대한 평가, 타인의 행동과 그 결과의 추론, 사회적 상황에 대한 반응에 영향을 미친다.
- 해석은 타인에 대한 인상을 형성하고 판단하는 과정을 포함하는 사회적 지각과 관련이 있다. 사람들은 종종 개인의 의도, 동기, 특성을 이해하기 위해 사회적 정보에 대한 자신의 해석에 의존한다.
- 개인의 목표와 동기는 정보를 해석하는 방식을 형성한다. 예를 들어, 사람들에게는 자신의 자존감을 높이거나, 기존의 신념을 뒷받침하거나, 사회적 정체성과 일치하는 방식으로 정보를 해석하려는 동기가 있다.

construal(해석)이 perception(지각/인식), comprehension(이해), interpretation (해석)이라는 비슷한 개념들과 다른 점은 우리 개인이 자신에 대한 타자의 행동을 어떻게 이해하고 해석하는 것인가에 관한 것이라는 점에서 주관적 경향이 있다는 점이다. 그래서 '해석'에 대한 정확한 명칭은 '주관적 해석

(subjective construal)'일 것이다. 해석은 사람들이 자극 사건에 대한 직접적인 관찰이나 간접적인 보고에서 제공되는 정보를 과감히 넘어서도록 강요받는 상황에서, 특히 주변에서 전개되는 행동과 결과에서 내용이나 문맥, 의미의 추가적인 세부 내용을 어쩔 수 없이 추론해야 하는 상황에서 결정적인 역할을 한다. 다시 말해, 어떤 사람은 주어진 상황을 정확히 다룰 지식이 부족할 때 해석을 사용할 것이다.

사회심리학에서 사용되는 해석(construal)이라는 용어를 인지언어학에서도 비슷하게 채택하여, '세계(즉, 사물, 사건 등)의 양상을 이해하는 방법이고, 동일한 상황을 다양한 방식으로 상상하고 묘사할 수 있는 우리의 능력'으로 정의한다. 한 실체나 상황이 특별한 방식으로 해석된다는 것은 그것이 어떤 방식으로 개념화된다는 것을 의미한다. 해석이란 한 특정 상황을 관찰하는 갖가지 방법을 가리키는 포괄 용어이다. 언어가 상황, 참여자, 특성, 그것들 간의 관계를 범주화하는 다양한 방법을 제공하므로, 해석은 모든 언어 표현의 의미에 대한 특징이다.

언어를 사용한다는 것은 항상 선택을 암시한다. 종종 동일한 사물은 다양한 방식으로 개념화될 수 있다. 동일한 사물을 서로 다른 방법으로 개념화하는 것을 대안적 해석(alternative construal)이라고 부른다. 별들의 공간적 분포를 자세히 관찰하는 화자는 그것을 여러 방식으로 묘사할 수 있다. 즉, 화자는 그것을 a constellation(별자리)이나 a cluster of stars(별들의 무리), specks of light in the sky(하늘에 떠 있는 빛의 반점들)처럼 다양하게 묘사할 수 있다. 그리고 묘사 방법에 따라 의미는 달라진다. 이러한 표현은 해당 장면에 대한 화자의 대안적 해석을 반영하며, 각각의 해석은 객관적으로 주어진 특성과 일치한다.

사물이나 사건이라는 세계의 의미는 그것으로 환기되는 개념적 내용 (content)뿐만 아니라 그 내용에 대한 해석(construal) 방식 모두에 달려 있다.

내용은 대략 진리조건, 사태, 묘사되는 객관적 상황과 비슷하다. 내용은 그 자체로 상정되는 상황의 중립적 이해에 해당한다. 그러나 세계는 그 자체를 우리의 뇌에 그대로 찍어내는 것이 아니기 때문에, 실제로 개념작용은 결코 중립적이지 않다. 즉, 개념작용은 정신적 활동으로 되어 있는 것으로서, 이전 경험, 능력, 개념화자의 현재 상태에 의해 형성된다. 따라서 모든 개념작용과 모든 언어 표현은 환기되는 내용을 특정한 방식으로 해석한다.

5.2. 해석의 분류

동일한 상황을 다양한 방식으로 개념화하는 능력인 해석을 분류하는 몇 가지 방법이 있다. 가장 최초의 분류법은 로널드 래내커(Ronald Langacker)가 1987년에 집필한『인지문법의 토대』에서 소개한 것이다. 그는 다음과 같은 삼중 분류법을 제안한다.

> Ⅰ. 선택(selection)
> Ⅱ. 원근법(perspective)
>   A. 전경-배경(figure-ground)
>   B. 관점(viewpoint)
>   C. 직시(deixis)
>   D. 주관성/객관성(subjectivity/objectivity)
> Ⅲ. 추상(abstraction)

선택은 개념화의 특정 국면에만 선택적으로 주의를 기울이고 다른 국면은 무시하는 언어 사용자의 능력이다. 원근법은 어떤 상황을 관찰하는 위치에 관한 것이다. 추상은 여러 현상 사이에서 공통점을 확보하고 차이점은 추상하여 개념들을 범주로 조직하는 능력이다.

로널드 래내커는 그 이후에 2007년에 발표한 논문 「인칭대명사의 의미 구성하기」에서 자신의 분류를 다음과 같이 수정한다.

Ⅰ. 상세성(specificity)

Ⅱ. 현저성(prominence)

    A. 전경-배경(figure-ground)

    B. 해석(construal)

Ⅲ. 원근법(perspective)

    A. 관점(viewpoint)

    B. 직시(deixis)

    C. 주관성/객관성(subjectivity/objectivity)

Ⅳ. 역동성(dynamicity)

상세성은 추상이라는 이전 부류에 해당한다. 현저성은 이전 분류법에서 나온 전경-배경과 해석으로 구성되어 있다. 원근법은 전경/배경이라는 하위 유형이 현저성의 범주에 들어간 것만 제외하면 동일하다. 역동성은 상정된 시간이 아닌 처리 시간을 통한 개념화의 발달에 관한 것이다. 역동성은 언어 발화의 고유한 시간적 본질과 관련이 있다. "The road winds through the valley(길이 계곡을 통해 꼬불꼬불 구부러져 있다)"에서처럼 본래부터 동적이지 않은 개념화의 사물에 동적인 개념을 적용하는 것이 역동성의 특징이다.

레너드 탈미(Leonard Talmy)는 1988년에 발표한 「문법과 인지의 관계」에서 다음과 같은 영상 체계(imaging system)를 해석 현상의 주된 부류로 제안한다.

Ⅰ. 도식화(schematization)

Ⅱ. 원근법(perspective)

Ⅲ. 주의(attention)

Ⅳ. 힘역학(force dynamics)

도식화는 래내커의 상세성에 해당한다. 원근법은 래내커가 말하는 원근법과 동일하고, 주의는 래내커가 말하는 현저성과 중복된다. 그리고 힘역학이라는 범주가 새롭게 추가된다.

레너드 탈미는 2000년에 출간한 『인지의미론을 향하여』에서 자신의 분류를 다음과 같이 수정한다.

Ⅰ. 형상적 구조(configurational structure)

Ⅱ. 원근법(perspective)

Ⅲ. 주의 배분(distribution of attention)

Ⅳ. 힘역학(force dynamics)

형상적 구조, 원근법, 주의 배분, 힘역학 중에서 첫 번째 범주만 새롭게 등장한 것이고 나머지는 기존 분류법과 거의 동일하다. 형상적 구조의 한 유형에는 한정성(boundedness)이 있다. 예를 들어, 공간 영역뿐만 아니라 시간 영역에서도, 개념은 불연속적인 것(즉, 공간에서 사물, 시간에서 행동)으로나 연속적인 것(공간에서 질량, 시간에서 활동)으로 해석된다. 개념을 시간 영역(동사)에서 공간 영역(명사)으로 전환하는 명사화에서 행동은 사물(가산명사)로 해석되고(가령, John called me—John gave me a call(존은 나에게 전화했다)), 활동은 물질(질량명사)로 해석된다(John helped me—John gave me some help(존은 나를 도와주었다)).

티모시 클라우스너와 윌리엄 크로프트(Timothy Clausner & William Croft)는 2004년에 출간한 『인지언어학』에서 해석을 다음과 같이 네 가지로 분류한다.

Ⅰ. 주의/현저성(attention/salience)

    A. 선택(selection)

        1. 윤곽부여(profiling)

        2. 환유(metonymy)

    B. 범위(scope)

        1. 서술 범위(scope of predication)

        2. 탐색 영역(search domain)

        3. 접근가능성(accessibility)

    C. 척도조절(scalar adjustment)

        1. 양 척도조절(추상화)(quantitative (abstraction))

        2. 질 척도조절(도식화)(qualitative (schematization))

    D. 역동성(dynamic)

        1. 가상이동(fictive motion)

        2. 요약주사/순차주사(summary/sequential scanning)

Ⅱ. 판단/비교(judgment/comparison)

    A. 범주화(categorization)

    B. 은유(metaphor)

    C. 전경-배경(figure-ground)

Ⅲ. 원근법/위치성(perspective/situatedness)

    A. 관점(viewpoint)

        1. 관찰지점(vantage point)

        2. 방위(orientation)

B. 직시(deixis)

   1. 시공간적 직시(spatiotemporal deixis)

   2. 인식적 직시(epistemic deixis)

   3. 감정이입(empathy)

C. 주관성/객관성(subjectivity/objectivity)

IV. 구성/게슈탈트(constitution/gcstalt)

  A. 구조적 도식화(structural schematization)

    1. 개별화(individuation)

    2. 위상적/기하학적 도식화(topological/geometric schematization)

    3. 척도(scale)

  B. 힘역학(force dynamics)

  C. 관계성(relationality)

주의/현저성은 탈미의 주의와 래내커의 현저성에 해당하는 것과 동일한 유형의 해석들로 구성되어 있고, 래내커의 추상이나 탈미의 도식화와 래내커의 역동성을 하위범주로 포함한다. 게다가, 래내커나 탈미가 명시적으로 논의하지 않은 범위라는 하위범주도 포함한다. 판단/비교는 범주화, 은유, 전경-배경이라는 하위범주를 포함한다. 전경-배경은 탈미와 래내커의 연구에서 주의/현저성으로부터 재할당되었다. 더욱이 탈미와는 달리, 범주화는 도식화 현상으로 간주되지 않는다. 여기에는 은유가 포함되어 이전 것보다 더 포괄적이다. 원근법/위치성은 다른 제안들의 범주와 가장 유사하다. 구성/게슈탈트는 탈미의 형상적 구조와 중복되지만 힘역학을 포함한다.

다음에서는 가장 포괄적인 크로프트와 크루스의 분류법에 기초하여 해석을 구체적으로 논의할 것이다.

5.3. 주의/현저성

'주의'는 우리 정신적 삶의 선택성 개념을 수반한다. 어떤 주어진 영역
속에 있는 한 특정 요소에 우리가 주의를 돌리든 그것이 우리의 주의를 끌든,
주의에는 선택의 활동이 같이 일어난다. 주의에서 이러한 선택성의 본질은
여러 관점에서 논의된다. 어떤 견해에서는 주의의 선택성이 여러 지각적
자극의 복잡한 특성을 처리하는 뇌 능력의 한계로 인해 유발되는 것으로
다룬다. 또는 주의의 선택성은 여러 생각들을 의식적으로 받아들일 수 있는
사고하는 주체의 능력에서 드러나는 한계에 따른 결과일 수도 있다. 그리고
주의의 선택성이 단 하나의 일관된 행동 방침을 유지하는 데 필요한 선택성
과 관련이 있는 것으로 보는 입장도 있다.

주의의 사례는 몇 가지가 있다. 주의는 지각적 현상이거나 행동과 관련된
현상일 수 있으며, 주의의 선택성은 자발적이기도 하다. 그리고 주체의 의지
와는 독립적으로 지각장에서 주의를 끄는 대상의 현저성이 매우 높기 때문에
주의가 끌릴 수도 있다. 이처럼 주의의 자발성과 비자발성, 지각성과 행동성
모두에 적용될 수 있는 주의 이론을 제시하는 것은 철학에서도 주요 관심사
이다.

주의 초점

우리는 상황이나 사건, 실체의 특정한 국면이나 양상을 선택하여 그것에
초점을 둘 수 있다. 초점을 받는 국면은 주의 초점(focus of attention)이라고
부른다. 예를 들어, '호', '반지름', '지름', '원주'라는 단어를 생각해 보자.
이 세 단어는 모두 원이라는 하나의 영역을 환기한다. 그리고 이 영역의
서로 다른 양상에 초점을 둘 수 있다. 호, 반지름, 원주는 동일한 영역의

서로 다른 부분을 나타낸다. 이것을 그림으로 나타내면 다음과 같다.

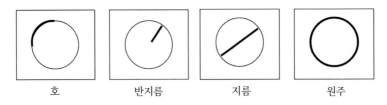

호, 반지름, 지름, 원주에 대한 주의 초점

또 다른 예는 동일한 사건을 수동태나 능동태 구조로 표현하는 것이다. "아프가니스탄 치안부대와 북대서양조직기구 군사 기지에서 이슬람교도 성서 태우기에 저항하는 시위자들 간의 충돌에서 오늘 일곱 명이 <u>죽었다</u>"라는 신문 기사 내용이 있다고 하자. 실제 사건의 내용은 "아프카니스탄 치안부대가 일곱 명의 시위대를 총으로 쏘아 죽였다"라는 것처럼 능동태 사건이지만, 신문 기사에서는 '죽었다'라는 수동태로 표현되고 있다. 능동태 사건과 수동태 사건을 그림으로 나타내면 다음과 같다.

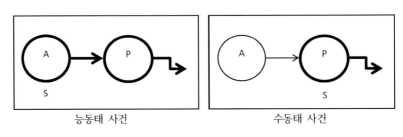

능동태 사건/수동태 사건

위 그림에서 S는 장면(scene)을 뜻하고, 큰 원에 들어 있는 A는 행위자(agent)를, P는 수동자(patient)를 나타낸다. 그리고 두 원 사이의 화살표는 행위자가 수동자에게 영향을 미친다는 것이고, 수동자 원에서 나오는 꾸불꾸불한 화살표는 행위자의 영향을 받은 수동자가 상태변화를 겪는다는 것을 나타낸다. 이러한 동일한 묘사에서, 능동태 구조에서는 모든 참여자가 진하게 윤곽부여되어 있어서 행위자인 치안부대와 수동자인 시위자, 시위자의 죽음이 명시적으로 표현된다. 그러나 수동태 구조에서는 수동자인 시위자와 시위자의 죽음만 윤곽부여되고, 죽음을 초래한 행위자와 행위자의 행동은 부각되지 않고 은폐되고 있다. 이러한 윤곽부여의 차이는 한 참여자가 명시되지 않고 남아 있을 때 다른 참여자는 단지 경쟁의 부재를 통해 더 현저하게 되고, 한 참여자의 현저성을 증가시키게 되면 상대적으로 다른 참여자의 현저성은 줄어드는 원리에 따른 것이다. 이처럼 주의 초점은 정치적 이데올로기를 표현하는 데 사용된다.

주의 초점은 환유(metonymy) 현상에서도 작동한다. 환유는 한 인지영역 전체가 부분을 대표하거나, 부분이 전체를 대표하거나, 한 영역 속의 한 요소가 동일한 영역 속의 다른 요소에 정신적 접근을 제공하는 인지 과정이다. 예를 들어, "They played lots of Mozart(그들은 수많은 모차르트를 연주했다)"는 생산자는 생산품을 대표한다라는 환유 과정에 기초를 둔다. 이 예에서 모차르트라는 작곡가를 통해 모차르트의 작품에 정신적 접근을 제공한다. 주의 초점은 생산품으로서, 이것은 생산자에 의해 초점을 받는다. "She heard the piano(그녀는 피아노를 들었다)"는 전체는 부분을 대표한다라는 환유에 기초하며, 피아노(전체)가 소리(부분)에 주의 초점을 돌린다. 이 모든 경우에, 상황이나 사건, 실체의 특정한 양상이 주의 초점을 받아 부각된다.

주의 범위

주의 초점은 주의의 주변 지역에 둘러싸여 있는데, 이러한 주의의 주변 지역을 주의 범위(scope of attention)라고 부른다. 주의 초점과 주의 범위는 문장의 문법성에 영향을 미친다. 예를 들어, 손가락 마디는 손가락의 부분으로 간주되고, 손가락은 손의 부분으로 간주되며, 손은 팔의 부분으로 간주되고, 팔은 몸의 부분으로 간주된다. "손가락에는 세 개의 마디와 한 개의 손톱이 있다"라고 말할 수 있지만, "몸에는 28개의 손가락 마디가 있다"라고 말하는 것은 이색하게 들린다. 그 이유는 손가락 미디는 손가락 혹은 손의 직접 범주에 들어가지만, 몸의 직접 범위에는 들어가지 않기 때문이다.

한 실체의 위치를 다른 실체와 관련하여 해석할 때도 주의 범위라는 개념이 작동한다. 예를 들어, 우리는 누군가에게 "돈은 부엌 안 조리대 아래 왼쪽 캐비닛의 선반 위의 고기 다지는 기계 뒤에 있다"라고 말한다. 부엌에는 조리대가 있고, 조리대 밑에 캐비닛이 있으며, 캐비닛에는 선반이 있고, 선반에는 꼭대기 선반 위에 고기 다지는 기계가 있다. 고기 다지는 기계는 가장 직접적인 주의 범위를 제공하고, 부엌은 가장 먼 주의 범위를 제공한다. 위 문장은 윤곽부여된 실체, 즉 돈을 위한 가장 먼 주의 범위로부터 시작해서 윤곽부여된 실체를 찾을 수 있는 연속적으로 더 좁은 영역으로 나아가는 해석을 제안한다.

주의의 상세함(척도 조정)

척도 조정(scalar adjustment)이라는 개념은 우리가 장면의 상세함에 얼마나 자세히 주의를 기울이는지와 관련이 있다. 같은 상황에 대해 엉성한 견해나 미세한 견해가 있을 수 있다. "She ran across the field(그녀는 들판을 가로질러 달렸다)"와 "She ran through the field(그녀는 들판을 통과해서 달렸다)"라는 두 문장의 경우, 첫 번째 문장은 상황을 멀리에서 보면서 장면에 대한 세부 내용을 암시하지 않는다. 그러나 두 번째 문장은 단어 through를 통해 미세한 견해를 암시한다. 즉, 이 단어는 들판에 풀, 잡초, 수풀 등이 있으며, 이를 헤치면서 들판을 통해 그녀가 달린다고 상상하도록 한다.

척도 조정은 시각적 경험에만 국한되는 것이 아니라 다른 유형의 경험도 더 적거나 더 큰 상세함의 정도로 해석된다. "John's being silly(존은 어리석고 있다)"와 "John's silly(존은 어리석다)" 중에서 전자의 문장이 더 미세하게 해석된다. 존의 어리석음이 전자의 경우에서는 시간적 경계가 명확해서 일시적이지만, 후자의 경우에서는 영구적인 개인의 특성으로 간주된다.

가상이동

가상이동(fictive motion)은 물리적인 이동이 없지만 이동이 있는 것처럼 인지하는 현상이다. 가상이동은 '허구적 이동' 또는 '주관적 이동'이라고도 부른다. 대표적인 예는 다음이다. "This fence goes from the plateau to the valley(울타리가 고원에서 골짜기까지 뻗어 있다)," "The cliff wall faces toward/away from the island(절벽이 섬을 향하고 있다/그 방향이 섬에서 벗어나고 있다)," "I looked out past the steeple(나는 뾰족탑을 지나 밖을 내다보았다)," "The vacuum cleaner is down around behind the clotheshamper(진공청소기가 빨래 바구니 뒤 어디쯤에 있다)," "The scenery rushed past us as we drove along(우리가 운전해 갔을 때 그 장면이 우리를 지나 돌진했다)."

가상이동 문장에는 탄도체(trajector)가 개념화되는 방식에 따라 흥미로운 의미적 특성들이 많이 있다. 이러한 문장에서 탄도체는 정적이다. 예를 들어, "Highway 1 runs along the coastline(1번 고속도로는 해안선을 따라 뻗어 있다)"에서 탄도체 '1번 고속도로'는 정적이다. "The ladder goes up the side of the building(사다리가 건물 옆에서 위로 올라간다)"에서처럼 수직과 "The freeway runs along the edge of the city(고속도로는 도시의 가장자리를 따라 뻗어 있다)"에서처럼 수평을 포함해 탄도체는 다양한 방향에서 선형으로 뻗을 수 있다. "The mountain range goes from Mexico to Canada(산맥은 멕시코에서부터 캐나다로 뻗어 있다)"와 "The molecule runs along the hydrocarbon chain that links two benzene rings(분자는 두 개의 벤젠 고리를 연결하는 탄화수소 사슬을 따라 뻗어 있다)"에서처럼 탄도체는 크거나 작을 수 있다. 어떤 경우에는 탄도체가 "The highway races through the countryside(고속도로는 시골을 통과해 질주한다)"와 "The trail climbs 1,000 meters(오솔길은 1천 미터까지 올라간다)"에서처럼 횡단 가능한 경로이고, 다른 경우에서는 "The fence runs along the coastline(울타리는 해안을 따라 뻗어 있다)"과 "A cable runs underground(케이블이 지하에 나 있다)"에서처럼 평범하게 횡단하지 않는 비교적 긴 실체이다. 또 다른 경우에 탄도체는 "A table runs along the wall(테이블은 벽을 따라 뻗어 있다)"과 "The pond runs along the hillside(못은 언덕중턱을 따라 뻗어 있다)"에서처럼 선형적이지도 않고 긴 것이 아니라 동적인 해석을 통해 길어지게 된다.

신경과학에서는 가상이동의 신경 처리를 연구한다. 이러한 연구에서 단순히 이동을 암시하는 장면을 관찰할 때 실제 이동을 처리하는 것과 연상되는 뇌 부위도 활성화된다는 것을 발견했다. 예를 들어, 한 사람이 원반을 막 집어 던지려는 사진과 같이 이동을 암시하는 정적인 이미지를 관찰할 때 이동 지각과 연상되는 뇌 부위가 실제 이동이 지각되지 않을 때도 활성화된다. 이러한 연구는 우리가 이동의 단순한 암시에서도 이동을 개념화하거나 추론하는 경향이 있다는 것을 증명한다.

또한 fMRI(functional magnetic resonance imaging; 기능적 자기공명영상)를 사용해서 가상이동 처리에서 뇌 활성화의 패턴을 조사한 연구도 있다. 연구에 참여한 사람들을 fMRI 스캐너에 눕게 하고 세 유형의 언어적 자극을 제시했다. "I drove from Modesto to Fresno(나는 머데스토에서부터 프레즈노까지 운전했다)"와 같은 실제 이동 문장, "Modesto and Fresno are in California(머데스토와 프레즈노는 캘리포니아에 있다)"와 같이 이동이 없는 문장, "The highway runs from Modesto to Fresno(고속도로가 머데스토에서부터 프레즈노까지 뻗어 있다)"와 같은 가상이동 문장이 그 세 가지 유형이다. 연구결과에 따르면, 실제 이동 문장은 비(非)이동 문장보다 시각적 이동의 처리와 연상되는 뇌 부위를 훨씬 더 많이 활성화하고, 가상이동 문장이 실제 이동 문장보다는 덜하지만 비이동 문장보다 더 많은 활성화를 유발한다. 이러한 연구결과는 가상이동이 실제 이동을 반영하는 정신적으로 시뮬레이션된 이동을 포함한다는 것을 시사한다.

요약주사/순차주사

주사(scanning)는 어떤 상황이나 장면을 훑어보는 방식이다. 주사에는 두 가지 방식이 있다. 우리의 주의는 어떤 장면을 동적으로나 정적으로 볼 수 있다. 다시 말해, 주의를 어떤 장면을 가로질러 옮기면서 주사하거나 하나의 전체 덩어리인 것처럼 정적인 것으로 주사할 수 있다. "보스턴 다리가 붕괴되었다"와 "보스턴 다리의 붕괴"라는 두 표현 방식을 보자. 전자에서 '붕괴하다'라는 동사는 서술적 기능으로 사용된다. 이것은 보스턴 다리에 어떤 일이 발생했는지를 말한다. 즉, 동적인 장면이 동적으로 주사되고 있다. 이것은 순차주사(sequential scanning)라고 부른다. 어떤 것이 시간을 통해 발생하고 있는 것으로 관찰하기 때문에 그 장면은 동적이다. 이와 대조적으로, 후자의 표현은 요약주사(summary scanning)라고 부르는 방식으로 동일한 상황을 주사한다. 이것은 주어진 상황을 하나의 정적인 틀로 관찰하고 있으며, 이 틀은 시간을 통해 전개되는 과정이 아니라 전체 일련의 사건을 요약하고 있다. 요약주사에서는 한 사건의 다양한 국면이 누적적으로 조사되어, 전체 복합체는 하나의 게슈탈트로 일관성을 이루게 된다. 다리의 붕괴는 사건이며 본질적으로 동적인 상황이지만, 요약주사를 사용해 정적인 방식으로 제시하고 있다. 일반적으로, 동적인 상황은 순차주사에 의해 해석되고 문장에서 동사구로 표현된다. 동사구는 서술적으로 사용된다. 그러나 동적인 상황을 요약주사에 의해 해석하고, 서술적으로 사용하지 않는 명사구로 표현할 수도 있다.

동일한 상황을 훑어보는 두 가지 주사 방식인 요약주사와 순차주사를 사용하여 '사물'과 '관계'라는 두 가지 개념적 단위를 구분할 수 있다. 사물은 시간과 관련이 없으므로, 내적인 성분 상태를 순차적으로 주사하는 것이 아니라, 그 모든 것들이 축적되는 것으로 간주한다. 따라서 요약주사에서는 참여자 역할을 포함해 내적인 사건 구조에 대한 주의는 차단된다. 동사를 명사화하는 것은 구체화(reification)에 윤곽부여하고, 행위자-수동자 관계는 개념적으로 배경화한다. 구체적으로 표현하기 어색하고 민감한 사건을 언론에서 표현할 때 이 요약조사의 방법을 선호한다.

이 두 가지 주사 방식을 그림으로 나타내면 다음과 같다.

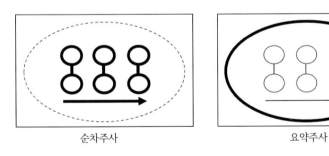

순차주사   요약주사

순차주사와 요약주사

이 그림에서 네모 박스 안의 타원형은 상황이나 장면을 나타낸다. 작은 원은 그 사건에 참여하는 행위자와 수동자이고 작은 원을 연결하는 선은 그 둘의 관계이다. 연결된 두 개의 작은 원을 세 개 연속으로 표시한 것은 행위자와 수동자의 활동이 단계별로 진행된다는 것이다. 마지막으로 화살표는 시간 진행이다. 순차주사에서는 전체 장면인 타원형은 점선으로 표시되어 부각되지 않고, 시간이 진행되면서 참여자들의 행위가 진행된다는 것을 부각하기 위해 화살표와 행위자와 수동자 및 그 둘의 연결이 윤곽부여되고 있다. 이에 반해, 요약주사에서는 행위자와 수동자 및 그 둘의 연결과 시간 진행은 부각되지 않기 때문에 평범한 실선이지만, 그 사건 전체를 뭉뚱그려 관찰한다는 것을 암시하기 위해 상황이나 사건 자체를 가리키는 타원형이 진하게 윤곽부여되어 있다.

5.4. 판단/비교

판단과 비교는 우리가 처해 있는 상황을 개념화할 때 지속적으로 사용하는 인지 작용이다. 어떤 상황을 판단할 때 우리는 비교를 이용한다. 비교에 기초하는 특정한 인지 작용으로는 범주화, 은유, 전경-배경 정렬이 있다.

범주화

사물, 사건, 상황을 범주화할 때, 우리는 그것을 사전 경험에 비교한다. 대체로 이러한 사전 경험은 범주를 형성하고, 범주에는 이름이 있다. 길에서 우연히 마주친 한 동물을 비교할 때, 어렵지 않게 그 동물에 개라는 범주를 할당한다. 내가 본 적이 있고 범주와 이름을 가진 다른 동물들과 이 특별한 개를 비교하는 무의식적 과정 때문에, 이 동물을 개라는 범주에 넣을 수 있다. 그러나 어떤 사물을 어떻게 불러야 할지 그리고 어떻게 범주화해야 할지를 두고 난처한 때도 있다. 범주화는 어떤 실체를 범주의 구성원으로 식별할 수 있는 우리의 능력이다. 여기에서는 이러한 범주화에 대한 몇 가지 모형을 소개할 것이다.

첫째는 고전(classic) 모형이다. 범주화의 고전 모형은 세계의 사물 또는 범주가 본질적 자질로 정의된다는 아리스토텔레스의 생각에 기반한다. 고전 모형에서는 완전한 도식성의 관계에만 주의를 기울이고 확장의 관계는 무시한다. 고전 모형을 그림으로 나타내면 다음과 같다.

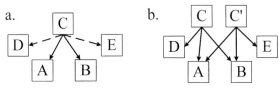

범주화의 고전 모형

그림 (a)에서, C에서 A와 B로의 완전한 도식성의 관계는 A와 B가 C로 한정되는 고전적 범주의 구성원이다. 하지만 C에서 D와 E로의 부분적 도식성의 관계는 D와 E가 C의 구성원이 아니라는 것을 의미한다. 그림 (b)에서, 두 도식 C와 C'는 자질의 기능적 등가물이다. 이 각각의 도식은 고전적 범주를 한정하며, A와 B는 이 두 범주의 중복으로 한정되는 고전적 범주 속에 포함된다. 그림 (a)에서 A와 B는 '남자'와 '여자'이고, C는 '깃털 없는 두발짐승'이며, D는 '병아리'이고, E는 '개'일 수 있다. 이와 비슷하게, 그림 (b)에서 C는 '두발짐승'이며 C'는 '깃털 없는 사물'인 반면, 다른 정체성은 동일하다. 이러한 범주화의 고전 모형에서는 구성원자격의 등급이 없다는 것이 특징이다.

둘째는 원형(prototype) 모형이다. 원형 모형에서는 고전 모형과 달리 구성원들의 위상이 동일한 것이 아니라 원형이라는 특정 구성원을 중심으로 범주화가 이루어진다고 가정한다. 원형은 자극 집합에 있는 항목들의 모든 적절한 차원에 대한 정보를 표상하고, 그 정보는 모든 예들 사이에서 평균값으로 표상된다. 원형 모형에서, 새로운 항목은 원형과 비슷하다면 그 범주의 구성원으로 분류된다. 각 범주에 대한 원형을 정의하는 데 사용되는 값은 새로운 실례를 접촉할 때마다 업데이트된다. 따라서 원형 모형은 참여자가 본 모든 항목의 모든 세부사항을 부호화할 필요 없이 범주의 결정적 구조를 포착하고자 한다. 이러한 원형 모형은 다음과 같이 나타낼 수 있다.

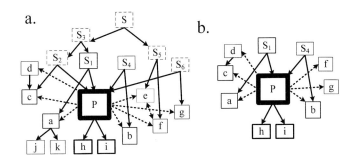

범주화의 원형 모형

그림 (a)에서 점선과 얇은 선의 네모 상자 도식을 무시하면 그림 (b)의 구조가 나온다. 이 구조는 원형에 기반한 방사(radial) 범주 구조와 본질상 동일하다. 그림 (a)와 같은 구조의 본질은 범주의 층에 대한 가능성이다. 이는 상위범주와 하위범주들이 인간 인지와 언어에서 자연스럽다는 사실이다. S로 구성된 범주를 단정한다고 해서 S_3과 같은 하위범주의 존재를 배제하거나 그 중요성을 최소화하는 것은 아니며, S_3은 다시 S_1이나 S_2를 배제하거나 격하시키지 않으며, S_1이나 S_2가 존재한다고 해서 P 등을 제거하거나 훼손하는 것은 아니다.

셋째는 실례(exemplar) 모형이다. 이 모형은 범주를 표상하는 방식에서 규칙 같은 정의나 추상적인 중심적 원형을 사용하지 않는다. 대신, 실례 모형은 특정한 실례 기억에 의존한다. 실례 기억은 범주의 특정한 실례에 대한 기억이다. 이러한 모형에서 사람들은 실례 기억을 추상적 원형으로 일반화하는 것이 아니라 '실례 기억의 느슨한 집합'을 가진다. 실례 기억은 범주 이름과 연상된다. 예를 들어, 의자에 대한 나의 범주는 내가 접했던 모든 의자에 대한 내 기억의 느슨한 집합이다. 실례 모형에서 한 실체는 그것이 실례 기억과 맺는 유사성에 기초해서 한 범주에 할당된다.

은유

비교를 수반하는 다른 인지 작용은 은유이다. 우리가 이해하고자 하는 목표영역이 있으며 그것이 어떤 것인지 질문할 때, 어떤 근원영역이 해당 상황에서 우리의 목적에 가장 잘 부합하는지 질문한다. 대부분의 목표영역은 여러 가지 근원영역에 의해 이해될 수 있으므로, 은유는 동일한 상황에 대해 대안적 해석을 제공하는 인지 작용이다. 동일한 상황에 관해 이야기하는 데 사용되는 다음 예를 살펴보자. 영어에는 무슨 일이 있는지 질문하는 두 가지 표현이 있다. "What's going on?"과 "What's cooking?"이 그것이다. 전자는 사건을 이동하는 사물로 개념화하고, 후자는 사건을 요리의 과정으로 개념화하고 있다. 또 다른 예로 학생들은 학교라는 목표영역을 학문의 상아탑에 비교하기도 하고, 꼭 가야만 하지만 부담이 되는 짐에 비교하기도 한다. 그리고 어떤 사람은 결혼이나 사랑을 인생을 즐길 좋은 기회로 간주하지만, 이를 감옥이라고 생각하는 커플도 있다. 현대 산업사회 이후에 시간은 돈으로 개념화된다. 같은 활동을 두고 사람마다 시간이라는 목표개념에 대해 돈이라는 근원영역을 사용하지만, 돈의 근원영역에 대안적 해석을 제시한다. 예를 들어, 골프를 하고 난 뒤에 그것에 대해 이야기하는 두 영어 문장 "I spent most of the day playing golf(나는 하루의 대부분을 골프하면서 보냈다)"와 "I wasted most of the day playing golf(나는 하루의 대부분을 골프하면서 낭비했다)" 간의 차이를 보자. 이 두 개념화는 시간은 돈이다라는 개념적 은유에 기초를 두지만, 서로 다른 단어(spent와 wasted)를 선택함으로써 골프를 하면서 보낸 시간에 대해 매우 다르게 생각한다는 것을 표현한다. 동사 spent는 귀중한 무언가를 했다는 것을 암시하는 반면, wasted는 그 반대를 전달한다.

전경-배경

전경-배경(figure-ground)은 한 시각적 장면을 어떻게 전경과 배경으로 지각하고 해석하는지를 결정하고, 표면, 모양, 사물의 지각 같은 처리를 가능하게 하는 특별한 종류의 조직적 현상이다. 전경-배경 조직의 기초가 되는 법칙을 이해하는 것은 게슈탈트 심리학(Gestalt psychology)[1]에서 주된 관심사이다. 에드가 존 루빈(Edgar John Rubin; 1886~1951)을 비롯한 그 이후의 게슈탈트 심리학자들은 전경과 배경이 크기, 주변성, 대칭성, 병렬, 볼록함 같은 몇

---

[1] 게슈탈트 심리학은 20세기 초, 특히 독일에서 등장한 심리학의 한 학파이다. '게슈탈트'라는 용어 자체는 독일어로 '형태' 또는 '구성'이라는 뜻이다. 게슈탈트 심리학은 마음과 행동을 고립된 요소로 나누기보다는 조직화된 전체로서 연구하는 것이 중요하다는 점을 강조한다. 게슈탈트 심리학과 관련된 몇 가지 주요 원칙이 있다. 첫째는 전체론으로서, 게슈탈트 심리학자들은 전체가 부분의 합보다 크다고 믿는다. 즉, 특정 사물이나 상황에 대한 우리의 인식은 단순히 개별 구성 요소가 아니라 전체적인 구성이나 패턴에 의해 결정된다는 점을 강조한다. 둘째는 폐쇄의 원리로서, 이 원리는 인간은 불완전한 도형이나 패턴을 부족한 부분을 채워서 완전한 것으로 인식하는 경향이 있다는 것을 시사한다. 셋째는 유사성의 원리로서, 이 원리는 서로 비슷한 물체는 함께 분류되는 경향이 있다는 것을 말한다. 넷째는 근접성의 원리로서, 이 원리에 따르면 서로 가까이 있는 물체는 같은 그룹에 속하는 것으로 인식되는 경향이 있다. 다섯째는 연속성의 원리로서, 이 원리는 연속적인 선이나 곡선으로 배열된 물체는 이러한 방식으로 배열되지 않은 물체보다 더 관련성이 높은 것으로 인식된다는 것을 의미한다.

가지 일반적인 모양 특성에 의해 지각된다는 것을 증명한다. 다음 그림을
보자.

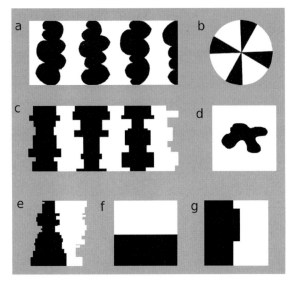

전경-배경 조직의 모양 특성

출처: 마리엘라 디미콜리(Mariella Dimiccoli)의 「전경-배경 분리」(p.309)

그림 (a)에서 '볼록함'의 특성에 따라 검은색 모양은 흰색 배경과 달리
조각별로 볼록한 경계로 제한되기 때문에 전경으로 지각된다. 그림 (b)에서
'작은 크기'의 특성에 따라 검은색의 조각은 전경으로 지각되고 흰색의 큰
조각은 배경이 된다. 그림 (c)에서 '대칭성'의 특성에 따라 검은색 모양은
대칭성을 이루므로 흰색 배경에 둘러싸인 전경으로 지각된다. 그림 (d)에서
'둘러싸임'의 특성에 따라 검은색의 둘러싸인 지역은 전경으로 지각되고,
둘러싸고 있는 흰색 바탕은 배경이다. 그림 (e)에서 '상향식 극성'에 따라
검은색 지역은 그 기반이 연속적인 흰색 지역보다 더 넓으므로 전경으로
지각된다. 그림 (f)에서 '낮은 지역'의 특성에 따라 시각장에서 검은색의 낮은

지역은 전경으로 지각된다. 그림 (g)에서 '돌출'의 특성에 따라 왼쪽에 있는 검은색 지역은 흰색 지역으로 돌출되어 들어가므로 전경으로 지각된다.

지금까지 살펴본 전경-배경 조직에서 검은색은 전경으로, 흰색은 배경으로 일관되게 지각된다는 점에서 이는 안정적인 전경-배경 조직이다. 이 경우에 전경은 배경보다 더 많은 주의를 받고 더 잘 기억된다. 이에 반해 불안정한 전경-배경 조직도 있다. 이런 조직은 중의적으로 해석된다. 전경과 배경은 보는 사람의 주관성이나 맥락에 따라 결정된다. 불안정한 전경-배경 조직은 다음과 같은 루빈의 잔(Rubin vase)에서 잘 나타난다.

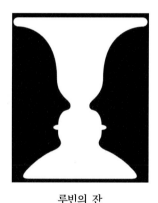

루빈의 잔
출처: https://www.jtcvs.org/article/
S0022–5223%2820%2932010–9/fulltext

루빈의 잔은 불안정한 전경-배경 조직으로서, 검은색이 배경일 때는 '흰색 잔'이 전경으로 지각되고, 흰색이 배경일 때는 '마주 보는 두 얼굴'이 전경으로 지각된다.

다음 이미지도 불안정한 전경-배경 조직의 예이다. 검은색 배경에서는 서로 마주 보는 흰색의 '야생동물 두 마리(고릴라와 사자)'가 전경이고, 흰색 배경에서는 검은색 '나무'가 전경으로 지각된다.

야생동물과 나무
출처: https://www.ubuntu.fm/content/article-page/81/gestalt-switch

사람들은 시각적 장면을 볼 때 전경과 배경을 구별하는 방법을 찾는 경향이 있다. 사람들이 이를 수행하는 몇 가지 방법은 다음과 같다.

- 선명함: 우리에게 더 가까이 있는 전경의 물체는 더 선명한 경향이 있는 반면, 배경의 물체는 우리 시각의 피사계 심도(depth of field) 때문에 더 흐릿하게 보인다.[2]
- 대비: 물체 간의 색상, 밝기 또는 톤의 차이가 전경과 배경을 구분하는 데 도움이 된다. 루빈의 잔이 한 예이다. 잔은 흰색으로 묘사되고 마주보는

2　피사계 심도라는 용어는 일반적으로 사진에서 이미지에서 선명하게 보이는 장면 내 거리 범위를 설명하는 개념을 말한다. 사진처럼 정밀하게 정의되지는 않지만 사람의 시야에도 피사계 심도가 있다. 우리 눈은 렌즈의 모양과 렌즈 사이의 거리(조절)를 조절하여 다양한 거리에 있는 물체에 초점을 맞출 수 있다. 그러나 시야의 일부분만 특정 순간에 선명하게 초점을 맞추고 그 범위를 벗어난 물체는 흐릿하게 보인다. 장면을 볼 때 전경의 물체는 선명하고 또렷하게 보이는 반면, 배경의 물체는 시각계의 피사계 심도의 자연스러운 한계로 인해 흐릿하게 보일 수 있다.

사람 얼굴은 검은색으로 묘사되는 경우가 많다. 이 둘 사이의 높은 대비는 전경과 배경을 구분하는 데 도움이 됩니다.

- 크기: 일반적으로 큰 물체(전경)는 가까이 있는 것으로, 작은 물체(배경)는 멀리 있는 것으로 인식된다.

- 분리: 시각적 장면에서 다른 모든 것들로부터 분리된 물체는 배경이 아닌 전경으로 인식된다. 즉, 물체가 뚜렷하고 다른 요소에 둘러싸여 있지 않을 때, 우리의 뇌는 그 물체를 장면의 주요 초점인 전경으로 해석하는 경향이 있다.

공간적 관계의 언어는 의사소통에 널리 퍼져 있다. 우리는 한 실체가 어떻게 다른 실체와 관련하여 자리잡고 있으며, 한 실체가 어떻게 다른 실체와 관련하여 이동하는지에 관해 이야기한다. 예를 들어, "버스가 오고 있다"라고 할 때 전경인 버스는 배경인 화자와 관련하여 이동하는 것으로 제시된다. 이처럼 전경-배경은 공간적 관계의 언어에서 직접적인 역할을 한다.

전경-배경 정렬은 비대칭적 관계이다. 자전거와 집의 공간적 관계에 관해 이야기할 때 "자전거가 집 근처에 있다"와 "집이 자전거 근처에 있다"라고 말할 수 있다고 하자. 이러한 문장에서 자전거는 전경이고 집은 배경이다. 이때 앞 문장처럼 말하는 것은 자연스럽지만, 뒤 문장처럼 말하는 것은 어색하다. 뒤 문장은 전경-배경 정렬이 역전되어 있어 이상하게 들린다.

전경-배경 정렬이 판단/비교와 어떤 관련이 있는지 질문할 수 있다. 이에 대한 간단한 대답은 우리가 모든 상황에서 상황의 어떤 요소가 전경이고 어떤 요소가 배경인지를 무의식적으로 결정한다는 것이다. 우리는 앞서 제안한 특징에 비추어 요소들을 비교한다. 비교와 판단의 결과로, 한 상황을 특별한 방식으로 적당한 전경-배경 정렬로 개념화해서 그것을 이러한 개념화와 일치하도록 언어적으로 표현한다.

앞에서 살펴본 예인 "자전거가 집 근처에 있다"는 두 실체 간의 정적인 관계를 포함한다. 그러나 공간적 관계는 한 실체가 다른 실체와 관련하여 이동하는 이동 사건을 포함하기도 한다. 예를 들어, "그녀는 방으로 들어갔다"는 이동 사건의 경우로서, '그녀'는 전경이고 '집'은 배경이다. 전경인 그녀는 배경인 집과 관련하여 이동한다.

전경-배경 정렬은 정적이거나 동적인 공간적 관계에 적용되는 것 외에도 문법에서도 작용한다. 복문은 전경-배경 정렬에 의해 해석될 수 있다. 주절은 전경에 대응하고 종속절은 배경에 대응한다. "그녀가 바느질하는 동안 나는 책을 읽었다"와 "나는 책을 읽고 그녀는 바느질했다"라는 두 문장을 비교해 보자. 앞 문장에서 주절 '나는 책을 읽었다'는 전경이고 종속절 '그녀가 바느질하는 동안'은 배경이다. 즉, 읽기 사건이 바느질 사건을 배경으로 발생하는 것으로 간주된다. 이 두 사건의 관계가 앞 문장에서는 비대칭적으로 해석되지만, 뒤 문장에서 대칭적으로 해석된다. 다른 경우에 두 사건은 비대칭적 전경-배경 정렬로만 해석될 수 있다. 꿈은 잠에 의존하지만, 잠은 꿈에 의존하지 않기 때문에 "그는 잠을 자는 동안 꿈을 꾸었다"라고 말하는 것은 가능하지만, "그는 꿈을 꾸는 동안 잠을 잤다"라고 말하는 것은 가능하지 않다.

5.5. 원근법/위치성

우리는 특별한 원근법(perspective)으로부터 상황을 개념화한다. 원근법이 대체로 공간적이긴 하지만, 상황에 대해 우리가 가지고 있으며 다른 사람들이 가지고 있을 것으로 생각되는 지식 등의 다른 영역으로 확장될 수도 있다. 이제 원근법의 개념이 어떤 방식으로 역할을 하는지 고려해 보자. 특히 관찰 지점, 직시, 주관성/객관성이 그런 방식이다.

관찰지점, 직시, 주관성은 전경-배경과는 매우 다르다. 이러한 해석 효과는 의식적 주체와 그가 무엇을 보고 있는지, 무엇을 가리키고 있는지, 그 당시에 무엇을 생각하는지와 같은 그와 경험 대상 간의 관계로부터 발생한다. 다시 말해, 이것들은 세계에서 우리의 위치성에 대한 가장 순수한 표명이다. 여기에서 말하는 위치는 공간적 위치뿐만 아니라 시간적·인식적·문화적 문맥을 포함하도록 폭넓게 해석된다. 위치에 대한 이러한 폭넓은 해석은 확실히 마르틴 하이데거(Martin Heidegger; 1889~1976)가 말하는 세계 내 존재(Being-in-the-world)와 밀접한 관련이 있다. 사물이나 인간 이외의 생물은 세계를 구성하는 일부일 뿐, 세계와 함께, 세계 내에서, 세계를 마주하는 존재라는 세계 내 존재는 아니다. 세계 내 존재는 존재하면서도 스스로의 존재를 문제 삼는 존재이다. 인간은 세계의 일부분이면서 세계를 의식하고 규정하며 자기 자신도 의식하고 규정한다. 인간 존재는 이 점에서 이중적이다. 인간은 존재와 의식이 통합된 존재 방식을 취한다. 그것이 바로 실존이다. 하이데거는 세계 내 존재가 간단한 공간적 포함 그 이상이고, 모든 면에서 존재의 근본적인 위치성이라고 주장한다.

관찰지점

관찰지점(vantage point)은 화자와 청자가 사물을 바라볼 때 있는 실제 위치이다. 동일한 객관적인 상황은 관찰지점에 따라 다르게 관찰되고 묘사되어 다른 해석을 유발한다. 많은 표현은 확실히 이러한 관찰지점을 그 의미의 부분으로 환기한다. 가령, 영어 전치사 in front of(~앞에)와 behind(~뒤에)는 지표(landmark)와 관련해 탄도체(trajector)의 위치를 명시하기 위해 관찰지점에 의지한다.[3] 이것을 그림으로 나타내면 다음과 같다.

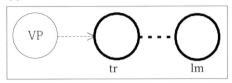

(b) behind

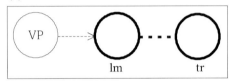

in front of와 behind의 관찰지점

이 그림에서 VP는 관찰지점을 나타내고, 점선 화살표는 관찰자의 시선을 암시한다. 두 경우에, 한 참여자는 관찰지점에서 다른 참여자로 이어지는 시선에 개입하고 있다. (a)에서는 탄도체(tr)가 개입하고, (b)에서는 지표(lm)가 둘 사이에 개입하고 있다. 이 두 그림에서 진하게 표시되는 윤곽부여에서는 아무런 차이가 없고 탄도체와 지표의 선택에서만 차이가 나고, 이로 인해 의미 차이가 발생한다.

공이 관찰자와 나무 사이에 있는 특정 장면을 관찰자가 어떻게 해석하고 이야기하는지 고려해 보자. 관찰자는 이러한 장면을 기술하기 위해 "공은 나무 앞에 있다"나 "공은 나무 뒤에 있다" 중 어느 하나를 사용할 수 있다.

---

3   탄도체와 지표는 한 장면에서 개체 간의 공간적 관계를 설명하는 데 사용된다. 이 두 개념은 공간적 관계를 표현할 때 언어와 사고가 어떻게 상호 연결되는지 이해하는 데 특히 중요하다. 탄도체는 공간적 장면에서 움직이거나 동적인 실체이다. 예를 들어, "고양이가 울타리를 뛰어넘었다"라는 문장에서 탄도체는 고정된 울타리를 뛰어넘어 움직이는 실체인 고양이이다. 지표는 정적이거나 상대적으로 안정적인 기준점으로서, 탄도체는 이 기준점과 관련해 묘사된다. 이 문장에서 지표는 고양이가 뛰어넘는 기준점인 울타리이다.

이 두 문장에서 공은 탄도체이고 나무는 지표이다. 앞 문장은 공이 관찰지점과 나무 사이에 개입하고 있을 때 사용하는 표현으로서, 이것은 위 그림 (a)에 해당한다. 반면에 뒤 문장은 나무가 관찰자와 공 사이에 개입하고 있을 때 사용하는 표현으로서, 위 그림 (b)에 해당한다. 개념화와 기술 대상인 장면에는 아무런 변화가 없다. 즉, 공과 나무에는 아무런 변화가 없고 관찰자의 관찰지점에서만 변화가 발생한다. 이러한 변화의 결과로 해석과 기술 모두 변한다.

관찰지점은 공간과 시작을 암시하지만 시간 영역에서도 작용한다. 다음 그림에서 볼 수 있듯이 '내년'이라는 표현은 일련의 해의 개념을 기저로 환기하고, 그 기저 내에서 시간적 관찰지점을 포함하는 해 바로 뒤의 해에 윤곽부여한다. "내년은 놀라운 일들로 가득할 것이다"에서처럼 기본적으로 이러한 관찰지점은 말하는 시점과 동일시된다.

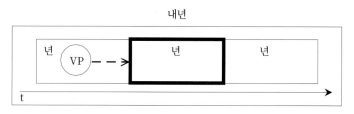

시간 영역에서의 관찰지점

그러나 발화 사건으로 한정되는 관찰지점 외의 다른 관찰지점도 쉽게 채택할 수 있다. 예를 들어, "그는 내년은 놀라운 일들로 가득할 것이라고 믿었다"에서 '내년'은 '믿었다'라는 주절 동사의 시간으로 식별되는 시간적 관찰지점을 환기한다. 즉, 여기에서 말하는 내년은 '내년은 놀라운 일들로 가득할 것이다'라는 그의 신념을 받아들이는 해 바로 다음 해이다.

직시

직시(deixis)는 발화 상황에 의해 정의되는 대안적 해석으로 간주된다. 발화 상황의 가장 기본 요소로는 발화 사건이 발생하는 시간, 장소, 말을 하는 사람이 있다. 이에 따라 시간, 장소, 인칭 직시라는 직시의 세 가지 기본 유형을 구분할 수 있다. 발화 상황의 요소를 표시하는 데 주로 사용되는 많은 용어가 있다. 시간의 경우 now, then, 장소의 경우 here, there, 인칭의 경우 I, you, he, she, we, they가 그것이다. 대명사 I는 말을 하는 사람을 암시하고, here는 화자가 위치하는 장소를 암시하며, now는 말하는 시간을 암시한다. 이러한 직시어가 사용될 때마다 단어의 지시는 변한다. 어떤 경우에는 I가 '존'이지만 다른 경우에는 '질'이다. 어떤 경우에는 존의 집이지만 다른 경우에는 존의 학교이다(here). 시간 지시는 어떤 경우에 4월 22일이지만 다른 경우에는 4월 23일이다(now).

단어만 직시적으로 기능하는 것은 아니다. 시제도 직시 요소로 기능한다. 내가 "나는 당신이 그립다"라고 말할 때, 청자는 말하는 시점에서 그를 그리워하고 있는 것으로 이해한다. 그리고 "나는 당신이 그리웠다"라고 말할 때는 말하는 시점 이전 언젠가에 그를 그리워했다는 것으로 이해한다. 다시 말해, 현재진행 시제와 과거 시제 모두 발화 사건의 시점과 관련해 의미하는 바를 표현한다. 즉, 그 둘 다 직시 요소이다.

일반적으로 말하는 시점과 장소라는 화행 상황은 직시 중심(deictic center)으로 기능한다. 직시 중심이란 그것과 관련하여 발화 사건의 시간과 장소 지시를 이해할 수 있는 시간과 장소이다. 그러나 특정한 경우에는 화행 상황으로 정의되는 것 외에 화자나 청자의 관찰지점이 직시 중심이 될 수도 있다. 영어에서 이동동사 come과 go는 각각 화자의 관찰지점을 채택해서 그쪽으로의 이동이나 그것에서 멀어지는 이동을 가리킨다. 그 용법이 발화 상황에 의존하는 이러한 이동동사는 직시 동사로 알려져 있다. "My parents are coming to my graduation(우리 부모님은 내 졸업식에 올 것이다)"과 "I'm going to my sister's graduation(나는 누이의 졸업식에 갈 것이다)"이라는 두 문장을 보자. 이 두 문장은 화자의 관찰지점을 취하므로 화자는 직시 중심이다. 이것을 그림으로 나타내면 다음과 같다. 이 그림에서 진하게 인쇄된 원은 직시 중심을 암시하고, S는 화자를, H는 청자를 가리킨다.

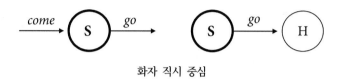

화자 직시 중심

만약 청자가 언급된다면 두 가지 선택권이 있다. "I'm going to your graduation(나는 당신 졸업식에 갈 것이다)"에서처럼 go를 사용할 때 화자는 청자에 상대적으로 자신의 관찰지점을 취한다. 이러한 해석은 중립적으로 들리고, 어떤 경우에는 거의 위협처럼 들리기도 한다. 하지만 "I'm coming to your graduation(나는 당신 졸업식에 갈 것이다)"에서처럼 come을 사용할 때 화자는 청자의 관찰지점을 취한다. 즉, 청자가 직시 중심이 되는 것이다. 물론 이것이 지각에서는 가능하지 않다. 다시 말해, 우리는 우리 자신의 관찰지점 외에 다른 관찰지점을 취할 수 없다. 하지만 우리는 스스로를 다른 사람의 위치에 넣는데, 이는 공감을 하고 정중하게 들리는 효과를 가지기 때문이다. 후자의 문장에서처럼 청자를 직시 중심으로 취하는 상황은 다음 그림으로 나타낼 수 있다.

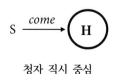

청자 직시 중심

주관성/객관성

관찰지점과 밀접한 관련이 있는 해석의 또 다른 양상은 주관성(subjectivity) 대 객관성(objectivity)이다. 철학에서는 객관성은 '진리'를 암시하고, 주관성은 증명 불가능하고 의심스러운 무언가를 암시한다. 그러나 여기에서 말하는 주관성은 담화에서 회지 지신을 표현히기나 회지의 관점이나 회지의 흔적을 표현하는 것이다.

주관성 대 객관성이라는 해석은 시지각을 참조하면 가장 잘 설명된다. 예를 들어, 안경을 벗고 손에 쥐고 안경 자체를 바라본다고 가정해 보자. 이 경우에, 안경이라는 실체에 대한 관찰자의 지각은 최대의 객관성을 가지게 된다. 즉, 안경이라는 실체는 지각의 도구로 기능하는 것이 아니라 지각 대상으로만 기능한다. 반면에, 안경을 쓰고 다른 사물을 지각할 때는 안경이 관찰자의 의식에서 사라지게 된다. 이 경우에 안경에 대한 관찰자의 지각은 최대한 주관적으로 된다. 즉, 안경은 지각 주체로만 기능한다. 주관성/객관성에 대한 안경 비유는 다음과 같은 그림으로 나타낼 수 있다.

안경 = 지각 대상   안경 = 지각 주체

주관성/객관성에 대한 안경 비유

또 다른 예로 당신이 재밌는 연극을 보면서 객석에 앉아 있다고 생각해 보자. 당신의 주의는 무대로 향하고, 특히 대사를 하는 배우에게 가장 많이 집중될 것이다. 당신이 그 연극에 완전히 빠져 있다면 당신 자신이나 주변을 거의 인식하지 못할 것이다. 이러한 경우에 지각의 주체이자 관찰자인 당신과 지각 대상이자 관찰물 간의 비대칭성은 극대화된다. 관찰 역할의 이러한 비대칭성이 극대화될 때, 관찰 주체는 최대의 주관성으로 해석되고, 관찰 대상은 최대의 객관성으로 해석된다. 주관적 해석은 그 자체가 지각되지 않는 지각 경험의 무대 밖 중심지라는 특징을 갖는다. 그리고 객관적 해석은 관찰에 참여하지 않는 무대 위 주의 중심지를 특징짓는다. 객관적으로 해석되는 실체는 주의를 받기 때문에 주관적으로 해석될 때보다 확실히 더 두드러진다.

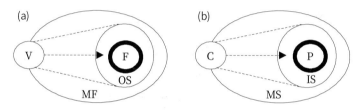

주관성/객관성에 대한 무대 공연 비유

그림 (a)에는 지각 주체라는 관찰자인 V(viewer)가 있다. 한 시점에서 관찰자는 특정한 방향을 향하고 있으면서 최대 시야(MF; maximal field of view)를 결정한다. 최대 시야에는 희미하게 지각되는 주변부와 강한 지각력이 있는 중심부가 있다. 주변부에는 관찰자가 위치하고, 중심부에는 무대 위 지역 OS(on-stage region)가 있다. 이곳은 일반적인 주의 초점을 받는 곳이다. 더 중심부로 들어가면 초점인 F(focus)가 있다. 초점은 지각 대상이라고도 한다. 점선 화살표는 관찰자와 초점 사이의 지각 관계를 나타낸다. 그림 (b)는 개념적 형상을 나타낸 것이다. 개념화자인 C(conceptualizer)가 있다. MS는 최대 범위(maximal scope)로서, 이것은 우리가 특별하게 주의를 기울이는 중심부와 어렴풋하게 인식하고 있는 주변부 둘 다를 포함하는 개념화에 대한 완전한 내용을 구성한다. 중심부는 직접 범위(immediate scope)인 IS를 구성한다. 개념 대상인 특별한 주의 초점은 윤곽이라고 부른다. 점선 화살표는 해석 관계를 나타낸다.

해석의 주관성은 여러 가지 모양으로 나타난다. 첫째, 화자는 화행 상황의 부분으로서 직시 대명사에 의해 자신을 정의한다. 어머니가 아이에게 말을 하는 다음 두 문장인 "나에게 거짓말하지마!"와 "네 엄마에게 거짓말하지마!"를 비교해 보자. 앞 문장은 주관적 해석을 표상하는 반면, 뒤 문장은 화자가 화행 사건과 독립해서 자신을 객관적으로 정의하는 객관적 해석을 표상한다.

둘째, 화자가 아닌 실체도 주관적 방식으로 제시될 수 있다. 예를 들어, 우리는 사진을 보면서 "맨 위 열에 있는 것이 나야"라고 말한다. 여기에서 일인칭 직시 대명사가 사용되고 있지만, 그것은 화자가 아니다. 대명사 '나'를 사용함으로써, 우리가 이해하고 있는 상황의 한 요소를 발화 사건의 한 요소로 바꾼다. 이것은 주관화(subjectification)[4]의 또 다른 형태이다.

셋째, 상황에 대한 해석이 장면을 기술할 때 발화 사건의 요소(주관적 해석)가 이용되는지 또는 객관적 요소(객관적 해석)가 이용되는지에 달려 있는 때도 있다. 예를 들어, "Vanessa is sitting across the table from Veronica(바네사는 베로니카로부터 탁자 건너편에 앉아 있다)"와 "Vanessa is sitting across the table from me(바네사는 나로부터 탁자 건너편에 앉아 있다)"라는 두 문장을 비교해 보자. 앞 문장은 객관적 해석의 경우로서, 이 장면에서 바네사를 공간적으로

---

4   주관화란 언어학, 철학, 사회학 등 다양한 분야에서 주관적 경험, 감정 또는 관점이 언어, 문화, 사회 구조에 내면화되고 내재화되는 과정을 설명하기 위해 사용되는 용어이다. 주관적 경험을 객관적 현실로 전환하여 개인이 주변 세계를 인식하고 상호작용하는 방식을 형성하는 것을 포함한다.

관련시키기 위해 (발화 사건의 요소가 아닌) 외부 상황의 한 요소(베로니카)가 이용된다. 그러나 뒤 문장은 주관적 해석으로 이렇게 한다. 즉, 바네사는 발화 사건의 한 요소(me)와 관련해 공간적으로 위치하고 있다.

5.6. 구성/게슈탈트

해석의 마지막 범주는 장면 내의 실체와 사건의 전체 구조를 이해하기 위해 사용하는 작용을 포함한다. 이 범주에는 구조적 도식화, 힘역학, 관계성이라는 세 가지 작용이 있다.

구조적 도식화

구조적 도식화(structural schematization)는 장면 내의 실체들이 개별화되는지 아닌지에 관한 것이다. 대부분의 목적으로 모자, 의자, 별, 낙엽은 개별화되거나 한정적 실체로 해석된다. 이것들은 시공적 실재에서 개별화된 실체로 간주된다. 사물을 이러한 방식으로 개념화할 때, 그것은 가산명사로 부호화된다. 이와 대조적으로, 개별화되지 않는 것으로 범주화되는 사물은 비한정적 실체이다. 전형적인 예로는 먼지, 물, 소금 등이 있다. 이런 실체는 질량명사로 부호화된다.

한정적 실체를 지각할 때, 그것은 '다중 한정적 실체'로 해석될 수 있다. 다중 한정적 실체는 언어에서 복수 가산명사로 나타난다. 따라서 우리는 모자들, 의자들, 별들 등에 대해 이야기한다. 그러나 한정적 실체를 비한정적 실체로 해석할 수도 있다. 예를 들어, 많은 낙엽을 보고 foliage라고 부를 수 있다. 단어 foliage(잎)는 비한정적인 질량명사이다. 유사하게, 의자, 탁자 등의 몇몇 실례를 가구로 간주해서, 그것들을 질량명사 furniture(가구)로 부를 수 있다.

한정적 실체로 개념화되는 한정적 실체와 비한정적 실체로 개념화되는 한정적 실체(질량명사가 초래됨) 사이에 흥미로운 차이가 있다. 가구와 잎 같이 많은 한정적 실체를 비한정적 실체로 개념화하는 것은 엉성한 해석을 암시하지만, 낙엽, 의자, 탁자 같이 집합적으로 간주되는 많은 한정적 실체의 개념화는 미세한 해석을 암시한다. 요약하자면, 다중 한정적 실체를 질량으로 간주하는 것은 개별 실체의 개념화에 전형적인 많은 상세함을 무시하는 것이다.

다중 한정적 실체는 단수 한정적 실체로 해석될 수도 있다. 예를 들어, 팀이나 정부는 다중 한정적 실체들로 구성되어 있으며, 우리는 그것을 하나의 단위로 개념화한다. 다중 한정적 실체를 하나의 단위로 개념화함으로써 team이나 government 같은 단수 가산명사가 발생한다.

흥미롭게도, 한정-비한정 구분은 실체만이 아니라 상태를 분석하는 데까지 확장될 수 있다. "He is silly(그는 어리석다)"와 "He is being silly(그는 어리석어지고 있다)"라는 두 문장에서 단순현재 시제와 현재진행 시제 사용 간의 차이는 한정-비한정 구분으로 설명된다. 앞 문장에서처럼 단순현재 시제는 상황을 비한정적인 것으로 해석함을 암시하고, 뒤 문장에서처럼 현재진행 시제는 상황을 한정적인 것으로 해석함을 암시한다. 이것은 단순현재가 상태 주위에 아무런 시간적 경계를 긋지 않지만, 현재진행은 상태가 발화 사건의 지금과 관련해 시간적 경계를 가지는 것으로 제시한다는 것을 뜻한다.

영상도식과 힘역학

인간은 태어나면서부터 둘 이상의 감각을 사용하여 어떤 공간적 형상을 반복해서 경험한다. 예를 들어, 아기는 그릇을 보고 손으로 만지면서 스스로를 음식을 담는 그릇으로 경험할 수도 있다. 아기는 사물이 한 장소에서 또 다른 장소로 이동하는 것을 보고 그러한 움직임을 느끼며, 길 수 있을 때 몸을 한 장소에서 또 다른 장소로 옮긴다. '포함'과 '이동' 등의 경험은 다중 감각으로 수집되고, 그런 다음 이러한 감각들로부터 추상되므로, 아이들은 그것을 보든 만지든 듣는 것과는 상관없이 포함이나 이동을 인식할 수 있다. 포함과 이동 같은 추상을 영상도식(image schema)이라고 부른다. 영상도식은 우리의 경험에 일관성과 구조를 제공하는, 우리의 지각적 상호작용과 근육운동 프로그램의 반복적인 동적 패턴으로 정의된다. 그리고 우리가 몸으로 하는 반복적인 상호작용적 경험은 언어적 의미뿐만 아니라 개념화, 추론 등의 기초 역할도 한다.

영상도식은 단 하나의 감각 양식과는 독립적으로 공간적 형상을 나타내는 간단한 인지 구조이다. 예를 들어, 포함 도식은 내부와 외부가 있는 한정된 지역을 나타내고, 사물은 그 내부와 외부로 들어가고 나올 수 있다. 경로 도식은 사물이 한 장소에서 또 다른 장소로 이동할 때 그것이 따를 수 있는 궤도를 포함한다. 연결 도식은 연결된 두 개의 사물을 포함한다.

힘역학(force dynamics)은 영상도식의 한 가지 유형이다. 힘역학적 상호작용에서는 서로에게 영향을 미치는 두 실체를 구별할 수 있다. 하나는 일반적으로 자아에 대응하는 '주힘(agonist)'이고, 다른 하나는 감정이나 감정의 원인에 대응하는 '반힘(antagonist)'이다. 힘역학은 사건의 개념화에서 사용되는 인지 작용으로 간주된다. 어떤 사건을 해석할 때마다, 상황 속에 있는 힘들의 상호작용을 해석한다. 주힘과 반힘이라는 개념은 동일한 상황에서 한 실체가 다른 실체에 어떻게 영향을 미치거나 미치지 않는지를 논의할 때 유익하다. 반힘은 어떤 다른 실체가 정지나 활동이라는 힘 성향을 바꾸도록 하는 실체이다. 힘 성향을 바꾸게 되는 실체는 주힘이다. 주힘은 정지하거나 활동 또는 이동하고자 하는 힘 성향을 가지지만, 반힘은 주힘에게 변화(정지나 이동)를 초래하는 힘 성향을 가진다.

영상도식은 의미뿐만 아니라 우리의 추론에서 추리 패턴도 한정하고 제약하기 때문에 이데올로기를 밝히는 데 역할을 한다. 여기에서는 다양한 영상도식이 있지만 공간, 이동, 힘, 행동이라는 네 가지 폭넓은 영상도식에 집중해서 영상도식과 이데올로기의 관련성을 밝혀볼 것이다. 공간 도식은 그릇 도식, 수직성 도식, 가까움-멂 도식, 접촉 도식을 포함힌다. 이동 도식은 근원지-경로-행선지 도식과 운동량 도식을 포함한다. 힘 도식은 인과성과 허용의 개념을 구성하는 다양한 힘역학적 도식을 통합한다. 마지막으로, 행동 도식은 행동 연쇄를 포함한다.

화자는 실체와 사건을 특별한 유형과 내적 구조를 가진 것으로 해석하기 위해 이용 가능한 영상도식의 집합으로부터 선택한다. 다양한 영상도식마다 위상적·관계적 특성이 서로 달라서 서로 다른 함의를 발생시키기 때문에, 담화에서 영상도식의 특별한 선택은 서로 다른 이데올로기적 효과를 달성한다.

크리스토퍼 하트(Christopher Hart)는 2011년에 발표한 논문 「이민 담론의 힘 상호작용적 패턴」에서 이민의 물리적·정치적·법률적 차원을 해석하기 위해 이민 담화가 어떻게 힘역학적 도식을 이용하는지를 보여준다. (1)과 (2)를 고려해 보자.

(1) It's estimated that between 1,000 and 1,200 asylum seekers are <u>coming into the country</u> every month.(1천 명과 1천 2백 명 사이의 망명 신청자들이 매달 이 나라로 들어오고 있는 것으로 추정된다.) (『더 미러』, 2002년 5월 10일자)

(2) Downing Street acknowledge that illegal immigration was an issue because of growing frustrations over the stream of people <u>getting into Britain</u> from France through the Channel tunnel.(다우닝가는 프랑스로부

터 채널 터널을 통해 영국으로 들어오는 사람들의 흐름에 대한 증대하는 좌절 때문에 불법 이민이 문젯거리였다는 것을 인정했다.) (『데일리 텔레그래프』, 2000년 5월 21일자)

(1)에서 화자는 이동 도식을 선택해서 이민의 물리적 과정을 해석한다. 이 도식은 탄도체(이민자)가 이동 경로를 따라 지표(영국)로 이동하는 것으로 구성되어 있다. 이와 대조적으로, (2)는 이 문맥에서 getting의 의미에 의지해서 힘역학적 해석을 부호화한다. 여기에서 이민자는 주힘, 즉 탄도체의 역할을 맡는다. 하지만 반힘이라는 두 번째 능동적인 참여자가 있다. 여기에서 반힘은 암시적이지만 이민에 대한 물리적 장애물로 해석될 수 있다. (1)과 (2)로 환기되는 두 개의 대안적 도식은 각각 다음 그림으로 나타낼 수 있다.

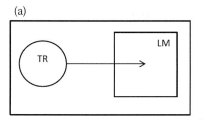 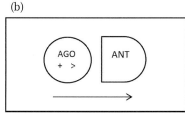

이동 도식(a)과 힘 도식(b)

그림 (a)에서 화살표는 자유로운 이동을 가리킨다. 이와 대조적으로, 그림 (b)에서 화살표는 주힘과 반힘이라는 두 실체 간의 힘 상호작용의 결과를 나타내는데, 여기에서 반힘은 주힘의 이동을 제약하려고 하지만, 주힘이 더 강한 실체(+)이기 때문에 부과된 제약을 극복하거나 피한다.

힘역학으로 사람들의 이동을 도식화하게 되면 반힘과 주힘이 서로 맞붙는 이원적 대립이 구축되므로, 이것은 '우리' 대 '타자' 이데올로기 구조의 원인이 된다. 참여자들이 어떤 특별한 역할을 맡는지에 대해 다른 이데올로기 차원이 있다. (2)에서처럼 이민자를 내재적인 행동 성향을 가진 주힘의 역할을 맡도록 하면, 그들은 힘 상호작용의 선동자로 묘사된다. 다른 한편, 반힘은 단순히 현상을 유지하는 것으로 간주된다. 더욱 수사학적으로, 힘역학적 해석은 이민을 막아야 하고, 반힘의 충돌 힘을 극복하거나 피할 때 이민자들이 불법으로 행동하고 있다는 것을 전제하는 것이다.

정치 시위에 대한 언론 묘사에서 영상도식의 이데올로기 효과를 볼 수 있다. 예를 위해 (3)과 (4)를 고려해 보자.

(3) A number of police officers were injured after they <u>came under attack from</u> youths, some wearing scarves to hide their faces.(많은 경찰관은 일부가 얼굴을 가리기 위해 스카프를 두른 젊은이들로부터 공격을 받은 뒤에 상처를 입었다.) (『더 타임스』, 2010년 11월 10일자)

(4) Activists who had masked their faces with scarves traded punches with police.(스카프로 얼굴을 가린 시위자들은 경찰과 서로 주먹을 교환했다.) (『가디언』, 2010년 11월 10일자)

(3)에서 참여자들 간의 상호작용은 규범적 행동 연쇄에 의해 해석된다. 이 행동 연쇄에는 에너지 흐름상 상류에 있는 행위자(A)로부터 하류에 있는 수동자(P)로 진행되는 에너지 전이가 있다. 힘역학적 해석에서처럼, 참여자들에게 할당되는 역할에는 이데올로기적 차원이 있다. 2010년 영국 학생 등록금 시위 운동의 인터넷 언론보도에 관한 크리스토퍼 하트의 2013년 논문「문법을 통한 문맥 구성하기」에서 제시한 사례연구를 참조하면, 규범적 행동 연쇄에서 시위자들이 행위자로 표상되고 경찰은 수동자로 표상될 가능성이 크다. 경찰이 행동 사건에서 행동 주체로 해석될 때, (4)에서처럼 규범적인

비대칭적 행동 연쇄라기보다는 상호적 행동 연쇄에 있을 것 같다. (3)과 (4)에서 환기되는 대안적 해석은 각각 다음 그림으로 나타낼 수 있다.

(a) 비대칭적 행동 도식   (b) 상호적 행동 도식

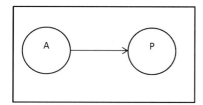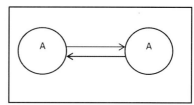

행동 도식

그림 (a)에서 화살표는 에너지가 행위자(에너지 흐름의 근원)로부터 수동자(에너지 흐름의 목표)로의 에너지 전이를 시사한다. 하지만 그림 (b)에서는 에너지 흐름이 양방향적이다. 각 참여자는 근원이면서 동시에 목표이므로 둘 사이에 행위성이 할당된다. 이데올로기적으로, 경찰과 시위자들 간의 상호작용을 상호적 행동 연쇄로 해석하는 것은 폭력적인 맞닥뜨림에 대한 책임을 공동으로 할당하는 역할을 한다. 따라서 폭력적인 상호작용에서 경찰에게 행위성이 할당될 때 그들의 관여는 공동 책임성의 결과로 완화된다.

동일한 사례연구에서 경찰 행위성이 힘 또는 이동 도식으로 해석되어 폭력에서 그들의 입장이 십중팔구 합법화되거나 완화된다는 것이 발견되었다. (5)와 (6)을 고려해 보자.

(5) The 20 officers lining the route at Millbank faced an impossible task of trying to hold back thousands of demonstrators.(밀뱅크의 도로에 정렬하고 있는 20명의 경찰관은 수천 명의 시위자를 저지해야 하는 불가능한 임무에 직면했다.) (『데일리 메일』, 2010년 11월 10일자)

(6) About 50 riot police moved in just after 5 pm.(약 50명의 폭동진압 경찰은 단지 오후 5시 이후에 들어왔다.) (『인디펜던트』, 2010년 11월 10일자)

(5)에서 화자는 경찰은 반힘의 역할을 맡고, 시위자는 주힘의 역할을 맡도록 하는 힘역학적 도식을 선택한다. 따라서 이것은 시위자가 법의 잘못된 면에 있는 것으로 간주되고, 저지하지 않는다면 점거할 힘이나 폭력의 선동자로 제시되는 대립 관계를 구축한다. 이와 대조적으로, (6)에서 경찰은 도덕적 질서의 옹호자라는 영웅적인 역할로 제시된다. (6)으로 환기되는 도식은 다음 그림으로 나타낼 수 있다.

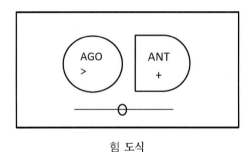

힘 도식

이 힘 도식에서, 반힘은 주힘이 내재적 힘 성향(>)을 실현하지 못하도록 막아서 평형상태(O)를 유발할 수 있는 더 강한 실체(+)이다. 근원에서 목표로의 에너지 전이는 없지만, 문제가 되는 것은 두 참여자 간의 힘의 균형이다. 이러한 문맥에서 해석은 경찰 행동을 완곡하게 이동으로 제시하는 역할을 한다. 화살표는 그 목적지가 참여자(수동자)가 아니라 위치(목표)인 에너지 전이라기보다는 이동의 경로를 가리킨다. 경찰과 시위자 간의 행위성 해석에서 비대칭성은 현재의 사회 질서가 정당화되고, 시민 행동은 일탈적이므로 정당화되지 않는 이데올로기를 담고 있다.

관계성

실체는 관계적인 것과 비관계적인 것으로 나뉘는 관계성(relationality)의 특징을 가진다. 관계적 실체는 본래 다른 실체의 존재를 암시한다. 예를 들어, '달리다'와 같은 동사 개념은 '달리는 사람'을 참조하지 않고서는 떠올릴 수 없다. 그러나 비관계적 실체는 다른 실체를 참조하지 않는다. 예를 들어, '식탁'과 같은 명사 개념은 또 다른 개념을 참조하지 않고도 떠올릴 수 있다. 이처럼 실체가 개념적으로 자립적인 것으로 해석하는 것은 명사라는 문법 범주를 유발한다. 실체들이 관련이 있는 것으로 해석하는 것은 동사, 수식어, 전치사라는 문법 범주를 유발한다. 이 범주들은 실체들이 개념적으로 자립적이지 않다는 것을 암시한다. 한 예로 "단거리 주자들은 빨리 달린다"라는 문장을 보자. 명사 '단거리 주자들'은 개념적으로 자립적인 실체로 해석되는 반면, 동사 '달린다'와 수식어 '빨리'는 개념적으로 비자립적인 것으로 해석된다. 일반적으로, 동사와 수식어, 명사는 다음과 같이 특징지을 수 있다. 동사는 관계적이며 순차적으로 주사되는, 즉 시간적인 것으로서 해석되는 개념적 실체이고, 수식어는 관계적이며 요약적으로 주사되는, 즉 비시간적인 것으로서 해석되는 개념적 실체이며, 명사는 비관계적이며 요약적으로 주사되는, 즉 비시간적인 것으로서 해석되는 개념적 실체이다.

이러한 특징부여는 개념적 실체들의 관계성과 그것들을 정신적으로 훑어보는 특별한 방법(순차주사 대 요약주사) 모두를 이용한다. 개념적으로 자립적인 실체는 사물이지만, 개념적으로 의존적인 실체는 관계이다. 후자는 시간에서 일어나는 과정이다. 명사와 동사라는 두 가지 품사는 각각 사물과 관계에 대응한다.

제2부

과학적 상상력

6.1. 은유의 정의와 역사

은유(隱喻)의 한자를 풀이해 보면, '숨기다, 가리다, 비밀로 하다, 속에 넣어두다'를 뜻하는 隱과 '깨우치다, 깨닫다'를 뜻하는 喻가 결합하여, 그 전체 뜻이 '무언가를 숨겨서 숨어있는 무언가를 깨닫게 한다'라는 것임을 알 수 있다. 영어 metaphor는 16세기 고대 프랑스어 métaphore에서 파생되었고, 이는 다시 라틴어 metaphora('운반하다')에서 파생되며, 이는 다시 고대 그리스어 μεταφορά(metaphorá)('전이하다'), μεταφέρω(metapherō)('운반하다', '전이하다'), 즉 μετά(meta)('지나서, 가로질러') + φέρω(pherō)('운반하다')에서 파생되었다. 이러한 역사적 파생 과정을 종합하면, 영어 metaphor는 '가로질러'를 뜻하는 meta와 '운반하다'를 뜻하는 phora의 결합으로서 '가로질러 운반하다 또는 전이하다'를 뜻한다.

이러한 뜻을 가진 은유는 "내 마음은 호수이다"에서 고요한 내 마음을 잔잔한 호수에 빗대어 표현한 것과 같이 이해하기 어려운 추상적 개념(마음)을 이해하기 쉬운 구체적 개념(호수)의 특성에 간접적으로 빗대어 표현하는 비유법이다. 은유의 형태는 'A=B'이지만, 은유의 의미는 'A×B'이다. 즉, 은유의 두 개념은 완전히 동일한 것이 아니라 부분적으로 유사하고, 그러한 유사성도 처음부터 존재했던 것이 아니라 은유로 사용되면서 창조되는 유사성이다. 즉, 은유는 사물이나 행동이나 사건을 문자적으로 참이 아닌 방식으로 기술하지만, 어떤 생각을 설명하거나 비교하는 비유법이다. 은유는 한 가지 유형의 상징으로서, '아닌 것을 그렇다'라고 말하는 방법이다. 은유는 두 개의 사물을 'A is B'의 형식으로 동일시한다. 이는 이 둘이 실제로 같기 때문이 아니라 비교나 상징을 위해 동일시할 뿐이다. 그리고 은유가 글자 그대로는 참이 아니므로, 은유를 문자적으로 받아들이면 매우 이상하게 들린다. 그래서 은유는 시와 문학에서 사용되고, 사람들은 자기가 하는 말에 색채감을 더하기 위해 은유를 사용하기도 한다.

은유가 20세기에 언어학과 인지과학에서 자립적인 연구 대상이 되기 전에, 은유에 관한 관심은 서양철학에서 아리스토텔레스(Aristoteles; 기원전 384년~322년)로부터 시작한다. 아리스토텔레스는 『시학』과 『수사학』에서 은유를 다루었다. 아리스토텔레스는 은유가 두 영역 모두에 속하는 것으로 보면서, 설득적 논증의 기술(수사학)과 예술적 창의성의 연구(시학) 간의 경계선에서 모호한 태도를 보인다. 아리스토텔레스에 따르면, 은유란 유(類; genus)에서 종(種; species)으로, 종에서 유로, 종에서 종으로, 또는 유추(類推)에 의해 어떤 사물에다 다른 사물에 속하는 이름을 전용(轉用)하는 것이다. 종은 유의 하위 집합이다. '유에서 종으로 전용한 은유'의 예는 문장 "My ship stands here(여기 내 배가 서 있소)"이다. 아리스토텔레스가 주장하듯이 '정박하는 것'은 '서 있는 것'의 한 가지 방법이므로 동사 stands는 은유로서, 특정한 것(종)(정박하기)을 일반적인 것(유)(서 있기)으로 교체한다. '종에서 유로 전용한 은유'의 예는 "Truly ten thousand noble deeds Odysseus done(오디세우스는 실로 만가지 선행을 행했소)"이다. 즉, 'ten thousand'는 'many'의 특별한 한 형태로서, 'many' 대신에 사용되고 있다. '종에서 종으로 전용한 은유'의 예는 "drawing off the life with bronze(청동으로 생명을 퍼내면서)"나 "cutting off [streams of water?] with unwearied bronze [vessels?](닳지 않는 청동으로 베면서)"이다. 여기에서 '퍼내다'는 '베다'는 뜻으로, '베다'는 '퍼내다'는 뜻으로 사용되는 데, 이는 둘 다 무엇을 '제거하는 것'을 의미한다. 유추에 의한 전용의 예는 "The wine cup is to Dionysus as the shield is to Ares(와인 잔과 디오니소스의 관계는 방패와 아레스의 관계와 같다)"이다. 유추에 의한 전용은 A에 대한 B의 관계가 C에 대한 D의 관계와 같을 때 가능하다. 그럴 때는 B 대신 D를, D 대신 B를 말할 수 있기 때문이다. 이 예에서 잔(B)과 주신 디오니소스(A)의 관계는 방패(D)와 전쟁의 신 아레스(C)의 관계와 같다. 따라서 잔은 '디오니소스의 방패'(A+D)라 하고, 방패는 '아레스의 잔'(C+B)이라 할 수 있다.

20세기에 신비평(New Criticism)[1]을 설립한 영국의 문학 비평가인 리처즈(I. A. Richards; 1893~1979)도 1936년에 출간한 『수사학의 철학』에서 제시한 영향력 있는 은유 설명에서 수사학과 시학을 결합한다. 리처즈는 취의(tenor), 매체(vehicle), 배경(ground)을 구분한다. 취의는 비교의 목표이고, 매체는 취의가 비교되는 것이고, 배경은 취의와 매체가 공통으로 가지는 것이다. 예를 들어, 파버르의 소설에서 나오는 "the grey soup of the rain(비의 회색 수프)"에서 '비'는 취의이고, '수프'는 매체이며, 배경은 이설리의 자동차에서 보이는 억수 같이 내리는 비의 잿빛과 두꺼움이다. 리처즈의 은유 설명은 문학적

---

1   신비평은 실증주의적인 문학 연구의 한계를 지적하고 문학작품, 특히 시 작품 자체만을 분석하고 평가하는 비평 이론이다. 신비평의 첫 번째 특징은 문학 비평을 문학의 정치적·사회적 영향, 관념사, 사회적 배경, 또는 원천에 관한 연구로부터 구별된 것으로 인식하는 것이다. 신비평은 과거의 문학이 강조한 작가의 정신과 개성 또는 다양한 독자의 반응보다는 오히려 문학작품의 구조를 파헤치고자 한다. 두 번째 특징은 문학의 유기론을 세우려는 확고한 신념에서 찾을 수 있다. 작품의 분석, 곧 단어 상호 간의 관계라든지 의미의 세부에 걸친 파악, 작품의 행과 행, 연과 전체가 갖는 연관성을 파악하는 데 힘쓴다. 이것은 작품의 총체적 뜻을 올바르게 파악하려는 방법이다.

은유의 기초가 되는 심리적 과정과 해석적 과정에 집중한다. 리처즈는 모든 사고가 은유적이고, 은유적 의미가 항상 문맥에 의존한다고 주장한다.

은유 연구에 대한 또 다른 중요한 이정표는 프랑스의 철학자 폴 리쾨르 (Paul Ricoeur; 1913~2005)가 1977년에 출간한 『은유의 법칙』이다. 리쾨르는 소쉬르 언어학에서부터 언어철학과 문학 이론에 이르기까지 다양한 근원에 의지하면서 자신의 은유 개념을 문학적 모방(litcrary mimcsis)[2]의 해석학적 설명으로 고정한다. 리쾨르가 보기에, 은유는 단순히 장식을 위한 언어적 장치가 아니라 우리가 세상을 이해하는 근본적인 메커니즘이며, 더 나아가 현실을 재기술하는 소설의 힘을 담화가 폭발시키는 수사적 과정이다. 허구적 표상은 세계와 인간 행동의 기존 개념을 반영할 뿐만 아니라, 허구적 세계라는 가상의 영역을 발생시킴으로써 새로운 원근법을 드러내고 그렇게 해서 실재에 대한 우리의 이해를 풍부하게 한다. 실제 세계에 대한 이러한 '재기술' 또는 '재형상화'는 더 작은 척도에서 목표(취의)를 새로운 예상 밖의 각도(매체)에서 제시하여 달성할 수 있다. 이처럼 리쾨르는 은유가 문학적 모방의 영역 내에서 작동하며, 상상적이고 상징적인 표현을 통해 현실에 대한 우리의 이해를 풍부하게 하고 확장한다고 제안한다. 문학은 단순히 현실을 반영하는 것이 아니라 은유를 통해 현실을 초월하고 변형하여 인간 경험에 대한 새로운 관점과 통찰을 제공한다.

영미의 문체론에서도 은유와 문학적 언어 간의 연결에 주의를 기울인다. 예를 들어, 믹 쇼트(Mick Short; 1947~)의 은유 설명은 문체적 전경화(stylistic foregrounding)라는 개념과 관련이 있다. 이는 문학 텍스트에서 비관습적인

---

2   리쾨르는 문학이 현실을 모방하거나 재현한다는 아리스토텔레스의 미메시스(모방) 개념을 처음에 빌렸다. 아리스토텔레스에 따르면, 문학은 세계를 반영하여 예술적 표현을 통해 우리의 경험을 이해하고 해석할 수 있게 해 준다. 리쾨르는 인간의 조건과 우리 주변의 세계를 반영하는 표현 방식으로서 문학의 모방 기능을 인정한다.

언어의 사용이다. 은유는 문자적 언어 사용의 기초가 되는 언어적 규범에서 벗어난 의미적 일탈로 정의되므로 뛰어난 전경화 장치이다. 문체론에서는 문학 텍스트의 언어적 기술이 복잡한 의미의 구성으로서의 해석을 선행하고 그것에 토대를 제공해야 한다고 가정한다. 따라서 문체론은 은유적 언어가 시와 산문 소설 모두에서 해석적 판단과 상호작용한다고 단정한다.

레이코프와 존슨(Lakoff & Johnson)이 1980년에 출간한 『삶으로서의 은유』로 인해 1980년대에는 은유에 대한 새로운 관심이 급상승했다. 심리학과 철학에서 비롯된 이러한 움직임은 은유를 언어에서 구체적인 은유 표현의 기저가 되는 개념적 장치, 즉 인지 과정으로 간주한다. 이러한 인지적 전환으로 은유가 수사학과 시학에서 분리되는 계기가 마련된다. 이제 은유는 문학적 장치라는 인식에서 벗어서 인간의 사고방식의 한 가지 유형, 즉 신체화된 인지의 한 가지 구현으로 인식되기 시작한다. 은유(隱喩)의 한자에서 풀이했듯이, '숨기다, 가리다, 비밀로 하다, 속에 넣어두다'를 뜻하는 隱은 은유가 우리가 의식하지 못하는 곳에 숨겨져 있고 비밀로 되어 있다는 것을 암시한다. 그래서 은유는 언어적이기 이전에 개념적이고 무의식적이며 인지적인 것으로 우리의 몸과 뇌 속에 은밀하게 자리잡고 있다. 그리고 '깨우치다, 깨닫는다'를 뜻하는 喩는 은밀하고 무의식적으로 숨어있지만, 은유가 무언가를 알게 하는 인식 작용임을 암시한다. 결국 은유는 개념적 은유(conceptual metaphor)이다.

6.2. 은유의 성격

은밀한 삶을 사는 은유

은유는 은밀한 삶을 살면서 우리에게 깨우침을 준다. 우리는 거의 매일 은유를 사용한다. 기의 '매일'이라는 말을 통계상으로 말하면 우리는 1분에 약 여섯 개의 은유를 사용한다. 우리가 사용하는 은유이든 상대방이 사용하는 은유이든, 우리 주변에는 은유가 널리 퍼져 있지만 우리는 이것이 은유라는 것을 거의 알아차리지 못한다. 이렇게 은유는 우리 삶에서 '은밀한 삶'을 살고 있다. 은유의 이러한 편재성은 레이코프와 존슨이 1980년에 출간한 『삶으로서의 은유』(Metaphors We Live By)의 책 제목에서 잘 암시된다. 이 제목을 그대로 번역하면 '우리가 곁에서 사는 은유' 또는 '우리가 가까이에서 사는 은유' 또는 '우리가 더불어 사는 은유' 정도가 될 것이다.[3] 레이코프와 존슨은 이러한 은유를 언어적 층위가 아닌 개념적 층위에서 정의하면서 '개념적 은유'라고 부른다. 우리가 실제로 사용하는 언어적 은유를 가능하게 하는 추상적이고 무의식적인 개념적 은유가 우리의 뇌에 배선처럼 깔려 있다는 것이 그들의 주장이다. 이제 은유는 언어적 장식이 아닌 사고방식으로서의 은유, 인지로서의 은유, 신체화된 인지로서의 은유, 과학적 상상력으로서의 은유이다. 그리고 이러한 은유적 사고방식은 우리 스스로와 주변 세계, 그리고 타자를 이해하는 데 본질적인 힘을 가지고 있다.

엘비스 프레슬리(Elvis Presley; 1935~1977)의 「완전히 뒤섞기」(All Shook Up)라는 노래가 있다. 이 노래는 사랑 노래이지만, 관념이나 정서, 느낌, 개념,

---

3   나익주/노양진 선생님은 이 책을 우리말로 번역하면서 책 제목을 『삶으로서의 은유』라고 옮겼다. 이 책 제목은 전체 책 내용을 적절히 반영하고 있다.

사고 같은 추상적 생각을 묘사할 때마다 반드시 은유에 의지한다는 것을 잘 보여준다. 다음은 이 노래 가사 중 은유를 뽑은 것이다.

> 그녀가 내 손을 만졌을 때, 나는 오한을 느꼈다.
> 그녀의 입술은 뜨거운 화산 같았다.
> 그녀는 나의 자랑스러운 미나리아재비
> 나는 사랑에 빠졌다. 나 완전히 뒤섞여.

이 노래에서 그녀의 손길은 손길이 아니라 오한이고, 그녀의 입술은 입술이 아니라 화산이며, 그녀는 인간으로서 여성이 아니라 미나리아재비이고, 사랑은 사랑이 아니라 완전히 뒤섞인 상태나 조건이다. 엘비스 프레슬리는 사랑을 이렇게 묘사하면서 은유에 대한 아리스토텔레스의 정의를 따르고 있다. 그 정의란 은유가 '한 실체에 어떤 다른 것에 속하는 이름을 주는 과정'이라는 것이다. 이것은 'A=B'라는 수학 방정식처럼 보인다. A와 B라는 전혀 다른 두 실체를 같은 것으로 등식화하고 있다.

윌리엄 셰익스피어(William Shakespeare; 1564~1616)는 『로미오와 줄리엣』의 유명한 대사에서 "줄리엣은 태양이다"라는 은유를 사용한다. 이 은유는 아리스토텔레스의 시학 공식에서 '줄리엣=태양'이라고 적을 수 있다. 여기에서 셰익스피어는 한 실체(줄리엣)에 어떤 다른 것에 속하는 이름(태양)을 준다. 이것을 레이코프와 존슨이 사용하는 용어로 표현하자면, '한 실체'는 은유의 목표영역(target domain)이고, 그 실체가 이름을 따오는 '다른 어떤 것'은 근원영역(source domain)이다. 우리는 은유를 사용할 때, 즉 한 사물에 다른 것에 속하는 이름을 부여할 때, 다른 것의 전체 근원영역의 망 중에서 그 사물에 대한 묘사에 적절한 부분을 목표영역으로 사상한다.

은유를 사용하지 않고 그냥 문자적으로 사물을 묘사할 수 있을 텐데, 왜 은유를 사용하느냐는 질문이 제기된다. 즉, "줄리엣은 눈이 부실 정도로 아름다워 감히 똑바로 쳐다볼 수가 없다"라고 글자 그대로 묘사해도 되는데, 왜 "줄리엣은 태양이다"라는 은유를 사용하는가? 문자적 표현과 은유를 비교해 보면 은유는 짧고 문자적 표현은 길다. 이러한 점에서 은유는 문자적 표현보다 경제성과 효율성이 크다. 하지만 이보다 더 중요한 것은 은유는 문자적 표현보다 추상적 개념을 더 생생하게 묘사하여 이해도를 더 높인다는 것이다. 은유는 듣는 사람에게 구체적인 대상, 즉 근원영역의 이미지를 머릿속에 떠올려준다. 그리고 그 구체적인 이미지는 추상적 개념인 목표영역을 이해하는 데 결정적인 역할을 한다.[4] 이것이 은유의 매력이다.

뒤섞기로서의 은유

은유는 우리 생활에 널리 퍼져 있지만 은밀하게 숨어있다. 은유를 찾기 위해서는 주변의 단어를 꼼꼼히 들어야 봐야 한다. 시인 랠프 월도 에머슨(Ralph Waldo Emerson; 1803~1882)은 언어를 '화석이 된 시(fossil poetry)'라고 묘사했고, 더 나아가 그전에 언어는 '화석이 된 은유'였다고 말한다. 사실 언어를 화석이 된 시라고 하든 화석이 된 은유라고 하든 이 둘은 거의 같은 것을 의미한다. 흔히 시는 은유적이다. 그래서 시와 은유는 같은 것으로 봐도 큰 무리가 없다. 중요한 것은 우리가 지금 사용하는 언어가 글자 그대로의 문자적인 언어가 아니라 처음에는 시나 은유였으며, 지금은 반복적으로 사용되어 그 시나 은유가 화석처럼 굳어 있는 시나 은유라는 것이다. 그리고

4 　나는 학생들에게 어떤 내용을 설명할 때 흔히 말을 사용한다. 말로 설명했는데도 이해를 못하면 그림을 그려 추가로 설명한다. 그러면 학생들의 표정에서 어느 정도 이해했다는 것을 감지할 수 있다. 그런데 그림으로도 이해를 못하면 포기하고 넘어간다. 그렇다, 시각적 표상은 이해도를 높이는 데 결정적인 역할을 한다. 은유도 마찬가지이다.

화석처럼 굳은 은유는 죽은 은유(dead metaphor)라고 부른다.

우리 일상 언어는 죽은 은유로 가득하다. 많은 은유는 너무 빈번하게 사용되어 더는 은유로 인식되지 않는다. 하지만 죽은 은유가 우리에게 여러 가지 측면에서 영향을 미친다는 것을 보면, 이 화석처럼 굳은 은유는 여전히 숨을 쉬고 있다. 즉, 이러한 화석은 여전히 숨을 쉬면서, 강력하지만 사람들이 잘 눈치채지 못하는 영향력을 발휘한다. 우리는 지구의 지질 구조판이 느리게 돌아가는 것을 보통 느끼지 못하지만, 여전히 땅은 우리 발밑에서 움직이고 있다. 경제는 은유의 은밀한 삶이 표면을 깨뜨리고 나와서 그 표면의 파열과 소동이 2007년 비우량주택담보대출 사태와 2008~2009년의 대공황이라는 강력한 지진을 발생시킬 수 있는 한 가지 분야이다. 그리고 은유는 과학의 발전을 이룩하는 지대한 원동력이다. 은유는 사람들에게 어떤 사건을 특정한 방향으로 보게 하고 그렇게 행동하게 이끌면서 우리도 모르게 우리 마음속에 거대한 이데올로기를 심어주기도 한다. 정치가의 은유를 통해 우리도 모르게 그들의 이데올로기를 받아들이고 그들의 의견에 동조한다. 1990년 12월 마지막 날, 레이코프는 1차 걸프전을 앞두고 이메일로 배포한 글에서 "은유가 사람을 죽일 수 있다(Metaphor can kill)"라고 경고했다. 당시 조지 부시 미국 대통령과 행정부, 일부 언론이 임박한 전쟁을 은유를 통해 도덕적으로 정당화하는 현실을 전 세계에 알리려고 쓴 글이었다. 안타깝게도 레이코프의 글은 전쟁을 막지 못했고, 그 결과 미국의 수많은 젊은이들이 자발적으로 '정의의 전장'으로 나가 죽음을 맞이했다. 이것은 은유가 사람을 죽음으로도 몰아넣을 만큼 우리의 삶과 사고에 막대한 영향을 준 사례이다.

서양철학에서 가장 유명한 구절이 하나 있다. 그것은 합리주의 철학을 대표하는 데카르트의 어구 "Cogito ergo sum"이다. 이 구절은 "나는 생각한다, 고로 나는 존재한다"로 번역된다. 하지만 이 구절의 어원을 잘 들여야 보면 이보다 더 나은 번역이 나온다. 라틴어 cogito는 접두사 co-(같이, 함께)와 동사

agitare(흔들다)에서 유래한 것이다. agitare는 영어 단어 agitate와 agitation의 어원이다. 따라서 cogito의 본래 의미는 '함께 흔들다'이고, "Cogito ergo sum"의 제대로 된 번역은 "나는 흔들어 뒤섞는다, 고로 나는 존재한다"이다. 은유는 모든 것을 흔들어 뒤섞고, 그러는 중에 셰익스피어에서부터 과학적 통찰력에 이르기까지 모든 것을 만들어낸다.

물론 은유의 창의성은 흔들어 뒤섞는 것에만 있는 것은 아니며, 뒤섞은 후 선택하고 종합하는 일도 동시에 일어나야 한다. 창조 행위는 구약성서에서 말하는 창조 행위가 아니다. 즉, 그것은 무에서 무엇인가를 창조하는 것이 아니라 이미 존재하는 사실, 생각, 능력, 기술을 드러내고 선택하며 다시 뒤섞고 결합하며 종합한다. 부분이 친숙할수록 새로운 전체는 더 인상적이다. 이것은 창의성의 역설이다. 즉, 어떤 발견이 더 독창적일수록 나중에는 더 빤한 것처럼 보인다는 것이다. 프랑스의 수학자 자크 아다마르(Jacques Hadamard; 1865~1963)는 이렇게 말한다. "수학이든 다른 어느 곳이든 발명이나 발견은 생각들을 결합하여 일어난다는 것은 명확하다 … '생각한다'라는 뜻의 라틴어 동사 cogito는 어원상 '함께 흔들다'를 의미한다. 성 아우구스티누스(St. Augustine)는 이미 그것을 알아차렸고, 또한 intelligo가 '선택한다'를 의미한다는 것을 관찰했다." 이처럼 창조 행위는 뒤섞기와 선택의 결합이고, 더 나아가 종합으로도 이어져야 한다.

아래 그림에서 볼 수 있듯이 마음은 엘비스 프레슬리가 몸을 흔들면서 들어가 있는 스노우돔(snow dome)이다. 엘비스 프레슬리의 노랫말처럼, 이것은 전부 다 뒤섞여버렸을 때 가장 아름답고 가장 흥미롭다. 여기에서 말하는 마음은 이성적 마음이 아닌 신체화된 마음이고, 더 구체적으로는 은유라는 신체화된 인지이다. 은유는 전혀 다른 두 실체인 근원영역과 목표영역을 한데 엮어서 완전히 뒤흔드는 것이다. 이러한 뒤흔듦의 결과로 새로운 것을 깨닫고 인식하게 해 주기도 한다. 지금 엘비스 프레슬리는 죽고 없다. 그가 죽어서 그 소노우돔을 떠난 지 오래되었지만 은유는 마음을 계속 뒤흔들면서 우리를 위해 다양한 일을 은밀하게 하고 있다.

마음은 스노우돔이다

은유의 작동 원리

은유를 만들고 이해하는 방법인 은유의 작동 원리에 관한 질문을 다룰 필요가 있다. 여기에서는 제임스 기어리(James Geary; 1962~)가 2009년 7월에 했던 「은유적으로 말하기」라는 제목의 TED 강연과 2011년에 출간한 『나는 타자이다』[5]의 내용을 참조하여 은유의 작동 원리를 설명할 것이다.

첫 번째 원리는 패턴인식(pattern recognition) 원리이다. 인간의 뇌는 어떤 임의적인 자극이 주어지면 항상 그 자극에서 패턴을 탐지하고자 한다. 더 나아가 우리의 뇌는 패턴에 너무 몰입해 있다 보니 패턴이 존재하지 않는 곳에서도 기꺼이 패턴을 찾고자 한다. 다음의 이미지를 보자.

---

[5] 이 책은 2017년에 정병철/김동환에 의해 『진짜 두꺼비가 나오는 상상 속의 정원: 은유가 세상을 보는 눈을 빚어내는 방법』이라는 제목으로 한국어로 출간되었다.

원과 삼각형

　이 이미지는 흰색 바탕에 고전적인 오락실 게임에서 등장하는 팩맨(Pac-Man)이 입을 벌리고 위에 하나 그리고 아래에 두 개가 배치되어 있다. 하지만 여기에서 우리는 한 개의 삼각형을 탐지한다. 이처럼 패턴이 불완전하거나 심지어 존재하지 않는 곳에서도 우리의 뇌는 기꺼이 빈 곳을 채운다. 즉, 뇌의 패턴인식 회로가 삼각형의 이미지를 창조한다. 은유에도 뇌의 패턴인식 능력이 작용한다. '줄리엣'이라는 실체와 '태양'이라는 실체는 공통점이 없는 별개의 실체이다. 이렇게 임의적인 두 자극이 동시에 제시되어 "줄리엣은 태양이다"라는 은유를 형성하면 이 은유를 듣는 우리의 뇌는 패턴을 인식한다. 임의적이고 별개인 이 두 실체 사이에서 우리의 뇌는 이제 줄리엣의 아름다움에 대한 특정한 패턴을 발견한다.

　두 번째 원리는 공감각(共感覺) 능력이다. 시각, 청각, 미각, 후각, 촉각 등의 감각 인상은 그 원인이 되는 물리적 자극과 일대일 대응을 이루는 것이 일반적이다. 그런데 이러한 대응 원칙에 반하여 한 감각 기관의 자극을 다른 감각계를 통해서도 지각할 수 있다. 이것이 공감각 능력이다. 이러한 능력을 갖춘 사람은 모양을 보면서 맛을 지각하고, 수를 보면서 소리를 듣거나, 특정한 직물과 접촉하면서 강력한 느낌을 경험한다. 색청(色聽)은 공감각의 가장 일반적인 형태로서, 2천 명 중 1명 정도는 단어나 글자, 수의 소리를 듣거나 생각하면서 독특하고 생생한 색채를 본다고 한다. 색청은 특수한 능력이지만, 우리 모두에게는 공감각 능력이 있다. 독일계 미국인 심리학자인 볼프강 쾰러(Wolfgang Köhler; 1887~1967)가 1929년에 발견한 부바-키키 효과(bouba-kiki effect)를 통해 보여준 것처럼, 우리는 모두 특정한 공감각 능력을 보유하고 있다.

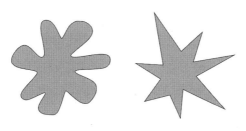

부바-키키 효과

두 이미지 중에서 어떤 것이 '부바'이고 어떤 것이 '키키'이냐고 묻는다면 누구나 왼쪽은 부바이고 오른쪽은 키키라고 대답한다. 왜냐하면 우리는 본능적으로 부바의 둥근 모양과 둥근 소리 사이에서 그리고 키키의 뾰족한 모양과 뾰족한 소리 사이에서 패턴을 발견하고 창조하기 때문이다. 이것이 공감각 능력이다. 우리가 매일 사용하는 많은 은유는 공감각적인 것으로서, 한 감각 경험을 또 다른 감각 경험에 속하는 어휘로 기술한다. "침묵은 달콤하다", "그의 표정은 시큼하다", "성적 매력이 있는 사람은 뜨겁고 성적 매력이 없는 사람은 차갑게 느껴진다", "세일즈맨이 속사포처럼 내뱉는 말은 부드럽다"가 그러한 예이다. 이처럼 공감각 능력은 은유를 구성하는 또 다른 능력이다.

세 번째 원리는 인지 부조화(cognitive dissonance)이다. 인지 부조화는 두 가지 이상의 모순된 신념, 태도 또는 가치관을 가지고 있거나 신념이 행동과 일치하지 않을 때 발생하는 정신적 불편함이나 긴장을 의미하는 심리학의 개념이다. 인지 부조화 이론은 1950년대 후반 미국의 사회심리학자 레온

페스팅거(Leon Festinger; 1919~1989)가 개발했다. 페스팅거의 이론에 따르면, 사람들은 인지 부조화를 경험할 때 자신의 신념, 태도 또는 행동을 서로 일치하도록 바꾸거나 모순되는 신념이나 행동을 어떤 식으로든 합리화하고 정당화함으로써 불편함을 줄이려는 동기를 갖게 된다. 흡연이 건강에 해롭다고 강하게 믿으면서도(신념) 계속 담배를 피우는(행동) 사람이 있다고 생각해 보지. 이 사람은 자신의 행동이 신념과 모순되기 때문에 인지 부조화를 경험할 것이다. 이러한 부조화를 줄이기 위해 다음과 같은 다양한 전략을 사용할 수 있다.

- 행동 변화: 흡연이 해롭다는 믿음과 자신의 행동을 일치시키기 위해 담배를 끊을 수 있다.
- 신념 바꾸기: 흡연의 해로운 영향이 과장되었거나 흡연의 위험을 상쇄할 수 있는 다른 특성이 있다고 스스로를 설득할 수 있다.
- 행동 정당화: 스트레스 해소나 사회적 수용과 같은 이에 알려진 이점에 초점을 맞추거나, 위험을 경시하거나, 뚜렷한 건강 문제없이 흡연하는 다른 사람들과 자신을 비교함으로써 흡연을 합리화할 수 있다.

인지 부조화 현상은 스트룹 효과(Stroop effect)를 증명하는 실험을 통해 확인할 수 있다. 스트룹 효과는 존 리들리 스트룹(John Ridley Stroop; 1897~1973)의 이름을 딴 것으로서, 그는 1935년에 다음과 같은 그림을 사용하여 실험대상자에게 다양한 색깔의 잉크로 인쇄된 색깔의 이름을 보고 가능한 한 빨리 특정한 단어의 색깔을 명명하게 했다. 단어와 색깔이 같을 때는 이 과제는 쉽다. 단어 '녹색'이 녹색으로 되어 있을 때는 '녹색'이라고 술술 말한다. 그런데 단어와 그 색깔이 다를 때는 더욱 까다롭다. 예를 들어, 단어 '녹색'이 청색으로 인쇄되어 있을 때가 그러한 경우이다. 이럴 때 실험대상자는 색깔 '청색'을 명명하기보다는 단어 '녹색'을 말하는 경향이 있다. 실험대상자가 정확한 색깔인 '청색'을 말할 수도 있지만 그렇게 할 때는 시간이 더 오래 걸렸다. 이는 단어 자체의 의미가 색깔을 명명할 수 있는 능력을 방해하는 인지 부조화를 만들어낸다는 것을 암시한다. 이러한 스트룹 효과는 뇌가 색깔을 정확하게 식별하기 위해 단어를 읽는 자동 과정을 극복해야 하므로 발생한다.

스트룹 효과

스트룹 테스트의 결론은 단어의 문자적 의미가 틀린 답을 내놓을 때도 단어의 문자적 의미를 무시하는 것이 불가능하다는 것이다. 샘 그룩스버그 (Sam Glucksberg; 1933~2022)는 단어의 은유적 의미를 무시하는 것도 불가능 하다고 단정한다. 이를 입증하기 위해 그는 문자적으로 거짓인 문장(가령, "어떤 새는 사과이다")과 문자적으로는 거짓이지만 은유적으로는 참인 문장(가령, "어떤 직장은 감옥이다")을 사용하여 은유에 대해 스트룹 테스트를 실시한다. 그룩스버그는 실험대상자에게 문자적으로 거짓인 문장을 가능한 한 빨리 식별하게 한다. 그는 실험대상자가 은유적 의미를 무시할 수 있다면, 은유를 문자적으로 틀린 문장만큼 재빨리 문자적으로 거짓인 것으로 거부할 수 있어야 한다고 추론한다. 이는 둘 다 문자적으로는 거짓이기 때문이다. 하지만 사람들이 은유적 의미를 의지와 상관없이 인식하면, 은유를 문자적으로 거짓인 문장으로 거부하는 데 시간이 더 오래 걸려야 한다. 이는 은유가 비유적으로는 참이기 때문이다. 그룩스버그는 은유적으로 참인 문장을 문자적으로 거짓인 문장으로 거부하는 것이 단어 '녹색'이 청색으로 인쇄되어 있을 때 그것을 '청색'이라고 명명하는 것과 동일한 종류의 인지 부조화를 만들어낸다고 믿었다. 그룩스버그는 스트룹 효과가 실제로 은유에서 작동한다는 것을 발견한다. 참여자들은 문지적으로 거짓인 문장을 거부히는 것보다는 은유를 문자적으로 거짓인 것으로 거부하는 데 시간이 더 오래 걸린다. 이는 은유적 의미가 그 은유를 문자적으로 거짓인 것으로 식별하는 우리의 능력을 방해하기 때문이다.

6.3. 은유의 영향력

은유는 은밀한 삶을 살면서 우리에게 깨우침을 주지만, 이 외에 우리에게 다양한 영향을 미치기도 한다. 여기에서는 은유의 몇 가지 영향력을 살펴볼 것이다.

예상

은유는 우리에게 어떤 예상을 하게 한다. 경제학자들은 주식시장을 묘사할 때 특정한 유형의 가격 동향에 대해 일관되게 특정한 은유를 사용한다. 심리학자 마이클 모리스(Michael Morris)와 동료들은 다량의 금융 기사를 연구하여 두 가지 시장 은유를 식별한다. 먼저, 행위자 은유(agent metaphor)는 "The NASDAQ climbed higher(나스닥 지수가 더 높이 타고 올랐다)"에서처럼 가격 동향을 생물의 의도적인 행동으로 묘사한다. 다음으로, 사물 은유(object metaphor)는 "The NASDAQ dropped off a cliff(나스닥 지수가 절벽에서 떨어졌다)"에서처럼 가격 동향을 외부의 힘에 종속된 무생물로 묘사한다. 이 연구자들은 상승세는 행위자 은유를 환기하고, 내림세는 사물 은유를 환기하는 경향이 있다는 것을 발견한다. 그리고 행위자 은유와 사물 은유가 각 은유에 노출되는 사람들에게 매우 다르게 영향을 미친다는 것도 발견한다. 즉, 행위자 은유는 관찰된 경향이 지속적인 목표를 반영하므로 이러한 경향이 내일도 계속된다는 것을 암시하지만, 사물 은유는 그러한 경향이 내일 다시 표명될 내적 힘을 반영한다는 것을 암시하지 않는다.

인간의 느낌과 동기를 가진 행위자는 인간에게 너무 특별하므로, 행위자 은유를 통해 주가 동향에 행위성을 할당함으로써 우리의 금융 결정은 실질적인 영향을 받는다. "나스닥 지수가 더 높이 타고 올랐다"와 같은 은유는 목표를 추구하는 생물을 생각나게 하므로, 사람들은 하여간 살아 있고 의지가 있어야 타고 올라갈 수 있으니 그러한 상승세가 계속될 거라고 예상한다. 그리고 만약 집값이 더 높이 타고 오르는 것으로 끈질기게 묘사된다면, 주택 소유자들은 무의식적으로 꾸준한 상승세를 막을 수 없다고 예상한다. 그들은 마구 치솟는 부동산값이 결국은 많은 빚을 현명한 투자로 만들어 줄 것이라는 기대를 품고, 감당하지 못할 담보 대출을 자신 있게 받을지도 모른다. 가격이 스스로 행동할 수 있는 마음을 가지고 있다면, 의지를 가지고 계속 상승할 수 있을 것이다. 바로 이러한 사고방식은 2007년 비우량주택담보대출 사태를 촉진하는 계기가 되었다.

"다우 지수가 절벽에서 떨어졌다"와 같은 사물 은유는 전혀 다른 특성을 가진 것으로 보인다. 무언가가 절벽에서 떨어질 때 계속 떨어지는 경향이 있다. 그리고 그것이 바닥으로 떨어지면, 보통 떨어진 곳에 정확히 그대로 있게 된다. 그래서 주가가 '떨어지다'와 같은 용어로 묘사된다면, 투자가들은 그러한 내림세를 되돌릴 수 없다고 생각하면서 무의식적으로 공황매도에

끌리게 된다. 이러한 사고방식 때문에 투자가들은 주가가 벽돌처럼 떨어질 때, 주가가 내려가고 있으므로 논리상 사들여야 하는 것이 맞지만 일제히 팔아치우도록 압력을 받게 된다. 이는 2008~2009년의 대공황 동안 발생한 현상이다.

모리스와 동료들은 사람들에게 시장 뉴스를 한 아름 읽고, 다음 날의 가격 추세를 예측해 보도록 함으로써 행위자 은유와 사물 은유의 영향력을 테스트한다. 어떤 참여자들은 타고 올라가는 가격에 대한 행위자 은유에 노출되었고, 또 어떤 참여자는 벽돌처럼 떨어지는 사물 은유에 노출되었다. 그 결과 행위자 은유에 노출된 사람들은 자신들이 읽은 가격 동향이 다음 날도 계속될 것이라는 큰 기대를 하는 경향이 확실히 나타났다. 경제학자들은 이러한 현상을 예상 편견(expectancy bias)이라고 부른다. 우리는 꾸준한 집값 상승과 같은 경향을 탐지해 내면, 본의 아니게 그 경향이 계속될 것으로 예상한다. 이것은 행위자 은유로 선동된 예상이다.

의사결정

은유는 의사결정에 영향을 미친다. 심리학자 토머스 길로비치(Thomas Gilovich; 1965~)는 스탠퍼드대학에 다니는 학생들에게 미국 국무부에서 근무하는 고위 관료라고 상상하도록 함으로써 은유가 우리의 판단에 미치는 영향력을 증명한다. 그는 학생들에게 미국의 국가 안보에 결정적인 이익이 되지 않는 한 작은 민주주의 국가가 제법 힘 있는 공산주의나 파시즘 국가로부터 공격을 받아서 미국에 도움을 요청했다고 설명한다. 이때 학생들은 미국은 어떻게 해야 하는가라는 질문을 받게 된다. '아무것도 하지 않기', '유엔에 호소하기', '개입하기'라는 세 가지 중에서 학생들에게 하나를 선택하게 했다. 그런 다음 길로비치는 학생들에게 이러한 가상의 외교정책 위기에 대해 세 가지 묘사를 제시한다. 각각의 묘사에는 서로 다른 역사적 유추를 촉발하도록 고안된 몇 개의 가벼운 연상과 친숙한 이름이 들어 있다. 첫 번째 시나리오에는 2차 세계대전에 대한 암시가 포함되었고, 두 번째 시나리오에는 베트남전에 대한 암시가 포함되었으며, 세 번째 시나리오는 역사적으로 중립적이었다. 물론 이러한 역사적 단서는 참여자들이 내려야 할 결정과는 전적으로 무관하다. 그런데도 2차 세계대전 시나리오를 받은 실험대상자들은 다른 두 집단보다 간섭주의를 더 많이 추천했다. 베트남전 집단과 통제집단 모두는 불간섭주의 접근법을 추천하는 경향이 있었다. 2차 세계대전을 시나리오로 받은 실험대상자에게는 그들이 결정을 내려야 하는 현재의 사건이 2차 세계대전이고, 베트남전 시나리오를 받은 학생들에게는 그 사건이 베트남전이다. 서로 다른 사건이지만 그 두 사건은 같은 사건으로 은유화된다. 2차 세계대전에서는 미국이 승리했지만, 베트남전에서는 승리하지 못했다는 기본적인 역사적 사실이 현재의 이 의사결정에 영향을 미쳤음을 부인할수 없다. 그리고 이것은 서로 다른 두 사건을 은유화하는 우리의 능력을 기반으로 한다. 우리가 단어의 문자적 의미를 무시할 수 없는 것처럼, 실험대상자들은 은유로 촉발되는 유추를 무시할 수 없었다. 은유는 우리가 알고 있는 것(근원영역)을 바탕으로 우리가 알지 못하는 새로운 사실(목표영역)을 이해하는 인지 과정이다. 2차 세계대전과 베트남전은 과거 사실로 우리가 이미 알고 있는 근원영역을 구성하고, 힘없는 한 작은 민주주의 국가가 무력을 앞세우는 힘센 공산주의 국가에 의해 침략을 당하는 새로운 사실은 목표영역을 구성한다. 근원영역의 정보에 근거해서 목표영역을 이해하므로, 각 근원영역에 따라 서로 다른 의사결정을 내리게 되는 것이다.

과학적 발견

은유는 발견의 문을 열어주는 역할을 한다. 은유는 과학자들이 새로운 발견에 관해 이야기할 때 특히 유용하다. 과학의 역사는 사실 좋은 비유 찾기의 역사라고 해도 과언이 아니다. 프랑스의 수학자 장바티스트 조제프 푸리에(Jean-Baptiste-Joseph Fourier; 1768~1830)가 발견한 온실 효과는 지구의 대기를 열을 간직하여 표면 온도를 계속 상승시키는 거대한 반구형 유리 지붕과 비교하여 만들어진 것이었다. 뛰어난 피아니스트이자 첼리스트이기도 했던 독일의 물리학자 막스 플랑크(Max Planck; 1858~1947)가 양자 이론(quantum theory)을 만들 수 있었던 것은 부분적으로 전자의 궤도를 진동하는 현악기의 줄로 상상했기 때문이다. 중력, 전자기, 약한 상호작용과 강한 상호작용 등의 본질적인 힘과 물질을 하나의 틀로 묶어 설명하려는 끈 이론(string theory)도 우주를 11차원의 진동하는 줄의 격자와 비슷하다고 보는 것에서 비롯되었다.

컴퓨터과학에서도 은유는 큰 역할을 한다. 컴퓨터 프로그램은 동물 은유와 질병 은유를 이용한다. 동물 은유의 예는 컴퓨터 마우스라는 개념으로서, 이 은유는 그 장치의 추상적 원리를 설명하지 않고서도 쥐의 겉모양과 움직임을 트랙볼(trackball) 도구의 개념에 적절히 사상한다. 또 다른 예는 컴퓨터 프로그램의 고장이다. 이 분야에서 가장 오래된 은유는 프로그램에서 무언가 잘못되었을 때 사용하는 버그 은유이다. 더 복잡하고 더 위협적인 것은 바이러스 은유이다. 컴퓨터의 고장은 사람이나 동물의 몸에 감염을 일으키는 신비하고 보이지 않는 바이러스의 퍼짐과 연결된다. 비록 일상 언어 사용자들이 바이러스라는 유기체를 잘 알지는 못하지만, 인간과 동물에 미치는 불쾌한 효과에 대해서는 간접적이긴 하지만 그래도 풍부한 경험을 가질 수 있다. 그리고 바이러스라는 근원영역은 컴퓨터 바이러스라는 목표영역으로 사상된다. 그 결과, 평범한 컴퓨터 사용자의 개념적 요구를 충족시켜 준다. 그래서 이 은유는 컴퓨터 고장을 설명할 뿐만 아니라 컴퓨터 고장에 대한 개념화를 구성하기도 한다.

은유는 자연과학 분야에서 과학 모형을 구성하기도 한다. 그 예는 물리학자 닐스 보어(Niels Bohr; 1885~1962)가 발전시킨 원자핵과 전자로 구성된 원자의 궤도 모형이다. 우선, 이 모형은 원자핵과 전자의 배열을 태양과 행성사이의 상호작용과 비교해서 편리하게 설명된다. 이것은 원자는 태양계이다라는 은유이다. 이 은유가 원자 구조를 설명하는 방식은 다음과 같은 그림에서 암시된다.

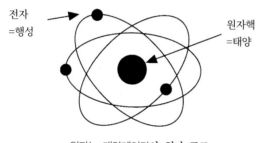

원자는 태양계이다와 원자 구조

알버트 아인슈타인(Albert Einstein; 1879~1955)은 자신의 과학적 방법과 창조 과정의 중요한 요소로 조합 놀이(combinatory play)를 언급한다. 조합 놀이는 다양한 요소, 아이디어 또는 개념을 조합하고 재조합하여 새로운 조합과 통찰력을 형성하는 정신적 활동을 포함한다. 아인슈타인은 창의성을 발휘하려면 정신적 유연성, 즉 다양한 관점을 즐기고 다양한 각도에서 문제에 접근할 수 있는 능력이 필요하다고 믿었다. 조합 놀이는 여러 가지 가능성을 탐색할 수 있게 함으로써 이러한 유연성을 길러준다. 그는 물리학, 수학, 철학, 심지어 음악 등 다양한 분야에서 통찰력을 끌어내는 능력으로 유명하며, 다양한 분야의 아이디어를 결합하면 혁신적인 해결책과 돌파구를 찾을 수 있다고 믿었다. 조합 놀이에는 기존의 사고 패턴에서 벗어나 색다른 아이디어와 조합을 탐구하는 것이 포함된다. 아인슈타인은 자기 이론의 의미를 탐구하기 위해 상식을 벗어난 시나리오를 상상하며 사고실험에 자주 참여했다. 그는 창의성이 우연한 연결과 통찰을 통해 발현되는 경우가 많다는 것을 인식했다. 사람들은 조합 놀이에 참여함으로써 새로운 아이디어와 해결책이 예기치 않게 떠오르는 '아하!'의 순간을 위한 비옥한 토양을 만들 수 있다. 아인슈타인의 창의성은 아이디어를 가지고 놀고, 가정에 의문을 제기하고, 미지의 세계를 탐구하려는 의지가 있었기에 가능했다. 그는 "상상력이 지식보다 더 중요하다"라는 유명한 말을 남기며 인간 이해의 경계를 넓히는 데 있어 창의적 사고의 역할을 강조했다.

아인슈타인에게 조합 놀이는 창의적 사고의 본질이고, 또한 은유의 본질이기도 하다. 은유 과정에서 이미 알고 있는 관계는 새로 발견된 관계와 상호작용하고 결합하여, 후자에 대해 알 수 있는 길을 열어준다. 문제를 해결하거나 무언가를 발견할 때마다, 우리는 알고 있는 것과 모르고 있는 것을 비교한다. 우리가 모르는 것을 알아낼 수 있는 유일한 방법은 그것이 우리가 알고 있는 것과 어떻게 비슷한지를 조사하는 것이다. 이러한 점에서 은유적 사고는 위대한 발견에 불을 붙이는 스파크를 일으킨다.

6.4. 은유와 이데올로기

은유의 은폐 기능

레이코프와 존슨의 개념적 은유 이론(conceptual metaphor theory)에 따르면,

우리는 근원영역 속의 요소가 목표영역 속의 슬롯으로 투사(projection)됨으로써 목표영역의 개념을 이해한다. 여기에서 목표영역은 추상적 개념이고, 근원영역은 친숙하고 대체로 물리적인 개념이다. 마크 존슨은『마음속의 몸』에서 상상적 투사(imaginative projection)에 관해 이야기한다. 이는 몸(즉, 물리적 경험과 구조)이 마음(즉, 정신적 작용)으로 길을 찾아가는 원리이다. 존슨은 은유가 단순한 비유법이 아니라 널리 퍼져 있고 필수적인 이해의 구조라고 주장한다. 우리가 은유를 통해 우리의 세계를 이해한다는 것이다. 존슨은 또한 몸과 물리적 구조로부터 도출되는 상상력의 영상도식 구조가 의미의 추상적 구조와 사고의 패턴으로 확장되고 정교화된다고 말한다. 말이나 글 속의 은유는 마음속에 몸이 존재한다는 것을 전달한다. 그리고 신체화된 경험의 구조가 개념적 은유를 생성한다는 것이 존슨의 생각이다. 레이코프와 존슨에 따르면, 개념적 은유는 실재에 대한 우리의 지식과 인식을 조직한다. 우리의 마음속에는 우리의 경험을 이해하고 그것에 대해 추론하기 위해 사용하는 세계의 양상에 대한 모형이 들어 있다. 개념적 은유 이론의 중심적인 통찰력은 우리의 인식을 조직하는 영상도식과 인지모형이 우리 몸과 관련해서 발전되는 구조로부터 발생한다는 것이다. 즉, 신체적 경험이 정신적 작용으로 투사된다는 것이다.

개념적 은유에는 근원영역과 목표영역 사이에 체계적인 대응이 있다. 이는 근원영역을 구성하는 개념적 요소가 목표영역의 요소와 대응한다는 것을 뜻한다. 이러한 개념적 대응은 사상(mapping)이라고 부른다. 우리는 흔히 사랑이라는 추상적 개념에 관해 이야기하고 생각할 때 여행이라는 구체적인 개념을 활용한다. 가령, "우리는 더는 진전될 것 같지 않다", "우리의 관계는 허우적대고 있다", "우리의 사랑은 험난한 길이었다", "우리의 관계는 많이 진전되었다", "우리는 갈림길에 서 있다"와 같은 일상적인 은유 표현은 모두 우리의 마음속에 고착된 사랑은 여행이다라는 개념적 은유를 바탕으로 한다.

이러한 은유 표현이 이해되는 방식은 근원영역의 요소와 목표영역의 요소 사이의 대응, 즉 사상으로 나타낼 수 있다.

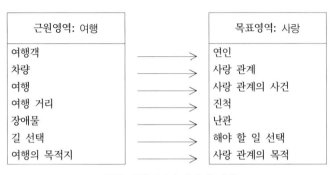

사랑은 여행이다의 은유적 사상

이러한 은유적 사상에는 몇 가지 특징이 있다. 가격은 공간적 높이와 사상되어 '높거나 '낮을' 수 있고, 로맨스는 온도와 사상되어 '뜨겁거나 차가울' 수 있으며, 논쟁은 힘과 사상되어 '약하거나 강력할' 수 있다. 이 각각에서 추상적 실체(가격, 로맨스, 논쟁)인 목표영역은 감각(높이, 온도, 힘)이라는 구체적인 근원영역에 의해 기술된다.

은유적 사상의 첫 번째 특징은 비대칭성(asymmetry)이다. 즉, 사람들은 일반적으로 건물의 높이를 기술하기 위해 "그 고층 건물은 비싸다"라고 말하지 않고, 따뜻한 온도를 암시하기 위해 "오늘 날씨는 열정적이다"라고 말하지 않는다.

두 번째 특징은 체계성(systematicity)이다. 목표영역 속의 상대적 값은 근원영역 속의 상대적 값으로 사상된다. 이러한 체계적인 사상은 은유에 추론적 힘을 제공한다. 공간에서 두 지점의 상대적 높이에 대한 추론은 목표영역에서 두 가격의 상대적 높이에 대한 추론을 뒷받침한다.

세 번째 특징은 생산성(productivity)이다. 어떤 주어진 근원영역과 목표영역 사상의 새로운 실례는 즉석에서 만들어지고 쉽게 이해된다. 예를 들어, "그들의 로맨스는 끓고 있다"라는 말은 전에 들어본 적이 없지만, 이 표현은 열정은 열이다라는 개념적 은유의 실례로 이해할 수 있다.

네 번째 특징은 근원영역과 목표영역 간 사상의 부분성(partiality)이다. 개념적 은유 사랑은 여행이다에서는 은유적 사상이 마치 전체적으로 이루어지는 것처럼 느껴지지만 사실은 부분적 사상(partial mapping)이다. 졸탄 쾨브체시(Zoltán Kövecses)는 2010년에 출간한 『은유』에서 은유의 부분적 사상을 두 가지로 나누어 설명한다. 하나는 목표영역에 적용되는 은유적 전경화(metaphorical highlighting)이고, 다른 하나는 근원영역에 적용되는 은유적 활용(metaphorical utilization)이다.

은유적 전경화는 은폐(hiding) 과정과 함께 작동한다. 목표영역의 한 개념에는 여러 가지 양상이 있고, 특정한 개념적 은유가 하나의 양상에 초점을 두면 다른 양상은 초점을 받지 않고 은폐된다. 예를 위해 논쟁 은유를 몇 가지 살펴보자. 논쟁에 관해 이야기할 때 다양한 개념적 은유가 사용된다. 논쟁은 그릇이다(가령, "당신의 논증은 별로 '내용'이 없다"), 논쟁은 여행이다(가령, "우리는 혼란스러운 결론에 '도달했다'"), 논쟁은 전쟁이다("나는 그와 논쟁해서 한 번도 '이긴 적이' 없다"), 논쟁은 건물이다("그는 '견고한' 논증을 '세웠다'")가 그러한 개념적 은유이다. 이 각각의 개념적 은유는 목표영역의 논쟁에 대한 다양한 양상 중에서 특정 양상을 전경화한다. 그릇 은유는 논쟁의 내용과 근본성을 전경화하고, 여행 은유는 논쟁의 진척과 내용에 초점을 두며, 전쟁 은유는 논쟁의 통제권을 누가 가졌는지의 문제에 초점을 두고, 건물 은유는 논쟁의 구조와 세기의 양상에 초점을 둔다. 이러한 은유는 논쟁의 특정한 양상에 초점을 두고 동시에 다른 양상은 은폐한다. 예를 들어, 그릇 은유가 논쟁의 내용과 근본성의 양상에 초점을 둠과 동시에 논쟁의 진척, 통제, 구조,

세기와 같은 다른 양상은 은폐한다.

은유적 활용이란 한 목표영역을 이해할 때 근원영역의 특정 양상만 활용하는 것이다. 이론은 건물이다라는 개념적 은유를 예로 들어보자. 이 개념적 은유가 어떻게 은유적 활용이라는 부분적 사상으로 작용하는지를 보기 위해 근원영역인 건물의 인지모형을 제시할 필요가 있다.

양상	내용
정의	건물은 구조물이다.
외적 구조	a. 건물에는 지붕이 있다
	b. 건물에는 현관이 있다
	c. 건물에는 방이 있다
	d. 건물에는 계단이 있다
	e. 건물에는 창문이 있다
	f. 건물에는 벽이 있다
	g. 건물에는 수도관이 있다
내적 구조	a. 건물에는 토대가 있다
	b. 건물에는 외부 뼈대가 있다
속성	건물은 파괴되거나 무너질 수 있다

건물 인지모형

건물 인지모형은 건물에 대한 우리의 경험으로 구축된다. 이러한 인지모형을 바탕으로 이론에 관해 이야기할 때, 이 전체가 이론의 목표영역으로 사상되는 것은 아니다. 이 인지모형은 여러 양상으로 구성되어 있으며, 이 중에서 특정 양상만 활용되어 목표영역으로 사상된다. 예를 들어, "그 이론은 더 많은 '뒷받침'을 필요로 한다"는 건물 인지모형 중에서 내적 구조 (a)를 활용하여 생성되고 이해되고, "지금까지 우리는 그 이론의 '틀'만 세웠다"는 내적 구조 (b)를 활용하며, "우리는 그것에 대해 '강한' 논증을 '세울' 필요가 있다"는 건물의 정의 부분을 활용하고, "그의 논증은 '무너졌다'"는 건물의 속성

부분을 활용한다. 이처럼 건물 인지모형 중에서 건물의 정의, 내적 구조, 속성이라는 양상만이 이론을 이해하는 데 사용되는 부분이고, 나머지 부분은 사용되지 않고 있다. 목표영역의 은유적 전경화가 부분적인 것처럼, 근원영역의 은유적 활용도 부분적임을 알 수 있다.

은유의 부분적 사상, 특히 은유가 전경화하고 활용하지만, 거기에는 은폐 과정도 있다. 이러한 은유의 은폐 과정은 이데올로기를 발생시킨다. 프로이센 장군인 카를 폰 클라우제비츠(Karl von Clausewitz; 1780~1831)는 전쟁을 정치와 사업에 비유한다. 전쟁은 무시무시하고 끔찍하며 모두에게 불행을 안겨주는 행위이다. 하지만 이러한 전쟁을 정치와 사업이라는 아주 평범하고 해롭지 않은 인간 활동의 층위로 축소하는 것은 이러한 은유가 미치는 주된 효과이다. 정치처럼, 전쟁은 입장을 공식화하고 동맹자를 찾고 적대자를 저지하고 대중을 설득하는 문제이다. 그리고 전쟁은 생각을 팔고 가격을 흥정하며 상품을 제공하는 개념을 비롯해 사업의 다른 면을 전제한다. 더욱 전문적인 층위에서, 전쟁은 사업이다라는 은유는 회계사의 사무와 냉정한 경제적 평가의 개념을 도입하는 전쟁은 비용/이익 분석이다라는 또 다른 개념적 은유와 융합된다. 이러한 방식으로 창조된 정당성, 무해함, 계산성의 인상은 다른 많은 은유로 더욱 강화된다. 이 은유의 목적은 다른 무엇보다 제재 시행과 같이 문제가 되는 행동을 결백한 타협으로 바꾸고, 전쟁의 위험을 수리적 확률 계산과 게임 이론에 의해 통제할 수 있는 도박으로 바꾸는 것이다.

문제는 이러한 은유에 의존하는 정치가와 군대 지도자가 전쟁의 도덕적인 면은 말할 것도 없이, 고통과 죽음의 현실, 부상자의 장기적인 건강상의 영향, 퇴역 군인의 심리적 영향, 환경적 영향 등 이 은유가 무엇을 숨기는지를 보지 못하거나 보고 싶어 하지 않는다는 것이다. 어쩌면 이러한 전쟁의 측면을 은폐하고자 한다. 정치가는 국가는 사람이다라는 개념적 은유를 자주 사용한다. 표면적으로 결백한 것처럼 보이는 이 은유도 사실은 이데올로기를 담고 있다. 이 은유는 사람이라는 근원영역에서 찾을 수 있는 건강하고 강하며 집과 이웃, 친구가 있다는 풍부한 개념은 은폐하지 않고 개방하는 반면, 나라의 내적 다양성, 인종, 종교단체, 정당, 대기업의 역할은 은폐한다. 다시 말해, 이 은유는 힘없는 소수민족에 어떤 희생을 치르더라도 추구해야 할 가장 중요한 통합적인 국가 이익이 존재한다는 주장을 정당화한다.

　은유가 은밀을 삶을 살면서 우리에게 깨우침을 주는 비유법이라고 했다. 즉, 은유는 지식의 확장을 보장하고 돕는다는 것이다. 이것은 은유의 긍정적인 측면이다. 은유가 세계를 이해하는 데 풍부하게 개념적으로 기여한다고 찬양되었지만, 실제로 은유는 정치적 이데올로기를 은밀하게 숨기는 부정적인 효과도 만들어낸다. 그렇다면 과연 우리 시민들은 어떻게 정치적 이데올로기를 제대로 파악을 할 수 있느냐는 문제가 제기된다. 그 답은 정치가가 사용하는 개념적 은유에서 근원영역이 무엇인지 보고, 그 근원영역의 전체 인지모형을 먼저 구축하는 데 있다. 그런 다음 근원영역에서 어떤 요소가 두드러지고 어떤 요소가 은폐되고 있는지를 보면 된다. 더 나아가 정치가는 자신이 이야기하려고 하는 목표영역에 대해 특정한 근원영역을 사용할 것이다. 그러면 우리는 이 근원영역 외에 어떤 근원영역이 있을 수 있을지 반성해서 그 근원영역을 떠 올리고, 그가 사용하는 근원영역과 그가 사용하지 않고 은폐시킨 근원영역을 비교하고 분석해야 한다. 결국 우리는 정치가의 이데올로기에 말려들지 않기 위해서는 그들이 은폐시킨 은유의 모습을 공개해야 한다. 은유를 창의적이고 유쾌하게 이용하는 것처럼, 부정적으로도 이용할 수 있다는 것은 은유가 간단한 구체적 개념으로 자연과 사회의 복잡한 논제를 이해하는 데 도움을 주는 매우 강력하고 자연스러운 인지 과정이라는 견해를 강하게 뒷받침한다.

히틀러의 이데올로기

이데올로기는 자신의 세계관을 형성하거나 자신의 행동과 결정을 알리는 신념이나 원칙이다. 이러한 신념은 정치, 경제, 사회를 비롯한 여러 분야와 관련될 수 있으며, 개인, 단체, 또는 사회 전체에서 유지될 수 있다. 이데올로기는 긍정적일 수도 있고 부정적일 수도 있으며, 개인적 경험, 사회적 상황, 역사적 맥락을 포함한 광범위한 요인으로부터 영향을 받을 수 있다. 이데올로기는 심리적 의미를 담고 있고 그러한 의미를 분명히 표현한다. 이데올로기가 담긴 글에서 숨은 내용을 해독하는 것이 우리 삶에 필수이고, 어떻게 그렇게 할 수 있느냐는 질문이 제기된다. 여기에서의 제안은 은유를 분석해서 이데올로기의 내용을 해독할 수 있다는 것이다. 은유를 분석한다는 것은 이데올로기를 널리 퍼트리는 데 중요한 역할을 했던 글과 말에서 반복되는 이미지와 비유법을 식별하는 것에서 시작한다. 이러한 방법을 통해 이데올로기가 표현하고자 하는 공상(fantasy)을 드러낼 수 있다. 여기에서 공상이라는 용어를 사용한 것은 그것이 실재하는 현실이 아니라는 의미도 있지만, 특정 개인이나 조직이 임의로 만든 가상의 공간이고, 그것이 그들 자신에게만 진리이고 그 밖의 사람들에게는 허구라는 의미에서이다.

이데올로기는 한 집단이 공유하는 공상을 구조화하고 외면화하는 기능을 한다. 이데올로기는 많은 사람이 동시에 꾸고 있는 꿈에 비유할 수 있다. 문화에 관한 심리학 연구는 개인의 특이성이 아니라 공유된 욕망, 공상, 걱정, 충돌이 어떻게 집단적 표상을 발생시키는지에 초점을 둔다. 그리고 은유 분석을 통해 주어진 사회집단을 한정하거나 구성하는 신념 체계의 근원과 의미를 드러낼 수 있다. 주어진 이데올로기 신념 내에서, 특정 단어나 용어는 반복되고 두드러진다. 나치즘의 경우에 중심적인 표현은 '독일', '민족', '유대인'으로서, 이러한 표현은 함께 나치 이데올로기 형성의 기초가 되는 공상을 응축했다.

이데올로기와 은유에 대한 지금의 이야기는 리처드 쾨니히스베르크(Richard Koenigsberg)가 1975년에 출간한 『히틀러의 이데올로기』를 바탕으로 한다. 그는 아돌프 히틀러(Adolf Hitler; 1889~1945)의 수사에서 반복되는 이미지와 은유를 식별하면서, 독일이 심각한 병으로 고통을 겪고 있는 거대한 정치적 통일체(body politic)라는 일관된 공상에 나치 이데올로기가 기반한다고 결론 내린다.

히틀러의 세계관은 독일이 실재하는 몸이고, 유대인은 병을 유발하는 유기체로서, 유대인이 독일의 정치적 통일체에 계속 존재하게 되면 독일이라는 나라가 파괴된다는 신념에서 구축되었다. 이러한 이미지와 은유는 히틀러의 글과 말에서 반복해서 등장한다. 나치의 유대인 학살은 면역학적 공상의 수행을 나타내는 현실에 대한 히틀러의 인식에서 나왔다. 히틀러와 나치는 정치적 통일체의 죽음을 예방하기 위해 독일의 병 근원으로 생각되는 유대인을 전멸하고자 했다. 히틀러는 친한 동료들과 궁극적으로 독일 민족에게 이러한 공상을 전달할 수 있었다. 많은 독일인은 히틀러가 이러한 공상을 실행할 수 있을 정도로 이러한 공상에 가담하고 받아들였다.

히틀러의 말과 글에서 가장 자주 등장하는 은유는 독일은 유기체이다라는 은유이다. 그리고 이 은유에서 유대인은 박테리아, 바이러스, 기생충, 그리고 국가 유기체를 파괴하려는 '분열의 힘'으로 묘사된다. 히틀러의 근본적인 임무는 독일을 구하기 위해 유대인 병원균을 파괴하는 것이었다. 히틀러가 유대인을 비인간화하고 그렇게 해서 유대인을 더 쉽게 죽이기 위해 사용한 개념은 잘못된 것이다. 즉, 히틀러는 자신이 만들어서 조장한 공상을 믿었다.

유대인에 대한 히틀러의 개념은 자신이 겪은 특정한 경험에서 나왔다. 히틀러는 유대인의 개념을 특정 방식으로 경험했다. 유대인에 대한 이러한 경험은 현실에 대한 히틀러의 인식을 만들었다. 그에게 있어서 유대인이라는 생각이나 사물은 히틀러의 몸속에 존재했다. 즉, 유대인은 히틀러의 정신신체 질환인 심신증(心身症)이었다. '정치적 통일체 내의 그 병'은 히틀러 자신의 몸속에 있는 병이었다. 히틀러의 수사법은 근원영역(인간의 몸)이 어떻게 목표영역(정치적 통일체)으로 투사되어서 현실에 대한 우리의 인식을 만들어내는지를 증명한다. 히틀러의 수사적 은유는 인지적 기능을 하여 자신의 인식에 대한 근원을 드러낸다. 히틀러는 인간 몸의 개념을 정치적 통일체로 투사하여, 독일이 진단과 치료가 필요한 병으로부터 고통을 겪고 있다고 추리한다.

공상의 정신분석학적 개념은 몸과 마음 사이에서 존재하는 중간적인 정신적 상태를 가리킨다. 지그문트 프로이트(Sigmund Freud; 1856~1939)에 따르면, 몸속에 위치하는 충동과 욕망은 공상이라는 정신적 결과를 발생시키고, 이러한 공상은 충동이나 욕망을 이데올로기의 형태로 변형시킨다. 공상은 몸과의 연결을 절대 놓지 않는다. 공상 내용은 항상 타자 몸의 작용 및 내용과 관련해 우리 몸의 작용 및 내용에 대한 사고와 느낌으로 결국 추적한다.

이데올로기가 공상을 분명히 표현하고 공상이 몸으로부터 도출된다면, 이데올로기는 우리 몸에 결속되어 있고 우리 몸과 분리되지 않는다. 그렇다면 이데올로기의 경우에 우리는 어떻게 몸, 공상, 정신적 작용 간의 관계를 이해할 수 있느냐는 문제가 제기된다. 내가 내놓는 답은 다시 텍스트 은유가 몸의 존재를 전달하고, 몸에 대한 공상이 사회적 실재로 들어가게 한다는 것이다.

공상을 가진 몸이 담화로 길을 찾아 들어가는 것은 신체화된 은유를 통해서이다. 언어적으로, 목표영역(정치적 통일체) 속의 실체와 속성, 과정은 근원영역(인간의 몸)으로부터 어휘화된다. 나치 이데올로기는 독일이 심각한 병으로부터 고통을 겪는 유기체라는 공상을 나타낸다. 몸에 대한 이러한 공상은 히틀러와 나치가 생산했던 이데올로기가 담긴 말과 글에서 끊임없이 등장하는 이미지와 은유라는 매체를 통해 전달되었다. 그들은 자신들의 이데올로기로 투사된 몸에 대한 공상에 기초해서 문화와 역사를 만들었다.

심리결정론(psychic determinism)이라는 프로이트의 원리는 마음에서는 우연한 발생이나 임의성 같은 것은 없다고 말한다. 이 원리에 따르면, 꿈, 농담, 말실수, 심신증은 심리적 의미를 소유하고 있다. 예를 들어, 꿈 이미지는 엄격하게 결정되어, 무의식의 상태에서 의식으로 사고를 폭로한다. 말실수는 억압된 생각의 돌파구를 나타낸다. 심신증의 경우에 어떤 생각이나 공상은 신체적 증상의 형태로 나타난다. 즉, 몸은 몸의 증상을 통해 말한다. 몸은 그 자신의 마음을 가지고 있다.

레이코프와 동료들은 한 공동체의 세계관이 비유 언어를 통해 분명히 표현된다고 말한다. 그리고 은유는 무의식적 공상과 욕망이 일상생활에서 표명되게 하는 매체이다. 이러한 견해에 따르면, 무의식적 공상은 은유라는 매체를 통해 언어와 의식 안으로 지속적으로 들어간다. 따라서 공상과 일상의 정신적 작용은 명확히 구분되지 않는다. 그리고 이러한 정신적 작용은 몸에 대한 공상으로 주입된다.

은유가 몸과 그 공상을 외부 세계로 가져감에 따라 현실은 지속적으로 구축된다. 이데올로기는 공상이 외부 세계의 부분이 되게 하는 문화적으로 한정된 구조이다. 그리고 이데올로기는 공유된 공상으로서, 욕망과 걱정을 사회적으로 한정된 사고의 구조로 변형시킨다. 이데올로기를 분석하는 것은 꿈을 해석하는 것과 비슷하다. 꿈을 해석할 때 우리는 흔히 이미지와 은유에 꼼꼼히 주의를 기울인다. 꿈이 개인의 무의식적 공상을 드러내듯이, 이데올로기도 집단 구성원이 공유하는 공상을 드러낸다. 그래서 이데올로기를 분석하는 것은 집단적 꿈을 해석하는 것에 해당한다.

나치 이데올로기는 세계로 외면화된 몸에 대한 공상을 표상했다. 나치가 구성한 현실은 신체적 공상과 분리될 수 없다. 목표영역의 개념이 근원영역 속의 경험으로부터 도출된다면, 정치적 통일체에 관한 생각은 우리 몸에 대한 경험과 분리될 수 없다. 그래서 우리의 몸, 그리고 우리의 신체적 경험은 담화를 발생시키고 담화를 구조화한다.

민족주의의 경우에, 우리 몸에 대한 경험은 정치적 통일체의 개념으로 투사된다. 종종 이 둘 간의 경계 설정은 희미하다. 독일의 정치가이자 뮌헨 반란 지도자의 한 사람으로 체포되어 히틀러와 함께 수감 중 히틀러가 구술하는 『나의 투쟁』을 받아서 필사한 루돌프 헤스(Rudolf Hess; 1894~1987)는 "독일이 히틀러인 것처럼, 히틀러는 독일이다"라고 주장한다. 이때 그는 히틀러와 독일이 구분되지 않는다는 것을 암시한다. 즉, 히틀러의 작은 몸은 정치적 통일체라는 또 다른 큰 몸과 융합된다. 히틀러 자신은 정치적 통일체가 된다. 이 둘은 하나로 융합된 것이다.

독일의 정치적 통일체에 대한 히틀러의 수사법은 자신에 대한 서사를 담고 있다. 히틀러는 독일이 병든 몸이라고 이야기할 때 자신의 병든 몸에 대해서도 말하고 있다. 정치적 통일체 내의 병은 히틀러 자신의 몸을 상징한다. 히틀러의 병 자체가 그에게 정치적 통일체 내의 병을 죽이는 수단으로 유대인 학살을 고안하고 실행하게 했다.

6.5. 개념적 은유의 실재성

앞에서 은유가 개념적 은유라고 했다. 이러한 개념적 은유는 연구자들이 임의로 만든 인위적 구성물이 아니라 우리의 마음속에 실제로 존재한다. 여기에서는 개념적 은유의 심리적 실재성을 뒷받침하는 증거를 제시할 것이다. 먼저 동일한 개념적 은유가 일상 언어와 문학적 언어에서 나타나며, 여러 언어에서도 공통으로 나타나는 것을 확인할 수 있다. 마지막으로 연구자들은 언어 바깥에서 은유를 검토했는데, 처음에는 시각적 의사소통과 다음으로 심리언어학과 심리학 연구에서 은유를 검토했다. 은유의 시각적·심리학적 증거는 은유가 순수하게 언어적이라기보다는 개념적이라는 주장을 강력하게 뒷받침한다.

시적 언어와 일상 언어에 공통된 개념적 은유

인지적 도구로서의 은유는 문학적 언어뿐만 아니라 일상 언어에서도 나타난다. 레이코프와 존슨은 은유가 문학이나 시에만 국한되지 않는다는 것을 보여주었다. 일상 언어는 은유로 가득 차 있고, 이런 은유는 종종 이전에 문학적 언어에서 관찰한 것과 동일한 개념적 은유이다. 예를 들어, 로버트 프로스트(Robert Frost)의 유명한 시 「가지 않은 길」은 "Two roads diverged in a yellow wood(단풍 든 숲속에 두 갈래 길이 있었습니다)"로 시작한다. 이 시는 서로 다른 두 가지 목적지로 이어지는 두 갈래 길 사이에서 선택해야 한다는 점에서 인생은 여행이다라는 개념적 은유에 의존한다. 이는 은유적으로 두 가지 인생 선택으로 해석될 수 있다. 일상 언어에도 동일한 개념적 은유가 사용된다. 예를 들어, 인생에서 당신이 어디로 가고 있는지 궁금해하는 것이나 학문의 길을 따를지 또는 정계에 들어갈지 심사숙고하는 것에는 특별히 시적인 것이 없다.

이와 비슷하게, 많은 유명한 시는 인간의 일생을 1년이나 하루와 같이 자연의 순환으로 묘사한다. 이런 은유에서 청년기는 봄 또는 아침으로 개념화되고, 장년기는 여름 또는 정오로, 노년기는 가을 또는 저녁으로, 죽음은 겨울 또는 밤으로 개념화된다. 예를 들어, 셰익스피어의 소네트 73번 「계절을 그대는 내게서 본다」에서는 '떨어진 낙엽', '앙상한 나뭇가지', '희미해진 석양' 등 가을과 관련된 이미지를 사용하여 노년기를 묘사한다. 해당 부분의 구절은 다음과 같다.

That time of year thou mayst in me behold

When yellow **leaves**, or none, or few, do hang

Upon those **boughs** which shake against the cold,

Bare ruin'd choirs, where late the sweet birds sang.

In me thou see'st the **twilight** of such day

As after sunset fadeth in the west,

...

찬바람에 흔들리는 **나뭇가지** 위에

노란 잎사귀들이 몇 개 매달린, 혹은 **잎이 다 떨어진**

계절을 그대는 내게서 본다.

사랑스러운 새들이 노래하던 성가대는 폐허가 되었지.

해가 서쪽으로 진 뒤에

희미해진 석양을 그대는 내게서 본다.

...

소네트 73번이 일상 언어보다 은유가 더 복잡할 수 있긴 하지만, 인간의 일생을 빛과 열의 순환으로 비유하는 일생은 1년/하루이다라는 개념적 은유는 시적 언어와 일상 언어 모두에서 공통으로 사용된다. 예를 들어, 일상 화자는 동일한 개념적 은유를 반영하는 December-May romance(12월-5월 로맨스; 노인과 젊은 여성의 로맨스), spring chickens(젊은 사람들), sunset years(노년) 등의 일상 언어를 사용한다. 시적 은유와 일상 은유 간의 유사성으로 인해 시간 및 자연적 순환과 관련된 일반적인 개념적 은유가 문화와 맥락과 관계 없이 인간 언어의 기초를 형성한다고 볼 수 있다.

여러 언어에 공통된 개념적 은유

은유가 단순히 언어적 장치가 아니라 인간의 사고 과정에 내재된 인지적·개념적 기재라면 모든 인간 문화에서 발견되고 모든 인간 언어에서 존재해야 한다. 개념적 은유에 관한 연구는 처음에는 영어에 초점을 맞추었지만, 다른 세계 언어와 결국에는 많이 사용되지 않은 다양한 언어를 포괄하도록 빠르게 확산되었다.

언어들 간의 가장 분명한 유사점 중 하나는 서로 다른 언어에서 공통의 기원과 유사한 의미를 가진 단어인 관련 언어의 동족어가 은유적 용법을 공유하는 경우가 많다는 것이다. 영어에서 지적인 사람은 은유적으로 빛을 발산한다. bright student(총명한 학생), a dim individual(우둔한 사람), brilliant person(지적인 사람)이 그 예이다. 이 예에서 빛과 관련된 형용사는 사람 명사를 수식한다. brilliant person과 같은 은유 표현은 은유적 의미를 유지하면서 관련 언어로 번역할 수 있다. 예를 들어, 비은유적 영어 brilliant와 마찬가지로 스페인어 비은유 brilliante(brilliant)는 una luz brilliante(a brilliant light)에서처럼 문자적인 빛 발산을 가리킨다. brilliante가 사람 명사를 수식할 때는 영어에서처럼 은유적으로 지성을 가리킨다. 예를 들어, una persona brilliante (a brilliant person)는 영어와 동일한 은유적 의미를 지닌다.

두 언어가 서로 관련되어 있음에도 불구하고 개념적 은유를 표현하는 방식에서는 차이를 보일 수 있다. 각 언어의 은유 표현에 고유한 측면도 있다. 영어와 달리 스페인어에는 '멍청하다' 또는 '지능이 부족하다'를 의미하는 영어 dim(우둔한)의 은유적 용법에 대한 직접적인 상당 어구가 없다. 대신, 스페인어에는 표현 tener pocas luces(불빛이 적다)가 있는데, 이것은 영어 none too bright(똑똑하지 않은, 이해력이 부족한)처럼 은유적으로 '멍청하다'를 의미한다. 스페인어 tener pocas luces는 영어 dim과 동일한 은유적 개념을 환기하지만, 두 표현 사이에 동족어나 직접적인 언어적 유사성은 없다. 이 두 언어 표현은 언어적으로 관련 있는 것이 아니라 인지적으로 관련이 있다. 순수한 언어적 설명은 이런 은유가 관련이 없는 것으로 간주하지만, 개념적 은유 이론은 이런 심층의 유사성을 포착한다.

서로 관련이 없고 지리적으로 멀리 떨어져 있는 언어들도 비슷한 개념적 은유를 공유한다. 이는 인간의 기본적인 경험과 감정이 서로 다른 언어적·문화적 맥락에서 비슷하게 은유적으로 표현된다는 것을 암시한다. 영어, 일본어, 중국어, 헝가리어처럼 서로 관련이 없는 언어들에서 화를 은유적으로 표현할 때 뜨거운 액체의 이미지가 사용된다. 아침 출근길에 누군가가 끼어들어 교통 체증이 발생하면, 영어권 화자는 화는 뜨거운 액체이다라는 개념적 은유에 기초해서 그 사건에 대해 '부글부글 끓는다(simmer)'라고 말한다. 처음에 느꼈던 분노의 감정이 지속되면 동료에게 불만이나 불평을 표출함으로써 '화풀이를 할 수 있다(let off steam)'. 상황이 악화되면 사소한 사건에도 분노가 격해져 '피가 끓어오를 수 있다(make your blood boil)'. 화나게 하는 이메일을 받으면 '귀에 김이 서리고(steaming at the ears)' '폭발(explode)'할 수도 있다. 이런 은유 표현은 주전자 같은 그릇에 담긴 뜨거운 액체를 묘사한다. 그릇에 담긴 액체를 가열하면 끓어오르다가 수증기를 내뿜거나 폭발할 수도 있다. 이러한 끓는 단계는 화를 내는 행동의 단계에 은유적으로 적용될 수 있다. 화는 일단 시작되면 가벼운 짜증을 내는 등 독하지 않은 채 있고(픽픽하고 끓는다), 더 심각해지고(끓어오른다), 불평이나 분노 폭발(폭발한다)과 같은 행동으로 이어질 수 있다.

영어에서 발견되는 화는 뜨거운 액체이다라는 개념적 은유는 친족어가 아닌 전 세계의 언어들에서도 발견된다. 영어에서 '뜨거운 액체'는 머릿속에 있다. 즉, 영어에서 화난 사람은 '귀에서 김이 나거나(steam at the ears)', '꼭대기를 불어서 날리고(blow their tops)', '머리에서 불이 나오는' 시각적 이미지로 묘사된다. 일본어에서도 뜨거운 액체 은유가 비슷하지만, 머리가 아닌 뱃속에서 액체가 끓는다는 점이 다르다. 헝가리어에서 머리나 몸 전체에 뜨거운 액체가 들어 있다. 중국어에서는 액체가 배, 심장이나 비장 등 다양한 신체 부위에서 끓을 수 있다. 더욱이 중국어에서 그 액체는 실제로 뜨거운 것이 아니라 '기(氣)'라고 부르는 생명 에너지로 이해된다. 중국 문화에는 기(氣)라는 개념이 있으므로, 다른 문화권에시는 더 일반적인 액체라는 개념 대신에 기라는 개념이 사용된다. 이런 언어들에서 화는 뜨거운 액체이다라는 개념적 은유는 기본적으로 비슷하지만 문화적 영향에 따른 차이는 있다.

서로 관련이 없는 언어에서 발견되는 또 다른 개념적 은유가 있다. 그것은 이해하는 것은 보는 것이다라는 개념적 은유이다. 즉, 개념을 이해한다는 것은 종종 사물을 보는 것으로 개념화된다. 영어의 경우에, 어려운 책을 읽으면 처음에는 '불투명한(opaque)' 글 때문에 주제가 '가려져(obscure)' 독자는 '어둠 속에 있는(in the dark)' 것처럼 보일 수 있다. 마침내 독자는 저자의 의도를 '엿보고(glimpse)' 주장의 전체적인 구조나 '모양(shape)'을 '지각할(perceive)' 수 있다. 드디어 요점이 '수정같이 맑게 명확해지고(crystal clear)', 예시를 통해 어려운 질문이 '밝혀진다(shed light on)'. 여기에서 무지는 어둠이나 불투명성으로 묘사되며, 둘 다 가시성을 방해한다. 이해한다는 것은 볼 수 있는 능력으로 묘사된다. 명확함과 밝음 같이 시각을 가능케 하는 요인은 은유적으로 이해를 돕는다. 다시 말하지만, 시각이라는 한 개념과 관련된 전체 일련의 어휘는 이해라는 또 다른 개념에 적용된다.

이해하는 것은 보는 것이다라는 동일한 개념적 은유가 영어 외의 전 세계 언어에서 종종 발견된다. 이 개념적 은유는 인도-유럽 언어 전체와 100개 이상의 비인도-유럽 언어에서 입증되었다. 하지만 이 개념적 은유가 보편적인 것은 아니다. 예를 들어, 많은 오스트레일리아 언어는 이해를 보기가 아닌 듣기로 기술한다. 이해하는 것은 듣는 것이다라는 은유가 널리 퍼져 있는 것은 해당 공동체 내에서 청각적 의사소통을 문화적으로 강조하기 때문일 수 있다. 모든 언어는 이해를 지각으로 묘사하지만, 지각은 시각이나 청각을 통해 이루어질 수는 있다.

시각적 은유

다양한 문화와 언어에 걸쳐 언어 사용에서 은유가 보편화된 것처럼 보인다. 은유가 단순한 언어적 장치가 아니라 개념적 현상임을 입증하는 데는 언어적 증거만으로는 충분하지 않을 수 있다. 이는 은유가 언어에 널리 퍼져 있지만, 그 개념적 특성이 언어적 경계를 넘어설 수 있음을 의미한다. 예술작품이나 시각적 매체와 같은 시각적 의사소통은 비언어적 은유를 쉽게 관찰할 수 있는 좋은 예이다.

시각적 매체에 등장하는 대부분의 은유는 언어에서 발견되는 것과 동일한 개념적 은유에 기인한다. 화는 뜨거운 액체이다라는 개념적 은유는 만화와 그림에서 자주 등장한다. 예를 들어, 만화에서 등장인물은 화가 날 때 얼굴이 빨갛게 변하고, 귀에서 수증기가 뿜어져 나오며, 끓는 주전자의 뚜껑처럼 이리저리 뛰어다니다가 마침내 머리 꼭대기가 불길한 폭발음과 함께 튀어나온다. 화를 내는 행동의 이런 단계는 앞에서 기술한 직장에서 일진이 사나운 하루에 대한 은유적 이야기의 그것과 거의 동일하다.

만화에서 흔히 볼 수 있는 시각적 은유의 또 다른 예는 캐릭터의 머리 위에 나타나는 전구 이미지이다. 이 이미지는 캐릭터가 아이디어를 얻었거나 영감을 받아 무언가를 생각하게 되었음을 나타내는 상징으로 사용된다. 이는 브레인스토밍을 하거나 깨달음의 순간을 맞이하는 과정을 시각적으로 표현한 것이기도 하다. 이 시각적 은유는 이해했다는 것을 상징하며, 언어로 묘사되는 이해의 은유적 표현과 유사하다. 앞에서 설명한 모호한 책을 읽는 예에

귀에서 수증기가 나오고
머리가 폭발하는 화난 남자

서처럼, 이 전구는 어떤 주제를 '밝혀 주어서' 무지를 이해로 교체한다. 일반적으로, 동일한 개념적 은유는 언어, 만화, 미술, 영화, 말을 동반하는 제스처 등 다양한 형태의 시각적 의사소통에서도 나타난다.

어떤 시각적 매체는 그 안에서 선택되고 묘사되는 특정 은유의 선택에 영향을 미친다. 예를 들어, 만화는 그림자와 빛을 표상하는 데 탁월하므로 이러한 주제와 관련된 은유를 활용하는 경향이 있다. 만화의 시각적 은유는 아이디어나 이해를 상징하는 전구처럼 명시적인 표현에서부터 캐릭터의 무지나 인식 부족을 상징하는 어두운 환경과 같은 미묘한 묘사까지 다양하다. 이러한 시각적 은유를 통해 추상적인 개념을 시각적으로 매력적이게 전달한다. 이런 시각적 예는 무지는 어둠으로 표상되고, 이해는 보는 것으로 개념화되는 동일한 개념적 은유를 포함한다.

시각적 의사소통은 언어적 의사소통처럼 은유가 풍부하다. 더욱이 시각적 의사소통에서 발견되는 은유는 언어에서 등장하는 것과 대개 동일한 것처럼 보인다. 이것은 은유가 단순히 언어적인 것만이 아니라 개념적이라는 주장을 뒷받침한다.

개념적 은유와 인간 행동

지금까지 본 것처럼 개념적 은유는 시각적·언어적 의사소통의 기본 특성이며, 추상적 개념을 전달하고 이해하는 도구로서도 중요한 역할을 한다. 특정 은유는 언어를 넘어 추론, 판단, 기억 등 다양한 인지 과정에 영향을 미친다. 예를 들어, '얼음 같은 냉담한 시선'이나 '따뜻한 응대'와 같은 언어 표현은 애정은 따뜻함이다라는 개념적 은유를 바탕으로 한다. 그래서 애정이라는 감정은 따뜻한 감각으로 은유적으로 이해된다. 이 개념적 은유는 비언어적인 인간 행동에도 영향을 미친다. 예를 들어, 사람들에게 사회적 배척이나 사회적 포용의 경험을 기억하게 할 때, 부정적인 배척의 경험을 기억하는 사람은 긍정적인 포용의 경험을 기억하는 사람보다 방 온도가 더 차다고 판단한다. 감정과 신체적 감각 사이의 은유적 연관성을 내포하는 애정은 따뜻함이다라는 개념적 은유는 환경 자극에 대한 지각에 영향을 미친다. 이처럼 애정의 감정은 단순히 따뜻함으로 묘사될 뿐만 아니라 분명히 사람들을 더 따뜻하게 느끼게도 한다.

또 다른 예를 들자면, 사람들이 온라인에서 다른 플레이어와 함께 화면 속 공을 가지고 '캐치볼' 컴퓨터 게임을 할 때, 다른 플레이어에게 공을 던져주면서 그를 게임에 참여시키거나 그에게 거의 공을 던져주지 않도록 사전 프로그래밍된 경우, 배제된 플레이어는 나중에 차가운 음료 대신 따뜻한 음료를 선택하며, 온라인의 불친절함을 보상하기 위해 물리적 온기를 사용할 가능성이 크다. 즉, 컴퓨터 게임에서 소외감을 느낀 사람들은 나중에 차가운 음료보다 따뜻한 음료를 선택하는 경향을 보인다. 이는 사람들에게 사회적 배척이 보상 메커니즘으로 신체적 따뜻함을 추구하도록 하고, 애정은 따뜻함이다라는 개념적 은유가 행동에 영향을 미친다는 것을 보여준다.

다른 연구에서도 다양한 개념적 은유를 뒷받침하는 증거를 제공한다. 예를 들어, 도덕성은 깨끗함으로 이해되고 부도덕은 더러움으로 이해되는 도덕성은 깨끗함이다라는 개념적 은유가 심리적으로 존재한다. 사람들에게 도덕적으로 행동했던 때나 부도덕하게 행동했던 때를 기억하게 하고, 나중에 무료 연필이나 물티슈 중 하나를 선택하도록 했다. 이때 부도덕한 행동을 기억했던 사람은 물티슈를 선택하는 경향이 있었다. 이는 부도덕한 행동에 대한 기억이 후속 선택에 영향을 미쳐 그 사람이 자신의 부도덕을 닦아서 깨끗하게 할 수 있는 상징적인 수단을 선택한다는 것을 암시한다.

이처럼 애정은 따뜻함이다와 도덕성은 깨끗함이다라는 개념적 은유는 심리적 실재성을 가지는 것으로 밝혀진다. 얼마나 많은 다른 은유가 심리적 실재성을 가지는지를 밝히는 연구가 더 많이 있어야 한다. 여하튼 개념적 은유가 인간의 추론과 행동에 영향을 미칠 수 있다는 것은 분명하다.

6.6. 은유와 광고

설득 장르로서의 광고

광고는 우리 사회에서 잠재 고객의 마음을 흔들고 주의를 끌어서 제품을 구매하도록 설득하는 것을 목표로 하는 설득 장르이다. 사람들은 일상생활에서 끊임없이 변화하고 창의적인 형식의 다양한 광고에 노출되고 있다. 신문과 같은 인쇄된 형태의 광고, 광고판, TV 광고, 인터넷 광고에 이르기까지 새로운 기술 발명과 함께 생겨난 다중양식적 광고, 그리고 술, 펜, 화장품, 식품, 의류, 자동차 등의 일상 용품에 부착된 다양한 일상 광고가 그런 광고 형태들이다.

광고를 분석할 때, 잠재 고객에게 미치는 설득의 전반적인 효과와 그 설득을 달성하기 위해 사용하는 구체적인 전략을 분리하는 것이 중요하다. 수사적·담론적 전략은 고객이 제품을 구매하는 효과를 얻기 위해 광고에서 사용하는 언어적 수단과 그 외 기호학적 수단(시각적·청각적·운동적 수단)이다. 광고에서 설득의 목표는 두 가지 유형의 수사적·담론적 전략을 통해 추구할 수 있다. 한 가지는 고객에게 제품을 구매하도록 직접 호소하는 것이고, 다른 하나는 고객의 참여를 유도하고 원하는 효과를 얻기 위해 은유, 유머, 언어유희와 같은 간접적인 전략을 사용하는 것이다.

광고를 위한 수사적·담론적 전략은 전통 수사학에서 말하는 세 가지 차원인 에토스(ethos), 로고스(logos), 파토스(pathos)와 관련이 있다. 개인의 자아를 표현하는 것과 관련된 에토스는 광고에서 브랜드의 정체성과 밀접한 관련이 있다. 설득 행위를 정당화하고 합법화하는 이유를 제시하는 논거인 로고스와 관련하여 광고는 제품에 대한 설명과 긍정적인 평가를 활용한다. 마지막으로 감정과 태도에 호소하는 전략인 파토스는 유머, 은유, 언어유희 등을 사용하여 표현된다.

광고에서 로고스와 파토스는 각각 '강압적 판매 전략(hard sell)'과 '부드러운 판매 전략(soft sell)'과 관련된다. 전자는 고객을 설득하기 위해 논리적 추론과 사실적 정보를 강조하는 직접적이고 직설적인 접근 방식이다. 후자는 이성적인 논증에만 의존하지 않고 감정, 열망, 욕구에 호소하는 보다 미묘하고 간접적인 접근 방식이다. 오늘날의 광고는 종종 후자인 부드러운 판매 전략을 사용한다. 그리고 이 전략에서는 은유가 중요한 역할을 한다. 이런 점에서 광고주는 판매를 촉진하는 것 외에도 고객의 행동, 습관, 정체성, 인식에 영향을 미치는 것을 목표로 한다. 따라서 현대 광고는 고객의 행동과 습관을 수정하고, 정체성을 제공하며, 즐거움과 유머의 효과를 창출하는 것을 목표로 하는 기법을 사용한다.

광고에서 은유의 설득 기능

루코제이드 음료 광고

광고에서 은유의 설득적 역할은 광고 담론에서 은유가 수행하는 두 가지 기능과 관련이 있다. 첫째, 은유는 비교적 참신하고 눈에 띄는 경우에 그리고 시각적 요소가 포함될 때 주의를 끄는 장치로 사용될 수 있다. 그래서 광고주는 잠재 고객의 공감을 불러일으키고 눈에 띄는 은유를 사용함으로써 메시지와 제품에 대한 관심을 끌 수 있다. 둘째, 은유는 광고주가 제품과 연관시키고자 하는 바람직한 특성을 가진 다른 실체에 비추어 제품을 제시하기 위해 사용될 수 있다. 예를 들어, 판매하고자 하는 자동차를 지상에서 가장 빠른 동물인 치타와 은유적으로 연결하여 그 동물과 연상되는 속도와 민첩성을 강조할 수 있다.

은유의 이러한 두 가지 기능은 광고에서 설득을 위한 부드러운 판매 전략의 특징이다. 다음과 같은 루코제이드(Lucozade) 음료 광고를 분석하면서 은유의 이 두 가지 기능을 살펴보자. 아래 광고에서 볼 수 있듯이 루코제이드 광고는 명령문(가령, "루코제이드를 사세요")이나 명시적인 제품 평가(가령, "루코제이드는 훌륭한 음료입니다")와 같은 직접적인 전략으로 이 음료 제품을 홍보하지 않는다. 오히려, 루코제이드 병에서 나오는 기포가 연료펌프 모양을 하고 있는 시각적 요소를 이용한다. 그리고 이는 "REFUEL YOUR CAR (당신 자동차에 연료를 보급하세요)"와 "REFUEL YOURSELF(당신 자신에게 연료를 보급하세요)"라는 언어적 요소로 강화된다. 이처럼 루코제이드 광고는 은유라는 언어적 요소와 시각적 요소에 의존하여 메시지를 전달하는 부드러운 판매 전략을 채택한다.

루코제이드 광고

이 광고에서 사용된 은유를 고려하면, 루코제이드 음료를 마시는 것은 사람의 에너지를 보충하는 것으로 해석된다. 개념적 은유 이론에서 볼 때, 음료 루코제이드는 목표영역이고, 이 목표영역은 연료보급이라는 근원영역에 비추어 제시된다. '활기 북돋기'와 '기운 돋구기' 같은 연료보급의 긍정적인 특성은 이 제품으로 사상된다. 이 광고는 이러한 긍정적인 특성을 해당 제품과 연관시킴으로써 고객에게 이 제품의 유익한 효과를 설득하고자 한다. 더 나아가 이 음료의 특성을 제시하기 위해 연료보급 은유를 사용하는 것은 유머러스한 것으로 간주된다. 이는 특히 이 광고가 영국의 고속도로 휴게소에 등장하고 결과적으로 그 은유가 상황적으로 적절하기 때문이다. 광고에서 은유와 유머를 이렇게 결합하게 되면 잠재 고객에게 호소력을 높이고, 고객이 제품을 구매하는 반응을 보여줄 가능성을 높일 수 있다.

광고에서 은유가 활용된다고 할 때 그 은유는 완전히 새롭고 우리에게 낯선 창의적 은유라기보다는 친숙한 관습적 은유인 경향이 있다. 이는 광고가 대체로 현실에 대한 공유된 가정과 세계관에 도전하거나 그것을 전복하기보다는 현 상황과 그런 공유된 가정을 유지하고 강화하는 것을 목표로 하기 때문이다. 루코제이드 광고에서 사용하는 연료보급 은유는 인간 경험과 관련해 관습적이다. 그렇다면 이 광고에서 독창성은 어디에 있는가? 시각적 요소의 선택 그리고 시각적 요소와 언어적 요소의 결합에서 독창성과 창의성이 돋보인다. 게다가 이 광고는 고속도로 휴게소에 걸리도록 디자인되었으며, 이러한 맥락에 맞게 광고를 배치하는 것은 광고의 효과를 높여준다. 또한 연료보급이라는 개념은 이 제품의 전체 이름인 '루코제이드 에너지(Lucozade energy)'와 관련이 있다. 즉, 루코제이드 에너지라는 이 제품의 원래 이름은 이 제품과 연료보급이라는 개념 사이의 연관성을 강화한다.

화웨이 광고

관습적인 개념적 은유가 대대적으로 사용되는 또 다른 광고로 노트북과 태블릿, 웨어러블 장치를 제작하고 판매하는 화웨이(Huawei)라는 기업의 광고를 검토해 보자.

화웨이 광고

화웨이는 1987년에 설립된 정보통신기술(ICT) 인프라와 스마트 기기를 제공하는 글로벌 선도 기업이다. 이 기업은 "완전히 연결되고 지능화된 세상을 위해 모든 사람, 가정, 조직에 디지털을 제공하기 위해 노력하고 있다"라고 자신의 기업을 소개한다.

이 화웨이 광고에는 하늘로 날아가는 형형색색의 풍선을 잡으려는 두 소년이 등장하는 장면이 나온다. 아래에 있는 소년은 화웨이라는 '기업'이고, 그 소년이 두 손으로 받쳐주고 있는 소년은 '고객'이며, 그 고객이 잡으려고 하는 형형색색의 풍선은 고객이 자신의 더 큰 성공을 이루고자 하는 '야심찬 야망'이다. 이 기업은 고객이 야망을 실현하도록 도와주고 있다. 두 소년은 각각 손과 발로 연결되어 있지만, '고객 소년'은 자신의 야망(형형색색의 풍선)에 아직 도달하지 못하고 그것을 향해 손만 뻗고 있다. 그렇다고 그 풍선이 닿지 못할 정도로 멀리에 있는 것은 아니고, 소년이 손만 뻗으면 닿을 수 있는 가까운 거리에 있다. 이를 '기업 소년'이 밑에도 도와주고 있는 상황이다. 이 기업은 '완전히 연결되고 지능화된 세상'을 추구한다. 두 소년이 신체적 접촉을 통해 연결되어 있는 모습을 광고에서 묘사함으로써 이 기업의 목표를 잘 표현하고 있다.

이와 관련해 도움은 신체적 접촉이다라는 개념적 은유가 이 광고에 내포되어 있다. 이 개념적 은유는 다음과 같은 언어적 은유에서 흔히 등장한다. "도움은 거친 물살에 흔들리지 않도록 잡아주는 생명줄과도 같은 존재이다," "도움은 흔들릴 때 기댈 수 있는 든든한 기둥이다," "도움은 어둠 속을 안내하는 위로의 손길이며, 안심하고 나아갈 수 있는 길을 밝혀준다," "도움은 비틀거릴 때 잡아주고 다시 일으켜 세워주는 안전망의 포옹이다," "도움은 상처를 달래고 몸과 마음을 치유하는 부드러운 손길이다." 이 언어적 은유에서 '잡아주다', '기대다', '위로의 손길', '일으켜 세워주다'는 이 개념적 은유의 작용을 뒷받침하는 표현이다.

고객 소년이 형형색색의 풍선을 향해 손을 뻗는 시각적 요소는 야망의 개념을 시각적으로 표현한 것이다. 이 시각적 요소는 야망은 하늘에 닿는 것이다 또는 야망은 날아가는 풍선에 닿는 것이다를 암시한다. 풍선을 잡으려는 행위는 야망, 특히 '하늘에 닿는 것'과 같이 더 높은 곳이나 도달할 수 없는 곳을 향해 노력한다는 생각을 나타낸다. 이 개념적 은유는 이 광고에서만 등장한다는 점에서 참신하고 새로운 것이 아니라, 일상 언어에서도 자연스럽게 등장한다는 점에서 관습적 은유이다. 예를 들어, 이 개념적 은유는 다음과 같은 언어적 은유에서도 자연스럽게 작동한다. "그녀는 야망을 품고 하늘을 향해 손을 뻗어 아득히 멀게만 느껴지던 성공의 별을 만지려고 했다," "그의 야망은 바람을 타고 연처럼 날아올라 끝없이 펼쳐진 하늘을 향해 점점 더 높이 날아올랐고, 아래의 도전에 굴하지 않았다," "그들의 야망은 하늘을 향해 뻗어나가는 사다리와 같았고, 각 사다리는 위대함을 향해 올라가는 이정표를 상징했다," "팀의 집단적 야망은 꿈과 결단력을 바탕으로 대기권을 넘어 하늘의 무한한 가능성을 향해 나아가는 로켓선이었다," "그 야망은 의심과 회의의 벽을 뚫고 웅장하게 솟아오른 초고층 빌딩이었고, 각 층은 흔들리지 않는 헌신과 인내를 증명하는 증거였다."

이 광고에 등장하는 또 다른 은유는 서로 친한 친구인 두 소년의 이미지에서 그 존재가 암시된다. 이 시각적 요소는 기업은 친구이다라는 개념적 은유를 표현하고 있다. 더 나아가 이 시각적 요소는 이 기업이 물건을 제작하고 판매해서 수익을 창출하는 것을 목표로 하는 비인간 실체가 아니라 고객을 도와주는 친구라는 이미지를 부각하기 위해 두 손으로 친구의 발을 받쳐주고 있는 모습을 연출한다.

일반적으로 광고의 목적은 설득력 있는 메시지를 텍스트인 언어적 요소에 고정시킴으로써 달성된다. 이 광고에서도 언어적 요소는 시각적 요소를 해석할 수 있는 단서를 제공한다. 이 광고의 두드러진 언어적 요소는 다음과 같이 두 가지로 발췌할 수 있다. "We've found the way to reach for new heights(우리는 새로운 높은 곳에 도달할 수 있는 방법을 찾았습니다)"와 "Just like friends who help each other to reach for the sky. Huawei can do the same for your business. [⋯] Proof that with good collaboration, the sky is the limit(하늘을 향해 손을 뻗도록 서로 도와주는 친구처럼. 화웨이도 여러분의 비즈니스를 위해 똑같이 할 수 있습니다. 협업을 잘하면 하늘은 한계가 없다는 것을 증명합니다)." 이 광고의 시각적 요소는 적절한 지원과 협업, 노력만 있다면 기업은 고객이 엄청난 성공을 거둘 수 있고 가장 높은 목표도 뛰어넘을 수 있다는 메시지를 전달한다.

고객은 기업의 도움으로 '새로운 높은 곳에 도달하고' '하늘에 닿을 수 있는' 존재로 묘사된다. '새로운 높은 곳'과 '하늘'을 향한 상향 이동은 야망이나 성공과 연관되고, 이는 높은 지위는 위이다, 강력한 것은 위이다, 좋은 것은 위이다라는 개념적 은유를 통해 표현된다. 특히 관습적인 개념적 은유 강력한 것은 위이다는 어린이와 보호자의 상호작용에서 신체화된 일차적 은유에서 비롯된 것으로 볼 수 있다. 이러한 공간적 은유는 어린이가 공간을 통해 몸을 움직이고, 사물 및 다른 사람들과 상호작용하는 경험을 통해 이른 아동기에 형성된다.

제7장
환유

7.1. 환유의 정의와 역사

환유(換喩)의 한자를 풀이해 보면, '바꾸다, 주고받고 하다, 교체하다'를 뜻하는 換과 '깨우치다, 깨닫다'를 뜻하는 喩의 결합으로서, '무언가를 바꾸거나 교체해서 무언가를 깨닫게 한다'는 것이다. 영어 metonymy는 라틴어 metonymia에서 파생되었고, 이는 다시 고대 그리스어 μετωνυμίᾱ(metōnumíā, '이름 바꿈'), 즉 μετά(metá, '다른') + ὄνομα(ónoma, '이름')에서 파생되었다.

환유와 은유는 수 세기 동안 비유법으로 간주되어 주로 수사학의 문맥에서 연구되었다. 비유 체계 내에서 환유와 은유의 위치와 기능, 중요성은 지속적인 변화를 겪었다. 아리스토텔레스는 『시학』에서 '은유'를 모든 비유법을 가리키는 포괄 용어로 사용한다. 그리고 그는 『수사학』에서 은유의 네 가지 유형을 구분한다. 이 중에서 유추에 기반한 은유가 현재 은유에 대한 정의에 가장 가깝다. 전통 수사학에서는 아리스토텔레스의 은유 개념에 수많은 하위 부류를 설정했다. 고대 로마의 원로원 의원이자 장군, 웅변가, 시인인 퀸투스 코르니피키우스(Quintus Cornificius; 기원전 90년~기원전 42년)는 열 가지 비유법을 제안하고, 로마 제국의 수사학자인 마르쿠스 파비우스 퀸틸리아누스

(Marcus Fabius Quintilianus; 서기 35년~96년 이후)는 열네 가지 비유법을 제안한다. 미국의 문학 이론가인 케네스 버크(Kenneth Burke; 1897~1993)가 1945년에 출간한 『동기의 문법』에서는 이러한 비유법의 유형을 네 가지로 축소하는데, 은유, 환유, 제유, 아이러니가 그것이다. 그리고 제유(synecdoche; 사물의 일부분이나 특징으로 전체를 나타내는 비유법)는 종종 환유의 하위유형으로 간주되고, 아이러니(irony; 빈어법)는 은유로 추적될 수 있다는 의견도 있다. 결과적으로 남아 있는 비유법의 핵심 유형은 은유와 환유이다.

구조주의 언어학(structural linguistics)[1]에서는 은유와 환유에 대한 언어학 지향의 연구에 집중했다. 로만 야콥슨(Roman Jakobson; 1896~1982)은 은유와 환유가 완전히 구분된다고 주장한다. 즉, 은유는 내재적 특성인 유사성(similarity)에 기반하지만, 환유는 외재적 특성인 인접성(contiguity)에 기반한다는 것이다. 야콥슨에 따르면, 은유는 선택 작용을 포함하는 언어의 계열(paradigmatic) 극 현상이지만, 환유는 결합 작용을 포함하는 결합(syntagmatic) 극에 있다.

은유와 환유 사이에 명확한 경계를 설정하는 구조주의 접근법과 달리, 인지적 접근법에서는 은유에 대한 환유적 동기화와 기초 같은 이 둘 간의 관계를 강조한다. 은유와 환유 및 이 둘 간의 관계에 관한 언어학적 연구는

---

1   구조주의 언어학은 20세기 초에 등장한 언어학적 접근법으로, 주로 페르디낭 드 소쉬르와 레너드 블룸필드 등의 연구와 관련이 있다. 구조주의 언어학에서는 언어를 상호 연관되어 함께 기능하는 요소들의 구조화된 체계로 본다. 이러한 요소에는 음소(소리), 형태소(의미의 가장 작은 단위), 구문 구조(문장 패턴)가 있다. 구조주의 언어학은 공시적 분석을 강조하는데, 이는 언어의 역사적 발전(통시적 분석)을 추적하는 것이 아니라 특정 시점에 존재하는 그대로의 언어를 연구하는 것을 의미한다. 소쉬르는 기표(소리 패턴)와 기의(개념 또는 의미)라는 두 가지 구성 요소로 이루어진 언어 기호의 개념을 도입했다. 기표와 기의의 관계는 임의적인 것으로, 둘 사이에 내재적인 연관성이 존재하지 않고, 의미는 체계 내에서 기표 간의 차이에서 발생한다. 초기 단계에서 구조주의 언어학은 관찰 가능한 언어 데이터에 초점을 맞추고 내성적인 분석 방법을 거부하는 행동주의적 관점을 채택하는 경향이 있었다.

레이코프와 존슨의 『삶으로서의 은유』가 출간되면서 혁명을 겪는다. 인지심리학의 최신 연구결과에 영향을 받은 이들 주장에서 가장 중요한 주장은 환유와 은유가 단순한 언어적 장식이나 비유법이라기보다는 인지 과정이라는 것이다.

레이코프와 존슨의 의견을 받아들이는 인지언어학자는 환유가 은유만큼 언어와 사고에 널리 퍼져 있는 현상이라고 주장한다. 조지 레이코프는 『여자, 불, 위험한 것들』에서 명제적 ICM(Idealized Cognitive Model; 이상적 인지모형), 영상도식적 ICM, 은유적 ICM과 함께 환유적 ICM의 인지적 중요성을 강조한다. 그리고 다른 환유 연구자들은 환유의 개념적·언어적 중요성이 은유의 그것과 비슷하다는 견해를 밝히고, 또는 은유와 환유의 경계가 희미한 것으로 간주한다. 그런데도 뚜렷하게 구분되는 은유와 환유의 경우는 존재한다.

현재까지 학계에서 환유가 은유만큼 널리 퍼진 인지 과정이라고 주장하지만, 인간을 비롯해 동물의 인지까지 포섭할 수 있는 것은 환유이다. 은유는 추상적 개념을 구체적 개념에 비추어 이해하는 상상력의 과정이다. 서로 다른 두 개의 영역을 인간의 상상력을 통해 연결해 창의성을 유발하는 인지 과정이 은유이다. 사정이 이러하다면, 은유는 동물에게는 없는 인지 과정이다. 이에 반해, 환유는 하나의 영역에서 부분이 전체를 대표하거나, 전체가 부분을 대표하거나, 한 영역 내에 있는 한 부분이 또 다른 부분을 대표하는 과정이다. 우리는 손이나 얼굴이라는 신체 부위로 사람 전체를 대표한다. 이러한 환유 능력은 동물에게도 존재한다. 즉, 큰 맹수의 발자국이나 뒷모습을 보고 사슴과 같은 동물이 놀라 달아나는 것은 사슴에게는 맹수의 발자국이나 뒷모습이 그 맹수 전체를 대표하게 되는 인지 능력이 있기 때문이다. 이러한 점에서 환유 연구는 결국 동물학이라는 자연과학과 연계될 수 있는 중추적인 역할을 한다.

인지언어학에서 가장 널리 통용되는 환유의 정의는 환유가 동일한 이상적

인지모형 내에서 '근원'이라는 한 개념적 실체가 '목표'라는 다른 개념적 실체에 정신적 접촉을 제공하는 인지 과정이라는 것이다. 환유의 근원과 목표는 개념적 인접성(conceptual contiguity)에 의해 연결된다. 이 기준을 충족시키는 환유는 개념적 환유(conceptual metonymy)라고 부르고, 근원이 언어 기호로 표현될 때는 언어적 환유(linguistic metonymy)라는 용어를 사용한다.

환유를 인접성 관계니 근원이 목표에 정신적 접촉을 제공하는 과정으로 특징짓는 것은 매우 일반적이다. 환유의 범위를 제약하기 위해서는 근원과 목표 간의 인접성 관계를 가정해야 한다. 이 견해에 따르면, 환유적 연결은 개념적 필연성에 의해 존재하지 않고 파기될 수 있다(defeasible). 예를 들어, 한 간호사가 다른 간호사에게 "The ulcer in room 506 needs a special diet (506호실의 궤양은 특별 식이요법이 필요하다)"라고 말하는 병원의 문맥에서, '궤양'과 '506호실 환자' 간의 연결은 개념적으로 필연적인 것이 아니라 우연적이다.

환유는 목표를 부각 또는 전경화하고 근원은 배경화하는 것으로 특징지어지기도 한다. 예를 들어, 앞의 발화에서, '궤양 환자'는 전경화되고 '궤양'이라는 병은 배경화된다. 그래서 환자는 발화의 주제를 형성하고 대명사 '그' 또는 '그녀'로 지시될 수 있다.

근원으로부터 목표로의 접근 가능성은 '환유적 연결의 강도'와 관련이 있다. 환유적 연결의 강도는 근원과 목표 간의 개념적 거리와 근원의 현저성에 달려 있다. 예를 들어, 합성어 redhead(머리카락이 빨간 사람)는 toenail(발톱)보다 사람을 가리킬 가능성이 더 크다. 이는 머리카락이 발톱보다 더 현저하며, 신체 부위의 전체-부분 조직에서 사람에 개념적으로 더 가깝기 때문이다.

요약하자면, 개념적 환유를 타당하게 정의하려면 최소한 다음과 같은 환유의 특징을 고려해야 한다. 첫째, 개념적 환유는 한 인지 영역 내에서 근원이 목표에 접근하게 하는 인지 과정이다. 둘째, 근원과 목표 간의 관계는 우연적이고 개념적으로 필연적이지는 않다. 즉, 원칙상 파기할 수 있다. 셋째, 목표는 전경화되고 근원은 배경화된다. 넷째, 근원과 목표 간의 환유적 연결의 강도는 특히 근원과 목표 간의 개념적 거리와 근원의 현저성에 따라 다를 수 있다.

7.2. 환유의 기능

환유는 문학에서는 물론 평범한 의사소통 상황에서도 다양한 기능을 수행한다. 환유의 가장 일반적인 기능은 지시적 기능(referential function)이다. 이는 환유가 매번 긴 기술적 과정을 거치지 않고 사물을 가리킬 수 있는 의사소통적 속기로 작용한다는 것을 뜻한다. 예를 들어, 식당에서 종업원이 손님을 '8번 테이블의 햄샌드위치' 또는 '8번 테이블'이라고 부르는 것이 좋은 예이다. 식당 종업원은 이 말이 무슨 말인지 안다. 즉, 종업원은 손님이 주문한 '햄샌드위치'나 손님이 앉아 있는 '8번 테이블'이 아니라 그 테이블에 앉아 있고 그 음식을 주문한 '손님'을 가리킨다. 환유는 지시적 기능을 하는 것 외에도, 평가, 관계형성, 유머, 아이러니, 완곡어법 등 다양한 의사소통 기능을 하는 데도 사용될 수 있다.

평가 기능

환유는 사물이나 개인에 대한 평가나 의견을 표현하는 도구로 자주 사용된다. 한 가지 방법은 특성은 사람을 대표한다라는 환유를 통해 사물이나 사람의 특정한 특성에 주의를 환기시키고 이 특성을 사용하여 사람 전체를 지칭하는 것이다. 예를 들어, "He is a brain(그는 머리가 좋은 녀석이다)"에서처럼 어떤 사람이 지능이 뛰어난 것으로 알려진 경우 '뇌'라는 용어는 그 사람의 지적 능력 또는 지적인 개인으로서의 정체성을 지칭하기 위해 환유적으로 사용될 수 있다.

소설에서 다른 등장인물에 대한 주인공의 감정이나 판단을 표현하기 위해 환유가 사용되는 예가 있다. 이때 환유를 통해 작가는 다른 등장인물에 대한 주인공의 태도를 명시적으로 인급하지 않고도 미묘하게 진달하여 독자기 텍스트에서 의미를 유추할 수 있도록 한다. 다음 예는 윌리엄 보이드(William Boyd)의 2009년도 작품 『평범한 천둥』에서 가져온 것이다.

> 여학생들 중에서 여드름이 심한 한 소녀는 '10달러 주면 팔게'라고 말했다. … 나머지 여자아이들은 모두 이를 비웃고, 킥킥거리며 장난스럽게 서로를 밀쳤다. 존조는 무표정했다. … 여자아이들은 서로 귓속말을 하자 여드름은 '우리도 몰라'라고 말했다.

작가는 한 소녀를 '여드름'이라고 지칭함으로써 주인공 존조의 눈에 비친 그녀가 얼마나 매력적이지 않고 비인간적인 존재인지 보여준다.

직장 담화에서 직원들은 "나는 위에서 그것을 어떻게 생각할지 모르겠어"나 "다음에 위에서 어떤 안을 가지고 나올까!"와 같은 표현에서처럼 단어 '위'를 자주 사용한다. '위'는 고위 관리직이 있는 사무실의 위치이다. 평범한 직원들이 이 단어를 사용하는 것은 가끔 고위 관리직에 대한 부정적인 평가를 암시하거나 거리두기 장치로 사용된다.

평가의 목적으로 환유를 사용하는 것은 영어에서 흔하게 보인다. 예를 들어, "Boys will be boys(사내애가 다 그렇지 뭐)" 같은 구어체 항진명제(tautology)에서 환유가 등장한다. 이 표현에서 보어로 사용되는 boys는 부정적 특징에 대한 환유적 지시이다. 즉, 사내애들이 못되게 굴 수 있다는 사실을 너그럽게 봐주거나, 이것이 흔히 용납되는 행동이라는 사실을 비판한다는 점에서 평가적이다.

사회적 태도의 매개체 기능

환유는 미묘한 평가를 전달할 수 있기 때문에 암묵적인 사회적 태도를 드러낼 수 있다. 영국식 영어에는 아내를 지칭하는 데 사용되는 다양한 환유가 있다. "He actually bumped into Her Indoors, who peered, looked bewildered and retired(그는 실제로 실내인 그녀와 마주쳤고, 그녀는 당황한 표정을 지으며 물러섰다)"에서처럼 '실내'라는 용어는 일반적으로 유머러스하거나 격식을 차리지 않고 말할 때 아내를 지칭하기 위해 구어체로 자주 사용된다. "I promised the missus I'd be home by eleven(나는 마님에게 11시까지 집에 오겠다고 약속했다)"에서 '마님'이라는 용어는 아내를 지칭하는 구어체 표현이다. 이 말은 아내에 대한 의무감이나 책임감을 암시한다. "Simon Draper took to calling her 'She who must be obeyed'—if not to her face(사이먼 드레이퍼는 그녀를 '순종해야 하는 그녀'라는 별명으로 부르기 시작했다. 물론 그녀의 면전에다 대고 그렇게 하지는 않았다)"에서 이 별명은 유머러스하거나 다소 비꼬는 듯한 어조이며, 아내가 권위적이거나 까다롭다는 것을 암시한다. 이 세 표현은 모두 특성은 사람을 대표한다라는 환유를 다소 유머러스하게 사용하고 있으며, 여성을 재미의 대상 또는 대부분의 시간을 실내에서 보내는 아내, 특히 가정주부로서의 역할로 환원하고 있다.

환유는 장애인에 대한 근본적인 편견을 무심코 전달하는 데에도 사용될 수 있다. 예를 들어, 영국의 장애인 올림픽 출전 선수인 클레어 하비(Claire Harvey; 1974~)는 카타르항공 비행기에서 기내에 남겨진 후 "스스로를 끌고 나와야 했다"고 전했다. 다음은 이 사실을 다룬 BBC 뉴스 방송에서 나온 내용이다.

Before the flight, Ms Harvey said she heard staff talking about getting "the wheelchair" on board—a term she eventually realised referred to her(비행 전, 하비는 직원들이 "저 휠체어"를 탑승시키는 것에 대해 이야기하는 것을 들었다고 말했다. 그것은 결국 자신을 가리키는 것으로 인식한 용어였다).

항공사 직원은 클레어 하비를 의도치 않게 '휠체어'라고 지칭함으로써 장애의 관점에서 그녀의 정체성을 인식하고 있었다. 이는 실용적인 관점에서는 이해가 될 수 있지만, 클레어 하비가 있는 자리에서 발언했다는 점에서 다소 비인간적인 태도이다. 이처럼 클레어 하비와 같은 장애인을 이름이나 사람으로 지칭하지 않고 그가 사용하는 장비로 지칭하는 것은 개인성보다 장애를 우선시하는 사회적 태도를 강화하며 소외감이나 대상화 감정을 유발한다.

환유가 사회적 태도의 매개체 역할을 하는 또 다른 방식은 환유가 완곡어법의 수단으로 사용되는 것에서 드러난다. 완곡어법을 사용하는 이유는 당황스럽거나 체면을 구길 수 있는 주제에 관해 이야기하는 간접적인 방법을 찾기 위함이다. 환유는 간접성을 표현하는 완벽한 비유법이다. 이러한 점에서 환유와 완곡어법에는 간접성이라는 공통점이 있다. 그래서 환유는 민감한 주제를 논의할 때 간접적이거나 덜 직설적인 언어를 사용하는 완곡어법의 수단으로 사용된다. 예를 들어, 영국 영어에서 going to the bathroom(욕실에 가다), little boys' room(남자아이 방), cloakroom(휴대품 보관소), spending a penny(페니를 사용하다)는 모두 서구 사회에서 사람들이 직접적으로 언급하는 것을 피하는 경향이 있는 '화장실 가기'에 대한 환유적 완곡어법이다. 첫 번째 세 개의 완곡어법은 장소는 사건을 대표한다라는 환유에 의존하고, 네 번째 완곡어법은 하위사건은 사건 전체를 대표한다라는 환유에 의존한다. 완곡어법에 환유를 사용하는 것은 생리적 현상을 직접적으로 언급하는 것에 대한 사회적 불편함을 반영하며, 언어가 문화적 규범과 금기를 어떻게 형성하고 반영하는지를 보여준다.

보육원 직원이 아기의 기저귀에 관해 이야기할 때 사용하는 "She's got a loose nappy(그 아기는 설사기가 있다)"와 같은 표현도 환유가 완곡어법으로 사용되는 방식에 대한 예가 된다. 이 표현은 기저귀가 헐거워졌다는 것이 아니라 기저귀를 갈아야 할 때가 되었다는 뜻이다. 즉, 느슨한 것이 기저귀 자체가 아니라 아기가 설사기가 있다는 것이다. 이 표현은 아기가 설사한다는 원인이 기저귀가 축 처져 있다는 결과를 대표하는 환유에 기초한다. 글자 그대로 사용된 것이 아니라 환유적으로 사용된 완곡어법인 이 표현은 환유가 난처한 것을 직접적으로 언급하는 것을 피하는 데 사용되는 좋은 예이다.

환유는 전쟁 사건을 기술하기 위해 정부가 사용하는 완곡어법에서도 역할을 한다. 적의 사상자 수를 가리키려고 body count(전사자 수)를 사용하거나 폭탄을 투하하여 사람을 죽이는 것을 가리키는 air support(공중 지원)가 그 예이다.

관계형성 기능

환유는 집단 구성원 간의 공유된 지식을 강조하고 때로는 집단에서 외부인을 배제하는 등 집단 정체성과 대인 관계를 강화하는 데 사용된다. 환유는 사물을 가리키는 빠르고 쉬운 방법을 제공하므로 담화 공동체에 널리 퍼져 있다. 실제로 담화 공동체에서는 환유를 빈번하게 사용하는데, 이는 단결력을 구축하기 위함이다. 즉, 환유는 담화 공동체의 정체성을 창조하는 데 기여한다. 우리들 대부분은 새 직장에 들어갈 때 주변 동료들이 환유적 속기를 많이 사용하여 상대방이 무슨 말을 하는지 이해하지 못하는 경험을 한 적이 있다. 이는 환유가 담화 공동체 내에서 중요한 관계형성 기능(relationship-building function)을 하기 때문이다. 공동체 내에서 관계를 형성하기 위해 환유를 사용할 때, 그것은 다른 사람들이 자신들의 담화 공동체에 들어오지 못하게 하는 데도 사용된다. 따라서 외부인이 있을 때 내부인만이 이해하는 환유를 의도적으로 사용하는 것은 강력한 거리두기(distancing)의 기능이다.

예를 들어, 보육원 직원은 아기의 장에 문제가 있다는 의미를 전달할 때 loose nappy(헐거워진 기저귀)와 같은 환유 표현을 사용하여 외부인이 바로 알아차리지 못할 수 있는 구체적인 의미와 뉘앙스를 전달한다. 이러한 전문 용어는 보육원 직원들이 보육과 관련된 문제에 대해 효율적이고 효과적으로 의사소통하는 데 도움이 된다. 그리고 암벽등반 클럽과 같은 스포츠 클럽에서 사용되는 언어에는 환유가 풍부한 것으로 잘 알려져 있다. 회원들은 등반 중 손잡이나 발판이 있는지 묻기 위해 "Have I got a foot?(발이 있나요?)"이나 "Have I got a hand?(손이 있나요?)"와 같은 환유 표현을 사용한다. 이는 손걸이/발걸이가 근처에 있는지 묻는 표현이다. 이러한 환유 표현은 암벽등반 클럽 내에서 속기 역할을 하여 등반가들이 등반 중에 효과적으로 의사소통하고 신속하게 의사결정을 내릴 수 있도록 도와준다.

담화 공동체에 특유한 환유는 스포츠 방송에도 널리 퍼져 있다. 스포츠 재정 전문가인 제레미 크레인(Jeremy Claine)은 2015년 한 라디오 방송에서 첼시 FC 구단주인 로만 아브라모비치(Roman Abramovič)가 구단을 운영하는 방식에 대해 다음과 같이 말한다. "There has clearly been discord in the dressing room and in the boardroom(라커룸과 이사회실에서 확실히 분명히 불협화음이 있었다)." '라커룸'은 축구 선수들을 환유적으로 표현한 용어이고, '이사회실'은 구단 경영진을 나타낸다. 크레인은 장소는 사람을 대표한다라는 환유를 사용하여 선수와 경영진 모두 현재 구단의 운영 방식에 불만이나 갈등을 겪고 있다는 생각을 함축적으로 표현하고 있다. 여기에서 환유를 사용하는 것은 스포츠 저널리즘 담화 공동체에서만 볼 수 있는 것으로, 스포츠 조직 내의 복잡한 상황이나 역학 관계를 전달하기 위해 이러한 표현이 일반적으로 사용된다. 즉, 환유의 이러한 용법은 스포츠 저널리즘의 장르에 익숙한 사람에게 친숙하지만, 그 장르를 잘 모르는 사람에게는 낯설 수 있다.

소설가는 환유를 사용하여 가족과 친구 집단에서 유대관계를 만들고 발전시키며, 등장인물과 배경을 더욱 진짜처럼 느껴지도록 만든다. 그 예는 매기 오패럴(Maggie O'Farrell)의 2013년 소설『불볕더위에 대처하는 법』(Instructions for a Heatwave)에서 볼 수 있다.

어느 날 저녁 식사 자리에서 모니카와 조는 참석했지만 마이클 프란시스는 참석하지 않은 상태에서 에이바가 주일학교 수업을 돕지 않겠다고 발표했을 때, 그리고 바로 그날 신부님을 찾아가서 돕지 않겠다고 말했을 때 벌어진 소란을 상상해 보라. 그녀는 교사가 되고 싶지도 않았고, 아이들과 잘 어울리지도 않았으며, 그런 생각 자체가 불쾌하다는 것이 그 이유였다.

이 발표로 인해 리오단 가족 내에서 큰 소란이 일어났다. 그레타는 시금치 접시를 바닥에 던졌다. 그녀는 나중에 이것을 부인하고 손에서 미끄러졌다고 말하곤 했다. 어느 쪽이든 시금치는 카펫에 묻었고, 가족들 사이에서는 항상 '주일학교 얼룩(Sunday-school stain)'이라고 불리는 녹색 얼룩이 몇 년 동안 남아 있었다. 그레타는 수치심에 죽을 것 같고, 에이바 때문에 죽고 싶으며, 에이바를 어떻게 해야 할지 모르겠다고 말했다.

이 예에서 '주일학교 얼룩'은 에이바의 발표로 촉발된 가족 간의 소란 중에 그레타가 시금치 접시를 던진 후 카펫에 남은 녹색 얼룩을 가리킨다. 이 단어는 외부인에게는 사소해 보일 수 있지만 가족들 사이에서는 깊은 의미를 담고 있다. 이 얼룩은 그날 저녁 식사 장면에서 벌어진 감정적 혼란과 불화를 가시적으로 상기시키는 역할을 한다. 이 얼룩은 에이바의 결정과 그로 인한 가족 갈등의 지속적인 영향을 상징하며, 가족 관계의 복잡성과 역학 관계를 요약한다. '주일학교 얼룩'이라는 용어는 리오단 식구들에게만 의미가 있다. 그것은 그들의 공유된 경험, 기억, 대인 관계를 반영한다. 이 사건을 잘 모르는 외부인은 이 용어의 의미나 가족의 역사 및 역학 관계와의 연관성을 이해하지 못할 것이다. 이 환유적 장치를 사용하여 작가 오패럴은 독자를 리오단 가족의 친밀한 세계로 초대하여 등장인물에 공감하고 관계의 복잡성을 이해할 수 있도록 한다.

창의성 기능

환유를 언어유희의 한 형태로 창의적으로 사용하는 것은 사람들이 관계를 구축하고 유지하기 위한 효율적인 방법이다. 사람들은 환유를 이용한 언어 놀이를 통해 대화에 유머와 참신함, 이해의 공유를 불어넣어 사회적 유대를 강화한다. 지넷 리틀모어와 캐롤라인 태그(Jeannette Littlemore & Caroline Tagg)는 2016년에 발표한 「환유와 문자메시지」에서 환유적 창의성의 두 가지 형식을 식별한다. 하나는 의미에 기반한 창의성이고 다른 하나는 형태에 기반한 창의성이다.

의미에 기반한 환유적 창의성의 예는 다음 발췌문에서 볼 수 있다. 이 발췌문에서는 서로 다른 인지모형에서 나온 두 환유가 동일한 대화 내에 병치되어 있다.

> A: 업무나 논문 또는 두 가지 모두에서 휴식이 필요한 경우를 대비하여 내일 6시에 직원 숙소에서 다시 모임을 갖기로 했어요. 3주차는 괜찮았으면

좋겠어요.

B: 그것과 벚꽃(cherry blossoms)과 함께 발티(balti)를 먹으러 가는 것 사이에서 고민 중입니다. 뭐가 더 재밌을지 모르겠어요.

A: 오, 그런 결정은 하고 싶지 않네요.

{시간이 흐른다}

B: 미안하지만, 벚꽃과 발티가 이겼어요. 괜찮으시다면 내일 만날 수 있을 것 같아요. NAME119는 오늘 밤은 바빠서 내일은 아직 안 물어봤어요.

A: 젠장, 벚꽃에 내가 밀렸네요. 그래요, 내일 무슨 일 있으면 연락주세요. 해피 발티, 물론 해피 엔드.

이 예에서는 '벚꽃'과 '발티'가 반복적으로 나온다. 이 문자를 주고받는 두 사람은 영어 학교의 교사이다. '벚꽃'이라는 용어는 일본의 체리블라썸 칼리지에서 온 일본인 학생들을 지칭한다. '발티'는 영국 버밍엄에서 인기 있는 카레 요리를 지칭한다. '발티'는 이러한 종류의 카레를 일반적으로 조리하는 그릇에서 유래되었다는 점에서 그 자체로 환유이다. 이 예에서 발티는 '레스토랑에 가서 카레 요리를 먹는다'는 의미로 환유적으로 사용된다. 따라서 장소는 사람을 대표한다와 사물은 사건을 대표한다라는 두 가지 환유가 가까이 인접해 사용되고 있다. 두 환유가 비교적 관습화되어 있기는 하지만, 적어도 이 발췌문에서는 두 환유가 반복적으로 병치되는 방식을 통해 어느 정도 의도적인 창의성을 엿볼 수 있다. 이 창의성은 일본 문화와 매운 인도 음식이라는 다른 두 가지 인지모형을 연상시키는 인식에 기반하고 있다. 둘 다 일본 문화와 인도 문화를 지칭한다는 점에서 일관성이 있지만, 일본과 인도 문화의 대조적인 특징에서 유머가 암시된다. 여기에서 유머는 글 작성자의 공유 지식을 끌어내어 관계를 강화할 뿐만 아니라, 잠재적으로 체면을 위협할 수 있는 상황을 완화하는 데 사용된다. 문자 B는 문자 A의 데이트 제안을 거절하고 있으며, 발티와 벚꽃을 언급하여 잠재적인 사회적 어색함을 감추고 있다.

형태에 기반한 환유적 창의성은 언어의 구조와 반복을 활용하여 예상치 못한 방식으로 미묘한 의미를 전달하는 것을 포함한다. 예를 들어, "Not been much fun cycling let alone allotmenting(할당 업무는 고사하고 자전거 타는 것도 재미없어요)"은 구조적 병렬을 포함하고, 이런 병렬은 단어 allotmenting에 환유적 의미를 제공한다. allotmenting이라는 단어는 cycling과 유사하게 접미사 -ing이 추가되어 할당과 관련된 연속적이거나 진행 중인 동작을 암시한다. 이러한 구조적 유사성을 통해 allotmenting은 '할당 행위'와 관련된 환유적 의미를 가지며, 할당을 관리하는 지루하거나 즐겁지 않은 과정을 가리킨다.

화용적 추론 기능

환유는 화용적 추론(pragmatic inferencing)에서 중요한 역할을 한다. 화용적 추론은 화자의 의도, 대화 맥락, 화자와 청자 간의 공유 지식 등 다양한 문맥 단서를 바탕으로 발화의 의도된 의미를 추론하는 것을 포함한다. 화용적 추론은 간접화행(indirect speech act)을 이해할 때 필요하다. 간접화행은 문맥에서의 실제 의미가 발화의 문자적 의미와 구분되는 화행이다. 따라서 간접화행의 실제 의미는 추론되어야 한다. 간접화행에서 화자의 의사소통적 의도를 식별하려면 청자의 입장에서 추론 작업이 필요하다. 예를 들어, 부엌의 테이블에 케이크가 있고, 집을 방문한 손님이 "저 케이크 맛있어 보이네요"라고 발화한다면, 그는 케이크가 맛있어 보이는 객관적인 상황을 묘사하지만 실제로는 "저 케이크 한 조각 먹고 싶어요"라는 바람의 메시지를 전달하는 것이다.

간접화행에서 작용하는 환유를 발화수반적 환유(illocutionary metonymy)라고 부른다. 화행에는 세 가지 차원이 수반된다. 첫 번째는 발화행위(locutionary act)이다. 이는 의미 있는 발화를 생산하는 행위이다. 이 행위는 청자와 많은 관련이 있다. 청자가 화자가 말하는 것을 이해하지 못하면 화자는 발화행위를 수행하지 못한 것과 마찬가지이다. 더 나아가 문장이나 단어를 발화할 때는 반드시 특정한 의도가 있어야 한다. 대부분의 경우 사람들은 누군가에게 무언가를 전달하거나 사실을 제공해야 하는 등의 목적을 위해 잘 짜인 발화를 만들어낸다. 이 두 번째 차원을 발화수반행위(illocutionary act)라고 한다. 발화수반행위는 의사 전달 의도가 있는 발화를 통해 이루어진다. 화자는 약속, 제안, 설명 등을 하기 위해 발화수반행위를 할 수 있다. 발화행위가 의미 있는 발화를 하는 행위이고, 발화수반행위가 의도적인 발화를 하는 것이라면, 세 번째 차원인 발화효과행위(perlocutionary act)는 의미 있는 의도적 발화의 효과를 만들어내는 것을 말한다. 누군가에게 커피를 마시게 하려는 의도를 가진 발화를 성공적으로 수행한 후 실제로 커피를 마시는 효과를 내는 것을 발화효과행위라고 한다.

발화수반적 환유는 발화수반행위에 담긴 의도인 발화수반력(illocutionary force)이 환유 표현을 통해 간접적으로 전달되는 상황을 지칭함으로써 발화수반행위와 환유라는 두 개념을 결합한 개념이다. 즉, 화자는 의도한 발화수반행위와 밀접하게 연관된 단어나 구를 사용하여 그 의미를 전달한다.

발화수반적 환유는 인지모형에 기반한 관계가 아니라 시나리오에 기반한 관계에 의존한다. 즉, 발화수반적 환유는 '전형적인 시나리오'에 대한 화자와 청자의 지식에 의존한다. "5달러 있어요? 식사비를 지급해야 해서요"에서 "5달러 있어요?"라는 발화수반적 환유를 통해 질문 "나에게 5달러를 빌려줄 수 있나요?"에 연결된다. 이 예에서 전형적인 시나리오는 친구의 식사비용 지급을 위해 돈을 빌려주는 것에 관한 것이다. 시나리오의 한 부분을 사용해서 다른 부분을 가리키는 것이 발화수반적 환유의 특징이다. 이런 부분들은 사건에 대한 선결 조건, 사건 자체, 사건의 결과일 수 있다. 따라서 이 예에서 화자는 돈을 빌릴 수 있는지 묻고자 선결 조건(즉, 청자가 5달러 지폐를 소유하고 있다)을 환유적으로 사용한다.

발화수반적 환유에서는 화행의 한 속성은 화행 자체를 대표한다. 때문에 발화수반적 환유는 한 화행(SA1)은 또 다른 화행(SA2)을 대표한다는 형태를 취힌다. 기본적인 생각은 사람의 한 속성이 그 사람을 대표할 수 있는 것과 마찬가지로, 화행의 한 속성이 화행 자체를 대표할 수 있다는 것이다.

여기에서 두 개의 화행은 동일한 화행 시나리오의 성분이다. 따라서 발화수반적 환유는 간접화행(한 명시적 직접화행이 또 다른 화행을 대표하는 경우)의 기초가 된다. 예를 들어, "당신이 저 창문을 닫아줬으면 좋겠습니다"라는 바람 표현은 "저 창문 좀 닫아주세요"라는 요청 화행을 대표한다.

"나에게 스웨터를 빌려줄 수 있나요?"나 "나에게 스웨터를 빌려줄 것인가요?" 등의 간접적 요청은 "나에게 스웨터를 빌려주세요"라는 직접적 요청에 대한 임의적인 대체 형태가 아니다. 매체가 되는 근원 화행은 자의적으로 선택되는 것이 아니라, 요청 충족 시 접할 수 있는 잠재적인 '장애물'을 다루려는 화자의 의도에 의해 동기화된다.

간접화행, 특히 요청 화행에 대한 환유 접근법을 자세히 살펴보자. 화자가 누군가에게 요청할 때는 자신이 어떤 정보나 행위를 원하는지 상대방이 인식할 수 있게 충분한 정보를 상술해야 한다. 자신의 목적이 성취될 수 있도록 하려면 상대방이 자신의 의사를 충분히 이해할 수 있어야 한다. 화자가 청자에게 무언가를 요청할 때, 청자에게는 요청을 들어주어야 한다는 부담이 있기 마련이다. 화자가 상대방의 입장을 생각하지 않고 자기 방식대로 자신의 의사를 직접적으로 전달한다면, 청자가 체면을 손상할 경우가 발생하기도 한다. 그러나 다행스럽게도, 사람들은 상대방의 체면을 세워주면서 행동하는 것이 상례이다. 즉, 화자가 청자에게 요청을 할 때 청자의 체면에 가해질 수 있는 위협을 제거하고자 화자는 흔히 간접적으로 요청을 한다. "10달러 정도 빌려주실 수 있나요?"처럼 간접적으로 요청을 함으로써, 청자는 요청을 받아들이거나 거절할 선택권을 가질 수 있다.

간접적으로 요청을 하는 화자는 요청에 대한 전체 행위의 현저한 부분을 언급함으로써 전체 행위가 기술되고 있음을 청자가 인식할 수 있다고 가정한다. 즉, 위의 예를 요청으로 이해하기 위해서 청자 자신의 능력에 대한 질문이 결국은 요청이라는 전체 행위를 언급하는 것으로 간주해야 한다. 이런 점으로 미루어 볼 때, 간접화행을 행하고 그것을 이해하는 것은 부분에서 전체를 추론하는 환유의 인지 과정을 포함한다.

이처럼 간접화행이 부분에서 전체를 추론하는 환유 과정을 포함하는 것이 무슨 의미인지 보기 위해 요청에 대한 시나리오를 먼저 제시해 보자.

1단계(전제): 화자가 바라지 않는 현상이 존재한다.
2단계(바램): 화자는 그 현상에 대해 바라는 부분이 있다.
3단계(능력): 청자는 화자의 요청을 들어줄 능력이 있다.
4단계(의향): 청자는 화자의 의향을 들어줄 의향이 있다.
5단계(행위): 청자는 화자의 요청을 들어주는 행위를 한다.
6단계(감사): 화자는 청자가 자신의 요청을 들어준 것에 대해 감사한다.

요청 시나리오

간접화행은 다양하게 만들 수 있다. 간접화행의 여러 형태는 화자와 청자의 거래 행위에서 한 부분을 선택하는 것에 달려 있다. 이런 거래 행위에서 청자가 화자의 요구에 응하기 위해 참여했으면 하고 화자가 바라는 전체 일련의 행위를 추론하는 것이 청자의 임무이다. 예를 들어, 문을 닫아달라는 요청은 다양한 간접화행의 형태를 취한다. 특히 "여기는 추워요"는 요청에 관한 전체 행위 중에서 화자가 1단계를 선택해서 전체 요청 행위를 의도하고,

"문을 닫았으면 좋겠어요"는 2단계를, "문을 닫아줄 수 있을까요?"는 3단계를, "문을 닫아주시겠습니까?"는 4단계를, "당신은 문을 닫아줄 것이다"는 5단계를, "문을 닫아줘서 고맙습니다"는 6단계를 선택해서 전체 요청 행위를 의도한다. 이런 식으로 부분을 사용하여 전체를 의도하는 것은 환유 과정이다.

기존의 화행론 연구에서는 이런 문장을 공손한 간접적인 요청 화행을 위한 관습적인 방법으로 간주한다. 즉, 어떤 지의적인 이유로 사람들은 이런 문장의 형태를 사용해서 간접화행을 하며, 이런 특별한 형태의 문장은 관습적인 문제로 간주될 뿐이다. 그러나 간접화행의 다양한 형태를 그저 관습의 문제로 귀결시키는 것에는 문제가 있다. 즉, 여러 종류의 간접화행은 주어진 사회적 상황에 대해 동일하게 적절하지 않을 수가 있다는 것이다. 화행에 관한 전통적인 화행론 입장은 왜 어떤 간접적인 요청 화행이 다른 간접적인 요청 화행보다 더 적절한 것으로 간주되는지를 설명하지 못한다. 단순히 한 특정한 간접화행을 사용하는 것이 자의적인 현상이라고 말할 뿐이다.

그러나 요청이라는 것을 많은 양의 정보를 고려하여 행하는 거래 행위로 간주하면 이런 문제는 해결된다. 거래 행위에서는 화자가 청자와 거래를 하려면 자신에게 무엇이 필요한지 먼저 결정해야 한다. 그리고 나서 화자는 청자가 자신에게 필요한 것을 들어줄 수 있는지를 여러 정보를 이용하여 고려해야 한다. 요청의 행위도 비슷하다. 화자는 자신이 무엇을 원하는지를 결정하고, 자신이 원하는 것을 들어줄 수 있는 청자를 찾아간다. 그리고 청자가 화자가 원하는 것을 들어줄 수 있을지를 모든 이용 가능한 정보를 고려하여 결정한다. 그리고 화자는 청자가 요청을 들어주는 데 가장 큰 장애물이 되는 것을 발화하여 청자를 간접적으로 유도한다.

다음 두 예가 길 가는 사람에게 시간을 물어볼 때 사용할 수 있는 간접화행이다. "시계 있으신가요?"와 "시간 좀 가르쳐주시겠습니까?" 전자는 요청 시나리오에서 청자의 능력에 관한 3단계를 선택해서 나온 발화이고, 후자는 화자의 의향에 관한 4단계를 선택해서 나온 발화이다. 이 두 간접화행 중에서 전자보다 후자가 더 적절하다. 왜냐하면, 청자가 이 정보를 제공할 때 있을 수 있는 가장 큰 장애물은 그에게 시계가 없어서 시간을 모를 수 있다는 것이기 때문이다. 화자는 이런 가능성을 배제할 수 없으므로 우회적으로 요청을 해야 한다. 그래서 화자는 청자가 그의 요청에 응하는 데 장애가 되는 부분을 발화하여 요청하는 것이다. 즉, 이것은 화자가 위에서 제시한 요청 시나리오 중 청자의 능력에 관한 3단계 부분을 선택하여 요청 행위를 한다는 것을 뜻한다.

또 다른 예를 보자. 몇 시에 시계방이 문을 닫는지 알고 싶어서 시계방 주인에게 "당신은 몇 시에 문을 닫는지 아시나요?"라고 물어보는 것은 적절하지 못하다. 왜냐하면, 시계방 주인은 몇 시에 가게 문을 닫는지를 확실히 알고 있기 때문이다. 즉, 이 경우에 청자는 화자가 요구하는 요청을 들어줄 능력이 있다는 것이 너무 당연하기 때문에 전체 요청 시나리오 중에서 3단계는 청자가 화자의 요청을 들어주는 데 장애물이 되지 않는다. 이런 상황에서 가장 큰 장애물은 시계방 주인이 화자가 원하는 정보를 제공해 주고 싶은 마음이 있느냐 하는 것이다. 즉, 이 경우에는 요청 시나리오 중에서 청자의 의향인 4단계가 청자가 화자의 요청을 들어주는 데 장애물로 작용한다. 따라서 이런 상황에서는 전체 요청 시나리오 중에서 4단계를 선택하는 "몇 시에 문을 닫을지 말씀해 주시겠습니까?"와 같은 간접화행이 더 적절한 것이다. 이렇게 화자가 간접적으로 요청이라는 화행을 할 때, 청자에게 있을 수 있는 가장 큰 잠재적인 장애물을 선택하여 청자는 간접화행을 더욱더 쉽게 이해할 수 있다.

7.3. 환유의 모형

환유의 모형은 은유의 모형과 비교해 논의되는 것이 일반적이었다. 환유와 은유는 영역(domain)의 수에서 차이가 난다. 은유는 두 개념적 영역 간의 관계로 기술되는데, 한 개념적 영역은 다른 개념적 영역에 비추어 이해된다. 두 영역 간의 관계는 근원영역 구조의 논리를 목표영역 구조의 논리로 사상(mapping)하는 것으로 명시된다. 따라서 은유의 경우에는 '영역 간 사상' 또는 '영역 외적 사상'이 수반된다. 이와 대조적으로, 환유는 한 개념적 영역만 포함하며, 이 개념적 영역 내에서 사상이 발생한다. 결국 환유는 하나의 개념적 영역만 포함한다. 환유적 사상은 영역들 사이에서가 아니라 단 하나의 영역 내에서 발생한다. 따라서 환유의 경우에는 '영역 내 사상' 또는 '영역 내적 사상'이 수반된다. 개념적 은유와 개념적 환유의 이러한 차이는 다음과 같이 나타낼 수 있다.

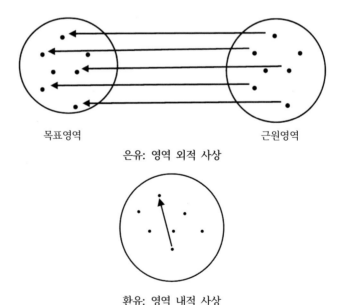

목표영역   근원영역

은유: 영역 외적 사상

환유: 영역 내적 사상

부분-전체 환유

환유가 한 개념적 영역만 포함하며, 이 개념적 영역 내에서 사상이 발생한다고 할 때, 여기에서 말하는 영역이란 이상적 인지모형이다. 이상적 인지모형은 인생에서 전형적인 상황에 대한 추상적인 정신적 표상이다. 즉, 백과사전적이고 유연하며 어느 정도 특유하다. 인지모형은 사람들의 문화적 지식을 포함하며 반드시 실세계를 반영하는 것은 아니다. 인지모형의 한 가지 예는 음식물 인지모형으로서, 이것은 다음과 같이 나타낼 수 있다.

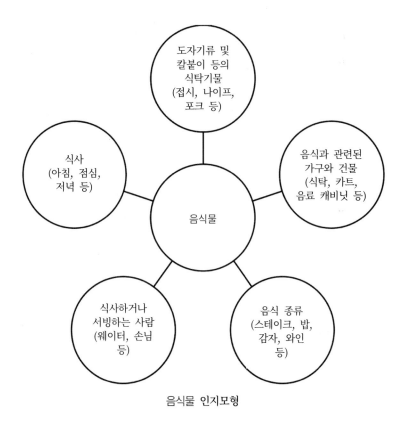

음식물 인지모형

이 음식물 인지모형은 영어와 다른 언어에서 일반적으로 사용되고 받아들여지는 환유를 공식적으로 인정하거나 승인하는 역할을 한다. 예를 들어, 일본어에서 아침, 점심, 저녁은 あさごはん(아사고항)(아침밥), ひるごはん(히루고항)(점심밥), ばんごはん(방고항)(저녁밥)이라고 부른다. 이는 식사와 음식 종류 간의 환유적 연결에 의존한다. 여기에서 환유적 연결고리는 하루 중 시간과 그 시간에 전통적으로 소비되는 음식 사이에 있다. 프랑스어에서는 '요리를 잘한다는' 뜻으로 elle fait unebonne table(그녀는 좋은 식탁을 만든다/차린다)이라고 말한다. 이는 음식과 그것과 관련된 가구를 연결시킨다. 영어에서는 레스토랑에 좋은 포도주 저장실이 있다고 말하는데, 이는 레스토랑에서 제공하는 와인이 고급이라는 것을 의미한다. 웨이터는 식사하는 사람 중에서 누가 스테이크인지 질문할 수 있다. 이는 그 음식을 먹는 사람과 음식을 환유적으로 연결시키는 것이다. 이런 환유는 음식이 사람을 대표하여 그 사람이 음식 선택과 얼마나 밀접하게 연관되어 있는지를 반영한다. 그리고 레스토랑에서 나이프와 포크가 세 개있다는 것은 해당 레스토랑이 고급 음식을 제공한다는 것을 의미하며, 이러한 식기는 식사 경험의 대명사로 사용된다. 사람들은 접시(dish)라는 용어를 사용해서 접시에 담긴 음식을 가리키고, 유리잔(glass)이라는 용어를 사용해서 유리잔의 내용물을 가리킨다. 이처럼 다양한 언어는 환유를 사용하여 의미를 전달하고, 이 언어적 장치는 여러 문화권의 일상의 의사소통에 깊숙이 뿌리내리고 있다.

이상적 인지모형의 개념은 환유를 식별하고 분석하기 위한 좋은 출발점을 제공하지만, 더 많은 환유의 예를 검토하면 환유 자체를 다양한 유형으로 나눌 수 있다. 가장 영향력 있는 환유 분류법은 군터 라덴과 졸탄 쾨브체시(Günther Radden & Zoltán Kövecses)가 1999년에 발표한 「환유 이론을 향하여」에서 제안한 것이다. 이 모형이 모든 것을 망라하지는 않지만 일상 언어에서 나타나는 다양한 범위의 환유 유형을 포함한다.

포괄적인 환유 범주	이상적 인지모형	개념적 환유와 실례
전체와 부분 환유	사물과 부분	부분은 전체를 대표한다 The perfect *set of wheels*
	척도	끝은 전체 척도를 대표한다 *Young and old* alike
	구성	재료는 사물을 대표한다 Use only a *3-wood* off the tee
	사건	하위사건은 사건 전체를 대표한다 Jay and Denise are to *walk up the aisle*
	범주와 구성원	범주는 구성원을 대표한다 Fancy coming round for some *drinks*
	범주와 특성	현저한 특성은 범주를 대표한다 The brothers needed some *muscle*
부분과 부분 환유	행동	시간은 행동을 대표한다 They *summered* at Ville d'Avray
	지각	지각대상은 지각을 대표한다 *Head* not so great
	인과성	결과는 원인을 대표한다 Because you live on a *fast road*
	생산	생산자는 생산품을 대표한다 She took out the *hoover*
	통제	통제자는 통제물을 대표한다 *Rommel* was in retreat
	소유	소유물은 소유자를 대표한다 He married *money* and became an MP
	포함	그릇은 내용물을 대표한다 Sits you down and have a *glass*
	위치	장소는 거주자를 대표한다 *The whole town* is on the verge of starvation.
	수정	수정된 형태는 원래 형태를 대표한다 LOL ('laugh out loud')

라덴과 졸탄 쾨브체시의 환유 유형

'목표 속 근원' 환유와 '근원 속 목표' 환유

환유 문헌에 핵심적인 기여를 했던 또 다른 환유 모형은 프란시스코 루이즈 데 멘도자(Francisco Ruiz de Mendoza)가 2000년에 발표한 논문 「환유의 이해에서 사상과 영역의 역할」에서 제안한 모형이다. 그는 환유의 설명력을 극대화하고 세부적이고 지세한 설명이 가능하게 하려고 환유를 두 가지 유형으로 구분한다. 먼저, '목표 속 근원(source-in-target)' 환유에서는 '영역확장' 과정에 의해 한 하위영역이 전체 영역을 대표한다. 예를 들어, "전원 갑판 위에 집합"을 뜻하는 "All hands on deck"라는 영어 표현에서 근원에 해당하는 '손'은 목표에 해당하는 선원이라는 '사람' 전체를 대표한다. 그리고 '영역축소' 과정에 기초하는 '근원 속 목표(target-in-source)' 환유에서는 전체 영역이 한 가지 하위영역을 대표한다. 예를 들어, "그녀는 알약을 복용하고 있다"를 뜻하는 "She's taking the pill"에서 근원에 해당하는 포괄적인 '알약'은 목표에 해당하는 하위영역인 '피임약'을 대표한다. 이 두 가지 유형의 환유를 그림으로 나타내면 다음과 같다.

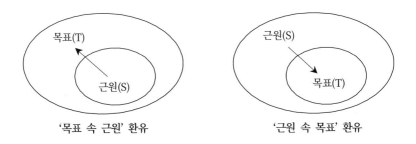

'목표 속 근원' 환유   '근원 속 목표' 환유

루이즈 데 멘도자가 제안한 환유 모형의 한 가지 장점은 이중 환유(double metonymy) 또는 연쇄 환유(chained metonymy)가 정밀하게 설명된다는 것이다. 영역확장과 영역축소가 결합하여 이중 환유가 유발된다. 이중 환유에는 네

가지 유형이 있다. 첫 번째 유형은 "Wall Street is in panic(월스트리트는 공황에 빠졌다)"에서처럼 '월스트리트'의 환유적 용법으로 예증되는 이중 영역축소이다. 여기에서 장소는 그곳에 있는 기관으로 사상되고, 그 기관은 다시 그곳에서 근무하는 사람으로 사상된다. 두 번째 유형은 "His sister heads the policy unit(그의 누이는 정책팀을 이끈다)"에서처럼 이중 영역확장이다. 여기에서 신체 부위를 뜻하는 '머리'는 지도자로 사상되고, 그런 다음 지도라는 행동으로 사상된다. 세 번째 유형은 영역축소 다음에 영역확장이 뒤따르는 경우이다. "Shakespeare is on the top shelf(셰익스피어가 꼭대기 선반 위에 있다)"가 예이다. 이 예에서 유명한 극작가의 영역은 그의 문학작품의 하위영역으로 축소되고, 이 하위영역은 다시 문학작품의 매개물로 확장된다. 네 번째 유형은 영역확장 뒤에 영역축소가 뒤따르는 경우이다. "He has too much lip(그는 말이 너무 많다)"에서 도구로 기능하는 입술이라는 신체 부위는 말하기 행동이라는 개념으로 확장되는데, 이 개념은 다시 영역축소 때문에 특정한 방식으로 말할 수 있는 능력이라는 개념을 발생시킨다. 지금까지의 내용을 그림으로 나타내면 다음과 같다.

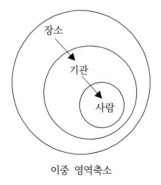

이중 영역축소

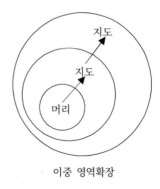

이중 영역확장

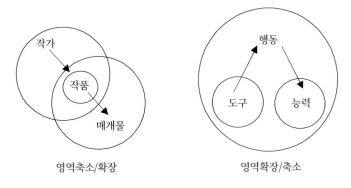

| 영역축소/확장 | 영역확장/축소 |

환유의 기호학적 모형

마지막으로, 클라우스-우베 팬더(Klaus-Uwe Panther)는 2006년에 발표한 논문 「용법 사건으로서의 환유」에서 환유의 기호학적 모형을 제안한다. 이 모형은 미국의 기호학자인 찰스 샌더스 퍼스(Charles Sanders Peirce; 1839~ 1914)가 개발한 상징(symbol), 도상(icon), 지표(index)라는 잘 알려진 기호의 삼분법에 기초한다.

환유를 타당하게 분석하기 위해서는 환유가 큰 상황적 문맥 내에 내포되어 있다는 사실을 고려해야 한다. 이 모형에서 문맥은 가장 바깥의 얇은 직사각형으로 암시된다. 중간중간에 끊어진 화살표는 환유를 해석하는 데 문맥적 요인이 영향을 미친다는 것을 나타낸다. 백과사전적 지식(encyclopedic knowledge)과 같은 다른 개념적 성분도 환유의 해석에 영향을 미칠 수 있다. 이것은 점선 화살표로 나타낸다. "Paul Auster is on the second floor(폴 오스터는 2층에 있다)"라는 예를 보자. 이 문장을 환유로 해석할지에 영향을 미치는 많은 요인이 있다. 첫째는 발화의 문맥이다. 누군가가 도서관 사서에게 "폴 오스터의 소설책이 어디에 있나요?"라고 묻고 그에 대한 답이 이 문장이면, '폴

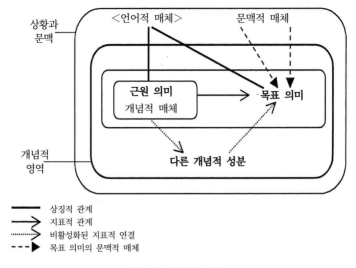

환유의 기호학적 모형

오스터'는 '폴 오스터의 소설책'이라는 환유로 해석된다. 둘째는 백과사전적 지식의 요인이다. 우리에게 폴 오스터에 대한 풍부한 백과사전적 지식이 있다면, 즉 다른 문맥적 성분이 있다면, '폴 오스터'에 대한 환유적 해석이 강요될 수 있다.

이 모형에서 개념적 환유와 언어적 환유는 지표적(indexical) 관계로 정의된다. 언어적 환유에서 언어적 매체(linguistic vehicle)라고 부르는 언어 형태는 근원 의미(source meaning)를 가리킨다. 언어적 매체와 근원 의미 간의 관계는 위 그림에서 굵은 선으로 암시되듯이 일반적으로 상징적이다. 즉, 그 둘 간에 자연스러운 관계가 없다. 그리고 근원 의미는 목표 의미(target meaning)에 인지적 접근을 할 수 있게 하는 개념적 매체(conceptual vehicle)로 기능한다. 따라서 개념적 매체는 목표 의미라는 기의를 지표적으로 환기하는 지표이다. 근원 의미와 목표 의미 간의 관계는 기호학적 관계, 즉 지표적 관계로 간주된다.

언어적 매체와 근원 의미 간의 자의적 또는 상징적 관계와는 달리, 근원 의미와 목표 의미 간의 관계는 동기화된다. 위 그림에서는 개념적 매체와 목표 의미 간의 지표적 관계를 실선 화살표로 나타낸다. 이 접근법에서 기억해야 할 것은 목표가 개념적으로 근원 의미를 통합하고 있고, 그것에 배경화된 위상을 할당한다는 것이다. 이 그림에서 제시한 환유의 또 다른 중요한 특성은 목표의 개념적 현저성(conceptual prominence)이다. 목표 의미가 환유적 관계에서 현저하다는 것을 나타내기 위해 강조되어 있다.

이 모형에서 환유는 의미적 정교화(semantic elaboration)의 수단으로 간주된다. 이것은 환유 과정을 통해 근원 의미가 확장되어, 목표 의미가 개념상 더 복잡한 것으로 해석된다는 것을 뜻한다. 이와 동시에 근원 의미는 목표 의미의 통합적 부분으로 남아 있다. 즉, 이러한 근원 의미는 배경화된 요소로 등장하긴 하지만 목표에 여전히 등장한다는 것이다. 환유에서 목표는 배경화된 근원 의미와 정교화로 인한 새로운 의미 성분을 포함하는 통합된 전체에서 개념적 현저성을 획득한다. 예를 들어, "나는 모차르트를 좋아한다"에서 '모차르트'라는 근원은 '음악'이라는 목표를 가리키는 것이 아니라, '모차르트가 작곡한 음악'이라는 의미상 정교화된 목표를 가리킨다. 의미적 정교화의 큰 특징은 배경화된 근원 의미도 목표 의미의 개념적 구조에 존재한다는 것이다.

7.4. 은환유

1980년대 이후 환유와 은유는 단순한 문체적 장치라기보다는 서로 다른 사고방식으로 널리 받아들여져 왔으며, 여러 언어와 문화를 아우르는 연구에서 상당한 주목을 받았다. 은유와 환유는 인간의 개념적 체계에 구조를 제공하는 데 기여하는 별개의 인지 과정으로 간주된다. 은유와 환유 모두 개념적 현상이고 원칙상 동일한 개념적 영역과 관련 있다고 한다면, 개념적 체계 내에서 은유와 환유의 상호작용에 관한 질문이 제기된다. 루이스 구센스 (Louis Goossens)는 1990년에 발표한 논문 「은환유」에서 환유와 은유의 상호 작용을 다루기 위해 은환유(metaphtonymy)라는 새로운 용어를 만들었다.[2] 여 기에서는 호세 프란시스코 루이즈 데 멘도자와 갈레라-마세고사 알리시아 (José Francisco Ruiz de Mendoza Ibáñez & Galera-Masegosa Alicia)가 2011년에 발표한 논문 「은환유 넘어서기」에서 다룬 은환유를 몇 가지 하위유형으로 나누어 소개할 것이다.

첫째는 '은유적 근원영역 속 환유적 확장'이다. 은환유의 이 유형을 잘 나타내는 영어 문장은 "He beat his breast and said, 'God, have mercy on me, a sinner'(그는 가슴을 치며 '하느님, 죄인인 저에게 자비를 베푸소서'라고 말했 다)"이다. 여기에서 '가슴을 치다'라는 행위는 '가슴을 치며 자신의 행동을 후회하다'라는 전체 시나리오로 확장된다. 환유는 복잡한 시나리오에 인지적 으로 경제적인 접근 지점을 제공한다. '가슴을 치다'라는 근원(S)을 사용하면 '가슴을 치며 후회하다'라는 복잡한 목표(T)에 간단하고 효율적으로 접근하 거나 그 상황을 이해할 수 있다. 이렇게 확장된 개념적 영역은 화자가 추론하 고자 하는 상황을 나타내는 다른 영역에 은유적으로 사상하기 위한 근원영역 으로 사용된다. 이 경우, '가슴을 치며 후회를 공개적으로 표출하는 상황'은 '사람이 진심으로든 아니든 처벌을 피하기 위해 자신의 슬픔이나 후회를 공개적으로 표출하는 상황'이라는 목표영역으로 사상된다. 이 목표영역에서 는 후회를 한다고 해서 자신의 가슴을 꼭 치는 것은 아니다. 이를 그림으로

---

2   그는 이 논문에서 은환유를 몇 가지 유형으로 나눈다. 환유로부터의 은유(metaphor from metonymy)와 환유 속 은유(metaphor within metonymy), 은유 속 환유(metonymy within metaphor)가 그것이다. 환유로부터의 은유는 두 가지 기제의 순차적 작용을 가리키고, 은유 속 환유와 환유 속 은유는 동시적 상호작용을 가리킨다.

나타내면 다음과 같다.

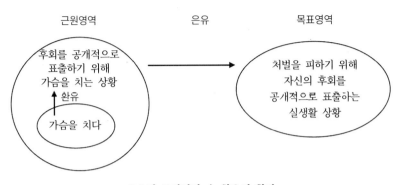

은유적 근원영역 속 환유적 확장

둘째는 '은유적 목표영역 속 환유적 확장'이다. 이 유형을 잘 나타내는 영어 문장은 "Jack Nardi should have known to zip his lip around federal agents(잭 나디는 연방 요원들 앞에서 입술을 다물어야 하는 것을 알았어야 했어요)"이다. 옷을 지퍼로 채우는 것과 사람이 입술을 다무는 상황이 닮았기 때문에 이 두 영역은 은유적으로 사상될 수 있다. 그런 다음 환유적 확장에 의해 은유적 목표영역에서 입술을 꽉 다문 사람의 이미지는 침묵을 지키며 비밀을 누설하지 않는 전체 시나리오로 확장된다. 즉, '입술을 다물다'라는 근원(S)은 '침묵하여 비밀을 누설하지 않다'라는 목표(T)로 확장된다. 우리가 입술을 닫고 있을 때는 보통 침묵하고 있는 것이며, 따라서 누군가가 입술을 닫고 있는 것으로 기술하는 것은 환유적으로 침묵을 대표한다. 이를 그림으로 나타내면 다음과 같다.

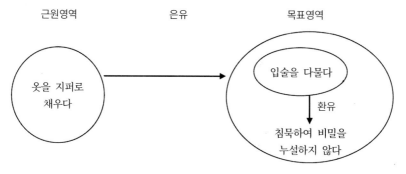

근원영역   은유   목표영역

은유적 목표영역 속 환유적 확장

셋째는 '은유적 근원영역 속 환유적 축소'이다. 환유적 축소는 은유적 근원영역에서 특정한 핵심 요소를 강조하거나 초점을 맞출 때 발생하며, 이 요소는 은유적 사상을 통해 목표영역의 가장 적절한 측면으로 우리의 주의를 기울이게 한다. 이 유형을 잘 나타내는 영어 문장은 "To be the life and soul of the party calls for the right attitude and the right actions(파티의 생명과 영혼이 되려면 올바른 태도와 올바른 행동이 필요하다)"이다. 이 문장에서 '파티의 생명과 영혼'이라는 표현은 사교 행사나 모임에 에너지, 열정, 활기를 불어넣는 사람을 가리킨다. 이런 사람은 일반적으로 외향적이고 주변 사람들의 기분을 북돋아 줄 수 있다. 즉, '파티의 생명과 영혼'이 된다는 것은 즐거움과 오락의 중심이 된다는 것을 의미한다. 이 문장을 이렇게 해석하기 위해서는 근원영역의 한 측면인 '사람'이 목표영역의 '파티'에 곧바로 사상되고, '생명과 영혼'은 목표영역의 '파티에서 가장 유쾌하고 재미있는 캐릭터'에 사상되기 위해 두 번의 연속적인 환유 작용을 거쳐야 하는 분석이 필요하다. 이 문장에서 '생명과 영혼'이라는 근원(S)은 전체 영역이고, 이 환유적 근원이 두 번의 환유적 축소를 겪고 난 뒤 최종적으로 근원영역의 '오락/여흥'이라는 목표(T)는 목표영역의 '파티에서 가장 유쾌하고 즐거움을 주는 캐릭터'로 은유적으로 사상된다. 이를 그림으로 나타내면 다음과 같다.

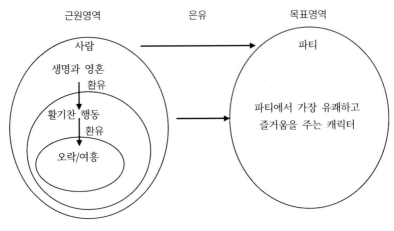

은유적 근원영역 속 환유적 축소

넷째는 '은유적 목표영역 속 환유적 축소'이다. 이 유형을 잘 나타내는 영어 문장은 "Over the years, this girl won my heart(수년 동안 이 소녀는 제 마음을 사로잡았다)"이다. 이 예에서 사랑이라는 목표영역은 승리라는 근원영역으로 개념화된다. 근원영역 속의 '승리자'와 '타기'는 각각 목표영역 속의 '연인'과 '얻기'로 사상된다. 하지만 근원영역 속의 '상'을 목표영역 속의 '누군가의 마음'으로 사상하고 나면, 환유적 축소에 의해 '누군가의 마음'이라는 근원(S)은 '누군가의 사랑'이라는 목표(T)로 축소된다. '마음'은 전체 영역이고, 마음과 연상되는 다양한 감정이 그 부분으로 존재하는데, 이 경우에는 '마음'이 '사랑'을 대표한다. 이를 그림으로 나타내면 다음과 같다.

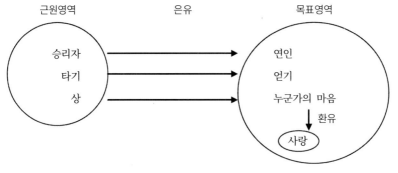

근원영역　　　　　　은유　　　　　　목표영역

승리자
타기
상

연인
얻기
누군가의 마음
　　환유
사랑

은유적 목표영역 속 환유적 축소

7.5. 환유와 광고

광고는 광고주가 상품, 서비스 또는 브랜드를 홍보하는 것이다. 광고는 흔히 텔레비전, 라디오, 인쇄, 디지털, 야외 등 다양한 미디어 채널을 통해 이루어진다. 광고의 목적은 잠재 고객에게 해당 제품이나 서비스를 구매하도록 영향을 미치고 설득하는 것이다. 광고의 목표는 매출을 늘리고, 브랜드 인지도를 높이며, 궁극적으로 사업의 수익을 창출하는 것이다. 이러한 효과를 위해 광고는 고객을 자극할 수 있도록 참신하고 창의적이어야 한다. 광고에 등장하는 창의성이 여러 요인의 작동으로 가능하겠지만, 환유도 광고의 창의성에 크게 기여한다. 광고의 맥락에서 환유는 제품 자체에서 제품이 제공하는 혜택으로 주의를 돌리는 데 도움이 된다. 즉, 환유는 익숙한 것(제품)과 새로운 것(제품의 알려지지 않은 특성)을 아주 간단하게 조화시키는 방법을 제시한다. 이는 환유를 통해 익숙한 것과 새로운 것을 조화시키는 능력이 창의성의 핵심 요소임을 암시한다.

환유는 회사의 판매 계획이 성공하는 데 결정적일 수 있는 제품의 적절한 측면으로 고객의 주의를 돌리게 한다. 우리 눈에 보이는 제품과 우리 눈에 보이지 않는 그 제품의 특징을 창의적으로 연결할 수 있는 환유의 잠재력에 관한 연구는 많이 이루어지지 않았지만, 기존의 몇몇 연구에서는 광고에서 환유의 체계적인 사용을 부각하고 추가 연구를 위한 유망한 길도 제공한다.[3] 이러한 연구는 환유가 다중양식적(multimodal) 담화에 널리 퍼져 있고, 이야기를 단순화시키고 메시지의 적절한 양상을 부각하므로 광고 서사를 전달하는 데 유용하며, 비언어적 환유의 많은 유형을 단정하기에 충분히 다른 환유 패턴이 있다는 데에 의견을 같이한다.

　　다중양식적 환유(multimodal metonymy)는 정보를 처리하거나 표현하는 방식에 변화가 있다는 것을 암시하는 양식 전이(mode shift)를 수반하는 과정에서, 동일한 영역 내에 있는 한 개념을 환기함으로써 다른 개념에 정신적 접근을 제공하는 영역 내적 사상이다. 여기에서는 영역확장과 영역축소라는 환유 과정의 기초가 되는 두 가지 인지 작용을 통해 광고를 분석하는 사례를 제시할 것이다.[4]

3　여기에서는 이러한 일부 연구를 구체적으로 소개하지는 않고, 관심 있는 독자는 아래 제시한 연구를 참조할 것을 제안한다.
　　(1) Forceville, Ch. (2009b). Metonymy in visual and audiovisual discourse.
　　(2) Villacañas, B. & White, M. (2013). Pictorial metonymy as creativity source in Purification Garcia advertising campaigns.
　　(3) Moya, A. (2011). Visual metonymy in children's picture books.
4　영역확장은 근원이 목표라는 더 폭넓은 개념으로 사상되어 근원이 목표의 하위영역을 구성하여 '목표 속 근원' 환유를 발생시키는 인지 작용이다. 영역축소는 근원이 목표라는 더 협소한 개념으로 사상되어 목표가 근원의 하위영역을 구성하여 '근원 속 목표' 환유를 유발하는 반대 과정이다.

영역확장과 듀라셀 건전지 광고

광고 맥락에서는 목표 속 근원 환유의 기초가 되는 영역확장 과정이 더욱 넓은 시나리오에 대한 안전하고 경제적인 접근 지점을 구성하므로 특별히 적절하다. 이것은 빙하 현상에 견줄 수 있다. 전형적으로, 물에 떠 있는 큰 빙산의 양 중에서 약 10분의 1만이 실제로 물 위에 있다. 하지만 물속에 있는 부분의 모양은 표면 위에 있는 부분만 봐서는 판단하기 어렵다. 그래서 '빙산의 일각'이라는 관용어가 있다. 이 관용어는 "어떤 문제 중에서 눈에 띄는 것은 작은 부분이고, 그 문제의 전체 크기는 실제로는 이보다 훨씬 더 크다"라는 것을 뜻한다. 이와 마찬가지로, 환유는 한 특정 부분을 사용해서 어느 정도만 명확히 한정되는 더 큰 실체에 대해 생각하게 한다. 광고의 궁극적인 목표가 제품 판매라는 점을 고려할 때, 판매하려는 제품의 한 가지 바람직한 특징이나 측면은 그 제품의 긍정적인 이미지를 간단하고 힘들이지 않게 고객의 마음속에 심어줄 수 있다.

빙산의 일각

출처: https://pixabay.com/photos/iceberg-climate-ice-glacier-6966784/

다음 광고는 듀라셀(Duracell) 건전지 광고이다. 이 광고에서는 환유의 영역 확장 과정이 작동한다. 이 광고에는 장난감 워키토키, 휴대용 CD플레이어, 카세트 플레이어라는 세 개의 오디오 기기가 등장한다. 이 세 가지 제품은 건전지가 들어가는 칸의 위치를 공유하는 방식으로 겹쳐져 있다. 건전지 칸이 겹치거나 일치하는 방식으로 배치되어 있어 이 기기들 간에 건전지가 공통으로 필요하다는 것을 알 수 있다. 그리고 건전지가 들어가는 칸에 듀라셀 건전지가 시각적으로 묘사되어 있다. 이를 통해 광고 중인 건전지 브랜드에 관한 관심을 유도한다. 광고 아래에는 "Lasts for ages(오래간다)"라는 언어적 요소가 들어 있다. 이 언어적 요소는 듀라셀 건전지와 연관되어 제품의 주요 이점인 오래 지속되는 전력을 암시한다.

듀라셀 건전지 광고

출처: https://www.adsoftheworld.com/campaigns/lasts–for–ages

이 광고의 시각적 요소만 고려해도 비유적 의미를 떠올리지 않고 직관적인 해석이 가능하다. 이런 시각적 요소는 듀라셀 건전지가 세 오디오 기기에 장착되어 전원을 공급하여 이런 기기를 작동시키는 모습을 보여준다. 하지만 언어적 요소는 고객에게 이 세 가지 기기에 대한 도식적 묘사와 단어 'ages' 사이에서 인지적 조정이 필요하다는 것을 의식하게 만든다. 시간 개념을 암시하는 이 언어적 요소로 인해 고객은 이 광고가 여러 기기를 작동하게 만들 수 있는 듀라셀 건전지의 잠재력이 아니라, 듀라셀 건전지가 오래간다는 지식을 가정하게 된다. 시각적으로 암시되는 세 가지 오디오 기기와 단어 'ages'로 암시되는 각 기기가 사용되는 기간 간의 공백을 메우기 위해 환유의 영역확장 과정이 필요하다. 각 오디오 기기는 아마 고객이 이런 기기를 사용하는 60~80년대에 태어난 연령대라는 더욱 넓은 시나리오에 대한 접근 지점을 제공한다. 카세트 플레이어는 80, 90년대에 가장 인기 있는 오디오 기기이므로 유년 시절을 대표하고, CD플레이어는 MP3 플레이어가 나올 때까지 2000년대 초에 나왔으므로 그 이후의 청년 시절을 활성화한다. 마지막으로, 장난감 워키토키는 카세트 플레이어와 CD플레이어를 사용한 같은 고객이 부모가 되어 아기와 놀아줄 때 사용하므로 그 이후의 부모 시절을 촉진한다.[5] 이를 그림으로 나타내면 다음과 같다.

---

[5] 물론 장난감 워키토키가 부모가 아니라 아기를 대표한다고 생각하는 것도 괜찮다. 어쨌든 부모와 아기가 부모 시절의 두 가지 핵심 성분이라고 간주하면, 장난감 워키토키가 부모를 대표하든 아기를 대표하든 그러한 구분은 중요한 문제가 아니다. 즉, 장난감 워키토키는 부모 시절의 시나리오에서 두드러진 역할을 하는 것이다.

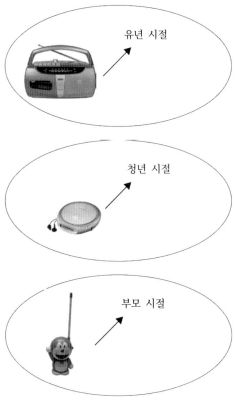

유년 시절

청년 시절

부모 시절

듀라셀 건전지 광고에 대한
'목표 속 근원' 환유(영역확장)

이 그림에서 알 수 있듯이, 이 광고에서는 오디오 기기는 사용자의 연령대를 대표한다라는 환유가 작동한다. 이 환유의 하위 환유에는 카세트 플레이어는 유년 시절을 대표한다, CD플레이어는 청년 시절을 대표한다, 장난감 워키토키는 부모 시절을 대표한다가 있다. 유년 시절, 청년 시절, 부모 시절은 각각 전체 영역으로서, 이해하고자 하는 목표이다. 그리고 이 목표 속에 그 시절에 각각 해당하는 기기인 카세트 플레이어, CD플레이어, 장난감 워키토키라는 근원이 들어 있다. 그래서 이것은 목표 속 근원 환유이고, 이 환유에서 영역확장이 작동하고 있다.

듀라셀 건전지가 이 세 기기에서 한 번만 등장한다는 사실은 한 세대를 통틀어 사용할 수 있을 만큼 오래가서 내구성이 뛰어나다는 점을 강조한다. 추론할 수 있듯이, 이 광고의 핵심은 제품 자체라기보다는 제품과 관련된 한 가지 속성을 부각하는 것이다. 건전지를 반복적으로 보여주는 대신 특정 품질에 중점을 두고 있다. 따라서 고객은 건전지의 역할이 결과는 원인을 대표한다라는 환유에 의해 긍정적으로 구조화된다고 결론 내릴 수 있다. 이 환유에서 '오래 지속됨', '내구성'이라는 긍정적인 결과는 기기에 에너지를 공급하는 건전지라는 원인을 대표한다. 그래서 원인인 건전지도 긍정적인 결과 때문에 긍정적인 이미지를 확보한다.

영역축소와 카멜 담배 광고

근원 속 목표 환유의 특징인 영역축소 과정은 영역확장 과정만큼 많이 사용되지는 않지만 그래도 광고에서 존재한다. 이러한 영역축소 과정은 담배나 주류 같은 몸에 해로운 제품을 광고할 때 특별히 효과적이다. 카멜(Camel) 담배를 홍보하는 다음 광고를 보자. 이 광고는 극지방의 얼어붙은 바다를 항해하는 한 선박이 얼음에 낙타 모양의 자국을 남기면서 항해하는 모습을 담은 조감도를 보여준다. 그림의 왼쪽 위에는 "Discover More(더 많이 발견하라)"라는 제목이 있고, 오른쪽 아래에는 "Camel, since 1813(1813년 이래로 낙타)"이라는 캡션이 있다. 이 두 언어적 요소는 시각적 요소를 보완하는 추가적인 언어적 문맥을 제공한다.

카멜 담배 광고
출처: https://www.ncmarketing.eu/camel-discover-more/

담배 광고는 현재 규제가 가장 심한 광고 중 하나이다. 엄격한 규제로 인해 담배 회사는 광고 접근 방식에 있어 전략적인 접근이 필요하다. 담배는 확실히 건강을 해치는 제품으로 여겨지기 때문에, 담배 회사는 건강에 해롭다는 담배 자체의 특성을 홍보하기보다는 흡연자들 사이에서 브랜드의 인지도와 선호도를 높이는 데 초점을 맞추어야 한다. 즉, 제품의 고유한 특성보다는 브랜드를 홍보하는 방향으로 광고 방식을 전환해야 한다. 따라서 담배 광고주는 브랜드가 그 제품을 대표하게 하는 환유의 영역축소 과정에 의지해야 한다. 여기에서 근원인 브랜드는 전체 영역이고, 그 브랜드에 속하는 제품은 목표로서 하위영역에 속한다. 다시 말해, 이 광고는 영역축소를 수반하는 근원 속 목표 환유에 해당하고, 브랜드는 제품을 대표한다라는 개념적 환유를 활용한다. 영역축소라는 환유 과정에 의해 얼음 속에 그려진 낙타는 카멜(Camel)이라는 브랜드의 아이콘을 닮아서 이 광고에서 직접적으로 표현되거나 언급되지 않은 카멜 담배라는 제품을 두드러지게 표현하고 있다. 이를 그림으로 나타내면 다음과 같다.

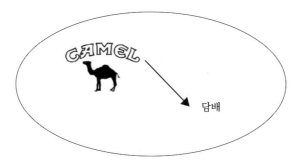

카멜 담배 광고에 대한 '근원 속 목표' 환유(영역축소)

배가 얼음 바다를 탐험하는 시각적 요소와 "Discover More"라는 언어적 요소 사이의 연결을 분석하면 이 광고에 대한 해석을 이어갈 수 있다. 광고에서 낙타는 사막을 대표하는 환유이므로 얼음과 낙타 사이에 대립 관계가 존재한다. 조화를 이룰 수 없는 이 두 시나리오 간의 충돌은 이전에 누구도 시도하지 않았던 새로운 모험에 대한 해석을 유도할 수 있다. 여기에서는 은유가 작동하고 있다. 실제로 카멜 담배를 피우는 행위는 미지의 미개척지를 탐험하는 것에 의해 구조화되어서, 흡연 행위는 대담하고 모험적인 행위로 특징지어진다. 흡연은 모험적인 행위이다라는 은유는 환유의 작용을 촉진하는 것도 아니고 방해하는 것도 아니다. 동일한 광고 내에서 은유와 환유라는 두 인지 과정이 서로 다른 층위에서 작용하는 것은 매우 일반적이다. 이 광고에서 환유는 브랜드와 제품 간의 간극을 메워서 이 둘을 연결하는 역할을 하고, 은유는 광고의 시각적 요소와 언어적 요소의 조합이 제기하는 수수께끼를 해결하는 데 도움을 준다.

이중 환유와 노이즈캔슬링 헤드폰 광고

다중양식적 이중 환유(multimodal double metonymy)는 여러 가지 양식으로 표현되는 몇 가지 환유의 상호작용을 포함한다. 첫 번째 환유 작용에서 발생하는 확장된 영역이나 축소된 영역은 그다음 환유 작용을 위한 출발점이 된다.

다음 광고는 폴크오디오(Polk Audio)의 노이즈캔슬링 헤드폰 광고이다. 이 광고에서는 고속으로 질주하는 구급차의 시각적 이미지와 '세인트 프랜시스 병원'이 피처링을 넣고 있는 노래 가사의 언어적 요소를 제시하고 있다. 긴급 상황에서 구급차를 부를 때 시간은 실제로 귀중하다. 그래서 뮤즈(Muse)[6]라는 영국 밴드가 부른 이 노래 제목인 "Time is running out(시간이 새어 나가고 있다)"은 위급한 상황에 처한 구급차의 긴박함과 노래의 주제를 의미 있게 연결한다.

시각적 요소를 보자면, 달리는 구급차가 배기가스를 배출하는 모습에는 비유적 의도가 없다. 하지만 달리는 구급차의 그림 이미지와 언어적 요소(뮤즈의 노래 "Time is running out"과 세인트 프랜시스 병원 구급차의 사이렌 소리)를 대조시키면, 달리는 구급차 뒤에서 나오고 있는 배기가스가 음파를 나타낸 것임을 알 수 있다. 배기가스의 묘사와 음파의 모양 간에 지각적 닮음이 있으며, 이러한 닮음은 언어적 요소의 소리 영역을 가리킴으로써 한층 더 강화된다.

6　뮤즈는 1994년 결성된 밴드로 1집 앨범 『쇼비즈』(Showbiz)를 발매하자마자 많은 주목을 받았고 최근까지도 활발하게 활동하고 있다. 매튜 벨라미(Matt Bellamy)가 보컬과 메인 기타를 맡고, 도미닉 하워드(Dominic Howard)가 드럼을 연주한다. 크리스 볼첸홈(Chris Wolstenholme)이 베이스와 코러스를 담당한다. 모든 멤버의 연주 실력이 아주 뛰어나고 매튜 벨라미의 목소리와 가창력도 아주 좋다. 음반보다 라이브가 더 좋은 밴드로 항상 거론된다.

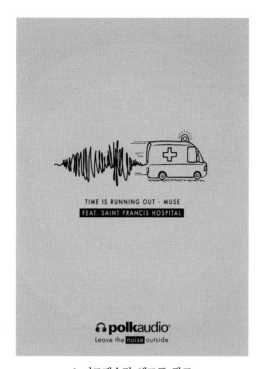

노이즈캔슬링 헤드폰 광고

출처: https://www.adsoftheworld.com/campaigns/sex

　　따라서 첫 번째 환유적 연쇄를 통해 이 광고를 보는 사람은 음파(시각적 요소)와 음악의 특별한 실례인 뮤즈의 노래 "Time is running out"(언어적 요소)을 연결한다. 그리고 이 노래는 광고 중인 제품의 문맥에서 궁극적으로 우리가 헤드폰으로 듣는 음악을 대표한다. 즉, 이 광고에서는 음파는 노래를 대표하고, 노래는 음악을 대표한다라는 이중 환유가 작동하고 있다. 이를 그림으로 나타내면 다음과 같다.

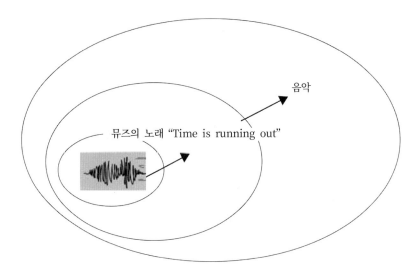

음악

뮤즈의 노래 "Time is running out"

노이즈캔슬링 헤드폰 광고에 대한 다중양식적 이중 환유(이중 영역확장)

환유의 영역확장 과정은 영역축소 과정에 추가로 연결될 수도 있다. 이 광고에서 구급차(시각적 요소)를 소음(언어적 요소)으로 개념화하는 경우가 이에 해당한다. '세인트 프랜시스 병원'과 '소음'을 검은색으로 음영을 넣어 강조한 것은 이 둘의 연결을 시각적으로 유도한다. 이 광고가 청각적으로 이해되어야 한다는 것을 이 광고를 보는 사람이 이미 알고 있다는 점을 고려할 때, 첫 번째 영역축소 과정은 구급차의 소리 특징인 사이렌의 역할을 강조한다. 그리고 구급차는 다시 병원이라는 더 넓은 영역의 부분이기도 하다. 이러한 맥락에서 병원은 구급차를 대표하고, 구급차는 사이렌을 대표한다라는 환유의 영역축소 과정에 기초한 연쇄를 통해 사이렌은 더욱 포괄적인 병원의 두드러진 하위영역이 된다. 이 사이렌과 광고의 하단 부분에서 언어적 요소인 '소음'의 개념을 연결하기 위해 마지막 환유 과정이 필요하다. 이 경우에는, 소음이 사이렌을 비롯한 다른 많은 유형의 혼란스러운 소리를 아우르는 더 넓은 영역이라고 한다면, 사이렌과 소음의 연결은 영역확장 과정을 통해 이루어진다. 이 모두는 다음과 같이 나타낼 수 있다.

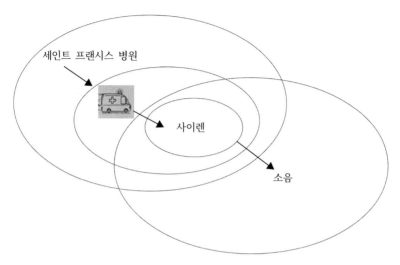

노이즈캔슬링 헤드폰 광고에 대한 다중양식적 이중 환유(영역축소/확장)

마지막으로, 원인은 결과를 대표한다라는 환유는 이 제품의 역할을 설명해준다. 이 광고의 언어적 요소에서 지칭되는 소음을 뒤에 남기는 효과는 광고 중인 헤드폰의 노이즈캔슬링의 힘으로 유발된다. 즉, 노이즈캔슬링 기능을 탑재한 헤드폰 제품이라는 원인과 소음 제거라는 결과 사이에 환유가 작동하고 있다.

제8장
개념적 혼성

8.1. 개념적 혼성과 창의성

창의성

개념적 혼성(conceptual blending)은 창의성을 설명하는 인지과학의 개념이다. 창의성은 인간의 인지와 표현에 있어 매혹적이고 필수적인 측면이다. 창의성은 특정 상황에서 독창적이고 가치 있는 새로운 생각이나 해결책 또는 해석을 만들어내는 능력이다. 창의성은 종종 서로 관련이 없어 보이는 개념이나 영역을 연결하고 새로운 것으로 종합하는 것을 포함한다. 창의성은 학제 간 사고와 다른 사람들이 보지 못하는 패턴을 인식하는 능력에서 발휘된다. 실제로 많은 중요한 과학적 발견이나 위대한 예술작품은 실제 문제와 직접적인 관련이 없는 영역에서 이루어진 부산물인 경우가 많았다. 벤젠 분자(Benzene molecule)를 발견한 프리드리히 아우구스트 케쿨레(Friedrich August Kekulé; 1829~1896)의 유명한 꿈이 적절한 예이다. 케쿨레가 핵심 원리를 발견한 것은 난로 옆에서 졸면서 뱀 한 마리가 스스로 자기 몸을 무는 꿈을 꾸었을 때라고 전해진다.

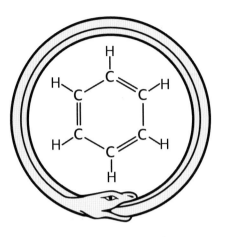

케쿨레의 꿈과 벤젠 분자

서로 관련이 없는 영역 사이에서 연관성을 찾기 위해서는 두 영역 사이를 횡단하는 전이 과정이 일어나야 한다. 그리고 영역횡단 전이(cross-domain transfer)가 일어나고 난 뒤에는 새로운 지식이 새로운 문맥으로 유의미하게 통합되어야 한다. 이러한 통합은 각 부분이 모인 합이 아니라 하나의 전체로 간주되는 지식 구조를 생성할 수 있는 과정과 원리가 필요하다. 다시 말해, 새로운 지식의 전이는 부분들을 혼합하거나 연결하는 것으로 끝나는 것이 아니라, 새로운 구조나 기능, 행동이 발현되어야 한다.[1]

창의성의 경우에는 평가의 문제도 중요하다. 평가라는 것은 방금 창조한 지식 구조가 특정 목적으로 설계된 영역 내에서 추후 사용과 처리를 위해 고려할 가치가 있는지를 다룬다. 다시 말해, 그러한 지식 구조가 이 영역 내에서 참신하고 유용한지에 관심을 가져야 한다. 참신성 평가를 위한 컴퓨

---

[1] 이 문제를 해결하기 위해 인지과학에서는 연구가 진행되고 있고, 개념적 혼성이 그러한 연구 중 하나이다. 개념적 혼성은 서로 다른 근원에서 나온 지식을 통합할 수 있는 인지 능력을 이해하려는 인지과학의 한 이론이다.

팅 접근법은 유사도 측정법(similarity metrics)이나 군집 기법(clustering technique)을 기반으로 하지만, 유용성을 결정하는 것은 제약 충족의 점검을 통해 흔히 이루어진다.[2]

발산적 사고

미국의 심리학자 조이 폴 길포드(Joy Paul Guilford; 1897~1987)의 심리학 이론에서는 창의성과 관련해 발산적 사고(divergent thinking)라는 개념에 집중한다. 길포드는 창의성을 지능의 기본 양상에 포함했다는 공로를 인정받는다. 길포드는 창의성이 사람들이 가지고 있는 여러 지적 요인에 의존하지만, 대개는 발산적 사고에 의존하는 일반 능력이라고 생각한다. 그는 발산적 사고에 대해 "주어진 정보에서 새로운 정보를 생성하는 것으로서, 여기에서 동일한 근원에서 나온 출력의 다양성과 양을 강조하고, 이것은 전이를 포함할 것 같다"라고 말한다. 여기에서 말하는 전이는 전이 회상(transfer recall)이라는 개념과 관련 있다. 사물은 이전에 경험하지 못했던 단서와 관련되어 회상되며, 전이 회상은 그 정보가 기억 속에 저장되지 않는 단서에 의해 촉발되는 정보를 회수하는 것이라는 것이 길포드의 주장이다. 다시 말해, 전이 회상은 아무리 해당 문제와 의미상 거리가 멀고 외관상 무관할지라도 기억 속의 지식을 가져와 현재 상황에 적용하는 작용이다. 전이 회상은 은유의 경우에서처럼 영역횡단 전이라고 부를 수도 있다.

발산적 사고의 반대는 수렴적 사고(convergent thinking)로서, 조이 폴 길포드는 수렴적 사고에 대해 "입력정보가 유일한 해답을 결정하기에 충분할

---

2   개념적 혼성 이론은 혼성공간의 생성을 지배하는 포괄적인 최적성 제약(optimality constraint)을 제안한다.

때는 발산적 사고보다 수렴적 사고가 유력한 기능이다"라고 말한다. 창의성이 흔히 자유연상이나 비제약성 추론, 의외성과 관련이 있지만, 많은 양의 지식 통달, 한 영역 내의 전문지식, 집중도 기본적이다. 이 점을 다루는 개념이 수렴적 사고이다. 그래서 수렴적 사고는 논리적으로 확실하고 유일한 해답이 존재하는 퍼즐, 방정식, 분류과제 및 일반 문제를 풀 수 있는 능력을 측정한다.

조이 폴 길포드는 발산적 사고와 수렴적 사고를 다음과 같이 비교한다. "발산적 사고에서 문제 자체는 해결책에 대한 요구조건이 범위가 느슨하거나 넓을 수도 있다. 또는 그 문제가 적절히 구조화된다면 유일한 해결책이 도출될 수도 있지만, 사람에 따라 문제가 불완전하게 파악될 수도 있다. 그밖에 어떤 사람은 문제를 완전히 이해할 수도 있지만, 유일한 해결책을 즉각적으로 찾지 못한다. 수렴적 사고에서는 정답이 엄격하게 구조화될 수 있고, 또 그렇게 구조화되면 해결책은 거의 바로 구해진다. 전자에서는 제약이 거의 없고, 후자에서는 제약이 많다. 전자에서는 탐색이 광범위하게 이루어지고, 후자에서는 그 범위가 좁다. 전자에서는 성공에 대한 기준이 모호하고 다소 느슨하며 실제로 다양성과 양을 강조한다. 후자에서는 기준이 더욱 예리하고 더욱 엄격하며 벅차다." 길포드는 발산적 사고와 수렴적 사고를 생산적 능력의 상보적인 두 가지 방법으로 본다. 생산적 능력은 문제해결 및 창의적 생산 모형의 부분을 이룬다.

조이 폴 길포드의 연구에는 문제점이 하나 있다. 그 문제는 비언어적 표상보다 언어적 표상이 더 우월하다는 것이다. 이는 사고가 언어에 의해 정의되는 것이지 그 반대가 아니라는 것을 암시한다. 이는 마음이 몸과 분리된다는 그 당시의 이원론적 경향 때문으로 생각된다. 이것은 2세대 인지과학자가 의식과 마음을 인지와 전체 물리적 경험의 상호작용에 따른 결과로 간주하는 신체화(embodiment)의 견해와 반대되는 것이다. 그리고 진정한 창의성은 발산적 사고에만 있는 것이 아니라, 발산적 사고와 수렴적 사고 사이에서 교환할 수 있는 능력에 달려 있다.

발산적 사고는 꿈과 공상뿐만 아니라 정신이상과 최면상태 같은 상태에서 나타나고 자폐적이며 자유연상적이고 아날로그적이다. 수렴적 사고는 추상적이고 논리적이며 현실 지향적인 사고이다. 그리고 발산적 사고는 불합리한 결론, 모순적인 연상, 일치하지 않는 사실들의 집합과 같이 논리적 추론을 무시하는 생각, 또는 전례 없는 연상에 해당하는 생각을 허용하는 특징이 있다. 이에 반해 수렴적 사고는 논리적 추론에 대응하는데, 이는 잘 정의된 제약을 따르면서 보통 질서 정연하면서 목적을 가진 사고와 관련되어 있다. 그런데 창의성의 기반이 되는 것은 발산적 사고뿐만 아니라 수렴적 사고와의 체계적인 뒤얽힘일 것이다.

이연연상

또 다른 창의성 이론은 헝가리 태생의 영국 작가 아서 쾨슬러(Arthur Koestler; 1905~1983)가 1964년에 집필한 『창조 행위』에서 나온다. 쾨슬러는 창의성의 본질이 이전에는 무관했던 두 가지 의식의 구조를 통합해서 하나의 새로운 패턴을 만들어내는 것이라고 주장한다. 그는 이러한 창의성의 본질을 포착하기 위해 이연연상(二連聯想; bisociation)이라는 용어를 제시했다. 이 용어는 '연관, 연상'이라는 의미를 가진 association에 '쌍, 복, 이중' 등의 의미를 가진 접두사 bi-를 덧붙여 만든 단어이다. 쾨슬러는 과학적 창의성의 배후에 기존의 연상과 조금 다른 독특한 개념이 존재한다고 주장하고, 이를 '이연연상'이라고 불렀다. 비슷한 성질의 공유를 전제 조건으로 삼는 연상에 반하여, 이연연상은 전혀 연관성이 없는 두 집단의 충돌이다. 이런 경우에 엄청난 긴장, 반항, 자극적 결과가 도출될 수밖에 없다. 그리고 쾨슬러는 이것이 바로 창의성의 핵심이라고 말한다. 위대한 창조자들은 어떤 문제에 직면할 때 그 문제를 해결하고자 노력하지만, 열정을 쏟아도 해결책이 나오지 않는 경우가 허다하다. 이때 문제해결이 여의치 않아 지적 좌절에 빠지면 고민하고 방황하다가 갑자기 관계없는 지식과 목표 의식이 결합하는 경험을 한다. 이것이 바로 이연연상이다.

아서 쾨슬러는 과학사에서 과학적 발견을 광범위하게 분석하면서 이렇게 주장한다. "모든 기본적인 발전은 다소 갑작스럽고 극적인 변화와 관련 영역 간의 경계 허물기, 이전에는 분리되어 있던 기준틀이나 실험 기법의 융합으로 유발되었다 … 과학적 사상의 역사에서 모든 결정적인 발전은 서로 다른 분야 간의 정신적 상호교류에 의한 것으로 기술될 수 있다." 다시 말해, 지금까지 나왔던 주요한 과학적 발전은 모두 이연연상적 사고에서 비롯된다는 것이다. 몇 가지 예를 들자면 아르키메데스, 코페르니쿠스, 케플러, 갈릴레오, 다윈, 푸앵카레, 케쿨레, 아인슈타인의 발견 등이 있다. 이러한 각 상황에서, 그 지식은 당시까지 적용 불가능한 것으로 입증되었다. 즉, 기술을 발휘하는 다양한 방법이 아무리 유연하고 적응 가능할지라도, 그 방법 중 어느 것도 원하는 목표로 이어지지 못했다. 해결책은 이전에 연결되지 않았던 매트릭스를 새롭게 통합한 결과이다. 이는 '떨어져서 사고하기(thinking aside)'로 이룬 통합이다. 예를 들어, 요하네스 케플러(Johannes Kepler; 1571~1630)의 행성운동 법칙은 2천 년 동안 따로 발전해 왔던 천문학과 물리학이 처음으로 통합된 결과이다. 케플러는 티코 브라헤(Tycho de Brahe; 1546~1601) 밑에서 도제로 있었으며, 천문학적 관찰을 위한 도구와 방법을 향상해서 관찰 결과가 비교할 수 없을 정도로 풍부하고 정확해졌다. 새로운 데이터가 주어지면, 기존 천문학에서 예측된 것과 명확한 불일치가 있었다. 이는 주로 "모든 천체운동은 균일하면서 완벽한 원을 이루어야 한다"라는 독단적인 신조에 기초를 두었기 때문이다. 케플러는 자신이 믿었던 형이상학적·신학적 기초를 대부분 유지한 채, 태양과 행성들 사이에서 작용하는 물리적 힘이 존재한다고 가정함으로써 천문학에서 혁명을 끌어낼 수 있었다. 이제 행성들은 더는 원이 아니라 타원 궤도로 돈다.

아서 쾨슬러는 또한 발견자의 원숙함 또는 무르익음(ripeness)이라는 측면을 지적한다. 즉, 발견자는 발견할 준비가 되어 있으면서 발견하기를 좋아해야 하고, 서로 다른 매트릭스 내에 숨겨진 유사성을 발견할 수 있는 능력을 갖추고 있어야 한다. 그가 지적한 또 다른 흥미로운 점은 언어적 사고가 창의적 행위의 결정적인 국면에서 단지 부수적인 역할을 한다는 것이다. 이는 창의적 발견 과정이 무의식적 자원에 의존하고, 언어적 논리의 규칙과 무관한 관념작용 모드로의 복귀를 전제로 하기 때문이다. 즉, 언어가 본질적이긴 하지만 때때로는 함정이나 미끼, 속박이 된다는 것이다.

아서 쾨슬러는 예술에서도 이연연상의 역할을 입증한다. 쾨슬러에 따르면, 예술의 발견은 더 높은 정서적 잠재력으로 한 매트릭스에서 또 다른 매트릭스로 주의를 갑자기 전이해서 얻어진다. 다시 말해, 과학에서처럼 예술가의 위대함은 새로운 작풍(作風), 즉 기존의 규칙에서 벗어난 새로운 규약을 창조하는 데 있다. 핵심적인 전환점은 새로운 길을 따라 새 출발 할 때부터 시작되며, 여기에서 우리는 품격이 높은 이연연상, 즉 서로 다른 기간, 문화, 지식 영역 간의 상호교류를 발견할 수 있다. 새로운 작풍이 일단 확립되면, 학생들과 모방자 전체는 다양한 수준의 전략적 기술로 작풍을 구사할 수 있다. 이처럼 쾨슬러는 진정한 창의성(true creativity)에 대한 자신의 견해를 보여준다. 즉, 진정한 창의성이란 변종을 제시하는 숙련된 과정이 아닌 새로운 비법을 발명하는 것이다.

8.2. 개념적 혼성과 휴먼 스파크

우리는 종종 "내 마음도 모르는데, 다른 사람 마음을 어떻게 알까!"라고 말한다. 인간의 마음을 연구하고 이해하기란 결코 쉬운 일이 아니다. 과학적 데이터를 수집해 엄청난 수의 표본을 모아 정형화된 문법화를 시킬 수도 없고, 그렇다고 개개인의 마음 작동 방식을 모두 기록할 수도 없다. 하지만 마음은 또한 우리와 아주 친숙한 것이다. 분명 변화무쌍하지만 내 마음을 가장 잘 아는 사람은 바로 나 자신이다. 우리 몸속에 마음이 있고, 이성적 사고와는 구별되는 마음이 존재하며, 우리는 이 마음을 매 순간 인지하고 있다는 것은 의심할 여지가 없다. 친숙하지만 이해하기 어려운 마음을 이해하려는 작업에 몰두하는 접근법이 개념적 혼성 이론이다.

개념적 혼성은 끊임없이 우리의 마음속에서 생겨나고, 때때로는 마음속에서 굴러 나와 다른 이들의 마음에 영향을 미치고 세상을 바꾸기도 하는 새로운 생각을 내놓는 인간의 능력에 관한 것이다. 이러한 생각은 '창의적 생각'이다. 따라서 개념적 혼성은 인간 창의성의 기원을 더듬어 살펴보는 것을 목표로 한다. 이러한 인간의 창의성은 그 어떤 종의 진화적 변화 과정을 완전히 능가하고, 다른 종과 구별되는 인간의 우수성이다.

창의적 생각의 기원은 다름 아닌 우리 인간이고, 우리 인간은 새로운 생각을 창조하고 이해할 수 있는 스파크를 가지고 이 세상에 던져진다. 개념적 혼성 이론에서는 과연 그렇다면 새로운 생각이 정확히 어디에서 오는가라는 질문을 던지고, 휴먼 스파크(human spark)가 여러 생각을 선택적으로 혼성하여 새로운 생각을 만들 수 있는 고등 능력에서 나온다고 대답한다. 여기에서 말하는 휴먼 스파크란 인간이 가진 '혼성하는 능력'이고, 혼성이 일어나는 것이 '순간적'이란 것을 암시한다. 서로 양립할 수 없는 다른 두 가지 생각이나 사건, 이야기를 혼성하기 위해서는 여러 요소를 고려하여 그 요소 중

필요한 것과 필요하지 않은 것, 그리고 필요한 것 중에서도 일차적인 것과 이차적인 것을 구별해야 한다. 많은 요소를 고려해야 함에도, 혼성이 일어나는 것을 인지하기 힘들기에 짧은 '한순간'인 것이다.

휴먼 스파크는 차가운 인지(cold cognition)에 반대되는 뜨거운 인지(hot cognition)를 생각나게 한다. 뜨거운 인지는 빠르고 자동적이고 힘들이지 않고 대체로 무의식적이고, 이에 반해 차가운 인지는 느리고 계획적이고 노력이 필요하고 의식적이다. 이러한 차가운 인지는 우리의 의식적이고 언어적 자아인 마음이다. 즉, 인간의 창의적 생각은 몸생각(body thinking)이라고도 부를 수 있는 뜨거운 인지에서 나오는 개념적 혼성의 결과이다.

휴먼 스파크는 인간에게 자연적이고 인간 특유의 능력임을 강조한다. 이와 같은 휴먼 스파크의 속성을 가진 개념적 혼성은 창의적 생각의 기원이다. 이러한 생각은 질 포코니에(Gilles Fauconnier; 1944~)와 마크 터너(Mark Turner; 1954~)가 2002년에 공동으로 집필한 『우리는 어떻게 생각하는가』라는 책에서 처음으로 완전한 모습으로 발표되었고, 그 이후 인문학과 인공지능 분야 등 다양한 학문 분야에서 언어 사용에서의 창의성 등을 비롯해 다양한 인간 활동의 창의성을 설명하기 위한 이론적 토대가 되었다. 이들은 창의적인 새로운 생각을 해낼 수 있는 인지상 현대적 인간 마음의 특별한 힘에 대한 최고의 과학적 가설을 개념적 혼성 이론으로 간주한다.

거의 모든 개념적 혼성은 무의식적으로 발생하므로 그 작동 방식을 보기란 어렵다. 개념적 혼성이 눈에 보이지 않는 것은 인간의 마음이 인간의 마음을 들여다보지 못하게 되어 있기 때문이다. 창의적 생각의 기원을 들여다보기 위해, 즉 개념적 혼성이 어떻게 작동하는지 보기 위해서는 우리에게 친숙하면서 동시에 이국적인 현상을 예로 보면 된다. 개념적 혼성의 근간이 되는 휴먼 스파크를 보여주기 위해 사용하는 그러한 예는 무의식의 층위에서는 친숙하지만 의식의 층위에서는 친숙하지 않다.

휴먼 스파크로 촉진되는 개념적 혼성은 사람들이 이미 알고 있는 친숙한 생각들을 혼성하여 새롭고 친숙하지 않은 추상적인 생각을 창조하는 것이 아니라, 인간 척도(human scale)에서 우리가 다루기 쉬운 생각을 창조한다. 인간 척도에 있는 새로운 생각을 창조한다는 것은 우리 마음의 범위 내에서 지니기에 충분히 작고 적당히 간결하며, 다른 식으로는 이해할 수 없는 것을 생각하도록 돕기 위해 필요시에는 나중에 확장될 수 있는 생각을 창조한다는 것을 뜻한다. 새롭지만 '인간만한 크기의(human-sized)' 생각을 창조해야 그 생각이 전파될 때 주위 사람들이 거부감 없이 받아들인다. 그리고 그 사람들이 다시 그 새로운 생각을 사회 전체에 전달하여 사회와 문화에 무언가를 바꿀 수 있는 강력한 생각이 탄생하는 것이다. 창의적인 새로운 생각, 즉 서로 다른 입력공간들에 개념적 혼성이 작용하여 구축되어 발현적 성격을 가진 혼성공간(blended space)은 우리에게 낯선 생각이 아니라 우리 주변에 널려 있다. 우리는 항상 혼성공간을 만들고 다시 또 만들 수 있다.

새로운 생각, 창의적 생각, 휴먼 스파크가 동원되어 개념적 혼성으로 구축된 발현적 생각은 똑똑하고 독창성이 뛰어난 어른들의 전유물일 것으로 생각된다. 그러나 어린아이도 개념적 혼성의 대가이다. 아이들에게 매우 인기 있는 『아기 토끼 버니』, 『해롤드와 보라색 크레용』, 『아기돼지 삼형제』의 이야기는 화려한 혼성공간의 근원지이고, 아이들은 이러한 혼성공간을 즉석에서 어렵지 않게 이해하고 더 나아가 창의성이 묻어 있는 혼성공간을 확장하기도 한다. 어른뿐만 아니라 아이도 쉽게 할 수 있는 창의적 생각의 구축과 해석의 토대가 되는 개념적 혼성 작용은 결국 가장 기본적인 우리 인간의 세계, 즉 어떤 점에서는 알지만 다른 점에서는 전혀 인식하지 못하는 세계로 들어가는 길잡이를 제공한다.

인간의 사고는 단편적이지 않다. 어떤 한 개념이나 어떤 한 가지 사건이나 상황을 보면, 그것과 관련된 정신공간이 구축되고, 그 정신공간은 다시 다른 정신공간을 구축하고, 그 정신공간은 또 다른 정신공간을 구축하는 연쇄가 계속된다. 이렇게 형성된 정신공간들은 정신망(mental web) 속에서 하나로 결합된다. 정신망에는 여러 정신공간과 그것들 간의 관계가 있고, 무언가를 생각해 가면서 더 많은 정신공간과 더 많은 관계가 구축된다. 다시 말해, 정신망 속의 정신공간이 마치 스파크가 튀듯이 반응하여 개념적 혼성 작용이 일어나 창의적 생각이 발생한다. 혼성공간은 정신망 속의 다양한 정신공간에서 나온 요소를 포함하지만, 이러한 정신공간에서 도출되지 않은 그 자체의 새로운 의미를 발현시키는 새로운 정신공간이다. 이 새로운 의미는 혼성공간에서 발현된다.

개념적 혼성은 '사자인간(lionman)'이라는 고고학의 예로 설명할 수 있다. 사자인간은 1939년에 발견된 3만 2천 년 전의 상아로 만든 작은 조각상이다. 이 조각상은 독일 남부의 한 동굴에서 조각조각 깨진 채 발견되어 사자인간처럼 보이지 않았고, 그 파편은 수십 년 동안 방치되어 있었다. 그러나 1998년에 완전히 새로 조립한 이후에 과학자들은 창의적 인간 문화가 작업기억의 확장이라는 주요한 진화적 변화로부터 발생했다는 증거로 이 작은 조각상을 제시했다.

어쩌면 이 '사자인간' 조각상은 우리 조상들이 '사자'와 '인간' 둘 다를 마음속에서 계속 활성화할 수 있었던 순간을 뒷받침하는 증거가 되고, 정확히는 사자도 아니고 인간도 아닌 '사자인간'이라는 혼성된 새로운 개념을 창조하는 데도 사용된다. 사자인간의 개념은 사자와 인간의 혼성공간이다. 이 혼성공간은 사자의 개념과 인간의 개념을 활용한다. 이 각각의 개념은 혼성공간이 사용하는 '입력 정신공간(input mental space)'이다. 혼성공간은 이러한 입력공간을 구성하는 요소의 일부만을 가져와서 단 하나의 새로운 생각으로 결합한다. 이것은 마음과 꼭 일치하는 간단하면서 꽉 들어찬 생각이다. 이러한 사고를 위한 정신망에는 사자에 대한 정신공간, 인간에 대한

사자인간의 조각상
출처: https://
donsmaps.com/lionla
dy.html

정신공간, 그 둘의 혼성공간인 사자인간에 대한 정신공간이 포함되어 있다. 사자인간에는 사자와 인간 둘 다에 속하지 않는 요소가 있는 것이다.

개념적 혼성 이론에서는 시간, 공간, 인과성, 행위성을 넘어서는 법칙이나 어떤 거대한 생각들이 있을 수 있는가? 우리는 어떻게 거대한 세계를 인간의 마음에 맞추는가?라는 질문을 던지고, 창의적 생각의 기원인 개념적 혼성이 새롭고 단단하며 다루기 쉬운 생각, 즉 인간 척도에 있는 생각을 만들어서 거대한 세상을 인간의 마음에 맞출 수 있다고 주장한다. 그리고 이러한 인간 척도의 창의적 생각은 거대한 세계를 다루고 관리하도록 도와주는 작은 정신적 도구처럼 활용할 수 있다. 인간 척도의 창의적 생각인 혼성공간은 새롭게 창조된 부분을 가진 새로운 생각이고, 그것은 우리의 마음과 일치하며, 우리는 그것을 활용해 거대한 정신망을 파악할 수 있다.

개념적 혼성은 우리 주변에 우리와 항상 같이 있고, 우리는 혼성과 더불어 산다. 사자인간과 같은 개념적 혼성의 예는 개념적 혼성의 작동 방식을 시각적으로 잘 보여주지만, 혼성공간이 항상 가시적이고 재치 있으며 기억에 남는다고 생각해서는 안 된다. 개념적 혼성은 진기한 것이 아니라, 오히려 현대 인간 마음의 가장 일상적인 작용에 없어서는 안 되는 평범한 일상의 과정이고, 특별하거나 비용이 많이 드는 것이 아니며, 거의 전적으로 의식의 층위 아래에서 작용한다. 우리는 흔히 개념적 혼성의 과정을 전혀 탐지하지 못한다. 이는 마음으로 마음을 들여다볼 수 없고, 우리는 개념적 혼성을 드물고 불충분하게만 보기 때문이다.

8.3. 개념적 혼성 이론

개념적 혼성의 본질

개념적 혼성 이론은 질 포코니에와 마크 터너가 개발한 인지과학의 한 이론이다. 개념적 혼성은 일반적으로 두 개의 입력 지식구조인 정신공간 (mental space)을 포함하고, 이 정신공간들은 사상(mapping)과 투사(projection)를 통해 혼성공간이라는 제삼의 정신공간을 생성한다. 이 혼성공간은 입력공간들에서 나온 부분적 구조를 유지하면서 그 자체의 발현구조를 추가한다. 포코니에와 터너는 다양한 인지적 현상을 설명하기 위해 개념적 혼성을 제안한다. 이 이론은 2002년에 출간된 단행본 『우리는 어떻게 생각하는가』에서 심도 있게 다루어진다. 이 책에서 그들은 '인지적으로 현대 인간의 본질과 기원'을 설명하기 위한 틀을 제안한다.

개념적 혼성의 작동 원리와 지배 원리가 이끌어나가는 중요한 목표가 있다. 개념적 혼성의 주된 인지적 기능이기도 한 이 목표는 다음이다.

- 인간 척도를 달성하라.

이 목표는 인간 척도와 어울리는 장면을 창조하라는 것이다. 인간 척도란 인간이 활동하는 데 알맞은 공간이나 사물의 크기, 즉 인간의 크기를 기준으로 삼은 척도를 가리키는 건축 용어이다. 인간이 생각하고 이야기하고 행동하는 것 중 많은 것은 너무 작거나 너무 커서 우리의 평범한 경험의 범위와 수월하게 일치하지 않는 시간과 공간의 척도에서 작용한다. 인간은 자기 몸의 크기와 비슷한 것에서 친근함을 느끼고 쉽게 이해하고 사용할 수 있으므로, 사람 몸의 크기와 길이를 기준으로 척도를 만들고자 한다.

예를 들어, 진화에 관한 강의에서 교수가 다음과 같이 말한다고 가정해 보자. "공룡이 오후 10시에 출현했고 10시 15분에 멸종했습니다. 영장류가 밤 12시 5분 전에 출현했고, 인간은 12시 정각에 출현했습니다." 이 교수는 이런 설명으로 46억 년 이상의 진화라는 산만한 구조와 24시간 하루라는 간결한 구조를 혼성해서 인간 척도를 달성한다. 24시간이라는 하루는 인간에게 가장 현저한 시간 단위이기 때문에 인간 척도기 달성된다. 우리는 그렇게 방대한 시간 척도를 직접적으로 경험해 보지 못했기 때문에, 이런 개념적 통합은 진화 시간의 압축을 촉진하여 총체적 통찰력을 달성할 수 있다.

인간 척도를 달성하려면 복잡성과 이해 가능성 사이의 균형을 유지해야 한다. 입력공간의 뉘앙스를 포착하고 새로운 통찰력을 창출할 수 있을 만큼 충분히 풍부해야 하지만, 너무 복잡해져서 이해할 수 없거나 인간의 이해와 단절되어서는 안 된다. 그리고 개념적 혼성에서 인간 척도를 달성한다는 목표는 인지 처리와 이해를 촉진하는 것이다. 인간 척도의 개념과 경험에 기반한 혼성공간을 만들면 우리는 복잡한 개념을 더 쉽게 파악하고, 새로운 상황을 이해하며, 문제에 대한 창의적인 해결책을 도출할 수 있다.

이러한 큰 목표에는 몇 가지 하위목표가 있다.

- 산만한 것을 압축하라: 이 하위목표는 여러 입력공간의 정보를 혼성공간 내에서 더욱 간결하고 일관된 형태로 압축하거나 통합하라는 것이다. 이러한 압축은 복잡성을 줄이고 혼성공간을 관리하고 이해하기 더 쉽게 만드는 데 도움이 된다. 서로 다른 개념적 영역의 요소를 혼성할 때는 어느 정도의 복잡성이 수반된다. 산만한 것을 압축하려면 이러한 복잡성을 간소화하고, 중복되거나 불필요한 정보를 제거하며, 필수 구성 요소를 더욱 간결하게 표현해야 한다. 개념적 혼성은 산만한 것을 압축함으로써 혼성공간 내에서 일관성을 만드는 것을 목표로 한다. 일관성이란 서로 다른 요소들이 모여

통일되고 의미 있는 전체를 형성하는 것을 말한다. 산만한 것을 압축하면 복잡한 개념을 인간의 인지 능력에 더 쉽게 접근하고 소화할 수 있게 만들어 이해를 촉진할 수 있다. 복잡한 정보 처리와 관련된 인지적 부하를 줄임으로써 혼성공간 본질을 더 쉽게 파악하고 그로부터 통찰력을 도출할 수 있다. 산만한 정보의 압축은 창의성과 혁신을 촉진하는 역할도 한다. 이질적인 개념의 핵심 요소를 압축적으로 조합함으로써 새로운 연관성을 발견하고 새로운 개념을 창출하며 대안적인 관점을 탐구할 수 있다.

- 총체적 통찰력을 달성하라: 개념적 혼성에서는 서로 다른 개념적 영역 또는 관점을 나타내는 여러 입력공간의 요소를 통합하는 작업이 진행된다. 이러한 다양한 관점을 결합함으로써 탐구 중인 주제에 대해 더욱 포괄적이고 전체적인 이해를 얻을 수 있다. 총체적 통찰을 얻기 위해서는 입력공간의 정보를 종합하여 혼성공간이라는 새로운 정신공간을 만들어야 한다. 이 혼성공간에는 다양한 입력공간의 요소가 포함되며, 개념적 혼성 과정에서 발생하는 새로운 속성과 의미도 포함될 수 있다. 그리고 혼성공간 내에서는 숨겨진 유사성, 유추, 패턴을 발견하여 주제를 더 깊이 이해할 수 있다. 예상치 못한 방식으로 요소를 결합함으로써 기존의 사고 패턴에서 벗어나 고려 중인 주제의 기본 구조나 역학 관계에 대한 새로운 통찰력을 발견할 수 있다. 이 하위목표는 또한 문제해결 및 창의성과 밀접한 관련이 있다. 개념적 혼성을 통해 문제나 개념을 더 깊이 이해함으로써 혁신적인 해결책을 찾고, 복잡한 문제에 대해 비판적으로 사고하며, 기존의 추론 방식으로는 불가능했을 창의적인 생각을 창출할 수 있다.

- 중추적 관계를 강화하라: 개념적 혼성 과정에서 서로 다른 입력공간의 요소 간의 주요 관계를 식별할 수 있는데, 유추, 유사성, 인과적 연결 및 기타 형태의 개념적 연관성이 여기에 포함된다. 이 하위목표는 혼성공간의 연결성과 일관성을 강화하는 것이다. 요소 간의 관계를 강조함으로써 이해

와 추론을 용이하게 하는 보다 통합적이고 구조화된 표현을 만들 수 있다. 개념적 혼성을 통해 처음에는 서로 관련이 없어 보이는 개념들 사이에서 의미 있는 연관성을 확립할 수 있다. 서로 다른 요소 간의 연관성을 강조함으로써 더 깊은 통찰력을 발견하고 새로운 의미를 도출할 수 있다. 중추적 관계를 강화하면 혼성공간 내에서 정보를 구성하고 해석하는 틀을 제공함으로써 이해를 촉진하는 데 도움이 된다. 요소 간의 관계를 명확히 함으로써 탐구 중인 개념의 기본 구조와 역학을 더 쉽게 파악할 수 있다. 혼성공간 내에서 중추적 관계를 강조하면 복잡한 정보 처리와 관련된 인지적 부하를 줄여 인지적 효율을 높일 수 있다. 그리고 개념 간의 다양한 연관성을 탐구하고 실험하도록 장려함으로써 창의성과 혁신도 촉진할 수 있다.

- 이야기를 만들어내라: 개념적 혼성 과정에서 서로 다른 입력공간의 요소를 결합하여 이러한 요소를 응집력 있고 의미 있는 전체로 통합하는 이야기를 구성할 수 있다. 이야기를 만들려면 혼성공간에서 펼쳐지는 일련의 사건이나 행동의 전개가 필요하다. 이러한 사건은 입력공간의 요소를 활용할 수 있으며, 개념적 혼성 과정에서 발생하는 새로운 속성과 의미를 포함할 수도 있다. 이야기는 종종 전개되는 사건과 행동의 배경을 제공하는 특정 맥락이나 설정 내에 위치한다. 개념적 혼성 과정에는 이야기의 맥락을 파악하고 시청자의 몰입도를 높이는 데 도움이 되는 풍부하고 생생한 배경을 만드는 작업이 포함될 수 있다. 이야기는 의미를 전달하고 그 안의 요소를 해석할 수 있는 서사 구조를 제공함으로써 혼성공간을 이해할 수 있도록 한다. 이야기는 요소 간의 관계와 전개되는 사건에서 드러나는 통찰력, 주제 또는 메시지를 전달할 수 있다. 이야기는 청중의 참여를 유도하고 복잡한 생각을 설득력 있고 접근하기 쉬운 방식으로 전달할 수 있는 강력한 도구이다. 혼성공간을 서사 구조로 구성함으로써 사람들은 자신의 통찰력과 관점을 다른 사람들과 공감하고 이해를 촉진하는 방식으로 전달할 수 있다.

• 다수에서 하나로 진행하라: 개념적 혼성 과정은 서로 다른 개념적 영역 또는 관점을 나타내는 여러 입력공간에서 시작하고, 이러한 입력공간에는 탐구 중인 주제와 관련된 다양한 요소, 개념, 관계가 포함되어 있다. 여러 입력공간에서 하나의 정신공간으로 전환하려면 다양한 입력공간에서 요소를 선택하고 통합하여 하나의 통합된 혼성공간으로 만들어야 한다. 이 통합 과정에서는 다양한 입력공간의 요소 간의 공통점, 중복, 연결성을 파악해야 한다. 입력공간의 요소들이 서로 혼성되면서 새로운 발현구조가 만들어진다. 여러 정신공간에서 하나의 정신공간으로 전환하려면 여러 입력공간에 내재된 복잡성을 줄여야 한다. 다양한 요소를 통합된 혼성공간으로 합성함으로써 고려 중인 주제를 보다 간결하고 관리하기 쉬운 형태로 표현할 수 있다. 이 하위목표는 혼성공간 내에서 통일성과 일관성을 달성하는 것이다. 여기에는 서로 다른 입력공간의 요소 간의 연결과 관계를 설정하여 응집력 있고 통합된 전체를 만드는 것이 포함된다. 여러 관점을 하나의 혼성공간에 종합함으로써 복잡한 주제에 대한 이해와 소통을 향상시킬 수 있다. 혼성공간에서 제공하는 통합된 표현을 통해 더욱 일관되고 접근하기 쉬운 방식으로 통찰력, 관점 및 해석을 전달할 수 있다.

개념적 혼성의 기본 원리는 본래부터 산만한 것을 압축하고, 본래부터 압축된 것을 탈압축하는 것이다. 개념적 혼성의 압축 작용이 어떤 것인지 이해하기 위해 아버지가 어린 딸에게 식탁 위에 올라와 있는 농산물을 사용해서 복잡하고 추상적인 태양과 지구의 관계를 설명하는 다음과 같은 상황을 고려해 보자. "이 오렌지는 지구이고, 이 오렌지가 사과인 태양 주변을 이렇게 회전한다." 여기에서는 농산물 정신공간과 행성 정신공간의 정신망[3]이

---

3   정신망이 혼성공간을 포함할 때, 그것은 종종 개념적 통합망(conceptual integration net-

구축되고, 이러한 정신공간은 생산적으로 정렬되고 순간적으로 혼성된다. 즉, 너무 광대해서 우리의 경험에서 이해하지 못하는 행성 간의 관계를 우리가 쉽게 경험하고 이해할 수 있는 인간 척도의 수준으로 압축하여, 기본적인 인간 경험으로부터 쉽게 얻을 수 없는 관계를 구체적으로 만들 수 있다.

이와 동일한 기본적인 작용은 다음 설명에서처럼 탈압축의 목적으로도 사용된다. "이 오렌시는 전자이고, 이 오렌지는 이 사과인 원자핵 주변을 회전한다." 여기에서 식탁 위에 있는 농산물은 원칙상 맨눈으로 보이는 세계에 사는 사람에게는 이용할 수 없는 관찰과 경험 방식을 폭발적으로 불어나게 하는, 즉 탈압축하는 친숙한 수단이 된다.[4]

압축과 탈압축은 개념적 혼성 과정의 핵심 부분으로서, 본래 예측 불가능하고 비결정적이긴 하지만 규칙적이고 일상적인 개념적 연결에 따라 작동한다. 정신망에는 많은 개념적 연결이 있다. 가장 빈번하고 중요한 정신적 연결은 중추적 관계(vital relation)라고 부른다. 시간(Time), 공간(Space), 동일성(Identity), 변화(Change), 원인-결과(Cause-Effect), 부분-전체(Part-Whole), 유사(Analogy), 비(非)유사(Disanalogy), 표상(Representation), 특성(Property), 유사성(Similarity), 범주(Category), 의도성(Intentionality), 특이성(Uniqueness)이 그러한 중추적 관계이다. 예를 들어, 아버지가 딸에게 하는 두 번째 설명에서 물리적 고정장치 혼성은 오렌지와 사과 사이에 새로운 부분-전체 관계를 창조한다. 이 관계는 농산물 입력공간에서는 존재하지 않지만, 화자가 그 정신망을 구성하고 나면 가능하게 되는 유사와 표상에 의존하는 관계이다. 이러한 관계는 정신공간의 정신망에서 요소들과 관계들 간의 정신공간 연결

---

work)이나 혼성망(blending network; blending web)이라고 부른다.

4 이해의 대상이 되는 '전자'와 '원자핵'과 같은 개념들로 사상되고 그것과 융합될 농산물공간의 요소들은 실세계의 사물로서 의사소통의 상황에 존재하기 때문에 물리적 고정장치(material anchor)라고 부른다.

을 위한 기초를 제공한다. 아버지가 딸에게 하는 첫 번째 설명과 두 번째 설명에서 지구/전자를 위해 오렌지를 선택하고, 태양/원자핵을 위해 사과를 선택하는 것은 특성 '회전타원체'와 상대적 크기에 의해 동기화되어, 더 작은 오렌지는 실증적으로 '더 큰' 태양과 원자핵이라는 유추적 상관물로의 사상에 대한 적절한 예를 보여준다. 과일과 행성은 유사성에 의해 사상되어 혼성공간에서 특이성으로 압축된다. 이 혼성공간에서 현시점에서의 한 실체는 우주공간이나 미시세계 속에 있는 영역을 대표한다. 이와 관련해 농산물이 행성/원자 부분을 나타내도록 하는 혼성공간의 기초는 '모양'의 상정된 유사성을 활용한다.

질 포코니에와 마크 터너가 1994년에 「개념적 투사와 중간 공간」이라는 논문을 통해 발표한 개념적 혼성 이론은 인지과학자뿐만 아니라 철학, 심리학, 인류학 등 다양한 분야의 연구자에게 학문적 관심을 고조시켰다. 그 후 많은 공동 논문을 통해 두 사람은 다양한 학문 분야와 사회문화적 환경에 나타나는 갖가지 예를 이용해 이 이론의 기본 원리를 폭넓게 설명했다. 그 결과, 2002년에 수많은 사람들의 관심과 기대를 모은 『우리는 어떻게 생각하는가』를 세상에 펴냈다. 개념적 혼성 이론의 기본 원리는 어찌 보면 아주 간단하다. 사람들이 서로 다른 지식과 경험 영역에서 끄집어낸 정보를 통합함으로써 어떤 것을 개념화한다는 것이 기본 원리이기 때문이다. 그래서 이론 자체로는 전혀 새로운 것이 없다. 예전 요소를 결합하여 새로운 것을 창조한다는 생각은 초현실주의의 주창자이자 프랑스의 시인인 앙드레 브르통(Andre Breton; 1896~1966)과 같은 초현실주의자가 오래전에 이론화하고 실행한 콜라주 원리를 연상시키고, 러시아의 발명가인 세르게이 에이젠슈테인(Sergej Eisenstein; 1898~1948), 러시아의 영화감독이자 배우인 프세볼로트 푸도프킨(Vsevolod Pudovkin; 1893~1953)과 1920년대 러시아 영화 제작자들이 흥미진진하게 사용한 몽타주 기법을 상기시킨다. 그런데 포코니에와 터너가 주창한 개념적 혼성 이론의 놀라운 점은 그러한 혼성이 천재적인 예술가의 활동에만 있는 것이 아니라 우리의 일상 사고의 본질임을 입증한 점이다. 더 나아가 개념적 혼성 이론은 서로 다른 매체나 분야에 존재하는 많은 혼성물을 동일한 메커니즘으로 다채롭게 분석할 수 있게 하는 한편, 무척 매력적이면서도 간단한 모형까지 구축하고 있다는 장점이 있다.

개념적 혼성 이론은 우리 인간의 마음이 이질적인 정보를 놀라울 정도로 얼마나 잘 통합하는지 보여주는 데 있어 유용한 모형을 제공한다. 그뿐만 아니라 그러한 통합이 어떻게 은유, 반(反)사실문, 언어유희, 수학 계산법처럼 일반적으로 확연히 다르다고 생각하는 많은 현상에서 동일하게 작용하는지를 설명해 준다. 개념적 혼성은 인간 상상력의 중심에 있고, 우리가 생각할 때마다 아주 은밀히 작용하는 인지 과정이다. 오늘날 우리 인간이 다른 종에 비해 우월한 존재로 자리매김하고 있는 것도 이러한 개념적 혼성을 운용할 수 있는 인간의 정신적 능력 덕분이다. 개념적 혼성은 인간 업적의 토대가 되는 창의성을 수반하고 그 실현을 돕는다. 개념적 혼성은 언어, 예술, 종교, 과학 등의 핵심이며 동시에 일상 사고에도 필수적이다.

거미 항문에서 나오는 실은 얼핏 보면 한 가닥 같지만 수많은 가닥으로 되어 있다. 바로 그 한 가닥의 실이 쫙 펼쳐져서 그물을 만들듯, 우리의 생각은 하나로부터 수많은 것으로 퍼져나가고 수많은 것을 하나로 다시 모은다. 우리가 언제 어디서 보고 느낀 것이든 우리의 모든 생각은 상상력의 작용으로 그 크고 작음, 높고 낮음, 넓고 좁음, 깊고 얕음을 가리지 않고 서로 뒤섞이고, 새로운 생각으로 재탄생한다. 그것이 바로 개념적 혼성의 힘이다.

개념적 혼성의 구성 원리

포코니에와 터너는 공간횡단 사상, 혼성공간으로의 선택적 투사, 혼성공간에서 발현구조의 생성 같은 개념적 혼성의 구조적·동적 원리를 개념적 혼성의 구성 원리(constitutive principle)라고 부른다.

개념적 혼성은 일련의 비합성적인 개념적 통합의 과정으로서, 그 과정에서 발현구조를 생산하기 위해 의미구성을 위한 상상력이 환기된다. 더 구체적으로 말하면, 개념적 혼성은 입력공간의 구축을 포함해서, 입력공간들 간의 공간횡단 사상 및 입력공간에서 혼성공간으로의 투사를 포함하는 강력한 인지 과정이다.

개념적 혼성이 발생할 때 충족되어야 하는 몇 가지 조건이 있다. 첫째는 공간횡단 사상(cross-space mapping)이다. 공간횡단 사상이란 입력공간들 사이의 체계적인 대응(correspondence)이다.

둘째는 총칭공간(generic space)이다. 총칭공간은 입력공간들이 공유하는 추상적 구조와 조직을 반영하는 포괄적인 구조이다. 더욱이 총칭공간은 입력공간들 사이의 공간횡단 사상을 한정해 준다. 총칭공간은 각 입력공간과 사상된다. 즉, 총칭공간에 있는 각 요소는 입력공간들에서 쌍을 이룬 대응요소에 사상된다.

셋째는 혼성공간(blended space)이다. 혼성공간은 입력공간$_1$과 입력공간$_2$가 선택적으로 투사되어 형성되는 정신공간이다. 혼성공간에는 총칭공간에서 포착되는 총칭적 구조뿐만 아니라 총칭공간보다 더 특이한 구조가 들어 있고, 입력공간에 없던 구조가 형성될 수도 있다.

넷째는 발현구조(emergent structure)이다. 혼성공간에는 입력공간에 없던 발현구조가 생성된다. 이것은 다음과 같은 세 가지 과정에 의해 가능하다.

- 구성(composition): 구성은 개념적 혼성 과정의 초기 단계로, 서로 다른 입력공간의 요소를 선택하고 결합하여 혼성공간이라는 새로운 정신공간을 형성하는 것을 말한다. 구성은 각 입력공간의 요소를 혼성공간으로 투사하

는 것을 가리킨다. 이 단계에서는 입력공간의 요소들이 공통점, 겹치는 부분, 통합 가능성을 강조하는 방식으로 결합된다. 구성에는 입력공간의 요소 간의 개념적 사상을 식별하고, 그 조합에서 나타나는 새로운 연결과 관계를 만드는 작업이 포함된다.

- 완성(completion): 완성은 혼성공간에서 빠지거나 불완전한 정보를 채워 일관성 있고 의미 있는 전체를 만드는 과정이다. 이 단계에서는 추론, 유추 및 기타 인지 과정을 통해 혼성공간의 빈틈을 메운다. 그리고 이 단계에서는 입력공간의 지식과 정보를 바탕으로 혼성공간 내 요소의 특성, 속성, 관계를 추론하고 예측한다. 완성 단계에서는 혼성공간 내의 모호함과 불일치를 해결하여 내부적으로 일관되고 논리적으로 일관성을 유지하도록 한다. 결국 완성은 입력공간들에서 투사된 구조가 장기기억에 들어 있는 정보와 조화를 이룰 때 환기되는 특정 패턴을 혼성공간에서 채운다.

- 정교화(elaboration): 정교화 단계에서는 새로운 통찰력, 의미, 해석을 생성하기 위해 혼성공간을 확장하고 다듬는 작업이 포함된다. 이 단계에서 혼성공간은 개념적 혼성 과정에서 나타나는 추가적인 세부 사항, 뉘앙스 및 복잡성으로 더욱 풍부해진다. 정교화에는 대안적인 시나리오 탐색, 새로운 관점 고려, 혼성공간 내에서 창의적인 가능성 창출 등이 포함될 수 있다. 그리고 정교화 단계에서는 유연한 사고와 탐구를 장려하여 새로운 연결, 유추, 패턴을 발견하여 혼성된 개념을 더 깊이 이해할 수 있도록 한다.

개념적 혼성 이론에서 가장 두드러진 공간은 발현구조가 창조되는 혼성공간이다. 혼성공간은 입력공간의 요소들이 선택적으로 투사되어 만들어진다. 그리고 선택적 투사(selective projection)는 입력공간들 사이의 공간횡단 사상에 의해 가능하고, 공간횡단 사상은 다시 총칭공간 때문에 가능해진다. 즉, 총칭공간은 공간횡단 사상의 전제조건이 되고, 공간횡단 사상은 선택적 투사의 전제조건이 된다. 이처럼 입력공간, 혼성공간, 총칭공간은 밀접하게 연결된 망을 형성한다. 이러한 망은 개념적 통합망(conceptual integration network)이라고 부른다. 개념적 통합망은 다음과 같이 나타낼 수 있다.

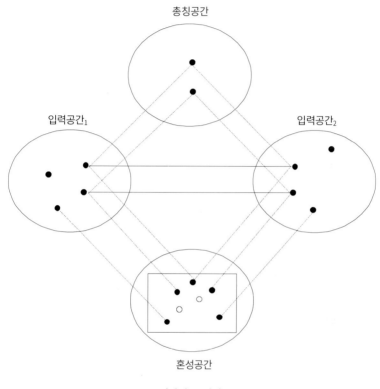

개념적 통합망

　입력공간₁과 입력공간₂ 사이의 공간횡단 사상은 실선으로 표시하고, 각입력공간의 요소들 모두가 사상되는 것은 아니라는 점에서 사상은 '부분적'이다. 입력공간들 사이의 공간횡단 사상은 입력공간에 공통된 총칭공간에의해 가능하다. 공간횡단 사상에 의해 연결된 요소들은 다시 혼성공간으로 투사되며, 투사는 점선으로 표시된다. 입력공간의 요소 모두가 혼성공간으로 투사되는 것은 아니라는 점에서 투사는 '선택적'이다. 더욱이 입력공간의 요소가 혼성공간에서 융합되기도 하고 융합되지 않기도 한다. 마지막으로, 혼성공간에는 입력공간에서 투사되지 않는 새로운 요소가 형성되어 발현구조가 창조된다. 이는 네모 상자로 표시된다. 네모 상자 안의 흰색 점은 혼성공간에서 창조된 요소를 나타낸다.

　"프랑스였다면, 빌 클린턴은 모니카 르윈스키와의 관계로 인해 피해를 보지 않았을 것이다"라는 예를 사용해 개념적 혼성의 작용 방식을 살펴보자. 이 문장은 프랑스라면 클린턴이 르윈스키와의 관계로 인해 정치적으로 피해를 보지 않는다는 것을 뜻한다. 이러한 의미가 구성되기 위해서는 두 개의 입력공간이 필요하다. 입력공간₁은 클린턴, 르윈스키, 그들의 관계가 들어 있는 미국 정치 프레임에 의해 구조화된다. 입력공간₂는 프랑스 정치 프레임에 의해 구조화된다. 총칭공간에는 [나라], [대통령], [섹스 파트너], [시민]이 있다. 혼성공간에는 빌 클린턴, 모니카 르윈스키는 물론이고 프랑스 대통령, 프랑스 대통령의 정부(情婦)라는 역할도 있으며, 클린턴과 르윈스키가 각각 대통령과 정부의 역할과 매치된다. 혼성공간을 구조화하는 프레임은 미국 정치가 아닌 프랑스 정치이다. 따라서 혼성공간에서 클린턴은 혼외정사로 인해 정치적으로 피해를 보지 않는다는 결론이 나온다. 이 예의 의미구성을 위한 개념적 통합망은 다음과 같이 나타낼 수 있다.

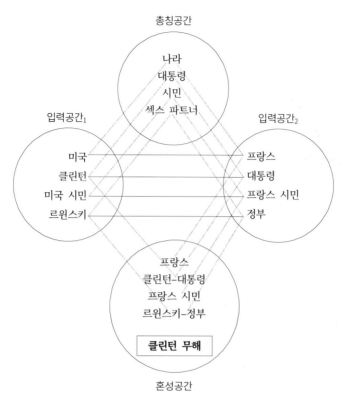

총칭공간

나라
대통령
시민
섹스 파트너

입력공간₁

미국
클린턴
미국 시민
르윈스키

입력공간₂

프랑스
대통령
프랑스 시민
정부

프랑스
클린턴–대통령
프랑스 시민
르윈스키–정부

클린턴 무해

혼성공간

"클린턴은 프랑스 대통령이다"에 대한 개념적 통합망

위의 개념적 통합망에서 두 입력공간의 각 요소는 서로 사상된다. 그다음 [미국]이 아닌 [프랑스]가 혼성공간으로 투사되어 정치적 배경으로 설정된다. 이러한 프랑스에서는 클린턴이 르윈스키를 정부로 데리고 있고, 그녀와 혼외 정사를 하더라도 정치적인 해를 입지 않는다. 이러한 사실은 두 입력공간에 는 없는 내용으로서, 혼성공간에서는 [클린턴 무해]라는 새로운 사실이 추가 된 발현구조가 구축된다.

개념적 혼성의 최적성 원리

개념적 혼성 이론이 서로 다른 개념 간의 창의적인 연결을 허용하지만, 모든 개념을 제약 없이 무제한으로 연결할 수 있는 것은 아니다. 포코니에와 터너는 순수한 개념적 혼성의 근본을 노골적으로 위반하는 혼성공간의 사례를 배제하기 위해 개념적 혼성의 모든 사례를 감독해야 하는 최적성 원리(optimality principle)를 제안한다. 최적성 원리는 개념적 혼성 과정을 구조화하고 엄격하게 제한하여 개념적 통합망이 붕괴되거나 혼탁해지는 것을 방지하는 역할을 한다. 포코니에와 터너가 소개한 최적성 원리는 다음과 같다.

첫째, 통합(integration) 제약은 개념적 혼성이 단 하나의 장면이나 단위를 형성하고 그렇게 조작될 수 있다고 가정한다. 이 제약은 압축의 원리를 반영한다. 이 제약을 설명하기 위해 다음과 같은 상황을 고려해 보자.

아늑한 분위기의 주방에서 아버지와 어린 딸이 다채로운 과일과 채소로 둘러싸인 식탁에 앉아 식사하고 있다. 식사를 즐기던 아버지는 딸의 호기심 어린 시선이 여러 가지 식재료에 머물러 있는 것을 발견한다. 딸의 과학에 대한 관심을 불러일으킬 수 있는 기회를 포착한 아버지는 대화를 시작한다. 아버지는 딸에게 우리가 놀 때 빙글빙글 도는 것처럼 지구도 빙글빙글 돈다고 말한다. 아버지는 과일 그릇에서 동그랗고 잘 익은 오렌지 하나를 집어 든다. "이 오렌지가 우리 지구라고 상상해 봐"라고 하면서 그는 오렌지를 식탁 위에 올려놓고 부드럽게 돌린다. 그리고 아버지는 지구가 자전하는 것처럼 태양 주위도 돈다고도 말하면서 사과를 꺼내서 회전하는 오렌지 근처에 놓는다. 아버지는 사과를 중심으로 오렌지를 원을 그리며 움직이면서 지구가 태양 주위를 공전하는 모습을 흉내 낸다. 이런 상황을 나타낸 다음과 같은 개념적 혼성망에서 오렌지와 사과는 별개의 과일이 아니라 하나의 장면을 형성하므로 이는 통합 제약을 충족시킨다.

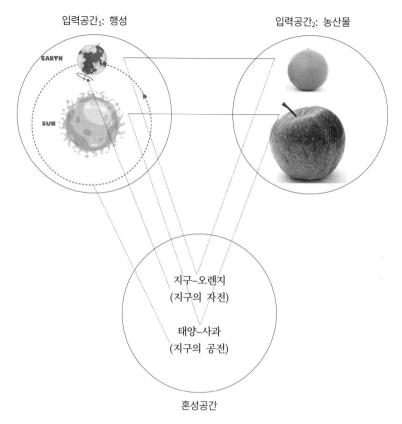

입력공간₁: 행성

입력공간₂: 농산물

지구–오렌지
(지구의 자전)

태양–사과
(지구의 공전)

혼성공간

농산물을 활용한 지구의 자전과 공전 현상에 대한 개념적 통합망

위 그림에서 두 입력공간에 있는 [지구]와 [오렌지] 그리고 [태양]과 [사과]가 투사되어 융합된다. [지구의 자전]과 [지구의 공전]이라는 요소는 입력공간₁에서 투사된 것이다.

둘째, 위상(topology) 제약은 입력공간 속에 있는 요소 간의 관계를 혼성공간 속에서도 유지하는 것이 최적이라고 명시한다. 다시 말해, 혼성공간에 있는 요소들의 관계가 입력공간에 있는 요소들의 관계와 일치하는 것이 최적이라는 것이다. 이 제약은 요소들이 혼성될 때 요소 간의 배열과 연결이 일관성을 유지하고 알아볼 수 있어야 한다는 것이다. 식탁용 태양계에서 천체를 표현하기 위해 소금 용기와 후추 용기를 사용할 수도 있다. 하지만 사과와 오렌지를 사용하는 것이 위상 제약을 준수하는 측면에서 더 효과적이다. 즉, 사과와 오렌지가 서로 다른 크기의 구형이라는 사실은 혼성공간에서 전체 기하학적 모양을 보존하는 효과가 있다. 사과와 오렌지 같이 유사한 기하학적 속성을 가진 요소를 입력공간으로 선택함으로써 혼성공간은 일관성을 유지하여 의미 전달의 효과를 높이고 이해를 용이하게 한다.

셋째, 망(web) 제약은 입력공간 간의 사상을 혼성공간에서 유지하는 것이 최적이라고 명시한다. 다시 말해, 혼성공간을 하나의 단위로 조작할 때는 추가적인 감시나 계산 없이도 입력공간과의 적절한 연결망을 쉽게 유지할 수 있어야 한다.

예를 위해, 이런 상황을 제시할 것이다. 스타벅스 커피숍에서 줄을 서서 기다리는 중에 한 사람이 자기 친구에게 저쪽에 있는 제인이라는 여성을 가리키면서 "제인은 네가 그곳에 살기 전에 네 옆집 이웃이었어"라고 말한다. 제인은 이 두 사람의 직장 동료이다. 제인은 지금은 그곳을 떠나 다른 거주지로 이사를 하였고, 제인이 이사한 뒤에 그 친구가 그곳으로 이사를 와서 현재 그곳에 살고 있다. 이 말을 듣는 그 친구는 제인이 예전에 그곳에서 살았다는 사실을 몰랐고, 사실은 제인과 직장 동료라는 관계 외에는 아무런 관계도 아니었다. 하지만 이 말을 듣고 난 뒤에 그 친구는 제인과 '이웃'이라는 또 다른 사회적 관계를 공유하게 된다. 그 친구는 다음날 제인을 구내식당에서 우연히 마주치고는 "안녕, 이웃!"이라고 인사를 건넨다. 제인은 처음에 그 친구가 하는 말을 이해하지 못해 약간 어리둥절했지만, 그 친구가 상황을 설명해 준다. 이제 제인은 이웃이라는 새로운 역할을 인식하고서는 그 당시의 이웃들에 관해 그 친구와 이야기를 나누기에 이른다. 제인이 살던 시절 서로 사랑하던 두 남녀가 결혼했고, 그 부부가 그 친구가 그곳에 이사를 온 뒤에 여자아이를 낳았고 그 아이가 너무 이쁘다는 등 서로 대화를 이어나 간다. 이제 제인과 그 친구는 가상의 '모의 이웃'이 된다. 이런 모의 이웃에 대한 개념적 통합망은 다음과 같이 나타낼 수 있다.

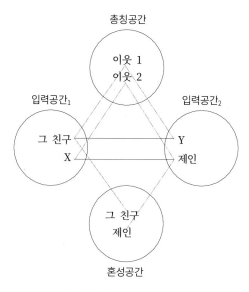

'모의 이웃'에 대한 개념적 통합망

각 정신공간의 두 요소는 '이웃'이라는 역할과 그 역할을 채우는 값인 '특정한 사람'으로 구성되어 있다. 입력공간$_1$(현재의 이웃)과 입력공간$_2$(과거의 이웃)에서는 [그 친구]와 [제인]은 서로 이웃이 아니었지만, 혼성공간에서는 가상의 이웃이라는 새로운 역할을 얻는다. 혼성공간의 정교화가 '그 지역에서 좋았던 옛 시절'에 대한 실재하지 않은 회상을 가능케 하려면, 모의 이웃들이 입력공간들 사이에서 역할-값 연결을 유지하는 것은 모의 이웃들 간의 그 이후의 상호작용에 결정적이다. 이 개념적 통합망은 혼성공간의 '역할-값' 관계가 두 입력공간의 그 관계와 적절하게 연결되어 있으므로 망 제약을 충족시킨다.

넷째, 풀기(unpacking) 제약은 혼성공간이 입력공간의 구조를 추측할 수 있는 기초를 제공해야 한다고 규정한다. 즉, 혼성공간의 내용은 언어 사용자가 정신적으로 힘들어하지 않고도 입력공간과 총칭공간으로 쉽게 다시 분해된다는 것이다.

풀기 제약을 최적화하는 혼성공간은 중의성을 포함하는 다음과 같은 뉴스 머리기사로 가장 잘 예증된다. "U.S. slowdown punctures Michelin's profits (미국의 경기후퇴는 미쉐린의 이윤에 펑크를 낸다)." 이 머리기사는 2001년 미국 자동차 산업의 침체로 인해 타이어를 생산하는 회사인 미쉐린의 순이익이 28.4% 감소한 것을 묘사한 것이다. '펑크내다'라는 동사는 적음은 아래이다라는 개념적 은유와 잘 들어맞는다. 이 은유적 구조의 특이성은 '펑크내다'라는 동사의 이미지에 있으며, 이 이미지에서 수직성 측면이 주요한 차원이다. 이 동사는 해당 회사와도 관련이 있다. 이 경우, 미쉐린을 언급하는 머리기사에서 '펑크내다'라는 동사를 선택하면 회사와 제품(미쉐린 타이어) 사이에 환유적 연결고리가 활용되는 두 번째 해석이 가능하다.

이 예에서 세 개의 입력공간이 식별되며, 그중 두 개는 양은 수직성이다라는 개념적 은유에서 나온 근원영역과 목표영역이고, 나머지 하나는 경제 발전은 수직 이동이다로부터 구축된다. 앞의 두 입력공간은 은유적으로 동기화된 공간횡단 사상으로 연결되어, 부정적인 경제 발전의 원인을 수직 이동의 원인으로 투사하고, 기업(또는 그 제품)을 움직이는 사물에 투사한다. 아래의 개념적 통합망에서 은유적 연결은 실선으로 나타낸다. 2001년의 미쉐린은 입력공간3을 구성하는데, 그중 일부인 이윤은 입력공간2의 목표 개념(Y)을 정교화한다. 이런 정교화는 파선으로 나타낸다. 입력공간3에는 미국의 경기 후퇴로 인한 마이너스 재무 상황, 타이어 생산 기업으로서의 활동, 사람 모양의 부풀어 오른 마스코트 모양의 회사 상징 등 이 특정 기업과 관련된 특정

지식 요소가 포함되어 있다. 이 입력공간에서 미쉐린의 이윤과 미국의 경기
후퇴라는 요소가 혼성공간에 투사되어 다른 입력공간의 요소와 통합된다.

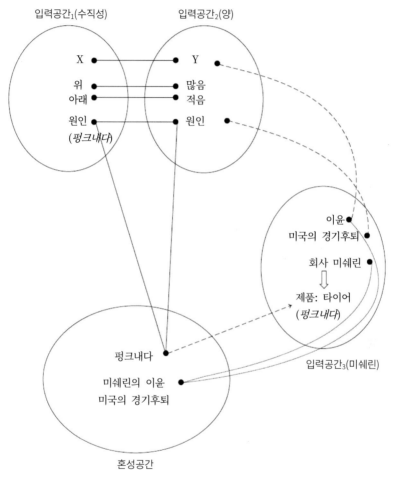

"미국의 경기후퇴는 미쉐린의 이윤에 펑크를 낸다"에 대한 개념적 통합망

결정적으로, 혼성공간의 한 요소인 [펑크내다]는 전체 해석 과정에 특별히

관련성이 있다. 개념적 통합망을 풀 때 은유적 근원영역(입력공간₁)의 조직 구조와 함께 일반적으로 혼성공간에 들어가는 이 결정적인 요소는 입력공간₂와 관련하여 해석되므로 두 가지 해석이 발생한다. 입력공간₃에 근거한 것으로 보이는 이 추가 의미는 위 그림에서 파선 화살표로 표시된다. 뉴스 머리기사에서 '펑크내다'는 입력공간₃의 미쉐린과도 관련이 있는데, 여기에서 문자 그대로의 의미는 타이어라는 제품 측면에서 미쉐린의 환유적 해석으로 유발된다. 따라서 지금까지 설명한 예제에서 예상되는 중의적인 의미는 미쉐린을 회사의 제품('타이어')으로 환유적으로 해석하는 것을 전제로 한다. 이러한 환유적 해석을 통해 그 동사는 타이어가 펑크나는 것과 같이 회사의 제품이 일반적으로 관여하는 과정을 가리킨다.

8.4. 개념적 혼성과 동양고전 해석

개념적 혼성 이론의 한 가지 장점은 담화나 대화 중에 구축된 복잡한 혼성 공간의 구성을 추적할 수 있다는 것이다. 혼성공간이 즉흥적으로 창조되는 과정을 추적하면, 어떻게 적절한 입력공간을 선택하고, 더 나아가 논쟁의 상대가 만든 혼성공간에 맞서 반대 입력공간을 창의적이고 미세하게 겨냥하여 불러내는 방식을 포착할 수 있다. 여기에서는 기원전 4세기의 중국 텍스트인 『맹자』에서 나온 담화를 분석하여 논쟁 중에 혼성공간이 동적으로 창조되고 변화되는 현상을 개념적 혼성 이론으로 살펴볼 것이다.[5]

『맹자』 「고자 상」은 사람들에게 어떻게 도덕을 가르칠 것인가의 논제와

---

5 다음에 제시하는 분석은 에드워드 슬링거랜드가 2008년에 집필한 『과학과 인문학: 몸과 문화의 통합』(What Science Offers the Humanities: Integrating Body and Culture)에 근거한 것이다.

관련된 인간 본성이라는 주제를 두고 맹자(孟子)와 고자(告子)[6] 간의 논쟁으로 시작한다. 고자는 세상의 수많은 고통이 타인보다 스스로를 편애하거나 타인의 가족과 친구보다 자기 가족과 친구를 편애하듯이, 인간의 이기적이고 편향적인 경향에서 나온다고 믿었던 고대중국 사상가인 묵자(墨子)의 추종자이다. 고자는 이러한 이기적인 경향이 타고난 것이긴 하지만 사람들에게 타고난 이기심을 버리고 공평하게 행동하도록 설득할 수 있다고 믿었다. 이와 대조적으로, 맹자는 부모와 가족을 보살피고 편애하는 유교 문화를 옹호하는 데 지대한 관심이 있었다. 유교의 관점에서 가족에 대한 편애는 인간의 타고난 경향일 뿐만 아니라 긍정적이기도 하다.

맹자와 고자 간의 몇 차례 대화에서, 고자는 노력의 필요성과 외부 힘에 의한 개조를 암시하는 자기수양의 은유를 제안한다. 고자의 다음과 같은 조각(carving) 은유로 첫 번째 논쟁이 시작된다. "사람의 본성은 갯버들과 같고 의는 갯버들로 만든 그릇과 같으니, 사람의 본성으로 인과 의를 행하는 것은 갯버들로 그릇을 만드는 것과 같다." 이러한 고자의 주장은 다음과 같은 혼성공간을 구축하기 위한 촉진제 역할을 한다.

---

6 학자들은 아직 고자가 누구인지에 대해 논쟁 중이다. 최근에 발견된 고고학적 텍스트에서 나온 증거는 그도 맹자처럼 공자의 제자였지만, 고자는 더욱더 권위주의적이고 노력에 기반한 자아의 개조, 즉 갈고닦기 전략을 옹호했다는 점에서 차이가 있다고 제안한다.

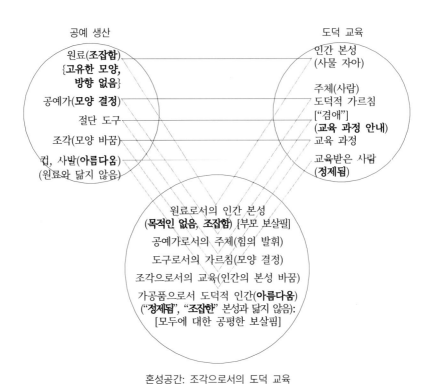

공예 생산

도덕 교육

원료(**조잡함**)
{**고유한 모양,
방향 없음**}

인간 본성
(사물 자아)

공예가(**모양 결정**)

주체(사람)
도덕적 가르침
["검애"]
(**교육 과정 안내**)

절단 도구

조각(모양 바꿈)

교육 과정

컵, 사발(**아름다움**)
(원료와 닮지 않음)

교육받은 사람
(**정제됨**)

원료로서의 인간 본성
(**목적인 없음, 조잡함**) [부모 보살핌]
공예가로서의 주체(힘의 발휘)
도구로서의 가르침(모양 결정)
조각으로서의 교육(인간의 본성 바꿈)
가공품으로서 도덕적 인간(**아름다움**)
("**정제됨**", "**조잡한**" 본성과 닮지 않음):
[모두에 대한 공평한 보살핌]

혼성공간: 조각으로서의 도덕 교육

'조각으로서의 도덕 교육'에 대한 개념적 통합망(고자의 입장)

여기에서 부모의 보살핌에 해당하는 인간 본성은 공예 생산에서 원료로 묘사된다. 이러한 원료는 공평한 보살핌의 가르침이라는 '도구'에 의해 완전히 재형성될 수 있다. 그래서 애당초 가공하지 않은 원료와 닮은 데라고는 전혀 없는 아름다운 가공품이 결과로 나온다. 이 혼성공간에서 대부분의 구조는 공예 생산 입력공간에서 나오지만, 점선으로 암시되는 인과성의 중요한 양상 중 하나는 도덕 교육 입력공간으로부터 도출된다. 공예 생산 공간에서는 공예가가 제품의 모양을 결정하지만, 공평한 보살핌이라는 가르침의 행동결정의 중요성은 혼성공간에 널리 퍼져 있어, 공예가가 아닌 도구가 '도덕적 가공품'의 모양을 결정하는 상황이 발생한다. 이 혼성공간을 구축할 때 고자의 주된 목적은 듣는 사람에게 아름답고 곱게 조각된 가공품에 대해서는 긍정적 느낌이 들고, 조잡하고 모양을 갖추지 못한 원료에 대해서는 부정적 느낌이 들도록 하는 것이다. 부모를 편애하고 보살피는 타고난 인간의 본성은 추하고 조잡하지만, 모두에 대한 공평한 보살핌은 아름답고 정제되어 있다는 메시지를 고자는 전파하고 싶은 것이다.

이런 고자의 주장에 대해 맹자는 다음과 같이 응수한다. "그대는 갯버들의 본성을 그대로 살려서(직역. 'flow with') 그릇을 만드는가? 아니면 갯버들을 억지로 구부리고 꺾은 후에 그릇을 만드는가? 만일 갯버들을 구부리고 꺾어

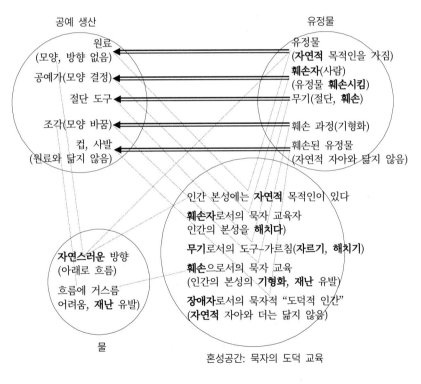

'묵자의 도덕 교육'에 대한 개념적 통합망(맹자의 입장)

서 그릇을 만든다면, 마찬가지로 사람의 본성을 구부리고 꺾어서 인과 의를 행한다는 것인가? 그래서 그러한 이론은 틀림없이 세상 사람들을 이끌어서 인과 의를 해치게 할 것이다." 맹자는 고자의 혼성공간을 좌절시키고자 두 가지 새로운 정신공간을 구축한다. 유정물 입력공간과 물 입력공간이 바로 그것이다. 수정된 혼성공간은 위와 같이 나타낼 수 있다.

새로이 도입된 이 두 정신공간은 혼성공간에 결정적인 영향을 미친다. 맹자가 구축하는 유정물 입력공간은 공예 생산 입력공간에 매우 훌륭하게 사상되지만, 큰 화살표로 표시되듯이 전적으로 비(非)유추적 방식으로 이루어진다. 무형의 원료는 타고난 목적인(目的因; telos)[7]을 가진 유정물과 비교된다. 이러한 목적인은 다시 고자 혼성공간의 숙련된 공예가를 잔인한 훼손자로 변형시키고, 유용한 도구를 해로운 무기로 변형시키며, 조각 과정을 자연스럽지 못한 기형으로 변형시킨다. 맹자는 확실히 유정물에 칼을 대어 고통을 유발하고 그것을 훼손시키는 이미지에서 환기되는 부정적인 본능적 반응에 의존하고 있다. 그 결과로 맹자는 공예로부터 혼성공간으로의 원래의 투사(점선)를 규범적으로 강력한 부정적 투사로 변형시킴으로써 고자의 혼성공간을 효과적으로 파괴한다. 묵자의 교육 과정의 산물은 이제 숙련되게 형성된 가공품이라기보다는 고문받은 도덕적 장애자로 묘사된다. 맹자는 덤으로 물 입력공간을 혼성공간에 추가하는데, 이것은 자연적 '흐름'에 거스르는 것의 부정적 함축을 강화하고 다음에 이어지는 두 번째 논쟁으로의 전이를 이룬다.

---

7   텔로스는 고대 그리스 사상의 철학적 개념으로, 특히 아리스토텔레스와 관련이 있다. 텔로스는 사물이나 활동의 궁극적인 목적, 지향점 또는 목표를 의미한다. 아리스토텔레스의 철학에 따르면 모든 것은 본능적으로 지향하는 목적이나 기능인 텔로스를 가지고 있다. 예를 들어, 인간 삶의 텔로스는 흔히 행복을 달성하는 것이며, 이는 고결하게 살면서 자신의 잠재력을 실현하는 데서 비롯된다.

이어지는 두 번째 논쟁에서 고자는 맹자의 물 이미지를 가져와서, 관개 관리의 영역으로 전환하여 자신에게 수사적으로 유리하게 돌리려 한다. "사람의 본성은 소용돌이치는 물과 같다. 동쪽으로 물을 흐르게 하면 그 물은 곧장 동쪽으로 흐르고, 서쪽으로 물을 흐르게 하면 그 물은 곧장 서쪽으로 흐른다. 사람의 본성이 착함이나 착하지 않음으로 나누어질 수 없는 것은 물의 본성이 동쪽이나 서쪽으로 나누어질 수 없는 것과 같다." 행동의 유형은 방향이다라는 개념적 은유를 가정하면, 고자의 주장은 다음과 같은 개념적 통합망으로 나타낼 수 있다.

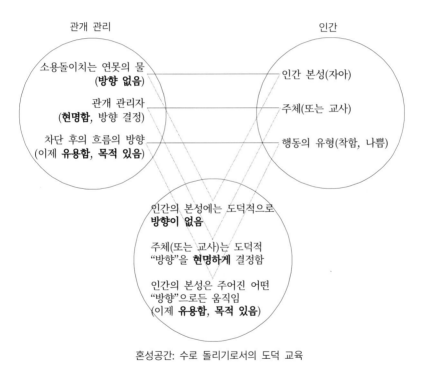

혼성공간: 수로 돌리기로서의 도덕 교육

맹자가 유정물 입력공간과 물 입력공간을 도입함으로써 첫 번째 논쟁의 공예 은유가 좌절되면서, 고자는 관개 관리라는 다른 영역으로 전환하여 주장을 계속해 나간다. 두 번째 논쟁의 요지는 첫 번째 논쟁에서와 동일하다. 공예가가 가공하지 않은 원료를 아름답게 하도록 일정한 모양을 만드는 것처럼 현명한 관리인도 관개수로 속의 방향이 없이 소용돌이치는 물을 적절한 장소로 보내기 위해서는 방향을 돌려야 한다는 것이다.

첫 번째 논쟁에서처럼, 맹자는 고지의 은유를 피괴히면서 다음과 같이 응수한다. "물에는 동서로 나누어짐이 결코 없고 상하로 나누어짐도 없다는 것인가? 사람의 본성이 선한 것은 마치 물이 아래로 흐르는 것과 같다. 인간은 누구나 선하고 물은 언제나 아래로 흐르는 법이다." 이 주장에서 맹자는

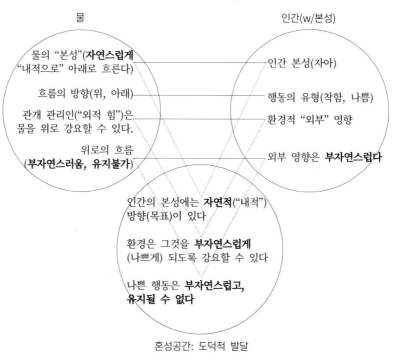

'도덕적 발달'에 대한 개념적 통합망(맹자의 입장)

새로운 정신공간을 추가하는 것이 아니라 고자가 놓쳤던 기존 입력공간의 요소를 사상하여 고자의 혼성공간을 파괴하고 있다. 물이 동쪽이나 서쪽을 선호하진 않지만, 확실히 아래로 흐르는 것을 자연스럽게 선호한다. 맹자의 대답은 위와 같이 나타낼 수 있다.

맹자의 대답은 한 입력공간의 적절한 자질을 결정하는 것이 어떻게 논의의 여지가 있는 과정임을 여실히 보여준다. 새로운 요소에 초점을 맞추면, 전혀 다른 특징이 혼성공간에 제시될 수 있다. 관개 관리자가 결정하는 방향으로 수로가 돌려지는 소용돌이치는 물의 잠재력에 초점을 두는 대신, 맹자는 목적론적·규범적 자질을 도입하기 위해 물 입력공간을 사용한다. 즉, 물의 자연스러운 내적 경향은 아래로 흐르는 것이고, 이러한 경향에 반하려면 외적인 힘을 가해야 한다. 특정 상황에서 물을 위로 흐르게 하는 것이 가능하지만, 그렇게 하려면 막대한 힘이 요구되고 궁극적으로는 계속해서 그렇게 할 수 없다. 자연-하늘의 흐름에 거스르는 것은 실패하기 마련이다.

8.5. 개념적 혼성과 광고

개념적 혼성 이론의 큰 잠재력은 언어적 창의성을 설명하는 것뿐만 아니라 언어 행동을 비롯한 인간 상상력의 다양한 산물 같은 비언어적 현상도 설명한다는 것이다. 그리고 개념적 혼성 이론은 최근에 다중양식적 분야에서 창의성을 다루는 가장 적절한 이론으로 평가받고 있다. 여기에서는 천식 치료제인 심비코트(Symbicort)의 텔레비전 광고를 개념적 혼성으로 분석한 예를 소개할 것이다.[8]

8　이 내용은 바바라 댄시거(Barbara Dancygier)가 2017년에 엮어서 발간한 『인지언어학 케임

이 광고는 『아기돼지 삼형제』라는 그림책을 할아버지가 손자에게 읽어주는 장면으로 시작한다. 할아버지가 "그리고 늑대가 헐떡거렸어요"라고 읽자 손자는 "가끔 할아버지처럼요"라고 불쑥 끼어든다. 그러자 할아버지는 "만성폐쇄성폐질환에 걸리면 숨쉬기가 힘들어진단다. 공기를 내보내기도 힘들고, 공기를 들이마시기도 힘들어진단다"라고 대답한다.

그러면서 카메라 샷은 이야기 세계 속으로 들어간다. 이 이야기에서 할아버지처럼 초록색 스웨터를 입은 쌕쌕거리는 나쁜 늑대는 밀짚 집을 불어서 날려버리지 못한다. 할아버지 늑대는 호흡기 전문의 암컷 늑대의 진찰을 받는다. 할아버지 늑대는 의사 늑대에게 심비코트를 처방받고, 마침내 손자 늑대가 생일 케이크의 촛불을 불어서 끌 수 있도록 돕는다.

『아기돼지 삼형제』 자체는 하나의 혼성공간이다. 야생동물인 늑대가 우리 안에서 키우는 가축인 돼지를 잡기 쉬운 먹잇감으로 생각하고, 늑대와 돼지가 서로를 적으로 돌린다는 것은 포식 입력공간을 위한 정보이다. 이 이야기에서 늑대에게 있어서 최상의 무기는 이빨이 아니라 폐이다. 두 번째 입력공간은 거주지에 관한 내용을 바탕으로 한다. 늑대는 아기돼지의 요새인 집을 불어서 무너뜨려서 먹잇감에 접근한다. 늑대가 내뿜는 강력한 회오리바람에 맞서기 위해 아기돼지는 그 힘을 견딜 수 있는 재료로 집을 짓는다. 매번 늑대로부터 공격을 받은 아기돼지 삼형제는 좋은 공학 원리를 이용해 잇따라 더 강한 집을 짓는다. 늑대는 밀짚 집과 나무집은 쉽게 처리하지만 벽돌집에서는 어려움을 겪는다.

거주지 입력공간과 포식 입력공간으로부터 선택적 투사를 받아 혼성공간이 구축된다. 거주지 입력공간에서 의도적인 행위자는 폭풍우나 침입자를

브리지 핸드북』에 수록된 토드 오클리와 에스더 파스쿠알(Todd Oakley & Esther Pascual)의 논문 「개념적 혼성 이론」에서 소개한 내용을 정리한 것이다.

피해 집에서 피난한다. 어떤 재료는 다른 재료보다 더 튼튼하고 내구성이 강하다. 밀짚 집은 나무집보다 약하고, 벽돌집은 밀짚 집과 나무집보다 튼튼하다. 집을 짓는 건축자는 잠재적인 침입자에 대한 의도적인 정신적 상태를 상상하고 그에 따라 계획을 세운다. 따라서 '마음 이론(theory of mind)'[9]과 '의도성(intentionality)'이라는 요소는 혼성공간에서 이야기에 나오는 돼지들의 두드러진 특징이 된다. 이 정신공간의 논리는 비침투성의 척도를 제공하는데, 짚, 나무, 벽돌의 강도로 오름차순으로 갈수록 증가한다. 포식 공간에서는 늑대가 주로 돼지와 같은 가축을 잡아먹는 정점 포식자의 역할을 한다. 이 정신공간에서 정점 포식자는 가능한 한 온갖 수단을 써 먹잇감을 잡고자 한다.

혼성공간은 늑대와 돼지 간에 자연적인 포식자-먹잇감 관계를 활용하고, 동시에 사람들이 보호 목적이라는 의도로 집을 짓고, 집을 짓는 사람은 잠재적인 침입자의 사악한 의도를 예상하면서 강도를 증가시키는 건축 재료를 선택하는 것과 같은 집에 대한 사람들의 지식도 활용한다. 혼성공간에서 늑대가 휘두르는 최상의 무기는 그의 호흡이고, 돼지들이 선택한 방어 수단은 건축 재료이다. 혼성공간의 발현적 논리는 돼지들이 매번 탈출하고 야영하면서 건축 재료의 비침투성이 그에 따라 증가하게 되고, 이는 다시 늑대가 집을 불어 무너뜨리는 데 필요한 에너지의 양을 증가시킨다는 것이다. 이야

---

9   심리학에서 말하는 마음 이론은 마음에 관한 '이론'이 아니라, '마음읽기(mindreading)'라고 부를 수 있는 능력이다. 이러한 능력을 '이론'이라고 심리학자들이 부르는 이유는, 다른 사람의 머릿속에서 진행되고 있는 것에 대한 우리의 신념이 단지 추측(theory)일 뿐이기 때문이다. 우리는 다른 사람이 무슨 생각을 하는지를 예측할 수는 있지만 정확히 알 수 있는 직접적인 방법은 없는 것이다. 마음 이론은 신념, 의도, 욕망, 감정과 같은 정신 상태가 우리 자신과 다른 사람들에게 있다고 생각하는 인지 능력이다. 이는 다른 사람의 마음을 이해하고 그의 생각과 감정을 추론하여 그의 행동을 예측할 수 있는 인지 능력이다. 마음 이론은 사회적 인지의 필수적인 요소이며, 인간의 사회적 상호작용과 의사소통에 중요한 역할을 한다.

기에 따르면, 이 늑대는 처음 두 집을 불어서 무너뜨리는 데 성공하지만, 벽돌집에서는 실패한다. 이것을 그림으로 나타내면 다음과 같다.

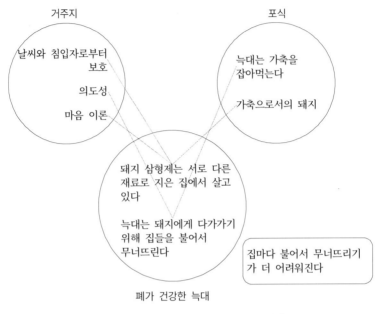

거주지

날씨와 침입자로부터 보호

의도성

마음 이론

포식

늑대는 가축을 잡아먹는다

가축으로서의 돼지

돼지 삼형제는 서로 다른 재료로 지은 집에서 살고 있다

늑대는 돼지에게 다가가기 위해 집들을 불어서 무너뜨린다

집마다 불어서 무너뜨리기가 더 어려워진다

폐가 건강한 늑대

『아기돼지 삼형제』에 대한 개념적 통합망

폐를 최상의 무기로 하는 포식자에 대한 혼성된 시나리오가 있다. 이 경우에 그 최상의 무기에 문제가 있다. 이러한 이야기는 앞서 말한 늑대의 '헐떡거리며 불기' 행동을 부각하고 그것을 선택적으로 투사한다. 이것은 정점 포식에 대해서는 유별난 것이지만 천식과는 딱 어울린다. 늑대가 헐떡거리며 부는 것은 돼지 삼형제에게는 유익한 것이지만, 할아버지가 헐떡거리며 부는 것은 병의 증상이다. 이 혼성된 시나리오에서 늑대는 천식을 앓고 있어서 세 집 중에서 밀짚 집도 불어서 무너뜨리지 못한다. 이것을 그림으로 나타내면 다음과 같다.

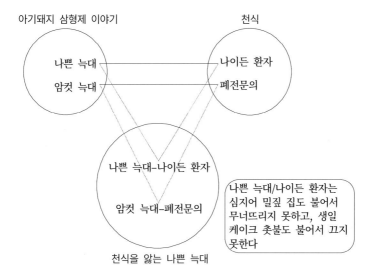

아기돼지 삼형제 이야기　　　　　　천식

나쁜 늑대　　　　　　　　나이든 환자

암컷 늑대　　　　　　　　폐전문의

나쁜 늑대-나이든 환자

암컷 늑대-폐전문의

나쁜 늑대/나이든 환자는 심지어 밀짚 집도 불어서 무너뜨리지 못하고, 생일 케이크 촛불도 불어서 끄지 못한다

천식을 앓는 나쁜 늑대

'천식을 앓는 나쁜 돼지'의 혼성망(합성과 완성)

　여기에서 할아버지(노인)는 늑대로서 『아기돼지 삼형제』의 이야기 세계로 들어가게 된다. 아쉽게도, 늙은 늑대는 천식에 걸렸으므로 정상적으로 호흡하지 못한다. 그는 밀짚 집을 불어서 무너뜨리기는커녕, 손자 늑대와 함께 생일 케이크 촛불도 불어서 끄지 못한다. 폐전문의와의 의료상담이라는 부가적인 이야기를 동기화하는 것은 다름 아닌 천식을 앓고 있는 늑대의 정교화된 개념이다. 늑대의 이야기 세계에서 폐전문의는 암컷 늑대이고 환자에게 심비코트를 처방한다. 이것을 그림으로 나타내면 다음과 같다.

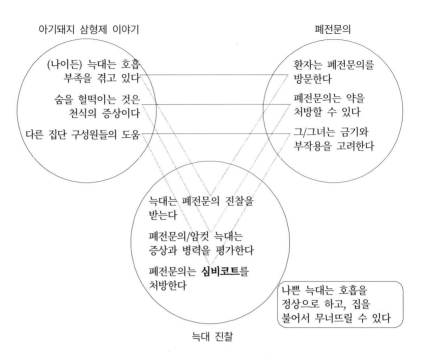

아기돼지 삼형제 이야기 폐전문의

(나이든) 늑대는 호흡
부족을 겪고 있다

숨을 헐떡이는 것은
천식의 증상이다

다른 집단 구성원들의 도움

환자는 폐전문의를
방문한다

폐전문의는 약을
처방할 수 있다

그/그녀는 금기와
부작용을 고려한다

늑대는 폐전문의 진찰을
받는다

폐전문의/암컷 늑대는
증상과 병력을 평가한다

폐전문의는 **심비코트**를
처방한다

나쁜 늑대는 호흡을
정상으로 하고, 집을
불어서 무너뜨릴 수 있다

늑대 진찰

'천식을 앓는 나쁜 돼지'의 혼성망(정교화)

　　이 연결망은 이제 정교화의 상태에 도달하여, 폐전문의 공간은 혼성된 비유의 작동에서 훨씬 더 큰 역할을 한다. 여기에서 전문의는 다양한 치료 선택권뿐만 아니라 각 약의 금기와 있을 수 있는 부작용도 고려한다. 이 장면에서 의사 늑대는 늙은 늑대에게 심비코트를 처방하고, 그 약은 긍정적인 효과를 보이기 시작한다. 늙은 늑대는 이제 손자/새끼들과 즐겁게 지낼 수 있다. 그는 이제 돼지들의 밀짚 집을 지나간다. 아기돼지들은 더욱 건강해진 늑대를 알아차리고 긴장하기 시작한다. 그런 다음 이야기는 손자와 할아버지 사이의 2인 구도로 갑자기 들어가며, 여기에서 할아버지는 광고가 끝날 때쯤에 늑대를 연기한다.

　　이 광고는 천식을 앓고 있는 나쁜 늑대의 혼성된 비유뿐만 아니라 이야기

구조에서도 복잡하다. 개념적 혼성 이론은 이러한 이야기 구조를 설명하는 데 유용한 것으로 입증된다.

8.6. 개념적 혼성과 환유

환유는 한 개의 영역 내에서 이루어지는 인지 작용이다. 따라서 환유는 네 공간 모형인 개념적 혼성 이론에서는 다룰 수 없는 현상으로 생각되었다. 하지만 여기에서는 개념적 혼성 이론에서 환유를 다루는 시도를 소개할 것이다.

광고 해석에서 환유의 역할

여기에서는 광고 해석에서 환유가 작용하는 방식을 소개할 것이다.[10] 다음 은 『유에스에이 투데이』(USA TODAY)에 실린 머리기사이다. "Coke Flows Past Forecasts: Soft drink company posts gains(콜라는 예상치를 지나 흐른다: 청량음료 회사는 수익을 발표한다)." 이 머리기사는 코카콜라 회사와 이 회사의 주력상품인 콜라 간의 환유뿐만 아니라, 코카콜라 회사의 수익에 대한 은유 적 해석도 포함한다. 이 예에서 '예상치를 지나 흐른다'는 코카콜라 회사의 수익에 대한 은유적 표현임과 동시에 코카콜라 회사의 주력상품에 대한 문자 적 표현이기도 하다. 그래서 이 머리기사에서 '콜라'는 주로 회사로 해석되지 만, 이 회사가 생산하는 음료의 특성도 갖는다. 다음은 이 머리기사의 의미구

---

10 이 내용은 세아나 콜슨과 토드 오클리(Seana Coulson & Todd Oakley)가 2003년에 발표한 논문 「환유와 개념적 혼성」의 내용에 근거한 것이다.

성을 위한 개념적 통합망을 나타낸 것이다.

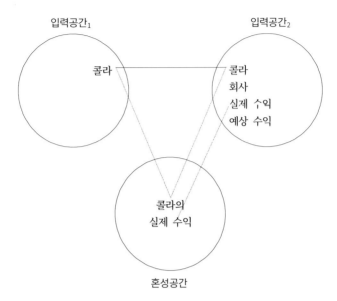

머리기사의 의미구성에 대한 개념적 통합망

이 개념적 통합망은 두 개의 입력공간을 수반한다. 하나는 콜라 입력공간이고, 다른 하나는 회사 입력공간이다. 콜라 입력공간에서는 [콜라] 요소가 설정되어 있고, 이것은 음료에 대한 틀에 의해 구조화된다. 회사 입력공간에서 [콜라]와 그 음료를 생산하는 [회사]가 구축된다. 콜라와 콜라를 만드는 회사가 매우 다른 특성이 있지만, 이 두 요소는 제품은 회사를 대표한다라는 개념적 환유에 의해 연결된다. 회사 입력공간에는 이 회사의 [실제 수익]과 [예상 수익] 요소도 있다.

이 개념적 통합망의 혼성공간에는 [콜라의 실제 수익]이 들어 있다. 이 요소는 콜라 입력공간에 있는 [콜라]와의 동일성에 의해 연결되고, 회사 입력공간에 있는 [실제 수익]과의 환유에 의해 연결되는 요소이다. 두 입력공간의 개념적 구조가 음료와 회사의 영역으로부터 나오지만, 혼성공간은 각 입력공간에서 나온 부분적 구조뿐만 아니라 그 자체의 발현구조도 포함한다. 결과적으로 요소 [콜라의 실제 수익]은 액체라는 콜라의 특성과 회사의 2001년 일사분기 수익이라는 특성을 갖는다.

이 머리기사에는 코카콜라의 실제 수익과 예상 수익 간의 관계를 해석하게 하는 동사 '흐르다'가 있다. 이 동사는 이동을 기술한다. 여기에서의 이동은 가상이동(fictive motion)이다. 포코니에는 가상이동 구문이 '추상적 이동' 시나리오와 사물들의 관계에 대한 '정적인 표상' 간의 혼성공간을 수반한다고 본다. "The blackboard goes all the way to the wall(칠판은 벽까지 이어져 있다)"이라는 예를 보자. 이 예는 칠판의 공간적 범위에 대한 정적인 해석(공간 입력공간)과 탄도체가 지표를 따라 이동한다는 추상적 이해(이동 입력공간)의 혼성공간을 수반한다. [칠판]과 [탄도체] 간에 사상이 있고, 이 두 요소는 혼성공간에서 융합된다. 이와 마찬가지로, [벽]과 [지표] 간에도 사상이 있고, 이 두 요소는 혼성공간에서 융합된다. 이동 입력공간에서 탄도체의 이동은 지표에서 끝난다. 혼성공간에서도 [칠판-탄도체]의 이동은 [벽-지표]에서 끝난다. [이동 경로]는 공간 입력공간으로 사상되어 [칠판의 공간적 범위]로 해석될 수 있다. 이것을 그림으로 나타내면 다음과 같다.

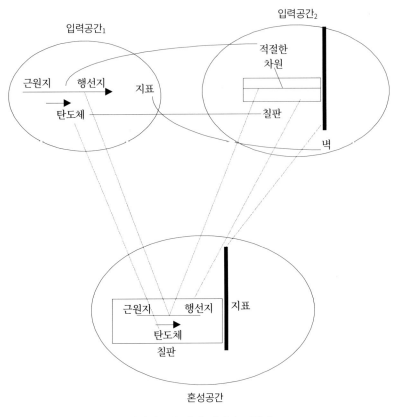

가상이동에 대한 개념적 통합망

앞에서 본 머리기사에 대한 개념적 통합망에 이동 입력공간을 포함해서 머리기사에 등장하는 가상이동을 이와 비슷하게 분석할 수 있다. 이동 입력공간은 가상이동의 도식적 표상에 의해 구조화되는데, 여기에서 탄도체는 지표를 가진 추상적 경로를 따라 이동한다. 이것을 그림으로 나타내면 다음과 같다.

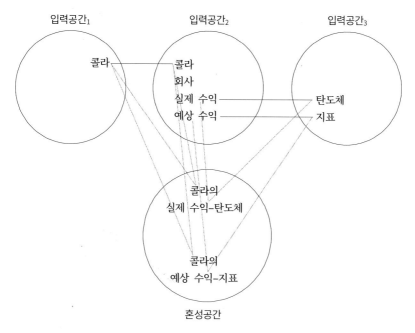

입력공간₁ 입력공간₂ 입력공간₃

콜라
콜라
회사
실제 수익
예상 수익

탄도체
지표

콜라의
실제 수익-탄도체

콜라의
예상 수익-지표

혼성공간

가상이동에 대한 개념적 통합망

가상이동 해석을 위해 가장 중요한 사상은 회사 입력공간 속에 있는 [실제 수익]과 이동 입력공간 속에 있는 [탄도체] 간의 사상과 회사 입력공간 속에 있는 [예상 수익]과 이동 입력공간 속에 있는 [지표] 간의 사상이다. 요소 [실제 수익]과 [탄도체]는 혼성공간에서 [콜라의 실제 수익-탄도체]로 투사된다. 이와 비슷하게, [예상 수식]과 [지표]는 [콜라의 예상 수익-지표]로 사상된다. 실제 수익과 예상 수익 간의 정적인 관계는 혼성공간에서 [콜라의 실제 수익-탄도체]가 [콜라의 예상 수익-지표]를 지나쳐 나아가는 가상이동으로 해석된다.

혼성공간 속의 요소들 간의 공간적 관계가 회사 입력공간에 있는 그 대응물에 미치는 효과는 발전과 경로를 따른 이동 간의 은유적 사상에 뿌리를 두고 있다. 결과적으로 [콜라의 실제 수익-탄도체]가 [콜라의 예상 수익-지표]를 지나쳐 이동한다는 것은 콜라의 실제 수익이 예상 수익을 '능가하는' 것으로 해석될 수 있다. 정적인 수학적 관계를 이동에 의해 표현하는 것은 개념적 혼성으로부터 초래된다. 액체 영역에 의해 가상이동을 표현하는 머리기사와 같은 표현 방법은 제품과 그 제품을 생산하는 회사 간의 환유, 그리고 회사와 회사의 수익 간의 환유 때문에 가능하다. 지금까지의 설명을 그림으로 나타내면 다음과 같다.

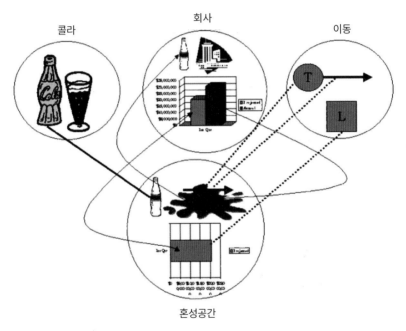

가상이동의 의미구성을 위한 개념적 통합망

지금까지의 개념적 혼성에서 환유가 작용하는 방식을 볼 수 있었다. 콜라 입력공간과 회사 입력공간 사이에서 환유가 작용하고 있다. 회사 입력공간 내에 있는 요소들은 서로 환유적 관계를 맺고 있지만, 더 나아가 회사 입력공간 전체는 콜라 입력공간과 환유적으로 연상된다. 즉, 콜라라는 한 부분이 그것을 만드는 전체 회사를 대표한다.

신경 층위에서 환유의 작용

여기에서는 환유와 개념적 혼성의 관계를 신경 층위에서 분석하는 방식을 소개한다.[11] 특히 안토니오 다마지오(Antonio Damasio)가 1999년에 출간한 책 『느낌의 발견』(The Feeling of What Happens)에서 등장하는 이미지 공간(image space)과 기질 공간(dispositional space)을 활용하여 개념적 혼성에서 환유의 작용을 논의한다.

안토니오 다마지오에 따르면, 이미지 공간은 모든 감각 유형의 이미지가 명시적으로 발생하는 공간이다. 즉, 시각, 청각, 촉각 등 모든 감각의 명시적 이미지가 발생하는 정신적 공간이다. 그리고 기질 공간은 기질이 지식 기반을 포함하는 공간이고, 기억으로부터 이미지가 구성되고 움직임이 생성되며 이미지 처리가 촉진될 수 있는 메커니즘도 포함하는 공간이다. 이미지 공간 속의 표상은 충분히 고착화되면 기질 공간의 요소가 될 수 있다. 우리의 모든 기억은 기질 형태로 존재하면서 명시적인 이미지나 행동이 되기를 기다리고 있다. 기질은 단어가 아니라 잠재성에 대한 추상적 기억이다. 중요한 것은 기질이 수렴대(convergence zone)라고 불리는 뉴런 집합체(neuron ensemble) 속에 저장되어 있다는 것이다. 그리고 이미지 공간과 기질 공간이 만나서 함께 처리될 수 있는 결정적인 부위는 작업기억(working memory)[12]의 부위인

---

11 이 내용은 보구스와프 비야비아쇼넥(Bogusław Bierwiaczonek)이 2013년에 출간한 책 『환유와 언어·사고·뇌: 인지언어학적 탐색』에서 제시한 환유와 개념적 혼성의 관계에 대한 견해에 바탕을 둔다.

전두엽, 특히 전전두피질(prefrontal cortex)이다.

먼저, 간단한 예로 이미지 공간을 설명해 보자. 부분은 전체를 대표한다라는 환유의 경우, 목표의 표상에서 가장 활성적인 부분이 환유의 매체를 제공하고, 이 부분은 다시 이미지 공간에 있는 문맥의 표상에서 활성화된다. 개념 A(목표)와 또 다른 개념 B(매체) 둘 다를 포함하는 개념적 구조가 있다. B는 A의 부분이거나 그 개념적 구조에서 그것과 밀접하게 연상된다. 전형적으로, B를 선택하면 개념적 구조에서 A가 특유하게 결정될 것이다. 보구스와프 비야비아쇼넥(Bogusław Bierwiaczonek)은 개념 B를 구별소(distinguisher)라고 부른다.

손님마다 서로 다른 탁자보로 덮여 있는 테이블에 앉아서 서로 다른 음식을 먹고 있는 식당에 대한 종업원의 이미지 공간을 나타내는 다음 그림에서, 종업원에게는 손님을 가리키는 최소한 두 가지 방법이 있다. 왜냐하면 종업원은 음식이나 식탁보를 구별소로 사용하기 때문이다. 실제로 이 그림은 식탁보가 아닌 손님의 음식을 손님의 게슈탈트에서 가장 현저한 부분으로 선택하는 해석을 나타낸다. 그래서 "폭찹이 계산서를 기다리고 있어요"라는 종업원의 발화에서 폭찹은 폭찹을 주문한 손님을 대표한다라는 환유가 작용한다. 이 그림은 이 환유가 손님의 게슈탈트에서 음식의 지각적·인지적 현저성

---

12 작업기억은 즉각적인 업무를 위해 정보를 일시적으로 보유하고 처리하는 것과 관련된 능동적인 정신적 과정을 말한다. 작업기억은 우리가 문제해결, 추론, 의사결정 및 이해 등 여러 정신적 작업을 동시에 수행하면서 관련 정보를 유지하고 업데이트할 수 있게 해준다. 작업기억은 실시간으로 정보를 저장하고 조작하는 능력을 포함한다. 작업기억은 정보를 수동적으로 유지하는 것이 아니라 능동적으로 조작하는 것을 포함하기 때문에 단기기억보다 더 역동적이고 유연한 체계이다. 예를 들어, 수학 문제를 정신적으로 계산하거나 일련의 지침을 따를 때는 작업기억을 활용하는 것이다. 즉, 단기기억은 주로 정보를 일시적으로 보유하는 데 초점을 맞추고, 작업기억은 활동적인 정신적 과제를 위한 정보의 일시적인 저장과 조작을 모두 포함한다. 작업기억은 다양한 인지 과정에서 중요한 역할을 하며, 종종 더 높은 수준의 인지 능력의 핵심 요소로 간주된다.

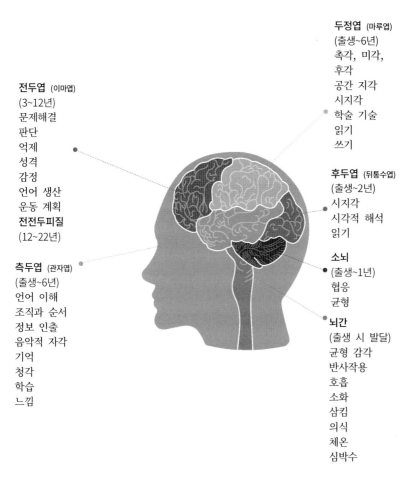

두정엽 (마루엽)
(출생~6년)
촉각, 미각,
후각
공간 지각
시지각
학술 기술
읽기
쓰기

전두엽 (이마엽)
(3~12년)
문제해결
판단
억제
성격
감정
언어 생산
운동 계획
전전두피질
(12~22년)

후두엽 (뒤통수엽)
(출생~2년)
시지각
시각적 해석
읽기

측두엽 (관자엽)
(출생~6년)
언어 이해
조직과 순서
정보 인출
음악적 자각
기억
청각
학습
느낌

소뇌
(출생~1년)
협응
균형

뇌간
(출생 시 발달)
균형 감각
반사작용
호흡
소화
삼킴
의식
체온
심박수

전전두피질을 포함한 뇌 부위

과 활성화에 의해 실제로 동기화된다는 것을 보여준다. 그리고 이 음식은
또한 식당의 이미지 공간에서 현저하고, 그 자체로 발현적 의미에서 접근되
고 있다.

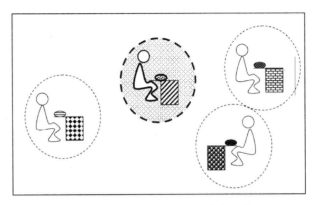

식당 손님에 대한 종업원의 이미지 공간

　종업원의 이미지 공간은 복잡한 신경 통합 과정의 결과이다. 이러한 신경 통합은 이미지 공간의 두 가지 측면인 개별 사물(가령, 손님, 접시, 테이블)에 대한 표상과 사물들 간의 공간적 관계에 대한 표상에 집중한다. 아래 그림에서 볼 수 있듯이, 사물을 표상하는 데 책임이 있는 '무엇' 경로는 측두엽 피질로 이어지고, 사물 간의 공간적 관계를 처리하는 데 책임이 있는 '어디' 경로는 두정엽 피질에 의해 처리된다. 결국 두 경로 모두 전전두피질이라는 수렴대에서 만나, 하나의 공간에서 통합되고 작업기억에서 다양한 실행 기능(executive function)을 담당한다. 중요한 실행 기능 중 하나는 주의(attention)인데, 식당에서는 손님과 짝을 이루는 음식에 주의가 집중된다.

　전체는 부분을 대표한다라는 환유의 경우에는, 이미지 공간에 있는 실체 x의 현저한 부분 PX는 범주 X의 인지적 표상을 그것의 음운적 표상과 함께 활성화하는데, 이때 실체 x는 범주 X에 속한다. 이 과정은 이미지 공간에서 나온 지각 자료가 제공하는 한 입력공간이 기질 공간인 다른 입력공간과 통합되는 개념적 혼성의 모든 요소를 갖추고 있다. 그리고 이 기질 공간은 이미지 공간에 있는 현저한 부분 PX에 의해 활성화되고, PX가 일부가 되는

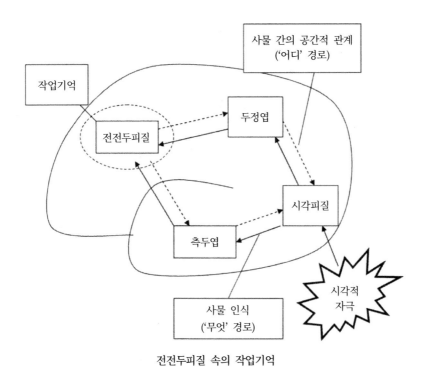

내부 라벨:
- 사물 간의 공간적 관계 ('어디' 경로)
- 작업기억
- 전전두피질
- 두정엽
- 시각피질
- 측두엽
- 사물 인식 ('무엇' 경로)
- 시각적 자극

전전두피질 속의 작업기억

전체를 표현한다. 통합의 과정은 작업기억에서 발생할 것이다. 작업기억은 정보를 일시적으로 저장하고 조작하는 인지 체계이다. 지각피질뿐만 아니라 해마(hippocampus)[13] 및 장기기억(long-term memory)을 지원하는 다른 피질 부위와도 신경적으로 연결되어 있다. 이러한 연결성을 통해 사실, 스크립트,

---

13 해마(hippocampus)는 학습 및 기억과 관련된 측두엽에 있는 곡선 모양의 부위이다. 해마라는 이름은 '바다 괴물'을 뜻하는 그리스어에서 유래되었지만, 해마(seahorse) 모양으로 더 잘 알려져 있다. 해마는 감정과 기억을 처리하고 조절하는 데 관여하는 영역인 변연계(limbic system)의 일부로 간주된다. 기억 형성과 가장 밀접한 관련이 있는 해마는 새로운 장기기억의 초기 저장소이며, 이러한 장기기억을 보다 영구적인 기억으로 전환하는 데 관여한다. 해마는 뇌에서 가장 많이 연구되는 부위 중 하나이며, 새로운 뉴런이 생성되는 과정인 신경생성(neurogenesis)이 일어나는 몇 안 되는 곳이기도 하다.

도식, 개인적 경험을 표상하는 기질 공간을 인출하여 현재 발화를 부호화하고 해독하는 데 사용한다.

　이제 두 가지 환유 예를 고려해 보자. 첫 번째 예에서 두 학생은 텔레비전에서 퍼레이드를 보고 있다. 학교 교사로 구성된 여러 대표자 집단이 퍼레이드에 참여하고 있다. 갑자기 한 학생이 자기 학교의 교사 집단을 보고 "That's our school!(지것은 우리 학교야!)"이라고 외친다. 이때 다음과 같은 일이 발생한 것이다. 이미지 공간에서 교사들을 지각하면서 그 교사들이 학교 전체라는 큰 표상의 부분인 기질 공간에서 교사의 표상이 활성화된다. 혼성공간에서 구별소 역할을 하는 교사들은 음운적 표상과 함께 전체로 활성화되는 학교와 통합된다. 물론 발현적 의미에서 교사들만이 학교를 구성할 것이다.

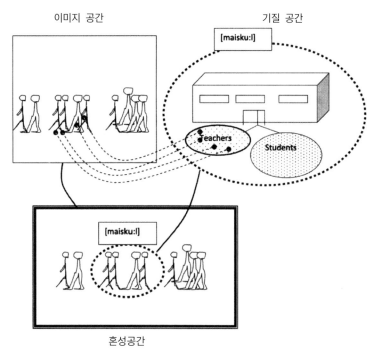

That's our school!의 의미구성에 대한 개념적 통합망

따라서 기질 공간은 교사 집단에 대한 경계와 전체 표현의 음운 형태를 제공한다. 즉, 교사들은 학교 전체를 대표함으로써 한 단위로 기능하고, 결과적으로 '우리 학교'라고 불리게 된다. 이것은 위의 그림에서 볼 수 있다.

이 그림에서 퍼레이드의 이미지 공간과 화자의 학교를 나타내는 기질 공간이라는 두 입력공간으로 통합이 일어나 '우리 학교'에 대한 발현적 의미가 구축된다.

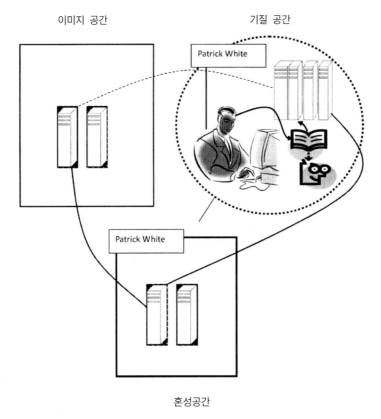

This is my Patrick White의 의미구성에 대한 개념적 통합망

두 번째 예는 환유 작가는 작품을 대표한다의 예이다. 이 환유에서 고유명사

'패트릭 화이트'는 그가 집필한 소설을 대표한다. 이미지 공간 속의 사물(즉, 패트릭 화이트의 책)은 패트릭 화이트의 기질 공간을 활성화한다. 이 기질 공간에서 그는 책을 몇 권 집필하고 출판한 작가이다. 개념적 연결로 인해 화자는 패트릭 화이트의 책을 가리킬 수 있게 된다(가령, This is my Patrick White). 개념적 혼성 방식은 위의 그림으로 나타낼 수 있다.

위 그림은 이미지 공간 속의 페트릭 화이트의 책 표상과 페트릭 화이트의 기질 공간을 혼성하는 것을 나타낸다. 이로써 패트릭 화이트의 책을 대표하는 환유 표현 Patrick White가 생산된다.

신경 층위에서 발생하는 환유를 개념적 혼성으로 설명할 때 특이한 점은 입력공간1에 해당하는 이미지 공간과 입력공간2에 해당하는 기질 공간이 동시에 구축되는 것이 아니라, 이미지 공간이 기질 공간을 활성화하여 기질 공간이 구축된다는 것이다. 이러한 활성화는 이미지 공간과 기질 공간 간의 환유적 연결이다. 이러한 설명의 장점은 두 입력공간이 환유 과정에 의해 연결된다는 암시가 있다. 즉, 이미지 공간이 먼저 제시되면 그것에 따른 기질 공간이 구축되어 둘 간에 환유 관계가 설정되는 것이다.

지금까지 개념적 혼성의 이론적 설명력을 극대화하는 몇 가지 사례 연구를 살펴보았다. 개념적 혼성 이론은 동양고전에서 등장하는 논쟁 담화와 설득 장르인 광고를 분석하는 데 효과적이다. 그리고 환유 연구를 신경 층위에서 시행할 수 있는 근거를 마련해주는 것도 개념적 혼성 이론이다. 특히 신경과학과 개념적 혼성 이론이 공동으로 참여하여 환유라는 인지 과정을 설명하는 것은 인지인문학의 큰 장점 중 하나일 것이다.

참고문헌

김동환. 2002. 『개념적 혼성 이론: 인지언어학과 의미구성』. 서울: 박이정.

김동환. 2005. 『인지언어학과 의미』. 서울: 태학사.

김동환. 2013. 『인지언어학과 개념적 혼성 이론』. 서울: 박이정.

김동환. 2019. 『환유와 인지: 인지언어학적 접근법』. 서울: 한국문화사.

Aristotle. 1967. *Poetics*. G. F. Else. The University of Michigan Press.

Bailey, David, Jerome Feldman, Srini Narayanan, and George Lakoff. 1997. Modeling embodied lexical development: Neural theory of language publications. http://www.icsi.berkeley.edu/NTL/papers/cogsci97.pdf. Accessed February 8, 2001.

Bierwiaczonek, Bogusław. 2013. *Metonymy in Language, Thought and Brain*. Sheffield: Equinox

Binder, Marc D., Nobutaka Hirokawa, and Uwe Windhorst. 2009. *Encyclopedia of Neuroscience*. London: Springer.

Berlin, Brent and Paul Kay. 1969. *Basic Color Terms. Their Universality and Evolution*. Berkeley: University of California Press.

Brandt, Line. 2013. *The Communicative Mind: A Linguistic Exploration of Conceptual Integration and Meaning Construction*. Newcastle upon Tyne: Cambridge Scholars.

Brône, Geert, and Kurt Feyaerts. 2005. Headlines and cartoons in the economic press: Double grounding as a discourse supportive strategy. In Guido Erreygers and GeertJacobs (eds.), *Language, Communication and the Economy*, 73-99. Amsterdam: John Benjamins.

Cervel, M. Sandra Peña. 2003. *Topology and Cognition: What Image-schemas Reveal about the Metaphorical Language of Emotions*. Lincom Europa.

Cienki, Alan. 1997. Some properties and groupings of image schemas. In Marjolijn H. Verspoor, Kee Dong Lee, and Eve Sweetser (eds.), *Lexical and Syntactical Constructions and the Construction of Meaning*. Amsterdam: John Benjamins.

Clausner, Timothy C. and William Croft. 1999. Domains and image-schemas. *Cognitive Linguistics* 10: 1-31.

Coulson, Seana. 2001. *Semantic Leaps: Frame-shifting and Conceptual Blending in*

Meaning Construction. Cambridge: Cambridge University Press.

Coulson, Seana and Todd Oakley. 2003. Metonymy and conceptual blending. In K-U. Panther & L. Thornburg (eds.), *Metonymy and Pragmatic Inferencing*, 51–79. Amsterdam/Philadelphia: John Benjamins Publishing Company.

Croft, William and D. Alan Cruse. 2004. *Cognitive Linguistics*. Cambridge University Press.

Danaher, John. 2019. *Automation and Utopia: Human Flourishing in a World without Work*. Cambridge, Massachusetts: Harvard University Press.

Evans, Vyvyan. 2009. *How Words Mean: Lexical Concepts, Cognitive Models and Meaning Construction*. Oxford: Oxford University Press.

Fauconnier, Gilles. 1994. *Mental Spaces: Aspects of Meaning Construction in Natural Language* 2nd edn. Cambridge: Cambridge University Press.

Fauconnier, Gilles. 1997. *Mappings in Thought and Language*. Cambridge: Cambridge University Press.

Fauconnier, Gilles and Mark Turner. 2003. *The Way We Think: Conceptual Blending and the Mind's Hidden Complexities*. New York: Basic Books.

Geary, James. 2011. *I Is an Other: The Secret Life of Metaphor and How it Shapes the Way We See the World*. New York: Harpercollins.

Geeraerts, Dirk. 2010 *Theories of Lexical Semantics*. Oxford: Oxford University Press.

Gibbs, Raymond W. Jr. 1994. *The Poetics of Mind: Figurative Thought, Language and Understanding*. Cambridge: Cambridge University Press.

Gibbs, Raymond W., Jr, Dinara Beitel, Michael Harrington, and Paul Sanders. 1994. Taking a stand on the meaning of *stand*: Bodily experience as motivation for polysemy. *Journal of Semantics* 11: 231–251.

Gibbs, Raymond W. Jr. and Herbert Colston. 1995. The cognitive psychological reality of image schemas and their transformations. *Cognitive Linguistics* 6, 347–378.

Goossens, Louis. 1990. Metaptonymy: The interaction of metaphor and metonymy in expressions for linguistic action. *Cognitive Linguistics* 1: 323–340.

Harari, Yuval Noah. 2015. *Sapiens: A Brief History of Humankind*. New York: Vintage.

Hart, Christopher. 2011. Force-interactive patterns in immigration discourse: A

Cognitive Linguistic approach to CDA. *Discourse and Society* 22(3): 269–286.

Hart, Christopher. 2013. Constructing contexts through grammar: Cognitive models and conceptualisation in British Newspaper reports of political protests. In John Flowerdew (ed.), *Discourse and Contexts*, 159–184. London: Continuum.

Johnson, Mark. 1987. *The Body in the Mind: The Bodily Basis of Meaning, Imagination, and Reason.* Chicago: University of Chicago Press.

Kahneman, Daniel. 2011. *Thinking, Fast and Slow.* London: Penguin Books.

Kahneman, Daniel and Amos Tversky. 1979. Prospective theory: An analysis of decision under risk. *Econometrica* 47(2): 263–291.

Koenigsberg, Richard. 1975. *Hitler's Ideology: A Study in Psychoanalytic Sociology.* New York: Library of Social Science.

Koestler, Arthur. 1964. *The Act of Creation.* New York: The Macmillan Company.

Kövecses, Zoltán. 2010. *Metaphor: A Practical Introduction.* Cambridge: Cambridge University Press.

Lakoff, George and Mark Johnson. 1980. *Metaphors We Live By.* Chicago/London: University of Chicago Press.

Lakoff, George. 1987. *Women, Fire, and Dangerous Things: What Categories Reveal about the Mind.* Chicago: The University of Chicago Press.

Lakoff, George and Mark Johnson. 1999. *Philosophy in the Flesh: The Embodied Mind and Its Challenge to Western Thought.* New York: Basic Books.

Lakoff, George and Mark Turner. 1989. *More than Cool Reason: A Field Guide to Poetic Metaphor.* Chicago: University of Chicago Press.

Lakoff, George and Rafael E. Núñez. 2000. *Where Mathematics Comes From.* New York: Basic Books.

Langacker, Ronald W. 1987. *Foundations of Cognitive Grammar.* vol. 1: *Theoretical Prerequisites.* Stanford University Press.

Langacker, Ronald W. 2007. Constructing the meanings of personal pronouns. In Günter Radden, Klaus-Michael Köpcke, Thomas Berg and Peter Siemund (eds.), *Aspects of Meaning Construction*, 171–187. Amsterdam/Philadelphia: John Benjamins.

Littlemore, Jeannette. 2015. *Metonymy: Hidden Shortcuts in Language, Thought and Communication.* Cambridge: Cambridge University Press.

Littlemore, Jeannette, and Caroline Tagg. 2016. Metonymy and text messaging: A framework for understanding creative uses of metonymy. *Applied Linguistics*, 1–28.

Mandler, Jean. 1992. How to build a baby: II. Conceptual primitives. *Psychological Review* 99(4): 587–604.

Mandler, Jean M. 2004. *The Foundations of Mind: Origins of Conceptual Thought.* Oxford: Oxford University Press.

Nerlich, Brigitte and David D. Clarke. 2007. Cognitive linguistics and the history of linguistics. In Dirk Geeraerts and Hubert Cuyckens (eds.), *The Oxford Handbook of Cognitive Linguistics*, 589–607. Oxford: Oxford University Press.

Oakley, Todd and Esther Pascual. 2017. Conceptual Blending Theory. In Barbara Dancygier (ed.), *The Cambridge Handbook of Cognitive Linguistics*, 423–448. Cambridge: Cambridge University Press

Panther, Klaus-Uwe. 2006. Metonymy as a usage event. In Gitte Kristiansen, Michel Achard, René Dirven, and Francisco J. Ruiz de Mendoza Ibáñez (eds.), *Cognitive Linguistics: Current Applications and Future Perspectives*, 147–185. Berlin: De Gruyter Mouton.

Quinn, Naomi. 1991. The cultural basis of metaphor. In James W. Fernandez (ed.), *Beyond Metaphor: The Theory of Tropes in Anthropology.* Stanford: Stanford University Press.

Radden, Günther P., and Zoltán Kövecses. 1999. Towards a theory of metonymy. In Klaus-Uwe Panther and Günther Radden (eds.), *Metonymy in Language and Thought*, 17–59. Amsterdam: John Benjamins.

Richards. A. 1936. *The Philosophy of Rhetoric.* New York: Oxford University Press.

Ricoeur, Paul. 1978. *The Rule of Metaphor.* trans. R. Czerny et al. London and Henly: Routledged & Kegan Paul.

Rosch, Eleanor. 1973. Natural categories. *Cognitive Psychology* 4: 328–350.

Rosch, Eleanor. 1975. Cognitive representations of semantic categories. *Journal of Experimental Psychology: General* 104: 193–233.

Rosch, Eleanor, Carolyn B. Mervis, Wayne Gray, David Johnson, and Penny Boyes-Braem. 1976. Basic objects in natural categories. *Cognitive Psychology* 8: 382–439.

Ruiz de Mendoza Ibáñez, Francisco José. 2000. The role of mappings and domains in understanding metonymy. In Antonio Barcelona (ed.), *Metaphor and Metonymy at the Crossroads*, 109-132. Berlin: De Gruyter Mouton.

Ruiz de Mendoza Ibáñez, Francisco José and Galera-Masegosa Alicia. 2011. Going beyond metaphtonymy: Metaphoric and metonymic complexes in phrasal verb interpretation. *Language Value* 3(1) 1: 1-29.

Sinha, Chris. 2007. Cognitive linguistics, psychology, and cognitive science. In Dirk Geeraerts and Hubert Cuyckens (eds.), *The Oxford Handbook of Cognitive Linguistics*, 1266-1294. Oxford: Oxford University Press.

Slingerland, Edward. 2008. *What Science Offers the Humanities: Integrating Body and Culture*. New York: Cambridge University Press.

Slingerland, Edward. 2014. *Trying Not to Try: Ancient China, Modern Science and the Power of Spontaneity*. New York: Crown Publishing.

Slingerland, Edward. 2018. *Mind and Body in Early China: Beyond Orientalism and the Myth of Holism*. New York: Oxford University Press.

Slingerland, Edward and Mark Collard. 2012. "Creating Consilience: Toward a Second Wave." In Edward Slingerland and Mark Collard (eds.), *Creating Consilience: Integrating the Sciences and the Humanities*, 3-40. New York: Oxford University Press.

Sobrino, Paula Pérez. 2017. *Multimodal Metaphor and Metonymy in Advertising*. Amsterdam/Philadelphia: John Benjamins Publishing Company.

Talmy, Leonard. 1988. The relation of grammar to cognition. In Brigida Rudzka-Ostyn (ed.), *Topics in Cognitive Linguistics*, 165-205. Amsterdam: John Benjamins.

Talmy, Leonard. 2000. *Toward a Cognitive Semantics*, vols. 1 and 2. MA: MIT Press.

Turner, Mark. 1987. *Death is the Mother of Beauty: Mind, Metaphor, Criticism*. Chicago: University of Chicago Press.

Turner, Mark. 1991. *Reading Minds: The Study of English in the Age of Cognitive Science*. Princeton: Princeton University Press.

Turner, Mark. 1993. An image-schematic constraint on metaphor. In Richard A. Geiger and Brygida Rudzka-Ostyn (eds.), *Conceptualizations and Mental Processing in Language*. Berlin: Mouton de Gruyter.

Varela, Francisco J., Evan Thompson, and Eleanor Rosch. 1991. *The Embodied Mind: Cognitive Science and Human Experience.* Cambridge, MA: MIT Press.

Wojciechowska, Sylwia. 2012. *Conceptual Metonymy and Lexicographic Representation.* Frankfurt am Main: Peter Lang.

찾아보기

김동환

해군사관학교 영어과 교수로 재직 중이며, 인문학과 인지과학을 아우르는 융합 학문의 시각으로 오늘날의 복잡다단한 사회 현상을 보다 심층적으로 이해하고 분석하기 위해 연구 중이다. 개념적 은유 이론과 개념적 혼성 이론에 각별한 관심을 가지고 있으며, 인지과학, 인지심리학, 인지언어학 분야에 출간되는 전 세계 석학들의 저서를 번역하여 꾸준히 소개하고 있다. 더 나아가 인문학 내에서의 통섭을 구축하고 있는 해외 저서들을 발굴하여 인지과학과 인문학의 융합 지식을 대중화하려고 애쓰고 있다.

그는 『개념적 혼성 이론』(학술원 우수학술도서), 『인지언어학과 의미』(문화관광부 우수도서), 『인지언어학과 개념적 혼성 이론』, 『환유와 인지』(세종도서 학술부문 선정), 『생태인문학을 향한 발걸음』을 집필했으며, 『인지언어학 개론』(문화관광부 우수도서), 『우리는 어떻게 생각하는가』(학술원 우수학술도서), 『인지언어학 옥스퍼드 핸드북』, 『몸의 의미』, 『이야기의 언어』, 『과학과 인문학』, 『비판적 담화분석과 인지과학』, 『담화, 문법, 이데올로기』, 『애쓰지 않기 위해 노력하기』(세종도서 교양부문 선정), 『생각의 기원』, 『창의성과 인공지능』, 『애니메이션, 신체화, 디지털 미디어의 융합』(세종도서 학술부문 선정), 『은유 백과사전』(세종도서 학술부문 선정), 『고대 중국의 마음과 몸』, 『뉴 로맨틱 사이보그』, 『메타포 워즈』, 『취함의 미학』, 『아티스트 인 머신』, 『휴먼 알고리즘』, 『트랜스휴머니즘의 역사와 철학』, 『생각을 기계가 하면, 인간은 무엇을 하나?』, 『그린 리바이어던』 등을 번역했다.

인지인문학을 향하여

인지과학의 거울로 바라본 인문학

초판 1쇄 인쇄 2024년 5월 14일
초판 1쇄 발행 2024년 5월 22일

지은이 김동환
펴낸이 이대현

편집 이태곤 권분옥 임애정 강윤경
디자인 안혜진 최선주 이경진
마케팅 박태훈 한주영
펴낸곳 도서출판 역락 | **등록** 1999년 4월 19일 제303-2002-000014호
주소 서울시 서초구 동광로46길 6-6 문창빌딩 2층(우06589)
전화 02-3409-2060(편집부), 2058(영업부) | **팩스** 02-3409-2059
전자우편 youkrack@hanmail.net | **홈페이지** www.youkrackbooks.com

ISBN 979-11-6742-740-3 93180

책값은 뒤표지에 있습니다.
파본은 구입처에서 교환해 드립니다.